U0910768

■ 国家社会科学基金项目（12BZZ017）

梁春阳　主　编
陆　地　曾　洁　副主编

新媒体时代的和谐社会建设

中国社会科学出版社

图书在版编目（CIP）数据

新媒体时代的和谐社会建设／梁春阳主编．—北京：中国社会科学出版社，2017.3

ISBN 978－7－5161－9773－8

Ⅰ.①新… Ⅱ.①梁… Ⅲ.①社会主义建设模式—研究—中国 Ⅳ.①D616

中国版本图书馆 CIP 数据核字(2017)第 013498 号

出 版 人　赵剑英
责任编辑　孔继萍
责任校对　郝阳洋
责任印制　李寡寡

出　　版　中国社会科学出版社
社　　址　北京鼓楼西大街甲 158 号
邮　　编　100720
网　　址　http://www.csspw.cn
发 行 部　010－84083685
门 市 部　010－84029450
经　　销　新华书店及其他书店

印刷装订　北京市兴怀印刷厂
版　　次　2017 年 3 月第 1 版
印　　次　2017 年 3 月第 1 次印刷

开　　本　710×1000　1/16
印　　张　24.75
插　　页　2
字　　数　393 千字
定　　价　99.00 元

凡购买中国社会科学出版社图书，如有质量问题请与本社营销中心联系调换
电话：010－84083683

目　　录

前言 ……………………………………………………………… (1)

第一章　我国网络舆情及网络舆情危机研究文献计量分析 ………… (1)

第一节　我国网络舆情及网络舆情危机研究成果概述 ……………… (1)

第二节　我国网络舆情研究期刊论文计量分析 ……………………… (3)

第三节　我国网络舆情研究学位论文计量分析 ……………………… (11)

第四节　我国网络舆情研究国家基金项目计量分析 ………………… (21)

第五节　我国网络舆情危机研究文献计量分析 ……………………… (26)

第六节　我国网络舆情及网络舆情危机研究文献述评 ……………… (35)

第二章　国内外网络舆情及网络舆情危机理论研究观点述评 ……… (38)

第一节　国内网络舆情及网络舆情危机研究理论观点述要 ………… (38)

第二节　国外有关网络舆情及网络舆情危机理论研究观点述要 ……………………………………………………… (49)

第三节　国内外有关网络舆情及网络舆情危机理论研究现状评价 ………………………………………………… (58)

第三章　网络舆情与网络舆情危机的内涵、特点及其规律 ………… (64)

第一节　网络舆情的内涵 ………………………………………… (64)

第二节　网络舆情的特点和分类 …………………………………… (67)

第三节　网络舆情危机的内涵 ……………………………………… (78)

第四节　网络舆情危机的特点和分类 ……………………………… (79)

第五节　网络舆情与网络舆情危机的基本规律 …………………… (83)

第四章　少数民族地区网络舆情及网络舆情危机的特点分析 ……… (93)
第一节　我国少数民族地区区情概述 …………………………… (93)
第二节　我国以少数民族语文为媒介的信息化进程概述 ………… (95)
第三节　少数民族地区网络舆情及网络舆情危机来源的特殊性分析 ……………………………………………… (106)
第四节　少数民族地区网络舆情及网络舆情危机内容的特殊性分析 ……………………………………………… (110)
第五节　少数民族公众在网络舆情及网络舆情危机中诉求表达的特殊性分析 ………………………………… (112)
第六节　少数民族地区网络舆情及网络舆情危机形成的特殊性分析 ……………………………………………… (116)
第七节　少数民族地区网络舆情及网络舆情危机主体的特殊性分析 ……………………………………………… (117)
第八节　少数民族地区网络舆情及网络舆情危机载体的特殊性分析 ……………………………………………… (119)

第五章　少数民族地区网络舆情及网络舆情危机的特殊规律研究 …………………………………………………… (121)
第一节　民族或宗教因素是引起网络舆情危机产生的最主要“热源因子” ………………………………… (121)
第二节　网络舆情危机形成中的“群体极化”“协同过滤”现象相对明显 ………………………………………… (125)
第三节　网络舆情传播的“首因效应”“民粹效应”尤为突出 …………………………………………………… (126)
第四节　网络舆情扩散的“六度分隔规律”“池塘效应”“蝴蝶效应”更为凸显 ………………………………… (130)
第五节　网络舆情危机的演变多以“螺旋型网络舆情演进”为主 ………………………………………………… (132)
第六节　网络舆情动员呈现出“线上动员与线下行动有机结合”的特征 ……………………………………… (133)

第七节　网络舆情危机的发展极易受到境外政治组织的影响 …………………………………………………………（134）
第八节　网络舆情危机一旦被“三股势力”策划利用，极易爆发重大暴力事件 ………………………………………………（135）

第六章　少数民族地区应对与化解网络舆情危机的经验分析 ……（137）
第一节　重视民族语文的网络媒体发展和网络主流媒体体系建设 ……………………………………………………（137）
第二节　确立公开负责、相信民众、接受监督的观念和机制 ……（139）
第三节　倡导和鼓励党政主要领导以网民身份与百姓开展网络交流 ……………………………………………………（143）
第四节　在网络焦点事件的信息发布上坚持抢占先机原则和正确导向原则 ………………………………………………（146）
第五节　对现实中重大突发事件坚持公开透明原则和系统处置原则 ……………………………………………………（149）
第六节　与网民间的交流中坚持坦诚沟通原则和人文关怀原则 ………………………………………………………（153）
第七节　在网络舆情危机应对中坚持口径一致原则和借助第三方力量原则 ………………………………………………（158）

第七章　少数民族地区网络舆情及网络舆情危机应对能力测评与分析 ……………………………………………………（162）
第一节　网络舆情及网络舆情危机应对能力测评体系的创建原则与思路 ………………………………………………（162）
第二节　网络舆情及网络舆情危机应对能力测评体系的指标构成 ……………………………………………………（166）
第三节　少数民族地区官方微博综合绩效测评与分析 …………（171）
第四节　少数民族地区政府网站服务能力测评与分析 …………（190）
第五节　少数民族地区网络舆情及网络舆情危机回应与处置能力测评与分析 ……………………………………………（209）
第六节　少数民族地区主流媒体影响力测评与分析 ……………（221）

第七节 少数民族地区网络舆情社会环境状况测评与分析 …………………………………………… (233)
第八节 少数民族地区网络舆情及网络舆情危机应对综合能力测评与分析 ……………………………… (247)

第八章 少数民族地区网络舆情及网络舆情危机应对能力比较研究 ……………………………………… (253)
第一节 少数民族地区网络舆情及网络舆情危机的总体应对能力比较研究 ……………………………… (253)
第二节 少数民族地区官方微博综合绩效水平比较研究 ……… (259)
第三节 少数民族地区政府网站服务能力比较研究 …………… (268)
第四节 少数民族地区网络舆情及网络舆情危机回应与处置能力比较研究 ……………………………… (278)
第五节 少数民族地区主流媒体影响力比较研究 ……………… (286)
第六节 少数民族地区网络舆情社会环境比较研究 …………… (294)
第七节 比较分析结论 ……………………………………… (302)

第九章 少数民族地区应对与化解网络舆情危机存在的问题及其原因分析 ……………………………… (305)
第一节 不愿面对网络舆情 ………………………………… (305)
第二节 不会应对现实的网络舆情危机 …………………… (313)
第三节 无力应对潜在的网络舆情危机 …………………… (317)
第四节 存在问题的原因分析 ……………………………… (323)

第十章 少数民族地区应对与化解网络舆情危机的主导策略 ……………………………………………… (327)
第一节 树立正确理念,着力解决“不愿面对”的问题 ………… (327)
第二节 提高应对技能,着力解决“不会应对”的问题 ………… (333)
第三节 完善体制机制,着力解决“无力应对”的问题 ………… (338)
第四节 强化舆论塑造与传播,构建网络舆情引导新环境 ……… (343)

第十一章　少数民族地区应对与化解网络舆情危机的具体对策 …………………………………………………… (350)

第一节　网络舆情载体
——由权威管理转化为共同治理 ……………………… (350)

第二节　网络舆情监测
——由特质化转化为常态化 …………………………… (354)

第三节　网络舆情危机应对
——由“事后应对”转化为“事前、事中、事后”的全面应对 ……………………………………………… (356)

第四节　网络舆情危机化解
——由“大而化之”转化为“小而化之” ………………… (357)

第五节　网络政治参与
——由“自发之举”转化为“自觉之举” ………………… (359)

附录　图表索引 ……………………………………………… (361)

参考文献 …………………………………………………… (370)

后记 ………………………………………………………… (381)

前　　言

网络舆情危机属于公共危机，同时又是网络负面舆情的一种极化状态，具有发生概率高、爆发周期短、影响范围广、后果危害深、控制难度大等特点。在网络时代，我国政府面临着一系列前所未有的舆情危机的挑战，其中来自少数民族地区的挑战则更具特殊性和紧迫性。本专著正是从上述现状出发，就我国少数民族地区网络舆情危机的特点及应对能力、经验、教训、对策进行专项研究，旨在为少数民族地区党政部门尤其是基层党政部门应对与化解网络舆情危机提供理论与策略思考。

本专著的研究成果主要体现在以下四个方面。

一　少数民族地区网络舆情危机应对能力现况分析

创制并运用《网络舆情及网络舆情危机应对能力测评体系》对少数民族地区（蒙、桂、黔、滇、藏、甘、青、宁、新）的网络舆情及网络舆情危机应对能力进行了全方位、多角度的测评与比较研究。测评结果显示，目前少数民族地区“网络舆情及网络舆情危机应对能力指数”为77.86（全国平均指数值为100），在全国处于“弱”的层次。

在《测评体系》的五个子系统中（官方微博综合绩效、政府网站服务能力、网络舆情及网络舆情危机回应与处置能力、主流媒体影响力、网络舆情社会环境），少数民族地区与全国平均水平间差距最大的是“官方微博综合绩效”，其指数值为49.47，不及全国平均值的一半。此外，“主流媒体影响力”“政府网站服务能力”与全国平均水平间的差距亦比较突出，其指数值低于全国平均值约30个百分点。

在《测评体系》的48个具体项目中，少数民族地区与全国平均水平间差距甚大的是“具有较大影响力的党政机构微博比率指数”“党政机构微博客影响力指数”“声望较大媒体的官博综合影响力指数”，其指数值均低于全国平均值70个百分点以上，是三个明显的“短板”。此外，在“地市级政府网站民生服务指数”“省会城市政府网站民生服务指数”“地市级政府网站互动交流指数”等项目上，少数民族地区与全国平均水平间的差距亦十分突出，其指数值均低于全国平均值35个百分点以上，是现阶段制约少数民族地区网络舆情危机应对能力的关键性要素所在。

二 少数民族地区网络舆情危机生成与发展规律的特殊性分析

对于少数民族地区网络舆情危机生成与发展规律的特殊性表现，予以深入探讨，得出以下论点。

（1）民族或宗教因素是引起网络舆情危机产生的最主要“热源因子”。其一，网络化的族群认同感，对于少数民族地区网络舆情危机“热源因子”具有本能的“加热”功能；其二，网络化的宗教动员对于少数民族教民在对待“热点事件”的态度上，具有天然的“导向”功能；其三，民族间事实上的不平等，对于少数民族地区网络舆情危机“热源因子”具有自然的“聚热”作用。

（2）网络舆情危机形成中的“群体极化”“协同过滤”现象相对明显。其一，面对一些“敏感性”的网络舆情“热源因子”，少数民族网民更易形成“群体极化”；其二，在少数民族语文环境中，网络舆情“协同过滤”效应更为明显。

（3）网络舆情传播的“首因效应”“民粹效应”尤为突出。其一，少数民族网民为网络舆情传播的“首因效应”奠定了庞大的受众基础；其二，“敏感”事件“首次信息”传播主体的复杂性，对于“首因效应”的“规模发展”，具有突出的“不确定性”；其三，以民族关系、民族矛盾以及宗教领域中的现实问题为焦点，极易聚集非理性的“民粹”舆论，释放或宣泄“狭隘民族主义”情绪，进而形成强大的反权威、反主流、排斥外族社会的“网络舆情场”。

（4）网络舆情动员呈现出“线上动员与线下行动有机结合”的特征。较之内地各省市而言，少数民族地区的此特征是十分突出的。

（5）网络舆情危机的发展极易受到境外政治组织的影响。在境外通过互联网平台、电子存储介质等开展“常态化”的分裂国家、宣扬暴力、指导恐怖活动等违法犯罪行径，是“三股势力”常用的手法之一。

三　少数民族地区应对与化解网络舆情危机存在的问题及其原因分析

从整体上看，尤其是从少数民族地区基层党政部门应对网络舆情危机的现状看，目前仍存在着“不愿面对”“不会应对”“无力应对”的问题。

“不愿面对网络舆情”的问题，在现实中有两种具体表现方式：一是藐视网络舆情——对于“虚拟社会”的舆论以及由其孕育、产生的网络舆情，或不屑一顾，或认为是“网民之间的闲扯淡”；二是害怕网络舆情危机——一些领导部门和领导干部对网络、网络舆情、网络舆情危机产生了一种莫名的恐惧心理，以“不触网”为生活及社会交往的原则之一。

“不会应对现实的网络舆情危机”的问题，具体又分为三种情形：一是面对突如其来的网络舆情危机，惊慌失措；二是处置纷繁复杂的网络舆情危机，昏招频出；三是面对可能引起社会暴乱的网络舆情危机，反应迟钝。

“无力应对潜在的网络舆情危机”的问题，具体也分为三种情形：一是专业人才匮乏；二是体制机制制约；三是手段设施落后。

存在问题的原因，主要有四个方面：一是缺乏善用网络媒体的理念；二是缺乏正确的“稳定观”；三是缺乏科学的政绩评价机制；四是缺乏健全的责任体制。

四　少数民族地区应对与化解网络舆情危机的特殊举措思考

现阶段，少数民族地区应对与化解网络舆情危机，除应采取一系列“共性”的对策外，还须从该地区的实际出发，遵循其特殊规律，采取特殊举措。

（1）积极发挥宗教团体组织在共同治理中的作用，实现宗教网络舆情领域的“正能量”全覆盖。应建立和完善宗教领域网络舆情引导与治理的体制与机制，通过理论宣传、政策引导、业务培训、自律互监、依法治网等综合举措，创建宗教团体组织的共同治理体系，制定符合宗教活动特点的“网络跟帖评论自律管理公约”，切实发挥宗教网站“把关人”的重要职能。

（2）构建“双语”或“多语”网络舆情监测、研判体系，实现各语种网络舆情的全覆盖、常态化监测。使用“双语”或“多语”的少数民族地区，应在县以上政府部门尽快组建“双语”或“多语”网络舆情监测、分析、研判机构；乡镇一级政府，应设置网络舆情监测与上报专门岗位。在此基础上，从各级党政部门、事业单位、社会团体、企业及城乡社区选聘一批兼职网络舆情信息员，使网络舆情监测深入社会领域的方方面面，为实现对各地区、各语种网络舆情的无缝化、常态化监测，奠定组织机构保障。

（3）实施“信息普惠化民生服务工程”，实现民生服务与舆情引导的有机融合。采取政府购买服务的方式，实施以“手机短信免费配送”为主的信息普惠化民生服务工程（每天至少免费配送一条以上的短信）。由县（旗、市、区）级网络舆情监测专门机构结合本地网络舆情现况，以“双语”或“多语”的形式，统一提供有针对性的舆情引导短信，通过网络运营系统，及时传送至广大人民群众。尤其应注重将此项工作与少数民族群众的生产、生活信息服务有机融合，长期坚持，使之成为政府广泛联系群众、服务群众、引导群众的平台与桥梁。

（4）构建“网格化”的网络舆情危机化解体制，尽力做到将危机化解、处置于萌芽状态。在“综合应对、依法处置”的总体思路下，从城市、乡村、牧区的具体实际出发，科学地划分网络舆情危机化解“网格化”责任区，并通过“线上与线下有机融合”的工作机制，及时发现最基层的网络舆情危机苗头、萌芽，进而有的放矢地及时介入、及时化解、及时处置。此种“网格化”的危机化解体制机制应当是互联互通、即时呼应、统一协调的有机整体。

（5）鼓励、激励党政干部用少数民族语文积极参与网络舆情活动，并以浩然之气坚守网络舆情阵地。出台鼓励、激励措施，引导少数民族领导干部和广大“公职人员”以网民身份，通过少数民族语文参与到网络舆情活动之中，进而有效扩大“官员微博”“官员微信”的影响力和传播力。当此项活动有了一定基础后，可以考虑将鼓励、激励转化为“要求”——规定所有在职的领导干部和广大“公职人员”均应奔赴网络舆情阵地，并以浩然之气坚守之。

（6）加速对少数民族“意见领袖”的发现、培养、引导，引领网络民主健康发展。一是运用现代网络技术，科学识别和发现“意见领袖”，做到“心中有数”；二是注重对少数民族“意见领袖”的培养，尽快形成与主流意识相呼应的，结构合理、影响面广泛的“意见领袖”队伍；三是注重对少数民族“意见领袖”的教育引导，尤其是对那些以“唱反调”“骂政府”闻名的“意见领袖”，通过专题研讨会、恳谈会、博客专家笔会、邀请参观、参与调查、体验政府决策过程等多种方式，教育引导其理性分析热点事件，客观公正地发表意见，进而有效引领网络民主健康发展。

第一章

我国网络舆情及网络舆情危机研究文献计量分析

对现有的研究成果进行文献普查与分析，是进一步深化社会科学研究不可或缺的路径与方法。系统研究“少数民族地区应对与化解网络舆情危机策略”，同样也离不开这条必由之路。在此，我们通过“中国知网”（CNKI）“国家社科基金项目数据库”“国家自然科学基金项目查询与分析系统”等文献检索系统，对我国网络舆情及网络舆情危机研究的成果，进行全面、系统的统计与分析。

第一节　我国网络舆情及网络舆情危机研究成果概述

本课题组于2014年3月初，以“网络舆情”为主题词分别键入CNKI中的“中国学术期刊网络出版总库”“中国博士学位论文全文数据库”“中国优秀硕士学位论文全文数据库”，以及全国哲学社会科学规划办公室网站“国家社科基金项目数据库”检索系统、“国家自然科学基金项目查询与分析系统”，对我国有关网络舆情研究的文献进行了全面的回溯检索，旨在从文献计量学的视角，对此主题的研究历程、研究领域、研究层次、研究主体及核心研究成果、成果载体等内容，进行“全景式”的量化统计与分析，以期为深化我国网络舆情及网络舆情危机研究提供“普查性”文献信息。检索结果为：截至2013年年底，我国发表以“网络舆情”为主题的期刊论文共有2426篇，通过论文答辩的博士论文40篇，优秀硕士论文 542 篇，获准立项的国家社会科学基金项目的课题共有 43 项。截至 2014 年，国家自然科学基金项目的课题共有 25 项。这些研究成果及立项课题，从文献的视角基本反映了我国“网络舆情”及“网络舆情危机”研究自始至今的成就。

此外，2013 年 11 月初，本课题组以“网络舆情”为主题词，进入全国图书发行业第一家大型跨省连锁企业——博库书城有限公司的博库网（bookuu. com）进行了检索，检索出 26 种与“网络舆情”直接相关的专著。其中政治与社会类 19 部、教育类 4 部、经济类 1 部、计算机类 1 部、科技类 1 部。最早问世的是由刘毅著、天津人民出版社 2007 年出版的《网络舆情研究概论》一书。

以上各类不同文献载体的研究成果数量情况，详见表 1—1。

表 1—1　我国以“网络舆情”为主题的各类文献载体研究成果数量统计

文献载体＼年份	2005	2006	2007	2008	2009	2010	2011	2012	2013	2014	合计
期刊论文（篇）	4	5	26	40	124	309	481	651	786	—	2426
博士论文（篇）	—	1	—	2	4	4	11	8	10	—	40
优秀硕士论文（篇）	—	2	10	16	35	84	117	153	125	—	542
国家社会科学基金立项（项）	—	—	—	1	5	11	7	10	9	—	43
国家自然科学基金立项（项）	—	—	—	1	—	5	2	6	4	7	25
研究专著（部）	—	—	1	—	—	3	7	5	9	—	26

数据来源：

1. 中国知网（CNKI）“中国学术期刊网络出版总库”“中国博士学位论文全文数据库”“中国优秀硕士学位论文全文数据库”，2014 年 3 月 6 日。

2. 国家社会科学规划办公室网站“国家社科基金项目数据库”，2013 年 11 月 5 日。

3. 博库网（bookuu. com），2013 年 11 月 5 日。

4. 国家自然科学基金项目查询与分析系统，2014 年 3 月 15 日。

第二节　我国网络舆情研究期刊论文计量分析

期刊论文是社会科学研究成果最主要的文献载体。在此，我们就我国网络舆情研究论文的数量及增长情况、学科类别、研究层次、被引频次、被下载频次，以及论文的载体、作者、作者单位诸方面进行量化分析。

1. 我国网络舆情研究期刊论文的数量及增长情况分析

由表1—1可以看出，我国网络舆情研究发表的期刊论文始于2005年，经过九年的历程，其发表论文的数量已从当初的年发文量不足5篇到目前年发文量达786篇。也就是说，9年间我国网络舆情研究的期刊论文成果增长了87倍之多。其具体的增长进程详见表1—1和图1—1。

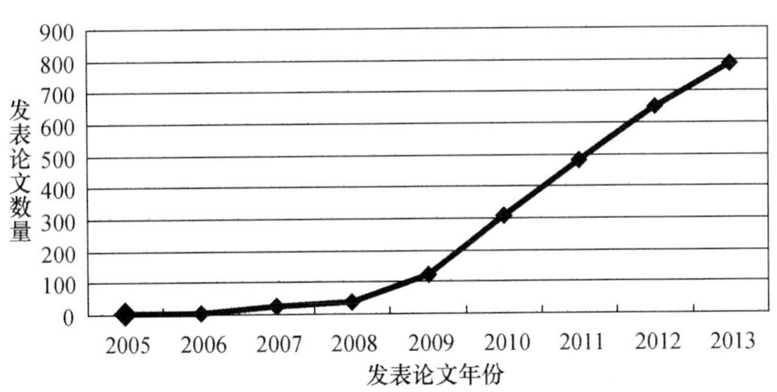

图1—1　我国"网络舆情"研究期刊论文数量及增长情况示意

分析图1—1可以明显地看出，我国网络舆情研究进程大体有三个阶段：一是起步阶段（2005—2007年）——这一阶段为开辟"网络舆情研究"领域时期，年均发表论文约12篇；二是上升阶段（2008—2009年）——在这短短的两年间，全国发表的"网络舆情研究"论文数量呈

“急促上升”之势，由2008年的40篇猛增至2009年的124篇，年增长数达到了3倍以上；三是快速发展阶段（2010—2013年）——这四年共发表了2226篇论文，是前五年发表论文数的11倍之多，尤其是2012—2013年，年均发表的“网络舆情研究”论文数量在700篇以上，而且还在呈强劲上升的势头。

上述量化分析结果表明，我国的“网络舆情研究”从起步到繁荣仅仅用了9年的时间，可见“网络舆情研究”已成为我国学术界、理论界的热点领域，且“热度”还在继续升温，也显现了“网络舆情研究”在我国正在步入“显学”之列的发展趋势。

2. 我国网络舆情研究期刊论文的学科类别分析

经统计，截至2013年年底，我国已发表的2426篇“网络舆情研究”论文共涉及40个具体学科。其中涉及社会科学部类的有36个具体学科，涉及自然及技术科学部类的有4个具体学科。①

按具体学科类别发表论文数量排序，处于前10位的学科为：

（1）新闻与传媒：共发表论文1349篇；

（2）高等教育：共发表论文334篇；

（3）行政学及国家行政管理：共发表论文250篇；

（4）互联网技术：共发表论文152篇；

（5）信息经济与邮电经济：共发表论文104篇；

（6）公安：共发表论文93篇；

（7）诉讼法与司法制度：共发表论文81篇；

（8）中国政治与国际政治：共发表论文59篇；

（9）计算机软件及计算机应用：共发表论文52篇；

（10）社会学及统计学：共发表论文44篇。

上述统计数据说明，“网络舆情研究”是一个涉及众多学科领域的综合性专题。若以发表100篇以上论文的学科为“网络舆情研究”的“高聚集”学科，那么，现阶段我国“网络舆情研究”论文的“高聚集”学科为：新闻与传媒、高等教育、行政学及国家行政管理、互联网技术、信

---

① 中国知网（CNKI）：中国学术期刊网络出版总库，2014年3月6日。

息经济与邮电经济等。

3. 我国网络舆情研究期刊论文的研究层次分析

经统计，截至2013年年底，我国在“网络舆情研究”的10个不同层次或行业领域中，发表100篇以上论文的有5类[①]，按其发表论文的数量排序为：

（1）社会科学基础研究层次：共发表论文1233篇；

（2）行业指导（社科）层次：共发表论文461篇；

（3）政策研究（社科）层次：共发表论文267篇；

（4）工程技术（自科）层次：共发表论文152篇；

（5）职业指导（社科）层次：共发表论文128篇。

上述状况表明，现阶段我国的“网络舆情研究”不仅在社会科学理论研究方面取得了突出成果，而且在诸如政策研究、行业指导、职业指导乃至工程技术等方面，亦取得了大量的成果。这也从一个视角反映出我国的“网络舆情研究”与网络舆情所具有的理论性、社会性、技术性特点是基本相适应的。

4. 我国网络舆情研究期刊论文的被引频次分析

某篇论文被引频次的高低，一定程度上反映着其学术水平或参考价值的高低。因此，论文的被引频次分析已经成为评价论文水平或价值的主要指标之一。

据统计，截至2013年年底，我国已发表的“网络舆情研究”2426篇期刊论文中，按被引用次数排序前10名的论文被引频次共为1509次，平均每篇被引用150.9次，其中，《略论网络舆情的概念、特点、表达与传播》一文在六年多的时间里，被其他研究者引用210次[②]，为目前被引用频次最高的论文。被引频次排序前10名的论文详见表1—2。

---

① 中国知网（CNKI）：中国学术期刊网络出版总库，2014年3月6日。

② 同上。

表 1—2 我国网络舆情研究期刊论文中被引频次最高的 10 篇论文

排序	论文题目	作者	发表刊物	发表刊期	被引频次
1	略论网络舆情的概念、特点、表达与传播	刘 毅	理论界	2007（1）	210
2	网络舆情工作机制研究	曾润喜	图书情报工作	2009（18）	188
3	网络舆情热点的形成与发展、现状及舆论引导	姜胜洪	理论月刊	2008（4）	186
4	论群体性事件与网络舆情	彭知辉	上海公安高等专科学校学报	2008（1）	155
5	网络舆情事件的应急处理研究	徐晓日	华北电力大学学报（社会科学版）	2007（1）	146
6	互联网络舆情预警机制研究	吴绍忠 李淑华	中国人民公安大学学报（自然科学版）	2008（3）	139
7	互联网内容及舆情深度分析模式	谢海光 陈中润	中国青年政治学院学报	2006（3）	134
8	论网络舆情的收集、分析和引导	纪 红 马小洁	华中科技大学学报（社会科学版）	2007（6）	118
8	论网络舆情与舆论的转换及其影响	王来华	天津社会科学	2008（4）	118
10	网络舆情：现代思想政治教育的新领域	周如俊 王天琪	思想·理论·教育	2005（11）	115
以上 10 篇论文的被引用频次合计					1509

资料来源：中国知网，2014 年 3 月 6 日。

以上被引频次排序前 10 名的论文，从其研究的主题内容看，涉及有关“网络舆情”的基础理论与特点、网络舆情工作机制、网络舆情内容分析及网络舆情的预警和引导等理论与实践领域，有着较高的理论水平或实践指导价值，可以看作我国现阶段“网络舆情研究”的扛鼎之作。

5. 我国网络舆情研究期刊论文的被下载频次分析

如果说某篇论文被引用频次的高低反映着其在理论研究领域参考价值的大小，那么，某篇论文被下载频次的高低则反映着其在读者群体中可参考价值的大小。故而，我们在此专门就"网络舆情研究"论文的被下载频次进行了系统的统计。

统计结果表明，截至 2013 年年底，我国已发表的"网络舆情研究"2426 篇期刊论文中，按被下载次数排序前 10 名的论文被下载频次共为 40584 次，平均每篇被下载 4058 次，其中被下载频次最高的论文《国内网络舆情研究的回顾与展望》在短短的四年多的时间里，被读者下载 8446 次。[①] 被下载频次排序前 10 名的论文详见表 1—3。

表 1—3　我国网络舆情研究论文中被下载频次最高的 10 篇期刊论文

排序	论文题目	作者	发表刊物	发表刊期	被下载频次
1	国内网络舆情研究的回顾与展望	徐　鑫 章成志 李雯静	情报理论与实践	2009（3）	8446
2	微博网络舆情研究中的意见领袖识别与分析	刘志明 刘　鲁	系统工程	2011（6）	4958
3	我国网络舆情研究与发展现状分析	曾润喜	图书馆学研究	2009（8）	4550
4	网络舆情热点的形成与发展、现状及舆论引导	姜胜洪	理论月刊	2008（4）	3729
5	论群体性事件与网络舆情	彭知辉	上海公安高等专科学校学报	2008（1）	3514
6	文本挖掘在网络舆情信息分析中的应用	黄晓斌 赵　超	情报科学	2009（1）	3510

① 中国知网（CNKI）：中国学术期刊网络出版总库，2014 年 3 月 6 日。

续表

排序	论文题目	作者	发表刊物	发表刊期	被下载频次
7	略论网络舆情的概念、特点、表达与传播	刘　毅	理论界	2007（1）	3218
8	网络舆情突发事件预警系统、指标与机制	曾润喜 徐晓林	情报杂志	2009（11）	3066
9	内容分析法在网络舆情信息分析中的应用	刘　毅	天津大学学报（社会科学版）	2006（4）	2974
10	网络舆情及社会性网络信息传播模式	顾明毅 周忍伟	新闻与传播研究	2009（5）	2619
以上10篇论文的被下载频次合计					40584

资料来源：中国知网，2014年3月6日。

由表1—3可知，被下载频次排序前10位的论文，其内容集中于国内网络舆情研究状况的综述、网络舆情热点的分析、网络舆情信息分析方法及网络舆情传播模式等方面。这表明：（1）读者认为可利用价值较大的是系统、全面、准确地综述、评价、展望“网络舆情研究”情况的论文；（2）相对于被引用频次的特点而言，被下载频次较高的论文大都为“实际应用型”的，即应用价值较大的论文，被下载频次亦较高；（3）被引用频次高的论文并不一定被下载的频次也高，反之亦然。由此，从一定意义上讲，上述被下载频次排序前10位的论文可以认为是我国目前在“网络舆情应用研究”方面参考价值最大的论文文献。

6. 我国网络舆情研究期刊论文的载体分析

统计结果显示，截至2013年年底，我国刊载9篇以上以“网络舆情”为主题的论文的期刊有40种①。依载文量排序，前10名的期刊详见表1—4。

① 中国知网（CNKI），2014年3月6日。

表1—4　　我国刊载以“网络舆情”为主题的论文排序前10名的期刊

排序	载文量	期刊名称	主办单位	出版刊期
1	80	《情报杂志》	陕西省科学技术信息研究所	月刊
2	44	《电子政务》	中国科学院文献情报中心	月刊
3	39	《青年记者》	大众报业集团、山东省新闻工作者协会、山东省新闻学会	半月刊
4	33	《法制与社会》	云南省人民调解员协会	旬刊
5	27	《现代情报》	中国科技情报学会、吉林省科技信息研究所	月刊
6	20	《学理论》	哈尔滨市社会科学院	旬刊
6	20	《情报科学》	中国科学技术情报学会、吉林大学	月刊
6	20	《新闻爱好者》	河南日报报业集团	月刊
9	19	《中国报业》	中国报业协会	半月刊
10	18	《信息网络安全》	公安部第三研究所、中国计算机学会计算机安全专业委员会	月刊
10	18	《人民论坛》	人民日报社	旬刊
10	18	《新闻传播》	黑龙江省新闻工作者协会、黑龙江日报报业集团、黑龙江新闻研究所	月刊

资料来源：中国知网，2014年3月6日。

分析表1—4可知，现阶段我国刊载“网络舆情研究”论文“集聚度”最高的前10名的12种期刊中，情报信息类和新闻报业类的各有4种，政治法律类的有3种，社会科学综合类的有1种。这从一个视角说明，目前我国“网络舆情研究”的热点领域主要集中在情报信息、新闻报业及政治法律等学科。

7. 我国网络舆情研究的论文作者及其单位分析

据统计，截至2013年年底，在国内期刊上发表8篇以上以“网络舆情”为主题的论文作者共有 15 人。[①] 具体详见表 1—5。

表 1—5 在国内期刊上发表 8 篇以上以“网络舆情”为主题的论文作者

排序	作者姓名	作者单位	发表论文数量
1	兰月新	中国人民武装警察部队学院	20
2	曾润喜	华中科技大学公共管理学院	19
3	王国华	华中科技大学公共管理学院	17
4	姜胜洪	天津社会科学院舆情研究所	12
5	李欲晓	北京邮电大学人文学院	9
5	曹树金	中山大学资讯管理学院	9
5	陈福集	福州大学公共管理学院	9
5	陈　越	解放军信息工程大学电子技术学院	9
9	李祥洲	中国农业科学院农业质量标准与检测技术研究所	8
9	康亚丽	中国农业科学院农业质量标准与检测技术研究所	8
9	李弼程	解放军信息工程大学信息工程学院	8
9	张丽红	天津社会科学院舆情研究所	8
9	徐晓林	华中科技大学公共管理学院	8
9	郭林宇	中国农业科学院农业质量标准与检测技术研究所	8
9	戚亚梅	中国农业科学院农业质量标准与检测技术研究所	8

资料来源：中国知网，2014 年 3 月 6 日。

上述作者中，李祥洲、康亚丽、郭林宇、戚亚梅等学者作为一个研究集体，共同研究了“农产品质量安全网络舆情监测”的课题，产生了一系列研究成果，体现了集体攻关的效应，可谓我国“农产品质量安全网络舆情监测”研究领域的优秀集体。其他 11 位作者可谓我国现阶段“网络舆情研究”的核心作者群体。

---

① 中国知网（CNKI），2014 年 3 月 6 日。

另外，从我国目前“网络舆情研究”的单位状况分析，截至 2013 年年底，在国内期刊上发表有关“网络舆情研究”论文数量排名前 10 位的单位依次是[①]：

（1）华中科技大学：共发表论文 64 篇；

（2）中国人民武装警察部队学院：共发表论文 39 篇；

（3）解放军信息工程大学：共发表论文 37 篇；

（4）天津社会科学院舆情研究所：共发表论文 36 篇；

（5）中国人民大学：共发表论文 28 篇；

（5）中国人民公安大学：共发表论文 28 篇；

（7）南京政治学院：共发表论文 27 篇；

（8）北京邮电大学：共发表论文 22 篇；

（8）福州大学：共发表论文 22 篇；

（10）南京邮电大学：共发表论文 21 篇。

上述排序数据表明，目前我国“网络舆情研究”最具实力的单位主要集中在 6 所高校、2 所军队院校、1 所公安大学和 1 所社科院。党政系统、公共管理系统、新闻媒体系统等与“网络舆情”有着直接关联的研究部门，未能跻身于“最具实力”行列之中，略显遗憾。

第三节　我国网络舆情研究学位论文计量分析

学位论文是高等学校、科研机构的毕业生为获得各级学位所撰写的论文，具有选题新颖、理论性、系统性较强、阐述详细等特点，是学术研究成果的主要组成部分。尤其是博士论文和优秀的硕士论文，在一定程度上代表着高校或专业研究机构的高层次教育及科研实践的水平，因此，分析某一学科领域的学位论文状况，是探讨该领域研究现状不可或缺的路径之一。

---

① 中国知网（CNKI）2014 年 3 月 6 日。

一　我国“网络舆情研究”博士论文计量分析

1. 我国网络舆情研究博士论文的数量及增长情况分析

较之学士论文、硕士论文，博士论文具有更高的学术价值，对学科的发展具有重要的推动作用。自2006年我国第一篇“网络舆情研究”博士论文问世以来，到2013年底，我国已经产生了40篇“网络舆情研究”博士论文，就其增长数量来看，总体呈现出上升的趋势（详见表1—1、图1—2）。

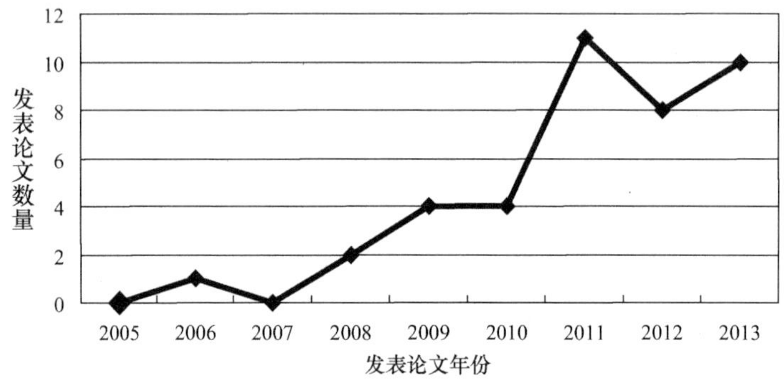

图1—2　我国以“网络舆情”为主题的博士论文数量增长情况示意

从图1—2可以看出，我国“网络舆情研究”博士论文数量的增长历程，大体可分为三个阶段。

（1）2006—2007年为“新生期”阶段。这一阶段有南京师范大学叶战备博士题为《权力制约视角下的舆论监督》的论文应运而生。该博士论文在全面探讨舆论监督的独特功能及其相关理论的基础上，系统研究了网络舆论监督的机制、舆情监督机制、舆论监督与其他监督的配合机制以及舆论监督的调控机制等与“网络舆情”相关的理论与实践问题①，可谓我国“网络舆情研究”博士论文的开山之作。此阶段虽仅有区区一篇论文问世，但其在我国高等院校顶级研究领域里添加“新丁”的开创性意

① 叶战备：《权力制约视角下的舆论监督》，载中国知网“中国博士学位论文全文数据库”，2014年3月11日。

义，是不容忽视的——从某种意义上讲，开启了我国有关“网络舆情”研究的系统化、深层次进展之旅。

（2）2008—2010年为“成长期”阶段。这一阶段的博士论文数量有了明显的增长，研究内容亦有了重大拓展——年均发表博士论文3.33篇，研究内容涉及网络舆情的形成与发展、执政党能力建设与舆论引导机制、网络舆情传播模型、突发事件网络舆情政府治理、高校学生网络舆情分析与引导机制以及网络舆论传播中的若干算法等诸多领域。[①] 这一阶段的10篇博士论文问世，标志着“网络舆情研究”已经步入我国高等学府的顶级研究层次。

（3）2011—2013年为“成熟期”阶段。这一阶段的博士论文数量增长可谓“突飞猛进”，并且连续维持在“较多”档位上——年均发表博士论文达到了9.66篇，约为第二阶段的3倍，且每年发表博士论文的数量保持在8篇以上。[②] 从研究内容上看，这一阶段的博士论文进一步拓展了“网络舆情研究”之领域——既有“互联网舆情分析技术”“网络文本挖掘技术”之类的前沿技术研究，又有诸如“群体极化中的网络谣言传播”“网络用户偏好分析及话题趋势预测”等深层次具体化的理论分析[③]，凸显了我国高校对于“网络舆情研究”的相对成熟之特点。

2. 我国网络舆情研究博士论文的学科专业分析

截至2013年年底，我国网络舆情研究博士论文共涉及14个学科专业。[④] 其中既有社会科学部类的具体专业，亦有自然科学及技术科学部类的具体专业。在所有40篇博士论文中，按学科专业排序前5位的是：

（1）马克思主义理论与思想政治教育：共发表博士论文7篇；

（2）管理科学与工程：共发表博士论文7篇；

（3）通信与信息系统：共发表博士论文6篇；

（4）计算机应用系统：共发表博士论文4篇；

（5）计算机软件与理论：共发表博士论文3篇。

---

① 中国知网（CNKI）：中国博士学位论文全文数据库，2014年3月11日。

② 见表1—1。

③ 中国知网（CNKI）：中国博士学位论文全文数据库，2014年3月11日。

④ 同上。

上述五个学科发表的“网络舆情研究”博士论文27篇，占博士论文总数的67.50%。也就是说，从2006年我国第一篇“网络舆情研究”博士论文问世，到2013年年底，在涉及14个学科专业的40篇博士论文中，约有七成属于马克思主义理论与思想政治教育、管理科学与工程、通信与信息系统、计算机应用系统、计算机软件与理论学科，其中有三成以上的博士论文属于纯自然科学及技术科学。反映出现阶段我国“网络舆情”的高层次研究领域中，社会科学与自然科学（含技术科学）互为支撑、共同发展的良好势头。

3. 我国网络舆情研究博士论文的被引频次分析

在截至2013年年底，我国发表的40篇网络舆情研究博士论文中，被引用频次排序前10位的论文见表1—6。

表1—6　我国网络舆情研究博士论文中被引频次最高的10篇论文

排序	博士论文题目	作者	博士学位授予单位	导师	被引频次
1	突发事件网络舆情政府治理研究	马　荔	北京邮电大学	孙启明	38
2	突发事件网络舆情演变研究	方付建	华中科技大学	王国华	30
3	网络舆论研究	桑　丽	中共中央党校	段若鹏	18
4	互联网舆情的形成发展与引导管理研究	纪　红	华中科技大学	张子刚	17
5	高校学生网络舆情分析及引导机制研究	王灵芝	中南大学	胡　凯	16
5	关于网络舆论演进的若干问题研究	朱国东	北京交通大学	何德全 刘　云	16
7	和谐社会的舆论环境研究	李晓平	中共中央党校	段若鹏	14
8	中国共产党执政能力建设与舆论引导机制研究	郭超海	中共中央党校	张晓燕	12
9	社交网络服务中信息传播模式与舆论演进过程研究	张彦超	北京交通大学	刘　云	11
10	网络舆论传播中若干算法的研究	张　立	北京交通大学	刘　云	10

资料来源：中国知网，2014年3月11日。

分析表1—6可以看出，被引用频次最高的前10篇博士论文中，研究内容较为集中的是“突发事件网络舆情”“网络舆情的引导机制”，这从一个视角反映出我国现阶段网络舆情研究的高层次成果的“聚焦点”所在。此外，在被引用频次最高的前10篇博士论文中，来自中共中央党校和北京交通大学的各有3篇，来自华中科技大学的有2篇，这三个单位的博士论文占据了被引用频次最高的前10篇论文的80%，显现出其在“网络舆情”领域的高层次教学与研究处于全国顶级水平。尤其是北京交通大学的刘云教授、中共中央党校的段若鹏教授指导下的博士论文分别有3篇和2篇进入了被引用频次前10名之列，可谓这一领域最优秀的博士生导师。

4. 我国网络舆情研究博士论文的被下载频次分析

在40篇网络舆情研究博士论文中，按被下载频次排序，前10篇论文的详情见表1—7。

表1—7　我国网络舆情研究博士论文中被下载频次最高的10篇论文

排序	博士论文题目	作者	博士学位授予单位	导师	被下载频次
1	突发事件网络舆情演变研究	方付建	华中科技大学	王国华	7521
2	突发事件网络舆情政府治理研究	马　荔	北京邮电大学	孙启明	7281
3	群体性事件的网络舆情及其治理模式与机制研究	常　锐	吉林大学	宋宝安	6317
4	突发性公共危机事件与网络舆情作用机制研究	张一文	电子科技大学	齐佳音	4215
5	高校学生网络舆情分析及引导机制研究	王灵芝	中南大学	胡　凯	3477
6	权力制约视角下的舆论监督	叶战备	南京师范大学	金太军	3339
7	基于复杂网络的舆情传播模型研究	潘　新	大连理工大学	邓贵仕	3331
8	网络舆论研究	桑　丽	中共中央党校	段若鹏	3299
9	社交网络服务中信息传播模式与舆论演进过程研究	张彦超	北京交通大学	刘　云	3268
10	和谐社会的舆论环境研究	李晓平	中共中央党校	段若鹏	3030
以上10篇论文的被下载频次合计					45078

资料来源：中国知网，2014年3月11日。

由表1—7可知，我国网络舆情研究博士论文中被下载频次最高的10篇论文中，从研究的主题内容看，前4篇均为“突发事件”或“群体性事件”的网络舆情研究，这4篇博士论文被下载频次共计25334次，篇均被下载频次高达6334次。反映出广大读者对于有关社会危机类网络舆情研究系统化、高层次成果的关注度最高，认为此类成果的“可用性”最强。由此也可以将此类主题看作我国目前在网络舆情研究领域中的“焦点”所在。此外，有关网络舆情传播模式研究的2篇博士论文，也进入了被下载频次最高的10篇论文之列，反映出“网络舆情传播”亦是我国目前在网络舆情研究领域中的“热点”之一。最后，通过综合分析表1—6和表1—7，可以看出，华中科技大学的王国华、中共中央党校的段若鹏、北京交通大学的刘云、北京邮电大学的孙启明、中南大学的胡凯等教授，是现阶段我国网络舆情研究领域中最优秀的博士生导师。

5. 我国网络舆情研究博士论文的学位授予单位分析

截至2013年年底，我国发表的40篇网络舆情研究博士论文分别来自21所高校以及中共中央党校、国防科技大学、中国科学院研究生院等教学科研单位。

其中发表网络舆情研究博士论文最多的是北京交通大学（共有6篇），其次是吉林大学和中共中央党校（各有3篇）。此外华中科技大学、北京邮电大学、中南大学、江西财经大学、中央民族大学、国防科技大学、大连理工大学7所大学，各发表博士论文2篇。上述10家教育与研究单位，可以看做是我国目前在“网络舆情研究”领域培养高层次人才和从事深层次研究的核心机构。

二 “网络舆情”研究优秀硕士论文计量分析

硕士论文是作者在广泛而深入地掌握某一学科专业基础知识的基础上，在导师的指导下，经过系统探索与分析而撰写出的具有新的独立见解，具有较好的科学价值，具有一定深度之专业内容的学位论文。尤其是优秀的硕士论文，具有构建良好、完整的知识体系，体现作者独立的思考和见解，进而体现着一定的学术或应用价值。因此，我们将研究优秀硕士论文作为此次全面系统地分析我国“网络舆情”研究文献状况的对象之一。

1. 我国网络舆情研究优秀硕士论文的数量及增长情况分析

据统计，我国有关“网络舆情”研究的优秀硕士论文最早问世于2006年，截至2013年，该研究领域共产生了542篇优秀硕士论文。① 此类优秀硕士论文的增长历程详见图1—3。

分析表1—1和图1—3可以看出，我国有关“网络舆情”研究的优秀硕士论文增长历程大体分为以下三个阶段。

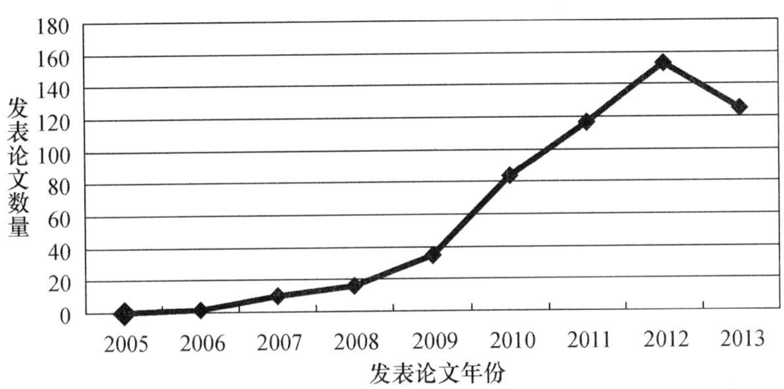

图1—3　我国以“网络舆情”为主题的优秀硕士论文数量增长情况示意

（1）2006—2009年为起步阶段。此阶段共产生了63篇优秀硕士论文，年均15.75篇。无论是年产生论文数量还是论文的年增长率，均处于相对缓慢的增长态势。

（2）2010—2011年为高速增长阶段。此阶段共产生篇优秀硕士论文201篇，年均100.5篇。这一阶段的优秀硕士论文总数是“起步阶段”的3.19倍，年均优秀硕士论文数量是“起步阶段”的6.38倍，其“高速增长”的态势十分明显。

（3）2012—2013年为稳定增长阶段。此阶段共产生篇优秀硕士论文

① 中国知网（CNKI）：中国优秀硕士学位论文全文数据库，2014年3月6日。

278篇，年均139篇。其中2013年为125篇，略少于上一年，但还是高于2011年。所以说，这一阶段是我国“网络舆情”研究优秀硕士论文数量在相对较高水准上的稳定增长期。这也从特定的视角反映出“网络舆情”研究目前在我国仍然具有“显学”特征。

2. 我国网络舆情研究优秀硕士论文的学科专业分析

截至2013年年底，我国网络舆情研究优秀硕士论文共涉及37个学科专业①。其中既有社会科学部类的具体专业，亦有自然科学及技术科学部类的具体专业。在所有542篇优秀硕士论文中，按学科专业排序前5位的是：

（1）行政管理学：共发表优秀硕士论文84篇；

（2）计算机应用技术：共发表优秀硕士论文60篇；

（3）马克思主义理论与思想政治教育：共发表优秀硕士论文56篇；

（4）计算机软件与理论：共发表优秀硕士论文52篇；

（5）新闻学：共发表优秀硕士论文43篇；

（5）传播学：共发表优秀硕士论文43篇。

上述学科合计发表“网络舆情研究”优秀硕士论文338篇，占优秀硕士论文总数的64.50%。这就是说，在“网络舆情研究”优秀硕士论文所涉及的37个学科领域中，论文数量排名前5位（含并列）的行政管理学、计算机应用技术、马克思主义理论与思想政治教育、计算机软件与理论、新闻学、传播学等学科的论文占了六成以上。表明这几个学科是目前我国高校“网络舆情研究”集聚度较高的重点学科领域。

3. 我国网络舆情研究优秀硕士论文的被引频次分析

经统计，截至2013年年底，我国发表的542篇网络舆情研究优秀硕士论文中，被引用频次前10位的论文分别来自8所高校。具体见表1—8。

---

① 中国知网（CNKI）：中国优秀硕士论文全文数据库，2014年3月11日。

表1—8　我国网络舆情研究优秀硕士论文中被引频次最高的10篇论文

排序	优秀硕士论文题目	作者	硕士学位授予单位	导师	被引频次
1	网络舆情对政府形象的影响及应对策略研究	秦微琼	上海交通大学	谢海光	51
2	我国突发公共事件的网络舆情研究	唐喜亮	电子科技大学	杨　军	43
3	危机管理视角的网络舆情监管研究	程传超	兰州大学	王怀诗 沙勇忠	34
4	网络舆情监控的热点发现算法研究	郑　军	哈尔滨工程大学	杨永田	31
5	网络舆论对我国公共决策的影响研究	靳德涛	河南大学	刘华涛	30
6	新媒体在政府公关中的运用研究	王方群	上海交通大学	蒋　宏	27
7	网络舆论对我国行政行为的影响力研究	刘　翔	上海交通大学	谢海光	25
8	我国网络舆情安全评估指标体系研究	戴　媛	北京化工大学	姚　飞	24
8	网络舆情热点发现的研究	杨　梅	北京交通大学	刘　云	24
10	网络舆情与公共事件关系研究	黄成军	重庆大学	吕　屏	22

资料来源：中国知网，2014年3月11日。

由表1—8可知，目前我国网络舆情研究优秀硕士论文中被引频次最高的10篇论文中，有关“网络舆情与公共事件”“网络舆情热点发现及其分析”“网络舆情与公共决策或政府形象”等具体内容的有8篇，从一定意义上反映了我国现阶段“网络舆情研究”的焦点、热点问题所在。此外，就此方面的硕士论文质量而言，上海交通大学以其在被引频次最高的10篇论文中居有3篇而特别引人注目，与之相应，该校的谢海光教授亦以其指导的2篇论文跻身于被引频次最高的10篇优秀硕士论文，而成为这一领域硕导的佼佼者。

4. 我国网络舆情研究优秀硕士论文的被下载频次分析

经统计，截至2013年年底，我国发表的542篇网络舆情研究优秀硕士论文中，按被下载频次排序前10篇的论文分别来自9所高校。具体见表1—9。

表1—9　我国网络舆情研究优秀硕士论文中被下载频次最高的10篇论文

排序	优秀硕士论文题目	作者	硕士学位授予单位	导师	被下载频次
1	我国突发公共事件的网络舆情研究	唐喜亮	电子科技大学	杨　军	4327
2	新浪微博的网络舆情分析研究	张岚岚	华东师范大学	秦春荣	4236
3	新媒体在政府公关中的运用研究	王方群	上海交通大学	蒋　宏	3912
4	网络舆情对政府形象的影响及应对策略研究	秦微琼	上海交通大学	谢海光	3453
5	基于用户行为及关系的社交网络节点影响力评价	康书龙	北京邮电大学	张　闯	3304
6	网络舆情对公共政策的影响	郭昭如	复旦大学	唐贤兴	3170
7	网络媒体在政府危机公关中的应用研究	张　晴	中国地质大学	曾　伟	2811
8	危机管理视角的网络舆情监管研究	程传超	兰州大学	王怀诗 沙勇忠	2526
9	网络舆情监控的热点发现算法研究	郑　军	哈尔滨工程大学	杨永田	2448
10	网络舆情热点发现的研究	杨　梅	北京交通大学	刘　云	2335
以上10篇论文的被下载频次合计					32522

资料来源：中国知网，2014年3月11日。

表1—9显示，在我国网络舆情研究优秀硕士论文中被下载频次最高的10篇论文中，被下载频次共计32522次，篇均被下载频次为3252.2次，可见其在学术界的影响力及其社会效应还是十分明显的。从研究的具体内容看，被下载频次最高的10篇优秀硕士论文中，研究“网络舆情与政府关系”的有4篇，研究“网络舆情热点发现”的有2篇，反映出高等院校中较高层次学位论文的社会关注度之“聚

焦”点所在。此外，通过分析表1—8、表1—9可知，上海交通大学的谢海光和蒋宏教授、电子科技大学的杨军教授、兰州大学的王怀诗和沙勇忠教授、哈尔滨工程大学的杨永田教授、北京交通大学的刘云教授等辅导的论文，均双双入选“被引频次”和“被下载频次”前10位的优秀硕士论文，毋庸置疑是我国这一领域最优秀的硕士生导师。

5. 我国网络舆情研究优秀硕士论文的学位授予单位分析

截至2013年年底，我国发表的542篇网络舆情研究优秀硕士论文分别来自50余所高校以及中共中央党校、国防科技大学等教育与科研单位。其中，发表优秀硕士论文数量排序前10位的单位为：

（1）电子科技大学：共发表优秀硕士论文37篇；

（2）北京邮电大学：共发表优秀硕士论文23篇；

（3）哈尔滨工业大学：共发表优秀硕士论文18篇；

（4）北京交通大学：共发表优秀硕士论文17篇；

（5）山东大学：共发表优秀硕士论文16篇；

（5）郑州大学：共发表优秀硕士论文16篇；

（7）上海交通大学：共发表优秀硕士论文15篇；

（7）吉林大学：共发表优秀硕士论文15篇；

（9）复旦大学：共发表优秀硕士论文14篇；

（10）国防科技大学：共发表优秀硕士论文13篇。

上述10家教育与研究单位，可以看作我国目前在“网络舆情研究”领域培养较高层次人才和从事较深层次研究的核心机构。

第四节　我国网络舆情研究国家基金项目计量分析

国家社会科学基金项目是我国社会科学领域的顶级研究课题设置，对于推动哲学社会科学为党和国家工作大局服务、为社会主义文化大发展大繁荣服务具有重要的导向性、权威性和示范性作用。

国家自然科学基金是我国自然科学领域的顶级研究课题设置，对于实施科教兴国、人才强国和可持续发展三大战略，迅速提高我国的自主创新能力，推进创新型国家建设，同样具有重要的导向性、权威性和示范性作用。

据统计，截至2013年，我国在网络舆情研究领域共计立项43项国家社会科学基金项目①，截至2014年，共有25项国家自然科学基金项目立项②。下面分别对这两大部类的国家基金项目的课题立项情况进行计量统计与分析。

一 我国网络舆情研究国家社会科学基金项目计量分析

2008年，“网络舆情研究”作为我国国家社会科学基金研究项目正式立项。自此至2013年，已经连续五年均有这一专题的研究项目立项。具体的立项数量及其增长情况，详见表1—1、图1—4。

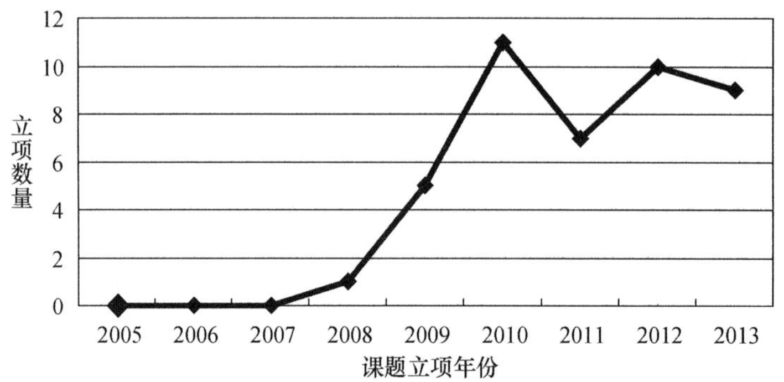

图1—4 我国“网络舆情研究”国家社会科学基金项目立项数量及增长情况示意

分析表1—1、图1—4可以看出，我国“网络舆情研究”国家社会科学基金项目立项数量的增长历程，大体经历了两个阶段。

其一，急剧增长阶段。2008—2010年的3年中，有关“网络舆情研究”的国家社会科学基金立项项目数量，由最初的1项继而增长到5项再而增长到11项，可谓“呈几何级数”增长。显现了国家层面对于

---

① 全国家哲学社会科学规划办公室：国家社科基金项目数据库，2014年3月15日。

② 国家自然科学基金委员会：国家自然科学基金项目查询与分析系统，2014年3月15日。

“网络舆情研究”的重视并期待着一系列成果的产生。

其二，在相对高数量基础上的平稳发展期。2011—2013 年的三年中，有关“网络舆情研究”的国家社会科学基金立项数量大致在 7—10 篇，年均立项 8.67 项，处在相对较高的数量上，其增长曲线保持着较为稳定的发展势态。反映出“网络舆情研究”在国家层面上步入了较为成熟的发展期。

截至 2013 年，在已经立项的 43 项“网络舆情研究”国家社会科学基金项目中，共涉及 10 个学科①，体现了“网络舆情”的多学科特性，也体现着国家层面对于“网络舆情”的多学科、多视角研究成果的期待。其中，立项较多的学科为：

（1）图书馆学、情报学 13 项；

（1）新闻学与传播学 13 项；

（3）政治学 4 项；

（3）管理学 4 项。

在 43 项“网络舆情研究”国家社会科学基金项目中，与少数民族地区网络舆情有直接关联的项目共 7 项，体现了国家层面对于少数民族地区网络舆情理论与现实问题的关注和重视。这方面的国家社会科学基金立项情况，详见表 1—10。

表 1—10　与少数民族地区网络舆情有直接关联的国家社会科学基金立项项目

项目批准号	项目类别	学科分类	项目名称	项目负责人	项目负责人所属单位
10BTQ045	一般项目	图书馆、情报与文献学	维吾尔语的网络舆情信息自动获取与分析方法研究	禹龙	新疆大学

① 国家社会科学规划办公室：国家社科基金项目数据库，2013 年 11 月 5 日。

续表

项目批准号	项目类别	学科分类	项目名称	项目负责人	项目负责人所属单位
11BTQ029	一般项目	图书馆、情报与文献学	民族地区突发事件的网络舆情研判及宏观预警研究	阿斯哈尔·吐尔逊	新疆财经大学
12BZZ017	一般项目	政治学	少数民族地区应对与化解网络舆情危机策略研究	梁春阳	中共宁夏回族自治区区委党校
12BTQ056	一般项目	图书馆、情报与文献学	云计算时代民族地区网络舆情监控与疏导研究	张建华	西南民族大学
12XKS038	西部项目	马列·科社	新疆高校思想政治教育网络舆情研究	张秀红	新疆师范大学
13BXW033	一般项目	新闻学	边疆民族地区网络舆情传播及其政府治理机制研究	刘建华	内蒙古科技大学
13CTQ026	青年项目	图书馆、情报与文献学	西北地区民族宗教问题网络舆情危险辨识与引导机制研究	胡圣方	甘肃省社会科学院

资料来源：国家社会科学规划办公室网站“国家社科基金项目数据库”，2013 年 11 月 5 日。

二　我国网络舆情研究国家自然科学基金项目计量分析

同样，2008 年，“网络舆情研究”作为我国国家自然科学基金研究项目正式立项。截至 2014 年，已经连续六年均有这一专题的研究项目立项。具体的立项数量及其增长情况，详见表 1—1、图 1—5。

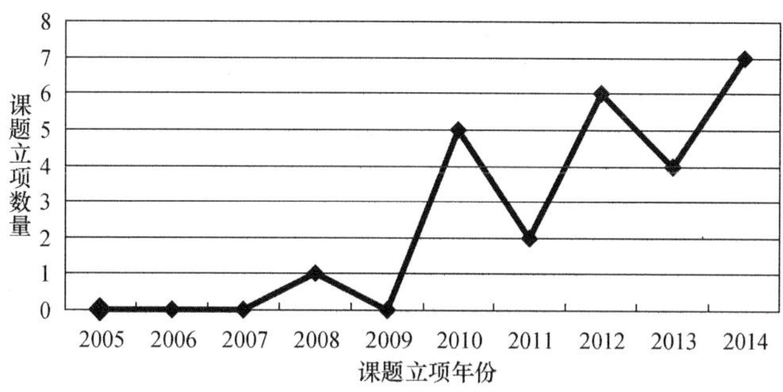

图 1—5　我国“网络舆情研究”国家自然科学基金项目立项数量增长情况示意

由表 1—1、图 1—5 可知，我国“网络舆情研究”的国家自然科学基金项目立项数量增长曲线总体上是呈明显的上升态势。其中，2010 年、2012 年、2014 年为立项数量相对较高的年份。总体而言，2008—2014 年的 6 年间，年均立项 4.17 项，而 2014 年的立项数则是历年平均数的 1.68 倍，上升的势头较为明显。

在已经立项的 25 项“网络舆情研究”国家自然科学基金项目中，涉及的学科集中在信息科学与管理科学方面。其中与少数民族地区网络舆情有直接关联的项目共 4 项（见表 1—11）。

表 1—11　与少数民族地区网络舆情有直接关联的国家自然科学基金立项项目

代码	项目名称	负责人	依托单位	起始时间
F030504	基于群体智能涌现的藏文网络舆情分析及突发事件预警机制研究	格桑多吉	西藏大学	2012—01
F0207	多种语言文字环境下结合内容审计的网络舆情监测技术研究	努尔布力	新疆大学	2012—01
F0207	云南跨境民族网络舆情信息挖掘关键技术研究	王嘉梅	云南民族大学	2014—01
G0310	蒙、汉双语的公共危机事件网络舆情管理体系研究	赵岩	内蒙古工业大学	2014—01

资料来源：国家自然科学基金项目查询与分析系统，2014 年 3 月 15 日。

第五节 我国网络舆情危机研究文献计量分析

“网络舆情危机”作为“网络舆情”的子领域，其研究文献已包含在“网络舆情研究”之中。为了对此专题研究的文献状况有更加深入具体的了解，在此，我们通过我国权威的文献检索系统，进行量化统计与分析。

一 我国网络舆情危机研究成果概述

本课题组于2014年3月初，以“网络舆情危机”为主题词分别键入CNKI中的“中国学术期刊网络出版总库”“中国博士学位论文全文数据库”“中国优秀硕士学位论文全文数据库”进行了“精确”检索。与此同时，也进入全国哲学社会科学规划办公室网站“国家社科基金项目数据库”检索系统，对我国有关网络舆情危机研究的课题立项情况进行了全面的回溯检索。

据对检索结果的统计，截至2013年年底，我国发表以“网络舆情危机”为主题的期刊论文共有159篇，通过论文答辩的博士论文2篇、优秀硕士论文38篇，获准国家社会科学基金项目立项的课题共有2项。这些研究成果及立项课题，从文献的视角基本反映了我国“网络舆情危机”研究自始至今的成果所在。上述各类不同文献载体的研究成果数量情况，详见表1—12。

表1—12 我国以“网络舆情危机”为主题的各类文献载体研究成果数量统计

文献载体＼年份	2008	2009	2010	2011	2012	2013	合计
期刊论文（篇）		8	20	38	47	46	159
博士论文（篇）				1		1	2
优秀硕士论文（篇）	1	—	5	3	17	12	38

续表

年份 文献载体	2008	2009	2010	2011	2012	2013	合计
国家社会科学基金立项（项）		1			1		2

资料来源：

1. 中国知网“中国期刊全文数据库”，2014 年 3 月 16 日；
2. 中国知网“中国博士论文全文数据库”，2014 年 3 月 16 日；
3. 中国知网“中国优秀硕士论文全文数据库”，2014 年 3 月 16 日；
4. 国家社科基金项目数据库，2014 年 3 月 15 日。

二　我国网络舆情危机研究期刊论文计量分析

在此，我们就我国网络舆情危机研究的期刊论文数量及增长情况、学科类别、研究层次、被引频次、被下载频次，以及论文的载体、作者、作者单位诸方面进行量化分析。

1. 我国网络舆情危机研究的期刊论文数量及增长情况分析

表 1—12 显示，我国网络舆情危机研究发表的期刊论文始于 2009 年，至今只有五年多的历程，其发表论文的数量已从最初的 8 篇增长到目前的 159 篇，五年间我国网络舆情危机研究的期刊论文成果增长了近 20 倍。其具体的增长进程详见表 1—12 和图 1—6。

分析表 1—12 和图 1—6 可以看出，我国网络舆情危机研究论文的增长历程大体呈现出两个阶段。

其一，较快增长阶段。2009—2012 年的四年间，有关网络舆情危机研究的期刊论文由最初的 8 篇/年增长到 47 篇/年，这四年间的论文数量增长了 6 倍，平均每年增长 1.5 倍，显示出了较快的增速。这种状况也反映了我国网络舆情危机研究从起步到相对成熟，是在很短的时期内完成的。

其二，相对稳定阶段。2012 年以后，我国网络舆情危机研究的论文数大体保持在 45 篇以上，形成了较为平稳的增长曲线，反映出我国在这一领域的研究开始进入相对成熟的稳步发展时期，这种发展态势将会在今后相当长的时间内保持下去。此种状况也预示着我

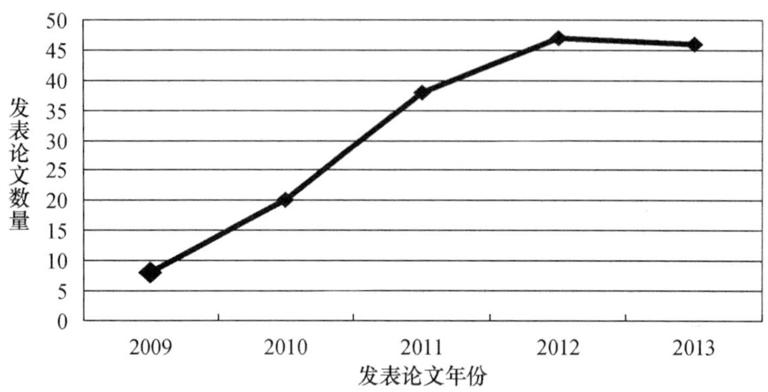

图1—6 我国“网络舆情危机研究”的期刊论文数量增长情况示意

国有关网络舆情危机的研究已经进入了“深层次、高质量”的发展阶段。

2. 我国网络舆情危机研究的期刊论文的学科类别及研究层次分析

据统计，截至2013年年底，我国国内期刊发表的159篇网络舆情危机研究论文共涉及21个具体学科，其中发表10论文篇以上的有5个学科。① 按发表论文数量排序如下（有学科间互为交叉的情况，因而总篇数会超过159篇）。

（1）新闻与传媒：共发表论文104篇；

（2）行政学及国家行政管理：共发表论文22篇；

（3）高等教育：共发表论文19篇；

（4）诉讼法与司法制度：共发表论文18篇；

（5）公安：共发表论文12篇。

上述5个学科发表的论文数（含学科间互为交叉的情况）占全部论文的90%以上，可以认为是目前我国网络舆情危机研究论文的“集聚”学科，或曰我国网络舆情危机研究论文的“高产学科”。

另据统计，截至2013年年底，我国网络舆情危机研究的159篇论文

① 中国知网（CNKI）：中国期刊全文数据库，2014年3月16日。

中，属于社会科学基础研究的有105篇，占论文总数的66%；属于行业指导、政策研究的有35篇，占论文总数的22%。三类合计，其论文数量的比重接近90%。说明目前我国网络舆情危机研究的论文绝大多数为社会科学基础研究、行业指导、政策研究层次，有关自然科学、技术科学层次的还很少。

3. 我国网络舆情危机研究的期刊论文作者与机构情况分析

据统计，截至2013年年底，在我国网络舆情危机研究的论文作者中，发表3篇以上论文的有3人（含合著者）：勒中坚发表论文6篇；丁菊玲发表论文6篇；张玉强发表论文3篇。在发表网络舆情危机研究论文的机构中，发表3篇以上论文的5家：华中科技大学8篇；江西财经大学6篇；中国人民武装警察部队学院6篇；天津社会科学院舆情研究所4篇；中国人民大学4篇；广东海洋大学3篇[①]。上述作者、机构，可谓我国目前网络舆情危机研究的核心作者、核心机构之一。

4. 我国网络舆情危机研究的期刊论文的被引频次、被下载频次、刊文载体分析

统计数据表明，截至2013年年底，我国网络舆情危机研究的论文中，被引频次超过10次以上的有4篇，被下载频次超过100次以上的有8篇，详见表1—13、表1—14。

表1—13　我国网络舆情危机研究期刊论文中被引频次超过10次的论文

论文题目	作者	发表刊物	发表刊期	被引频次
网络舆情突发事件预警系统、指标与机制	曾润喜 徐晓林	情报杂志	2009（11）	89
网络舆情突发事件预警指标体系构建	曾润喜	情报理论与实践	2010（01）	52

① 中国知网（CNKI）：中国期刊全文数据库，2014年3月16日。

续表

论文题目	作者	发表刊物	发表刊期	被引频次
基于观点树的网络舆情危机预警方法	丁菊玲 勒中坚	计算机应用研究	2011（09）	11
定量网络舆情危机预警模型构建	丁菊玲 勒中坚 薛圈圈	图书情报工作	2011（20）	11

资料来源：中国知网：中国期刊全文数据库，2014 年 3 月 16 日。

表 1—14　我国网络舆情危机研究论文中被下载频次超过 100 次的论文

论文题目	作者	发表刊物	发表刊期	被下载频次
网络舆情突发事件预警系统、指标与机制	曾润喜 徐晓林	情报杂志	2009（11）	3103
网络舆情突发事件预警指标体系构建	曾润喜	情报理论与实践	2010（01）	2495
突发网络舆情危机事件政府回应研究——基于案例的分析	方付建 汪　娟	北京理工大学学报（社会科学版）	2012（03）	665
网络舆情危机中政府形象修复的影响维度与路径选择	李华君	现代传播（中国传媒大学学报）	2013（05）	622
定量网络舆情危机预警模型构建	丁菊玲 勒中坚 薛圈圈	图书情报工作	2011（20）	495
涉腐网络舆情监测干预的现状与路径选择	张　廷	情报杂志	2013（05）	439
基于观点树的网络舆情危机预警方法	丁菊玲 勒中坚	计算机应用研究	2011（09）	339
论地方政府如何提升应对网络舆情危机的现代化能力	李　鸣	科技创业月刊	2012（10）	147

资料来源：中国知网“中国期刊全文数据库”，2014 年 3 月 16 日。

分析表1—13、表1—14可知，由曾润喜、徐晓林撰写的《网络舆情突发事件预警系统、指标与机制》、曾润喜撰写的《网络舆情突发事件预警指标体系构建》两篇论文，都居于我国“网络舆情危机”研究被引频次、被下载频次的前两位，且数据高于第三名数倍，反映出这两篇论文及其作者在我国“网络舆情危机”研究领域中的“领军”地位。当然，表1—13和表1—14中的其他论文及其作者亦在我国目前“网络舆情危机”研究领域中有着“核心论著”“核心作者”的地位。

另据统计，截至2013年年底，我国共发表的159篇“网络舆情危机”研究论文分别来自38种期刊，其中刊载3篇以上论文的期刊有7种，详见表1—15。

表1—15 我国刊载以“网络舆情危机”为主题的论文3篇以上的期刊

排序	载文量	期刊名称	主办单位	出版刊期
1	6	《法制与社会》	云南省法学会	旬刊
2	4	《中国检察官》	国家检察官学院	月刊
3	3	《公安教育》	中国人民公安大学	月刊
3	3	《经济研究导刊》	黑龙江省报刊出版有限公司	旬刊
3	3	《知识经济》	重庆市科协	月刊
3	3	《法制与经济》	广西日报社	半月刊
3	3	《学理论》	哈尔滨市社会科学院	旬刊

资料来源：中国知网“中国期刊全文数据库”2014年3月16日。

由表1—15可知，目前我国刊载“网络舆情危机”研究论文相对较多的期刊，主要集中在政法系统，表明该系统的期刊是“网络舆情危机”研究成果的“聚集性”载体。

三 我国网络舆情危机研究的国家基金项目、学位论文情况分析

截至2013年年底，我国社会科学基金中有关“网络舆情危机研究”的立项项目共有2项（详见表1—16），自然科学基金尚无这方面的立项项目。反映出目前我国在国家层面上的“网络舆情危机”研究系统化成

果还未形成“集群”效应。

表 1—16 与“网络舆情危机”有直接关联的国家社会科学基金立项项目

项目批准号	项目类别	学科分类	项目名称	项目负责人	项目负责人所属单位
09BTQ034	一般项目	图书馆、情报与文献学	面向网络舆情危机预警的观点柔性挖掘方法研究	靳中坚	江西财经大学
12BZZ017	一般项目	政治学	少数民族地区应对与化解网络舆情危机策略研究	梁春阳	中共宁夏回族自治区区委党校

资料来源：国家社科基金项目数据库，2014 年 3 月 15 日。

同样，截至 2013 年年底，我国通过学术答辩的“网络舆情危机研究”博士论文共有 2 篇①：（1）吉林大学刘勃然的《21 世纪初美国网络安全战略探析》（2013 年）；（2）中央民族大学张玉强的《网络舆情危机的政府适度反应研究》（2011 年）。说明我国目前在此方面的高层次系统化成果还不是很多。

相对而言，我国“网络舆情危机研究”硕士论文数量近些年来有了较快增长。据统计，2008—2013 年，这一研究领域的优秀硕士论文共有 38 篇，其具体的增长情况详见表 1—12、图 1—7。

由表 1—12、图 1—7 可知，我国“网络舆情危机研究”的优秀硕士论文增长历程大体为两个阶段。

其一，相对平稳的起步阶段。2008—2011 年的四年间，共产生优秀硕士论文 9 篇，年均 2.25 篇。反映出这一阶段我国较高层次的系统化“网络舆情危机研究”处于起步阶段，每年产生的研究成果相对有限。

其二，急速增长阶段。2012—2013 年的两年间，共产生优秀硕

---

① 中国知网（CNKI）：中国博士论文全文数据库，2014 年 3 月 16 日。

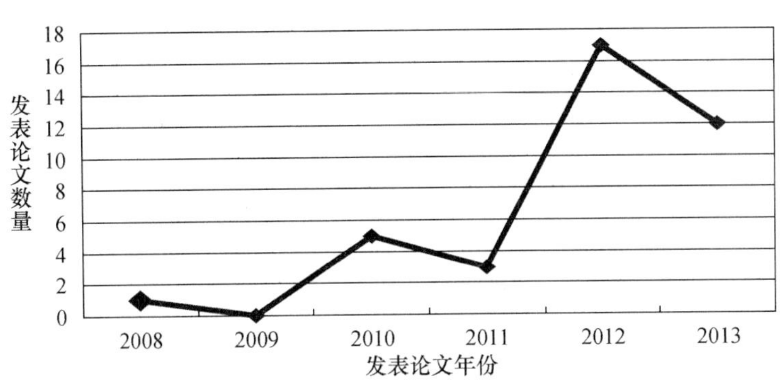

图1—7　我国“网络舆情危机研究”优秀硕士论文数量增长情况示意

士论文29篇，年均14.50篇。优秀硕士论文的总量、年均量分别是前一阶段的3.22倍、6.44倍。反映出这一阶段我国较高层次的系统化“网络舆情危机研究”由起步阶段过渡到了相对快速的发展阶段。

从优秀硕士论文学科类别来看，38篇论文共涉及9个具体学科。其中相对集中的为：(1) 新闻与传媒27篇；(2) 行政学及国家行政管理13篇；(3) 中国政治与国际政治4篇。[①]

从优秀硕士论文的研究层次来看，38篇论文绝大部分集中于“政策研究”和“社会科学基础研究”两个层次上：前者产生了19篇，后者产生了17篇。[②] 二者合计，占“网络舆情危机研究”优秀硕士论文总数的94.74%。

从优秀硕士论文被引频次来看，38篇论文中被引频次最高的是《网络舆情对政府形象的影响及应对策略研究》，被引用了51次；其他被引频次相对较高的论文还有2篇，详见表1—17。

---

① 中国知网（CNKI）：中国优秀硕士论文全文数据库，2014年3月16日。

② 同上。

表 1—17　我国“网络舆情危机研究”优秀硕士论文中被引频次相对较高的论文

排序	优秀硕士论文题目	作者	硕士学位授予单位	导师	被引频次
1	网络舆情对政府形象的影响及应对策略研究	秦微琼	上海交通大学	谢海光	51
2	地方政府应对网络舆情的能力建设研究	周文飞	湖南师范大学	胡穗	7
3	地方政府应对网络舆情的对策研究	侯景宇	郑州大学	高卫星	5

资料来源：中国知网“中国优秀硕士论文全文数据库”，2014 年 3 月 16 日。

从优秀硕士论文被下载频次来看，38 篇论文中被下载 400 次以上的论文有 8 篇（详见表 1—18）。

表 1—18　我国“网络舆情危机研究”优秀硕士论文中被下载频次超过 400 次的论文

排序	优秀硕士论文题目	作者	硕士学位授予单位	被下载频次
1	网络舆情对政府形象的影响及应对策略研究	秦微琼	上海交通大学	3454
2	我国政府应对网络舆情的现状及其对策研究	刘萍萍	安徽大学	1060
3	地方政府应对网络舆情的能力建设研究	周文飞	湖南师范大学	681
4	地方政府应对网络舆情对策研究	向妮娅	北京邮电大学	658
5	我国网络舆情的政府管理研究	陈林华	广西民族大学	657
6	我国公安机关应对网络舆情危机的对策研究	何卓昊	吉林大学	476

续表

排序	优秀硕士论文题目	作者	硕士学位授予单位	被下载频次
7	我国政府网络舆情应对现状及策略探析	吴　芸	华东政法大学	452
8	网络舆情危机中政府应对机制研究	张　鹏	山东大学	420

资料来源：中国知网“中国优秀硕士论文全文数据库”，2014 年 3 月 16 日。

综合表 1—17、表 1—18，被引频次和被下载频次相对较高的上述论文，为目前我国有关“网络舆情危机研究”中的高水平硕士论文“集聚圈”。

第六节　我国网络舆情及网络舆情危机研究文献述评

一　我国网络舆情研究文献述评

通过以上对我国现阶段“网络舆情研究”文献的计量统计与分析，大体上可以得出以下结论。

其一，我国的网络舆情研究已步入成熟期。“网络舆情研究”已成为我国学术界、理论界的热点领域，且“热度”还在继续升温，呈现出步入“显学”之列的发展趋势。

其二，我国的网络舆情研究在学科及研究层次上有着明显的“聚集性”特点。现阶段我国“网络舆情研究”的文献集中“聚集”在新闻与传媒、高等教育、行政学及国家行政管理、互联网技术、信息经济、邮电经济等学科领域。研究层次则主要“聚集”在社会科学基础研究层次、行业指导（社科）层次、政策研究（社科）层次。而在具体的分析、预测等自然科学与技术科学运用方面，还相对薄弱，有待于进一步完善与发展。

其三，国家层面上，“网络舆情研究”亦步入了较为成熟的发展期。国家社会科学基金项目和国家自然科学基金项目的立项数量、涉及的领域均达到了一定“量的拓展”，并且已经或正在形成系统化的研究成果。加之一些重点大学的博士论文成果，我国高层次、系统化的“网络舆情研究”可谓层出不穷。

其四，专业研究队伍已基本形成。此领域的“核心著者群”已经形成，著名的研究者正在不断涌现。但较之其他更为成熟的学科领域而言，我国“网络舆情研究”的著名学者、专家还相对较少，社会威望度还相对较低，专家之间的联系与协作程度还相对松散，专业研究队伍的梯次结构还有待形成。

二　我国网络舆情危机研究文献述评

作为网络舆情研究的分支领域，现阶段我国“网络舆情危机研究”的文献学特点主要有以下几个方面。

其一，“网络舆情危机研究”总体上处于快速发展到相对成熟的过渡时期。其研究文献的数量经历了数年的“直线上升”后，正在步入“较高数量基础上的稳定发展”时期。

其二，文献的学科及研究层次上的“聚集度”十分明显。90%以上的研究成果来自于新闻与传媒、行政学及国家行政管理、高等教育、诉讼法与司法制度、公安5个具体学科，它们是我国目前“网络舆情危机研究”文献的“高产学科”。此外，从研究层次上讲，90%以上的研究成果集聚在社会科学基础研究、行业指导、政策研究三个层次，有关自然科学、技术科学层次的专业研究相对太少。

其三，各类文献的被引用、被下载频次相对不高。较之“网络舆情研究”成果，“网络舆情危机研究”的期刊论文、博士论文、优秀硕士论文的被引用、被下载频次明显较低，反映了此领域研究文献的社会影响力及被利用的程度还不够理想。

其四，国家层面的课题立项、研究成果相对较少。目前我国有关“网络舆情危机研究”的国家社会科学基金立项项目仅有2项，国家自然科学基金尚无立项项目，还难以形成多视角、系统化的国家课题研究体系。此外，这方面的博士论文亦是凤毛麟角，反映出我国目前高层次的“网络舆情危机研究”还处于“起步”阶段。

其五，专业研究队伍已正在形成之中，但尚未形成合理的结构。近些年来出现了一些“网络舆情危机研究”的高产作者，这一领域的“核心著者群”正在形成中。但从总体上讲，此领域的高产作者尚未达到应有的数量，专业研究队伍还谈不上“结构合理”和有效运转。

第二章

国内外网络舆情及网络舆情危机理论研究观点述评

网络舆情与网络舆情危机是人类进入网络时代后不可避免的社会现象和政治现象，尤其是随着网络技术的不断进步与全面普及，网络活动、网络社交、网络政治已成为当今社会最明显的时代特征之一，而网络舆情与网络舆情危机则是伴随着网络时代的发展日益成为国内外学者重点研究的“显学”领域。归纳这方面的研究成果，分析评价其主要成就与不足之处，对于进一步探索网络舆情规律，正确引导网络舆情发展，合理应对网络舆情危机，具有重要的理论与实践意义。

第一节 国内网络舆情及网络舆情危机研究理论观点述要

一 有关网络舆情内涵及特点的研究

说到网络舆情的内涵，首先是对舆情内涵的分析和认识，因为网络舆情的实质内容是“舆情”，而其生存方式和表现形式是“网络”。对于舆情的内涵，我国学者大都认为有狭义和广义之分。广义上的舆情就是社情民意，即社会各阶层民众对社会存在和发展所持有的情绪、态度、看法、意见和行为倾向①；狭义的舆情就是民众的社会政治态度，即作为主体的

① 中共中央宣传部舆情信息局：《舆情信息工作概论》，学习出版社2006年版，第6页。

民众对作为客体的国家管理者产生和持有的社会政治态度。[①]

在上述认识基础上，学者们从不同的视角对网络舆情的内涵进行了概括性阐述。这些阐述归纳起来主要有：社会舆情特殊类型论、网民政治态度论、社会民意与情绪反映论。

社会舆情特殊类型论者将网络舆情定义为"是社会舆情在互联网上的一种特殊反映"，并具体表述为：媒体或网民借助互联网，对某一焦点问题、社会公共事务等所表现出的有一定影响力、带倾向性的意见或言论。[②] 或者是由各种社会群体构成的公众，在一定的社会空间内，对自己关心或与自身利益紧密相关的各种公共事务所持有的多种情绪、态度和意见交错的总和。[③]

网民政治态度论者认为，网络舆情是指"在网络空间内，围绕舆情因变事项的发生、发展和变化，网民对执政者及其政治取向所持有的态度"[④]。并强调网络舆情的核心是网民的社会政治态度。[⑤]

社会民意与情绪反映论者则将网络舆情看作是"社会民意和社会情绪在网络上的反映、表现与释放"[⑥]，是现实社会化情绪在网络平台上的直接或间接、显性或隐性的体现。

还有学者从网络舆情的主、客体构成及其本质属性等方面，分析了其内涵所在：网络舆情的主体是网民，它是影响网络舆情的直接因素；网络舆情的客体是公共事务，它是网络舆情的直接刺激物和态度指向物；网络舆情的本体是多种情绪、意愿、态度以及意见交错的总和，它体现了网络舆情的错综复杂性；同时，网络舆情的形成和演变是在一定的时期和特定的互联网空间范围内。[⑦]

---

① 王来华：《舆情研究概论——理论、方法和现实热点》，天津社会科学出版社 2003 年版，第 32 页。

② 姜胜洪：《网络舆情的内涵及主要特点》，《理论界》2010 年第 3 期。

③ 刘毅：《网络舆情与政府治理范式的转变》，《前沿》2006 年第 10 期。

④ 纪红、马小洁：《论网络舆情的搜集、分析和引导》，《华中科技大学学报》（社会科学版）2007 年第 6 期。

⑤ 毕宏音：《网民的网络舆情主体特征研究》，《广西社会科学》2008 年第 7 期。

⑥ 孟建、裴增雨：《网络舆情的收集研判与有效沟通》，五洲传播出版社 2013 年版，第 19 页。

⑦ 史波：《公共危机事件网络舆情内在演变机理研究》，《情报杂志》2010 年第 4 期。

为了进一步揭示网络舆情的内涵，有学者还专门就“网络舆情”与“社会舆情”这两个既相互联系又相互区别的学术概念进行了分析。有学者指出二者的区别在于：（1）传播方式不同——社会舆情往往是通过人们的街谈巷议、口传心授，而网络舆情产生、形成并发挥作用的载体是网络。（2）社情民意的反映层面不同——作为网络舆情主体的网民只是社会人群的一部分，因此网络舆情不能等同于社会整体的意见与情绪。（3）存在形式不同——社会舆情主要通过人们的街谈巷议或行为举动等方式存在，而网络舆情则是通过新闻跟帖、论坛、博客、播客、即时通信工具、搜索聚合等等方式存在的。[①] 此外，“网络舆情”和“网络舆论”亦是人们容易混淆的一对概念，为此，有学者就这两个概念间的主要区别进行了阐释[②]：（1）主体要素不同——网络舆情的主体是网民独有，网络舆论的主体是官民皆有。（2）形成时间不同——网络舆情的形成时间相对较早，网络舆论的形成时间相对较晚。（3）显隐属性不同——网络舆情是显隐兼具，网络舆论则是公开表达。（4）量质特征不同——网络舆情是分散易变，网络舆论则是集中稳定。

关于网络舆情的特点，有学者认为主要体现在六个方面：一是自由性与可控性；二是互动性和即时性；三是丰富性与多元性；四是隐匿性与外显性；五是情绪化与非理性；六是个性化与群体极化性。[③] 另有学者则认为网络舆情的特点可归结为五点：（1）来源具有广泛性和匿名性；（2）倾向于问题揭露与现实批判；（3）具有突发性；（4）传播容易出现群体极化倾向；（5）能够形成更大的群体压力。[④] 还有学者从传播方式和效果等方面入手，具体分析了网络舆情的突出特点：（1）直接性——多数网民会自然地表达自己的真实观点，或者反映出自己的真实情绪。（2）突发性——一个热点事件的存在加上一种情绪化的意见，就可以成为点燃一片舆论的导火索。（3）丰富性——网上舆情的内容包罗万象，既有积极健康的言论和情绪表达，也有庸俗化和灰色的言论和情绪表达。

---

① 姜胜洪：《网络舆情的内涵及主要特点》，《理论界》2010 年第 3 期。

② 史波：《公共危机事件网络舆情内在演变机理研究》，《情报杂志》2010 年第 4 期。

③ 刘毅：《略论网络舆情的概念、特点、表达与传播》，《理论界》2007 年第 1 期。

④ 徐晓日：《网络舆情事件的应急处理研究》，《华北电力大学学报》（社会科学版）2007 年第 1 期。

（4）互动性——网民之间相互探讨、争论，相互交会、碰撞，甚至出现意见交锋。（5）偏差性——一些网上发言缺乏理性，比较感性化和情绪化，许多都是对社会问题的片面认识。[①] 也有些学者不认可上述“简单而表面化”的归纳，认为网络舆情的特点是由其主体即网民的特点而派生出来的，因而主张将探讨网民特点作为认识网络舆情特点的核心环节。此类观点认为，在网络舆情环境下，网民表现出五大主体特征[②]：（1）社会群体中分化出来的“新群体”与现实生活中的舆情主体发生交叉和重构；（2）网民所表达的舆情不能视为全体民众的情绪、态度和意见；（3）网民是多种情绪、态度和意见的持有者；（4）网民借助网络媒体的传播特性和强大服务功能来表达舆情；（5）网民通过网络发表舆情言论成为引导和影响舆论的重要力量。而网络舆情的特点恰恰是网民的主体特点在网络环境中的显现。此类观点虽不居主流地位，但为人们深入把握网络舆情的特点探求了一条新的路径。

二　有关网络舆情危机产生、发展、演变规律的研究

所谓网络舆情危机，主要是指可能危及社会及组织目标和利益的突发性事件，在互联网上被广泛传播，引起公众集中关注并发表评论和意见而形成强大的网络注意力，这种注意力足以影响和改变社会或组织原有的发展态势，而形成的社会公共危机。[③] 研究和把握网络舆情危机产生、发展、演变规律，是科学认识网络舆情、有效应对网络舆情危机的重要前提。近些年来，我国学者在这一领域的研究进入了较为深化的阶段，取得了一系列相关成果。

关于网络舆情危机产生的主要原因，多数学者将其归结为网络舆论或网络舆情引导不力或偏差所致。在网络舆情引导缺位或偏失情况下，网络社会极易出现偏激和非理性的盲从起哄言论，甚至出现谩骂与攻击、隐私披露、散布谣言、发布色情暴力不良信息等违法违规行为，极大误导民众

---

① 姜胜洪：《网络舆情的内涵及主要特点》，《理论界》2010 年第 3 期。

② 毕宏音：《网民的网络舆情主体特征研究》，《广西社会科学》2008 年第 7 期。

③ 梁春阳、李习文：《论党政部门网络舆情危机应对策略》，《图书馆理论与实践》2012 年第 11 期。

思想认知，从而在网络上酿造舆论危机，影响社会和谐。亦有学者在系统分析我国网络群体性事件的基础上，从多个角度探究了网络舆情危机产生的原因[①]：（1）少数公职人员滥用公共权力。（2）部分群体的利益诉求难以通过正常渠道表达。（3）网络立法工作发展滞后。（4）敌对势力煽动挑拨。另有学者从舆情主体、客体关系的视角分析了网络舆情危机产生的原因，认为舆情主客体关系的“断裂”是产生网络舆情危机的根本原因所在：舆情的主体是公众，即指一个公众主体的完整的社会政治态度。舆情的客体是国家管理者，即处于管理工作的管理者地位上的政党、政府、参政议政机构及各类公权机构和社会事务的管理者的统称。在网络环境下，如果国家管理者对公众提出的各种意愿和诉求不予理会或敷衍了事，就会造成其失去公信力，失去民心，网民就会在网络上宣泄不满情绪，最终导致舆情主客体之间关系的“断裂”或处于“危机”状态，引发网络或现实中的群体性事件。[②]

关于网络舆情内在演变机理体系及规律，有学者指出，其主要由形成机理、发展机理、变异机理、作用机理、终结机理而构成有机的体系。[③]五个机理的逻辑关系在于：（1）形成机理是整个体系的出发点，是舆情发展的始点；（2）发展机理是整个体系的重点，其过程极易产生信息变异现象；（3）变异机理是整个体系的难点，其控制和应对也是最难的；（4）作用机理是整个体系的关键点，是网络舆情形成、发展和变异的集中点；（5）终结机理是机理体系的结束点，但同时它也可能会在新事件刺激下再次萌发。另有学者从公共危机事件与网络舆情危机的关联度视角，分析了网络舆情危机的多级衍生性和虚假依赖性规律：公共危机事件的复杂多变性与网络传播的主观随意性有机结合，常常使事态发展而产生新的变异，这种变异通过同化、异化、简化等模式而出现灾难恐慌、政治流言、经济获利等情况，从而形成新的“网络事件衍生品”；网络舆情危机的内容往往貌似真实或合情合理，然而，这只是将公共危机事件作为一

① 姚伟达：《网络群体性事件：特征、成因及应对》，《理论探索》2010年第4期。

② 常锐：《群体性事件的网络舆情及其治理模式与机制研究》，博士学位论文，吉林大学，2012年，第54—55页。

③ 史波：《公共危机事件网络舆情内在演变机理研究》，《情报杂志》2010年第4期。

种“由头”或“引子”，其所依赖的“客观情景”常常由于虚假信息的渗入而变形，甚至成为对“由头”“引子”的杜撰。① 亦有学者从网络传播的特点入手，探讨分析了网络舆情的“反沉默螺旋”规律，认为在互联网虚拟社区上，少数人不会因为自己的看法与“主流意见气候”相左而隐瞒自己带有倾向性和影响力的观点，随着时间的推移和事件讨论的深入，这些少数观点会被过多的网民接受，进而与“多数”意见势均力敌甚至超越和改变“多数”意见，尤其是非理性的“反沉默螺旋”现象，极易对社会造成负面影响②，对于网络舆情危机的生成、演变、恶化具有不容忽视的副作用。此外，突发性公共危机事件引起的网络舆情危机中包含多个变量，这些变量之间相互交织、相互影响构成网络舆情危机的作用系统。对此，有学者采用系统动力学建模方法对突发性公共危机事件网络舆情系统进行建模，深入研究系统的运行规律，并通过反馈环分析、控制变量调节等方法，深入研究了网络舆情主体、主体涉及的变量之间的影响关系以及这些变量对系统的影响。③

三　有关网络舆情及网络舆情危机监测、研判、引导、应对对策的研究

关于网络舆情及网络舆情危机监测、研判，有学者提出，应从加强法规制度、技术、队伍建设、基础建设、引导与正面回应、加强网络阵地控制、与传统媒体加强配合、地面处理与网络策应相结合等方面，建立起“立体化”的网络舆情及网络舆情危机监控机制。④ 有学者从网络舆情的监测评价指标出发，运用“信息空间”理论模型，探讨了网络舆情的三维空间构成要素：（1）编码维空间——网络舆情的地域位置、参与程度、看法态度等信息是可以编码的。（2）抽象维空间——对网络舆情触发源

---

①　梁春阳、李习文：《论党政部门网络舆情危机应对策略》，《图书馆理论与实践》2012 年第 11 期。

②　王国华等：《解码网络舆情》，华中科技大学出版社 2011 年版，第 23—26 页。

③　张一文：《突发性公共危机事件与网络舆情作用机制研究》，博士学位论文，北京邮电大学，2012 年，第 7 页。

④　斯进：《从互联网舆情形成的特点谈创建立体化网络舆情监控机制》，《信息网络安全》2008 年第 8 期。

事件的概括与描述就是一个抽象过程，舆情的抽象程度与舆情发布者综合概括能力及文字水平有关。（3）扩散维空间——可用于衡量舆情的传播速度和覆盖面积，即被公众接触、了解和接受的程度。在此基础上，创建了由舆情发布者指标、舆情要素指标、舆情受众指标、舆情传播指标、区域和谐度指标五个子系统构成的“5 大板块、3 级指标、42 个叶节点”网络舆情监测评价指标体系。[①] 还有学者从网络舆情危机生成的角度出发，在明确网络舆情热度预警意义的基础上，通过多种预警方法相比较，最终确定基于 web 信息挖掘的贝叶斯网络方法，然后通过变量之间的因果关系、根据已有知识和经验建立起网络舆情危机测评结构，最终确立用于预警的贝叶斯网络模型——“网络舆情热度预警模型”[②]。另有学者提出，加强对不良网络舆情预警的措施主要应从下列方面入手：（1）建立网络舆情监测预警机制，及时掌握舆情动态；（2）把握网络舆论的主导权，有效引导网上舆论；（3）制定周密的应对不良网络舆情的预案；（4）开发和应用高科技产品，提升网络舆情监测工作的有效性。[③] 还有学者在综合考虑国际惯例、我国相关机构管理规定及网络舆情发展趋势的前提下，对网络舆情预警等级进行了设定：轻警情、中度警情、重警情、特重警情。同时还设计了 11 个预警指标体系：舆情的触发源、舆情的发展、舆情的控制、舆情的传播媒体、舆情的传播方式、舆情的传播速度、舆情的传播阶段、舆情受众的数量、舆情受众的心理状况、舆情受众的倾向性、舆情受众的结构等。[④] 有些学者则从技术领域研究了互联网信息采集、互联网信息预处理、舆情关键信息抽取、网络舆情内容分析等若干技术问题，并构建了包括舆情计划、舆情采集、舆情加工、舆情发布等主要模块的互联网舆情研判平台。[⑤] 亦有学者在对网络舆情信息本质和相关指标进

---

① 谈国新、方一：《突发公共事件网络舆情监测指标体系研究》，《华中师范大学学报》（人文社会科学版）2010 年第 3 期。

② 张一文：《突发性公共危机事件与网络舆情作用机制研究》，博士学位论文，北京邮电大学，2012 年，第 121—136 页。

③ 李子德：《论和谐社会视野中不良网络舆情的预警》，《中国石油大学学报》（社会科学版）2008 年第 4 期。

④ 吴绍忠、李淑华：《互联网络舆情预警机制研究》，《中国人民公安大学学报》（自然科学版）2008 年第 3 期。

⑤ 许鑫、章成志：《互联网舆情分析及应用研究》，《情报科学》2008 年第 8 期。

行分析考察的基础上，提出了由“三大板块”构成的网络舆情指标体系[①]：(1) 网络舆情信息采集指标：网络舆情信息来源、网络舆情信息发布者等具体指标。(2) 网络舆情信息分析指标：信息主题汇总、主题的热度、主题内容倾向、主题权威度等具体指标。(3) 网络舆情预警指标：孕育潜伏期、显现爆发期、持续演进期、缓解衰退期、解除消失期等具体指标。

关于网络舆情的引导及网络舆情危机的应对，学者们从不同视角进行了全面系统的研究，提出了诸多对策思考。在宏观方面，有学者从全面分析网络谣言的类型与特点入手，提出了网络舆情引导及网络舆情危机应对的八大对策[②]：一是保障民生需求，维护群众利益；二是改进工作作风，密切干群关系；三是维护社会公平正义，切实保障群众权益；四是推进政府信息公开，增强社会透明度；五是建立网络谣言预警研判机制，主动消除谣言生存的空间；六是构建网络舆情引导机制，完善网络舆情的引导措施；七是加强新闻报道中的媒体自律，提升媒体的网络舆论引导能力；八是加强互联网技术领域开发创新，提高依法防谣治谣的技术水平。在中观方面，多数学者认为应建立和完善网络舆情的联动应急机制，政府管理部门及其他相关职能机构应通过监测、预警、应对三个环节对网络舆情尤其是负面舆情进行监测预警与控制，从而实现有效化解网络舆论危机的目的[③]。在微观方面，有学者提出应创建“向日葵模式”[④]：政府相关部门或网络新闻发言人在网络论坛上发布政府决策等信息，进行议程设置，组织舆论讨论，掌握话语的主动权。在这种模式当中，政府好比太阳，自上而下组织舆论讨论，提供舆论信息；网络论坛中的网民好比向日葵，对政府提供的舆论信息产生反馈，形成有效的互动机制。还有学者专门就基层党政部门有效应对网络舆情危机提出了三大对策性思考。[⑤] 一是树立正确

---

① 李雯静等：《网络舆情指标体系设计与分析》，《情报学报》2009 年第 7 期。

② 姜胜洪：《网络谣言应对与舆情引导》，社会科学文献出版社 2013 年版。

③ 陶建杰：《完善网络舆情联动应急机制》，《党政论坛》2007 年第 9 期。

④ 周敏、王莹：《从地方网络论坛舆情生成看网络问政的新模式》，《现代传播》2010 年第 7 期。

⑤ 梁春阳、李习文：《论党政部门网络舆情危机应对策略》，《图书馆理论与实践》2012 年第 11 期。

理念，有效解决“不愿面对”的问题：（1）树立“大众麦克风时代”的执政环境理念；（2）树立“网络舆情危机管理”的执政能力理念；（3）树立“占领网络舆论制高点”执政要求理念；（4）树立“具备网络舆情引导能力”的执政素质理念。二是提高应对技能，有效解决“不会应对”的问题：（1）早说话，第一时间抢占先机；（2）敢说话，勇于触及敏感问题和矛盾；（3）会说话，增强针对性和实效性；（4）善管理，正确处理堵与疏的关系。三是完善体制机制，有效解决“无力应对”的问题：（1）理顺互联网管理体制；（2）完善网络舆情监测、预警机制；（3）健全与完善网络舆情危机联动应急机制。

四 有关网络政治及网络民主相关理论的研究

网络舆情及网络舆情危机与网络政治、网络民主有着天然的内在联系。因而，网络舆情及网络舆情危机自然会涉及网络政治、网络民主的理论与现实。我国的网络政治及网络民主研究虽处于起步阶段，但取得的研究成果则相对丰裕。仅就学术专著而言，除了21世纪初的《网络政治——网络社会与国家治理》（刘文富，2002）、《网络社会的政府与政治——网络技术在现代社会中的政治效应分析》（袁峰，2006）、《网络政治学导论》（李斌，2006）等拓新性论著外，近年来有一大批深化此领域研究的专著陆续问世。具有代表性的专著有：《网络民主的可能及限度》（郭小安，2011）、《中国网络社群政治参与：政治传播学的视角》（赵莉，2011）、《网民的力量：网络社会政治动员论析》（张雷、刘力锐，2012）、《网络政治参与与政治稳定机制研究》（王金水，2013）等。此类研究成果的问世，为我国进一步拓展和深化网络政治及网络民主研究奠定了重要的理论基础。

我国学术界对网络政治及网络民主研究相对成熟的理论观点，归纳起来主要有以下几个方面。

关于网络政治、网络民主的内涵与特点，多数学者认同将网络政治的性质界定为民主政治，即在高科技基础上，借助网络推进民主政治发展的一种新方式和新途径。① 有学者在深入辨析“计算机民主”“远程民主”

① 沈宝祥：《领导干部要适应“网络政治”发展》，《学习时报》2007年6月5日。

“数字民主”“电子民主”“虚拟民主”“在线民主”等一系列相近、相似乃至相混的概念后，将网络民主清晰地界定为“政治主体借助网络技术，以政治互动为主要形式，以网络空间为载体，培育、强化和完善民主的过程”①。就网络政治、网络民主的内涵而言，多数学者认为其不是独立的政治形态、民主形态，而是媒介与政治关系、媒介与民主关系的一种新的作用形式，代替不了现实的政治、民主发展，只是对政治、民主的发展方式与进程产生重要影响。在此基础上，许多学者对网络政治、网络民主的特点进行了分析与归纳：（1）主体的平等性；（2）参与的直接性、便捷性；（3）运作的“虚拟性”、非正式性；（4）过程的互动性；（5）效应的双重性。②

关于网络政治、网络民主的特殊功能，学者们普遍认为，网络作为新一代传媒，除具有传统大众传媒所普遍具有的政治功能外，还具有其特殊政治功能：（1）政治赋权功能——信息传播方式的改变往往意味着权力的转移和重新分配③；（2）政治动员功能——网络政治动员的主体既有体制内的权威当局或政治精英，也有体制外的挑战者或草根阶层网民④；（3）政治参与功能——对普遍民众来说，网络为政治参与提供了新场所、新手段⑤；（4）政治监督功能——网络监督的广度与深度远远超出了一般意义上的媒体监督⑥；（5）政治斗争功能——作为政治工具，网络在现代政治斗争中发挥着愈益突出的作用⑦。还有学者从网络民主与社会主义民主关系的视角，探讨了网络政治、网络民主的负面影响所在⑧：（1）“网民做主”与“人民做主”的悖论；（2）自由至上与民主集中的紧张；

① 郭小安：《网络民主的可能及极限》，中国社会科学出版社2011年版，第130页。

② 赵春丽：《网络民主法治研究》，经济科学出版社2011年版，第55—59页。

③ 刘普：《政治安全：网络时代的挑战与对策》，博士学位论文，中国社会科学院研究生院，2012年，第41页。

④ 娄成武、刘力锐：《论网络政治动员：一种非对称态势》，《政治学研究》2010年第2期。

⑤ 刘普：《政治安全：网络时代的挑战与对策》，博士学位论文，中国社会科学院研究生院，2012年，第44页。

⑥ 邬思源：《网络监督的作用与功能》，《理论参考》2012年第2期。

⑦ 刘普：《政治安全：网络时代的挑战与对策》，博士学位论文，中国社会科学院研究生院，2012年，第47页。

⑧ 赵春丽：《网络民主法治研究》，经济科学出版社2011年版，第229—244页。

(3) 传播无序与稳定发展的冲突;(4) 文化多元与主流意识形态的矛盾。此类研究对于如何有效发挥网络政治、网络民主正效应,最大限度地限制和消除其负效应,具有重要理论与现实意义。

关于网络政治参与和政治动员功能的有效发挥,有学者提出,要发展有序网络政治参与,执政党和政府要主动顺应历史潮流,在执政和施政方式上,适应这种民主政治新形式,使网络政治参与成为中国特色社会主义民主政治的有机组成部分。① 只有把群众监督、党内监督、法律监督、舆论监督,与网络监督有机结合起来,才能形成具有中国特色的、完整的民主监督体系。② 亦有学者指出,发展网络政治参与,必须做出符合国情的选择。因为网络社会是现实社会的延伸与扩展,结合国情实际发展网络政治参与,是当代中国社会主义民主政治建设的必然选择。③ 另有学者在开展政府在网络社会政治动员中的SWOT分析的基础上,就执政党或政府主动引领积极性网络社会政治动员提出了对策思考④:(1) 建设具有强大吸引力和号召力的主流媒体网站;(2) 以开放透明的实际行动积极引领网络舆论走向;(3) 构筑有效的网络社会政治动员组织体系;(4) 构建适应网络时代需要的民意凝聚和汲取机制。还有学者在厘清网络舆论与政府决策生成的内在逻辑的前提下,提出了构建以"机制整合、过程系统、多元治理"为原则的维护政治稳定的长效机制理论,并阐述了政府通过网络政治参与造就"虚拟国家"和网络化公共行政的网络时代政治稳定机制的具体构想⑤,为进一步深化网络政治参与和政治稳定机制研究,拓展了理念和思路。

---

① 沈宝祥等:《网络政治:推进我国民主政治发展新方式》,《北京日报》2007年6月21日。

② 王守光:《加强网络环境下民主执政对策研究》,《理论学刊》2009年第12期。

③ 李斌:《网络政治学导论》,中国社会科学出版社2006年版,第115页。

④ 张雷、刘力锐:《网络的力量:网络社会政治动员论析》,东北大学出版社2012年版,第161—220页。

⑤ 王金水:《网络政治参与与政治稳定机制研究》,中国社会科学出版社2013年版。

第二节　国外有关网络舆情及网络舆情危机理论研究观点述要

自 20 世纪末期以来，国外对于与网络舆情、网络舆情危机具有直接关联的网络社会、网络政治的研究形成热点并产生了一批具有重要影响的著作，诸如《网络共和国：网络社会中的民主问题》《互联网使用的社会影响》《网络社会：跨文化的视角》以及《大众传播的议程设置功能》《网络新闻导论》《数字时代的媒介》《公众舆论》等相关的研究成果不断涌现，对于人们深入认识网络政治、网络媒体、网络舆情及网络舆情危机的特点与规律，具有重要启示与借鉴作用。

一　国外有关网络舆情基本理论的研究

说到国外有关网络舆情的基本理论，不能不提起在此方面具有奠基意义的《网络共和国：网络社会中的民主问题》这一网络政治学专著。这部由美国芝加哥大学法哲学教授桑斯坦撰写的学术性论著，集中探讨了网络社会中的民主问题。该论著通过大量翔实的资料和数据展现了美国民主在网络时代面临的困境，旗帜鲜明地对“网络技术是民主的福音”的观点说不，同时也对“互联网是有害于民主的”观点予以否定——与其问互联网总的来说是否有益于民主，不如努力去确定在哪些方面它是有益的，在哪些方面它是有害的。[①] 这对于人们尤其是政府部门科学地认识与把握网络舆情，具有重要的理念指导意义。

桑斯坦的另一重要贡献在于，首次将“群体极化”（Grouppolarization）这个由传媒学者詹姆斯·斯托纳于 1961 年发现并提出的社会心理学术语[②]，引入网络舆情研究领域，并结合网络社会的时代特征，对“群体极化”予以新的定义：在网络和新的传媒技术领域里，志同道合的团体

---

① ［美］凯斯·桑斯坦：《网络共和国：网络社会中的民主问题》，戴维明译，上海人民出版社 2003 年版，第 144 页。

② 詹姆斯·斯托纳的“群体极化”定义：在一个组织群体中，个人决策因为受到群体的影响，容易做出比独自一个人决策时更极端的决定，这个社会现象即称为“群体极化”。

会彼此进行沟通讨论，到最后他们的想法和原先一样，只是形式上变得更极端了。并强调网络社会最容易产生“团体认同”，进而也最容易出现“群体极化”效应。[①] 与此同时，桑斯坦以网络社会“群体极化”理论为基础，又衍生出了一系列与之有着内在联系的有关网络舆情危机理论的观点[②]，诸如：虚拟串联——网络社会中的“群体极化”信息犹如野火、引爆点；网络谣言及其传播——网络社会中的负面“群体极化”极易造成社会混乱和恐慌；网络决策——网络社会中的“群体极化”效应极易在决策层形成危险的解决方法；网络管制——政府对网络的管制，并不会比实体空间来得少，传播市场不是不要管制，而是如何管制；网络言论自由——公民的网络言论自由需在合法的范畴之内方可得以有效行使和保护等。此外，桑斯坦的另一部专著《信息乌托邦》则对数码网络中的沟通行为、互动关系以及秩序原理进行深入考察，进而研究了网络社会经常出现的自埋于“信息茧房”的领导和组织做出决定之现象产生的机理，就领导者和普通人如何挑战思想褊狭的决策，如何消化并准确地聚合信息，而不必遭受信息爆炸之痛[③]，进行了系统的阐述，从而为网络舆情的研判奠定了必要的理论基础。

国外另一位研究网络社会的大家，美国加利福尼亚大学的社会学家曼纽尔·卡斯特（Manuel Castells）则重点探讨了网络社会在不同文化和制度中的模式和动态理论。[④] 该理论在对美国、英国、芬兰、俄罗斯、中国、印度、加拿大等多个国家进行案例化研究的基础上，将网络社会作为一种社会结构，从文化和制度的多样性、经济形态的特殊性、社会运动的网络化等视角，对网络社会的特殊结构予以全方位的分析与阐述，提出了网络社会结构来源于数字信息、通信技术与社会组织、社会变化之间的相互作用之观点。并强调在网络时代，既要一如既往地否认“技术决定论”，也需肯定技术的创新对于物质文明，进而对社会进程所产生的重大

① ［美］凯斯·桑斯坦：《网络共和国：网络社会中的民主问题》，戴维明译，上海人民出版社 2003 年版，第 47—54 页。

② 同上书，第 91—134 页。

③ ［美］凯斯·桑斯坦：《信息乌托邦》，毕竞悦译，法律出版社 2008 年版。

④ ［美］曼纽尔·卡斯特：《网络社会：跨文化的视角》，周凯译，社会科学文献出版社 2009 年版。

影响作用。

还有学者从“互联网在给人们带来更便利和更丰富多彩生活的同时，也带来了诸多负面影响”的现实出发，通过定量的数据分析和网站的案例分析，重点研究了登录上网和接触互联网技术（数量差异）、参与互联网的群体和社区（社会资本）、互联网用于社会互动和表达（身份）等有关网络社会的三个基本问题，从理论上探讨了互联网技术的普及对人类社会发展进程的历史性影响。认为互联网既不是乌托邦，即将人们解放出来建立一个全球平等的社区，也不是一个反乌托邦，即产生了没有实体的、孤独的孤立。如同其他任何形式的沟通方式一样，互联网是一把双刃剑，可能是有益的，也可能是有害的。[①] 从而为政府及相关社会事业管理与服务机构开展网络舆情引导工作，提供了必要的理论前提。

二　国外有关网络舆情引导与净化理论的研究

对于网络舆论以及由此发展形成的网络舆情进行正确的引导和必要的净化，是网络时代各个国家的执政党及政府实施社会治理的共识之一，也是当代社会衡量一个国家或地区政府执政水平与能力的重要指标之一。对此，西方发达国家的学界和政界较为认可的理论大体可归纳为新闻议程设置、政府与媒体互动、确立网络“把关人”、完善技术支撑机制四个方面。

“议程设置理论”是由美国传播学学者马克斯维尔·麦考姆斯和唐纳德·肖提出并加以实证研究的。1972 年，这两位学者合作发布了题为《大众传播的议程设置功能》的研究论文，此文对议程设置功能理论假说的核心内容做了经典的概括：大众传播对某些命题的着重强调与这些命题在受众中受重视的程度构成强烈的正比关系。[②] 从而揭示了新闻议程设置的本质——执政者将其要向公众说明的、需要引起公众关注的政策、公共信息，通过大众媒体的议程设置功能，形成公共议程，进而达到主导舆

① ［美］詹姆斯·E. 凯茨、罗纳德·E. 莱斯：《互联网使用的社会影响》，郝芳、刘长江译，商务印书馆 2007 年版。

② 转引自叶皓《政府新闻学——政府应对媒体的新学问》，江苏人民出版社 2010 年版，第 103 页。

论、利于执政的目的。虽然“议程设置理论”产生于传统媒体居于舆论主导地位的时代，但这丝毫不影响西方国家将其作为网络社会舆情引导的指导性理论。在强调“新闻自由”最为激烈的美国，政府对包括网络媒体在内的大众媒体的“新闻设置”从来都是舆论的主角。上述理论和现实说明，是否重视政府新闻议程设置，事关执政党的执政理念、执政手段和执政能力，是现代政治面对的课题之一。

经常保持有效的“政府与媒体互动”关系，并形成相应的社会治理制度，是现代西方国家执政者颇为认可的理论和机制。实施此种理论和机制必不可少的举措之一，便是政府信息发布制度或新闻发言人制度。这一旨在强化“政府与媒体互动”关系的制度，在西方发达国家已有较长的历史了，其在政府与公众的沟通和理解方面，发挥着愈益重要的作用。保持经常性的政府与媒体互动，已成为现代社会各发达国家提高政府公信度和公共政策执行效益不可或缺的“行政环节”，这些国家的政府在此方面的一条重要经验便是“要将政府新闻主动喂给媒体，而不是让媒体到政府去搜集”①。

通过“把关人”行使必要的职责，进而对社会舆论尤其是对网络舆论进行有效的“净化”，是一些发达国家完善舆情引导机制、营造良好舆情环境所遵循的又一理论和实践指导原则。“把关人”是美国社会心理学家、传播学奠基人之一库尔特·卢因用来揭示新闻或信息传播过程内在控制机制的重要概念和理论。他认为信息的传播网络中遍布“把关人”，只有符合群体规范或“把关人”价值标准的内容才能进入传播渠道。② 同样，“把关人”理论虽然产生于20世纪，但对于当今社会依然有着十分重要的理论指导意义——在网络广阔平台上自由浏览信息和发表见解的进程中，若传播者能明确地建立“把关人”制度，就能在不良信息扩散之前或传播行为造成严重后果前，予以及时约束。因此，确立网络“把关人”制度，不仅仅是诸多发达国家引导、净化网络舆情

① 李跃华、李习文：《简述我国对国外应对网络舆情危机做法的借鉴》，《图书馆理论与实践》2012年第8期。

② 转引自红网《关于互联网络舆情预警及对策研究》，中国网情研究中心网情网，2010年2月5日。

的理论基础，亦是这些国家在信息传播领域实施社会治理的有益经验之一。

随着互联网技术的日益发展和广泛普及，网络舆情也变得更为复杂多变。在这一时代背景下，对网络舆情安全与社会安全方面关键技术的研究，则逐步成为发达国家的热点领域。美国国防部高级研究计划局DARPA在2002年就提出了旨在利用计算机技术分析和处理网络海量数据的社会舆情的计划。美国中央情报局于2005年成立了公开信息中心，每天在全球各个网站、论坛的公开信息中收集各种各样的军事信息，并分析社会民众对军事领域的相关重要事件所持的态度、看法与观点。美国国土安全部从2006年开始利用能概述新闻报道中公众意见表达的软件来分析民众意愿，把握社情民意的走向。① 目前，美国常见的技术手段是进行内容分级和过滤——将网络舆情内容分成不同的级别，浏览器按分类系统所设定的类目进行限制。最常见的是设置过滤词，通过过滤词的设置阻挡有关内容的进入。政府通常制定封堵用户访问的“互联网网址清单”以实现对不良信息的过滤和筛选。英国“科波拉软件公司”开发出一套舆论分析软件，一秒钟能阅读10篇文章，能够自动分析网站、报纸等新闻媒介发表文章所持的基本观点，帮助政府和一些大公司全面了解公众舆论对他们的看法。② 这表明，完善技术支撑机制，正在成为西方国家研判网络舆情、预测网络舆情危机，进而有效引导网络舆情、应对网络舆情危机的重要保障环节。此外，利用必要的技术支持对网上政治谣言进行跟踪，也是西方国家净化网络舆情的重要举措之一。美国的Agence Virtuelle公司就推出了一款叫作Rumor Bot的软件，专用于追踪谣言并分析谣言的出处。由各种专用软件支撑的“虚拟机器人”还可以在互联网上充任“网络警察”角色，实时跟踪和分析在线舆情。③

---

① 转引自红网《关于互联网络舆情预警及对策研究》，中国网情研究中心网情网，2010年2月5日。

② 薛瑞汉：《国外网络舆情管理和引导的主要经验及对我国的启示》，《中共福建省委党校学报》2012年第9期。

③ 转引自张雷、刘力锐《网络的力量：网络社会政治动员论析》，东北大学出版社2012年版，第197页。

三 国外有关网络舆情、网络舆情危机的法制规范述要

对网络上的有害言论以及有可能引起网络舆情危机并造成社会危害的谣言、不良舆论进行法制规范，不仅是一些信息化发达国家的理念共识，而且是其积极实践的重要方面。

德国是西方国家中第一个对网络危害性言论进行专门立法规制的国家，也是西方国家中第一个因允许违法网络言论而对网络服务提供者进行行政归罪的国家。早在 1997 年，德国就制定颁布了《信息和传播服务法》，该法涉及互联网服务商的责任、保护个人隐私、数字签名、网络犯罪和保护未成年人等方面，是一部全面的综合性的法律。[①] 其中，一个重要的作用是用来控制经由网络传输的违法内容，包含色情、谣言、恶意言论、宣扬种族主义的言论等相关信息。[②]

与德国类似，1997 年法国出台了《互联网宪章（草案）》，该草案将明显违法的网络内容及行为定义为：明显有悖于公共秩序的内容或行为，如对儿童进行性引诱、煽动种族仇恨、教唆谋杀、招嫖，以及贩卖毒品和危害国家安全等；对敏感内容定义为：并不明显违法，但实质上对某些人造成伤害的内容。2004 年，法国颁布了《关于数字经济中的信任的法律》，分别就互联网上公共交流、服务商的责任、电子商务和数字经济安全问题作了规定。[③]

美国的网络立法分为联邦和州两个层次：联邦层面由美国最高法院、联邦审判法院和申诉法院组成。法院判断政府对表达权的限制是否合法，许可政府在特殊情况下对言论自由进行限制。从州的层次来看，美国有 50 个州，各州均因地制宜，对于关于互联网络的某些重要问题，拥有各自的立法。[④] 2002 年美国颁布的《国家安全法》使政府对互联网的监控

---

① 邢璐：《德国网络言论自由保护与立法规制及其对我国的启示》，《德国研究》2006 年第 3 期。

② 转引自张雷、刘力锐《网络的力量：网络社会政治动员论析》，东北大学出版社 2012 年版，第 196 页。

③ 薛瑞汉：《国外网络舆情管理和引导的主要经验及对我国的启示》，《中共福建省委党校学报》2012 年第 9 期。

④ 王静静：《美国网络立法的现状及特点》，《传媒》2006 年第 7 期。

更加严密。该法规定，提供网络服务的公司有义务向美国政府提供用户的有关信息和背景。如果出现“危及国家安全”的情况或“受保护的电脑”遭到袭击，当局无须先征得法院的同意，即可监视电子邮件和互联网上的其他相关信息。①

韩国是第一个有专门的网络审查法规的国家，早在 1995 年就出台了《电子传播商务法》，由韩国信息传播伦理办公室对“引起国家主权丧失”或“有害信息”等网络舆情内容进行审查，而信息部可以根据需要命令信息提供者删除或限制某些网络舆情内容。2007 年，韩国颁布的《促进使用信息通信网络及信息保护关联法》规定，各主要网站在网民留言之前，必须对留言者的身份证号码等信息进行记录和验证，否则对网站处以最高金额达 3 万美元的罚款。目前，韩国已通过立法、监督、管理和教育等措施，对网络邮箱、网络论坛、博客乃至网络视频等实行实名制②。

四　国外有关网络政治、网络民主理论的研究

据学者统计，早在 21 世纪初，国外出版的研究网络政治的著作已达数十部之多。③ 加之近些年来出版的与网络政治、网络民主主题直接相关的研究专著，这方面的著作至少在百部以上。此类著作从研究对象的视角大体可分为两大类：一类是宏观视角的研究论著，主要涉及网络对政治的影响；另一类是微观视角的研究论著，主要涉及网络空间中的具体政治问题。相对而言，后一类理论的研究与网络舆情、网络舆情危机的关联度更高。为此，我们着重就微观视角的网络政治、网络民主理论研究状况予以综述。

关于网络空间的政治性质，即以信息网络的互联互通为主要特征的虚拟世界究竟是“私域”还是“公域”的问题，前些年在国外学界、政界中有着不同的理解和认识。如美国民权自由联盟认为网络空间主要属于私域，而美国政府则认为网络空间属于公域，应当受到管制。④ 由于公域受

---

① 转引自张雷、刘力锐《网络的力量：网络社会政治动员论析》，东北大学出版社 2012 年版，第 197 页。

② 钟忠：《中国互联网治理问题研究》，金城出版社 2010 年版，第 16 页。

③ 田作高：《国外网络政治研究现状》，《上海社会科学院学术季刊》2002 年第 1 期。

④ 同上。

制于国家的法律、政治的管辖，而私域则是个人活动的空间，个人隐私的场所，是政府不可侵入的神圣领地，因而网络空间的政治性质问题在西方国家备受社会各界高度关注。随着网络空间活动对现实社会的负面影响日益显露，加之网络安全问题的愈益突出，虚拟世界“公域”论逐渐被大多数人接受而成为主流理念。因此，与之相关的虚拟社会治理理论研究也就成为又一个热点领域之一。

关于虚拟社会治理问题，国外多数学者认为应将其纳入宏大社会大系统整体运行之中，以实现社会系统内部各要素之间的稳定。具体在两个方面达成了较为一致的理论共识①：（1）网络治理是一种公共领域的治理。研究者从哈贝马斯的相关思想出发，认为互联网可以促进公共领域的形成。而互联网提供的各种交流形式，例如即时聊天、电子邮件、讨论网站等，被视作为公民提供了多种参与机会并延伸了公共领域。（2）网络治理是一种协商的过程。将网络治理理解为政府、私营部门、研发机构和公民社会四个部分的协商过程，体现了协商民主的过程，同时也体现了对公共问题的平等讨论、理性批判、跨意识形态质疑与思想互惠的过程。

关于网络社会对政治民主的影响问题，西方发达国家学术界存在着“乐观派”和“悲观派”。“乐观派”者认为，网络技术将是21世纪最重要的民主参与手段和工具。它将把人类带入“电子民主”的新时代，加速人类的民主化进程。② 这种民主是互动性与直接性充分融合的“深度民主”“强势民主”，显示着网络民主引发民主的转型。③“悲观派”者则感到，网络技术不会带来任何政治上的好处，网络领域不可避免地会受到一小撮政界人士或掌权人物的主宰和控制，使他们能够左右和操纵群众的情绪。这种“新的技术”只不过促使权力更加集中，因而预示着一种不祥之兆——以计算机为主的世界将受到某一阶级的统治，甚至可能出现“电子法西斯主义”④。正如美国学者西奥多·罗斯扎克在其《信息崇拜》

---

① 参见曾润喜等《中国互联网虚拟社会治理问题的国际研究》，中国电子政务网，2013年10月13日。

② 参见田作高《国外网络政治研究现状》，《上海社会科学院学术季刊》2002年第1期。

③ 参见郭小安《网络民主的可能及限度》，中国社会科学出版社2011年版，第168页。

④ 参见郑曙村《互联网给民主带来的机遇与挑战》，《政治学研究》2001年第2期。

一书中所言："这里存在着一系列的悖论。"[①] 尽管国外有些学者在对"网络民主"的认识上存在两种截然相反的观点，但绝大多数学者则认为，网络民主是一把双刃剑——对现代政治民主制度既有积极的推动和引领作用，也有消极的冲击和影响作用。

五　国外有关网络道德、网络伦理问题的研究

网络伦理、网络道德素养与网络舆情、网络舆情危机具有十分紧密的内在联系和相互影响作用。故此，我们将国外有关这方面的研究状况做一简要表述。总体而言，西方国家有关网络伦理的研究，是伴随着网络技术的创新与普及、网络社会的出现与发展而进行的。早在20世纪90年代中后期，国外就有一些计算机和网络组织为其用户制定了一系列相应的规则和协议，以便从道德、伦理的范畴来约束互联网上的言论与行为规范，为创建健康的网络社会奠定必要的基础。其中比较著名的有：美国计算机伦理协会为计算机领域的伦理而制定的十条戒律和八条职业规范[②]，南加利福利亚大学网络伦理声明中指出的六种网络不道德行为类型等[③]。

近些年来，随着微博的广泛应用，其"谣言策源地""是非搅拌机"的负面社会影响亦广为人知，对此，英国《卫报》网络版推出了"使用微博9种负责任的方式"：（1）除非你确实看到事情发生，否则不要发微博；（2）记住，有些微博只是开玩笑；（3）记住，害怕某些事情发生，

---

① ［美］西奥多·罗斯扎克：《信息崇拜》，苗华健等译，中国对外翻译出版社1996年版，第48页。

② 十条戒律：（1）你不应用计算机去伤害别人；（2）你不应干扰别人的计算机工作；（3）你不应窥探别人的文件；（4）你不应用计算机进行偷窃；（5）你不应用计算机作伪证；（6）你不应使用或拷贝你没有付钱的软件；（7）你不应未经许可而使用别人的计算机资源；（8）你不应盗用别人的智力成果；（9）你应该考虑你所编的程序的社会后果；（10）你应该以深思熟虑和慎重的方式来使用计算机。八条职业规范：（1）为社会和人类做出贡献；（2）避免伤害他人；（3）要诚实可靠；（4）要公正并且不采取歧视性行为；（5）尊重包括版权和专利在内的财产权；（6）尊重知识产权；（7）尊重他人的隐私；（8）保守秘密。——参见陆俊、严耕《国外网络伦理问题研究综述》，《国外社会科学》1997年第2期。

③ 六种网络不道德行为类型：（1）有意地造成网络交通混乱或擅自闯入网络及其相连的系统；（2）商业性地或欺骗性地利用大学计算机资源；（3）偷窃资料、设备或智力成果；（4）未经许可而接近他人的文件；（5）在公共用户场合做出引起混乱或造成破坏的行动；（6）伪造电子邮件信息。——参见陆俊、严耕《国外网络伦理问题研究综述》，《国外社会科学》1997年第2期。

并不等于某些事情真的会发生；（4）如果看到谣言，直接质疑而不是转发，因为即便以求辟谣的方式转发，也可能吓坏不了解情况的人；（5）设法求证；（6）如果看到你知道并非真实的微博，设法纠正；（7）如果发微博说你看到的情况，请具体说明你在哪里，看到什么，不要夸张，也不要想当然；（8）“粉”你相信准确可信的人；（9）如果你出门打劫，请发微博，那样可以让警察工作更容易。① 上述网络伦理“经条”，除了第九条是揶揄调侃，有点搞笑，其他八条都很实在，实用性、操作性均强，堪称“微博素养”教育与实践的基本要点。它们是在社会骚乱中微博“双刃剑”特性凸显之后，英国人的反思。

第三节　国内外有关网络舆情及网络舆情危机理论研究现状评价

虽然国内外学术界和政界对有关网络舆情及网络舆情危机的研究取得了诸多成果，但与繁杂纷呈且势头迅猛的网络社会发展现实相比，仍有许多值得开拓与深化的领域有待于人们进一步探索、分析与研究。

一　国内有关网络舆情及网络舆情危机理论研究特点

近十多年来，我国对于网络舆情及网络舆情危机理论的研究，已经基本完成了由起步向快速进展的过渡，大体处于稳定的成熟阶段。其现状特征可概括为：涉及面较广、内容层次较深、对策举措较实、前瞻性有所凸显。

1. 涉及面较广。从研究领域看，目前我国的网络舆情及网络舆情危机理论研究基本涉及了网络社会的各个方面，从政治到经济，从社会到文化，从人文到科技，从政府到民间，均有一批相关的研究成果问世。从研究的学科视角看，将计算机科学、信息网络技术在新时代的普及应用所产生的特殊社会现象，通过哲学、政治学、法学、社会学、经济学、语言文字学、文学、军事学、新闻学、教育学、管理学乃至历史学、地理学等各个学科的视角进行了较为全面、系统的探析，较好地体现了网络舆情及网

① 吕怡然：《微博的“英国反思”与“美国实验”》，《文化报》2011 年 8 月 17 日。

络舆情危机涉及面极广的特征。从研究所涉及的实际部门看，不仅有党政部门、新闻传播部门、公安政法部门及其他社会事业服务、治理部门，而且还涉及了诸如专项软件系统开发、监测预警程序开发、社会心理分析指标及评估系统开发等自然科学、技术科学研发的许多具体部门，呈现出“理论与实践相结合”的大好局面。

2. 内容层次较深。从研究进展看，经过数年的起步阶段后，我国的网络舆情及网络舆情危机理论的研究已经从基本概念、基本特征、基本作用、基本对策等“入门”性层次逐渐向产生要素、演变机理、发展规律、监测评估、系统分析、科学引导、合理应对等“入理”性层次深入，许多研究成果已触及或进入了网络舆情及网络舆情危机的核心层次，网络舆情及网络舆情危机的内在运动规律，正在一层层地被揭开其神秘的面纱。从借鉴汲取国外学术理论观点的进程来看，已经由以“拿来主义”为主的“引入”型借鉴，逐渐转变为“用其所长，为我所为”的“扬弃”型汲取，进而深化了对我国现实问题的研究。从研究对象各要素的关联度来看，已经由以“单一要素”研究为主逐渐过渡到了“由此及彼，由表及里”的“关联要素”系统化研究，使研究层次明显深化。

3. 对策举措较实。近些年来，我国有关网络舆情引导、网络舆情危机应对对策或举措的研究论著颇多，虽说大多数是泛泛而谈之作，但也确实涌现出了一些具有重要现实意义的精品力作。从宏观方面来看，出现了一些网络传播学、网络政治学专著及论文，其中有相当数量的论著专门探讨了党和政府在网络时代如何与时俱进地完善和发展中国特色社会主义政治民主，健全网络舆情引导体制，建立网络舆情危机应对机制，有较强的针对性、实用性、可操作性。从中观方面来看，涌现了一批网络舆情现状评估、网络政治动员、网络政治参与、网络民主建设、网络舆情危机预警及应对、网络舆情工作指南等对策举措性论著，这些论著紧密结合中国的网络社会现实，致力于运用相关的基础理论解决现实中的实际问题，提出了相应的咨政性建议，发挥了重要的实践指导作用。从微观方面来看，有众多论著就诸如网络反腐、微博问政、网络共同体、网络舆情及网络舆情危机监测、网络谣言的治理、网络环境的净化以及高校、社区乃至于各行各业、各类网民群体等具体领域中的网络舆情特点及现状进行了深入调研与论证，提出了极具针对性、实用性的应对对策建议。

4. 前瞻性有所凸显。一些论著在系统分析网络民主本质属性的基础上，对网络政治、网络民主的发展趋向进行了科学而严谨的预测。另一些论著在对网络社会中广大网民的结构及其社会心理进行具体剖析的基础上，对网民的主体特征及社会心理特点进行了全面分析，进而对网络时代民众的政治参与趋向予以了推断与展望。还有一些论著在认真追述网络技术“参政”、网络平台“议政”、网络体系“行政”、网络社会“督政”的发展历史的基础上，对执政党在网络时代的政治能力构成、执政方式转变、执政绩效评判等执政形式发展与变化趋向，进行了前瞻性预测。所有这些，对于我们如何在网络社会发展进程中，积极顺应时代潮流，遵循社会发展规律，不断由“必然王国”步入“自由王国”，由“自在民众”变为“自为民众”，做了应有的理论准备。

二 国外有关网络舆情及网络舆情危机理论研究特点

西方国家对于网络舆情及网络舆情危机理论的研究，基本上是伴随着计算机网络技术的应用、普及、发展而不断深化的，其研究进程的突出特点大体可归纳为：成熟度较高、理论基础厚实、技术支撑坚实、注重理论应用。

1. 成熟度较高。西方发达国家的网络政治研究早在 1983 年就已经开始[①]，距今已有 30 年的历史。关于网络民主、网络舆情的研究及其成果的应用，可追溯到 1995—1996 年[②]，距今也有 18 年的历史了。由于起步早，研究的历程相对较长，研究的视野相对较广，形成的观点被实践验证的历史相对较久，因而其理论成果的成熟度相对于发展中国家而言，是比

---

① 1983 年，美国著名的未来学家阿尔温·托夫勒（A. Toffler）就在《预测与前提》一书中预言人类将进入信息政治时代，他要人们注意研究与信息有关的种种政治问题。托夫勒说：“信息是和权力并进而和政治息息相关。随着我们进入信息政治的时代，这种关系会越来越深。”这是西方首次提出要进行信息政治或网络政治的研究。——参见［美］阿尔温·托夫勒《预测与前提——托夫勒未来对话录》，栗旺等译，国际文化出版公司 1984 年版，第 9 页。

② 1995 年，美国学者马克·波斯特发表了其代表性论文《网络民主——因特网和公共领域》；1996 年，英国颁布了第一个互联网监管方面的行业规范《3R 互联网安全规则》，3R 分别代表分级认定、举报和承担责任。——参见郭小安《网络民主的可能及限度》，中国社会科学出版社 2011 年版，第 13 页；薛瑞汉《国外网络舆情管理和引导的主要经验及对我国的启示》，《中共福建省委党校学报》2012 年第 9 期。

较高的。

2. 理论基础厚实。西方发达国家有关网络舆情及网络舆情危机的研究，充分汲取了政治传播学、社会心理学、伦理学、未来学、法理学、公共管理学等诸多传统学科的理论营养，逐步建立起了较为完整的网络舆情理论体系，形成了较为系统的网络舆情及网络舆情危机的研究内容，为进一步深化这一领域的研究，奠定了厚实的理论基础。

3. 技术支撑坚实。积极吸收计算机软件专家参与网络舆情及网络舆情危机的研究，开发相关的网络舆论和网络舆情监测、研判、过滤、治理软件应用系统，为引导网络舆情、应对网络舆情危机提供坚实的技术支撑，是西方发达国家的研究者一贯追求的主导型方法之一，正因如此，在这方面产生了一大批技术应用类研究成果，取得了较好的社会效应。

4. 注重理论应用。“理论为器，应用为本”是一些发达国家网络舆情及网络舆情危机研究所坚持的又一原则，也是其研究进程的一大特点。在理论应用研究的层面上，西方国家主要在四个方面展开积极的实践：（1）着力消除互联网数字鸿沟，实现网民数量的最大化；（2）积极发展电子政府，强化网络舆情引导系统；（3）大力开发互联网的民主功能，探索多种网络民主形式；（4）全力维护国家安全，建立健全法治体系。

三　国内外有关网络舆情及网络舆情危机理论研究的不足

从我们的适应性视角来看，目前国外有关网络舆情及网络舆情危机理论研究的不足集中表现在：（1）其理论基础，来源于西方政治学基本原理，不完全适应于全球不同类型国家的网络政治现实；（2）其主要观点，来源于西方政治意识形态和政治价值观指导下的推理与阐释，不完全适应于全球不同意识形态国家的政治理念现实；（3）其虚拟社会治理原则，主要来源于西方政治法律体制机制，不完全适应于全球不同类型国家的政治法律体制机制现状；（4）其应对策略及其相应的对策、举措，来源于西方国家网络社会现状及西方国家民众对网络社会发展的愿景，不完全适应于全球不同类型国家的网络社会现状及民众对网络社会发展的愿景；（5）其具体实施对策、举措的方式，来源于西方国家网络主体的构成结构，不完全适应于全球不同类型国家的网络主体构成结构的实际现状。

就国内的研究现状而言，在看到取得可喜成就的同时，必须清醒地指出，我国现阶段对于网络舆情及网络舆情危机的研究还存在着诸多不足之处。这些不足，归纳起来主要有四个方面的“重轻不平衡”。

其一，在基础理论研究方面，重概念、特征、存在的问题及原因的阐释与分析，轻机理、演变及其规律表现方式的实证研究。众多的研究者将主要精力放在了对网络舆情、网络舆情危机及与之直接相关的网络政治、网络民主、网络政治参与、网络政治动员、网络安全、网络社会治理等概念的内涵、运行特征的剖析阐释方面，推理演绎出的理性论点较多。诸多对策性研究论著中，大都沿用“存在的问题—原因分析—对策建议”的论证模式。而对于网络舆情、网络舆情危机产生的机理、演变机制、内在规律及反映规律的具体表现形式等内容研究，分量不重，成果数量相对较少。在这些内容的研究方法上，计量、实证模型的创建与应用，亦相对较少。

其二，在现实问题的调研分析方面，重“面上问题”“纵向问题”，轻“地区问题”“单元问题”。大多数研究现实问题的论著均将调研范围设定在全国，将“面上问题”作为研究的主要对象。即便是对于相对具体一些的现实问题研究，也大都将调研范围设定在某一行业或领域，把诸如高校网络舆情、政法网络舆情、社会热点问题网络舆情等“纵向问题”作为研究的主要对象。而专门就某一地区、某一个民族的网络舆情、网络舆情危机等“单元问题”，开展系统而深入研究的论著相对较少。

其三，在对策举措研究方面，重“战略思考”，轻“策略思考”。学者们提出的有关网络舆情引导、网络舆情危机应对对策举措的建议，多数是立足于“战略”层面的思考，即统领性、全局性、方向性、原则性、指导性的宏观或中观方略的思考，内容上系统全面，表现形式上洋洋洒洒，但大都大同小异，引人注目的“亮点”性对策极少。而对于网络舆情引导、网络舆情危机应对的“策略”层面的思考，即为完成战略目标而采取的方式、方法、运行艺术等具体实施方案的设计集合方面，科学而理性的微观思考，不仅较少，而且显得较为零散，缺乏内在的关联性、协调性和系统性。至于针对现实中网络舆情、网络舆情危机的不同情形，供引导者、应对者“择优选择”的策略研究，更是少之又少。

其四，在网络舆情引导、网络舆情危机应对能力或水平评估研究方面，重“典型事例”之定性评价，轻“系统指标”之定量测评。在为数不多的专门研究网络舆情引导、网络舆情危机应对能力或水平评估的论著中，有相当比重的论著是通过大量的“典型事例”来进行定性评价的，而根据我国的实际，科学设计系统的指标体系进而形成测评模型，并运用此类模型对不同主体的舆情引导、网络舆情危机应对能力或水平，开展计量评估和比较研究的论著，相对较少。仅有的几家专业研究机构，每年一度或每季度一次的评估报告所沿用的计量测评模型，在科学性、系统性以及指标的可获得性、数据的可比较性等方面，亦有诸多值得商榷和有待改进、完善的问题。

在上述不足中，尤为明显的问题是：专门就我国“少数民族地区网络舆情引导、网络舆情危机应对策略”问题进行系统、全面总结与研究的论著还不多见，特别是对近些年来少数民族地区网络舆情新特点及党政部门化解与应对的新思路、新方法进行专门研究的成果还很鲜见。

为此，本课题的研究拟从分析网络舆情危机对少数民族地区党的执政能力、执政水平带来的挑战入手，在深入探讨少数民族地区网络舆情危机的特点与规律的基础上，系统分析目前我国少数民族地区党政部门在网络舆情危机应对与化解方面存在的问题及其原因，进而为少数民族地区科学、合理、及时地应对网络舆情危机提供理论参考，并从理念、技能、机制诸方面，提出具有针对性的应对与化解危机的对策建议。

第三章

网络舆情与网络舆情危机的内涵、特点及其规律

网络舆情、网络舆情危机的本质属性是什么，其突出的特点有哪些，其内在的、基本的运行规律有哪些？这是研究网络舆情引导、网络舆情危机应对策略必须把握的基础性理论问题。

第一节　网络舆情的内涵

我国学术界关于网络舆情内涵的阐释，本书第二章已经做了较为详尽的综述。我们认为，“社会民意与情绪反映论”的观点较为科学地概括了网络舆情的本质属性。即网络舆情是“社会民意和社会情绪在网络上的反映、表现与释放”①。或曰：是网民通过互联网传播的对于社会上某些刺激性事件之所有认知、态度、情感和行为倾向的集合。②

之所以认同“社会民意与情绪反映论”者对网络舆情所下的定义，理由有四个方面。

其一，网络舆情的范畴不仅仅是“以网络为载体的社会舆情”。所谓社会舆情，是指一定时期、一定范围的群众对社会现实的主观反映，是群体性的思想、心理、情绪、意见和要求的综合表现。③ 虽然网络舆情与社

---

① 孟建、裴增雨：《网络舆情的收集研判与有效沟通》，五洲传播出版社 2013 年版，第 19 页。

② 王国华、曾润喜、方付建：《解码网络舆情》，华中科技大学出版社 2011 年版，第 1 页。

③ 《网络舆情和社会舆情的关系》，中国舆情网，2010 年 12 月 30 日。

会舆情都是一定时代社会发展状况的反映，都是在社会上公然表达和传播的态度、意见和看法，并有着天然的联系，但不能由此而断定网络舆情就是社会舆情中的一种特殊类型，或网络舆情是一种特殊形式的社会舆情。据复旦大学舆情研究实验室的专门研究，网络舆情与社会舆情无论在内容还是形式方面还是有着明显区别的。[①] 尤其是舆情主体的不同、舆情生存方式的不同，导致二者间具有一定的实质性差异。因此，网络舆情并不仅仅是“借助互联网而传播的社会舆情”，而是网络时代产生和发展起来的，具有自身内在规定性和主体特点的新的舆情“物种”。

其二，网络舆情的内容不仅仅是“网民的政治态度”。“网民的政治态度”论者对网络舆情的主体抓得很准，似乎是揭示了网络舆情的本质内涵。但仅仅以此来完全取代网络舆情的本质，无疑也是片面的。因为把握一种社会现象的本质，不但要明晰其主体特征，还须要厘清其客体范畴，并且要将主体如何作用于客体的特殊机理阐述出来。“网民的政治态度”论者将网络舆情的客体仅仅限定于“政治领域”——网民对执政者及其政治取向所持有的态度[②]，显然缩小了其原本范畴，不符合客观事实。因为网民关注的社会现象涉及方方面面的领域，这些不同的领域均有可能出现“热点”“焦点”事件，也就均有可能形成网络舆情，绝不是只有在政治领域才会产生网络舆情。中国人民大学舆论研究所 2012 年基于百度作为搜索引擎进行的“中国社会暖度指数”研究结果表明，2011 年我国网民关注指数最高的领域是“中国民生”，其次才是与政治相关的“中国公共安全”“中国社会责任”，紧随其后的则是“远离”政治的“中国环境生态安全”，在上述网民关注指数超过 30 的四个领域中，非政治领域就占了两个。[③] 此外，“网民的政治态度”论者将网络舆情的属性归之于“网民态度”，同样过于狭隘。因为按照“属加种差”定义法则，网络舆情的属性是“舆情”，而学术界较为公认的“舆情”定义是：民众

---

① （1）传播方式不同；（2）社情民意的反映层面不同；（3）存在形式不同。详见本研究报告第二章。

② 纪红、马小洁：《论网络舆情的搜集、分析和引导》，《华中科技大学学报》（社会科学版）2007 年第 6 期。

③ 喻国明：《中国社会舆情年度报告（2012）》，人民日报出版社 2012 年版，第 70—71 页。

情感、态度、意见、观点的表达、传播与互动，以及后续影响力的集合。[①] 可见，舆情并不仅仅是民众的态度。所以给网络舆情下定义，无论从客观事实上还是逻辑法则上，都不应将其限定于“狭义的舆情”之内。

其三，网络舆情与社会舆情不完全是被包含与包含的逻辑关系。网络舆情，通俗而简要地讲，就是网络民意。而网络民意与社会民意并不完全是被包含与包含的逻辑关系。网络民意有其独特的生成环境和运行机制，不完全是社会民意的“子系统”，而是“舆情”种下的“亚种”之一。尽管“虚拟社会”是现实社会的“影子”，但现实和影子毕竟不是同一类事物。在网络舆情范畴中，传统信息传播所形成的“金字塔形”社会结构正在消失，取而代之的是“围观型”社会结构，加之网络匿名营造了一种不在“现场”“围观”的独特语境，以及意见领袖、群体极化、“听风是雨”、“泛主题”的焦点转化、多主体间的“互掐”等网络舆情特有的形成、演变、发展机制，是社会舆情难以完全涵盖的。尤其是网络民意表达的主体绝大多数是以“虚拟人”的形象在发表言论，其对社会信息的传播既有“强化澄清”的一面，亦有以讹传讹的一面，既有真实表达民意的内容，亦有非理性的嘲讽辱骂，这与传统意义上的社会舆情——群众对社会现实的主观反映，相去甚远。

其四，网络舆情不仅仅是社会民意在互联网上的反映，而且还是网民行为倾向在互联网上的反映。互联网不只是网民表达社会民意的平台，而且也是“网络暴力”行为的用武之地。当今社会，现实中诸多的群体事件、危机事态都是网民行为从虚拟走向现实而形成的。同时，又有诸多现实中的群体事件、危机事态不断地涌入网络之中，进而形成了“线上线下”相互交织，口诛笔伐与动手动脚互为因果，虚拟世界与现实社会融会贯通的“网络舆情危机”现象。这无疑也是网络舆情与社会舆情的重要区别之一。换句话说，网络舆情危机并不是“社会舆情危机”的类型之一[②]，也不仅仅是“网民政治态度的”表达，而是网络时代特有的舆情

---

① 谢耕耘：《中国社会舆情与危机管理报告（2012）》，社会科学文献出版社 2012 年版。

② 目前，无论是学术界还是政界，都极少公认“社会舆情危机”这一概念，而“网络舆情危机”的概念，不仅得到了公认，而且成了近些年的“显学”之一。

发展现象——它打破了人类进入文明历史以来数千年的“君子动口不动手”之舆情表现形式，将“民意”与“行为”交织得难分难解，使舆情与社会危机的内在联系达到了前所未有的黏度。

综上，我们认为，网络舆情的内涵至少有六个方面的内容：（1）其主体是网民，而不是公民整体；（2）其客体是现实社会与虚拟社会的各个领域，而不仅仅是政治领域；（3）其属性是“舆情”，而不仅仅是社会舆情；（4）其生存与运行环境是网络平台，而不是所有的传播领域；（5）其表现方式是网民对社会上“焦点”“热点”事件之所有认知、态度、情感和行为倾向的集合，而不仅仅是一定时期、一定范围的群众对社会现实的主观反映；（6）其产生的特殊背景是网络社会，而不仅仅是借助互联网而传播的一般社会舆情。

第二节　网络舆情的特点和分类

系统全面地分析和把握网络舆情的特点，对于深入探讨网络舆情及网络舆情危机规律，正确认识网络社会特征及内在的矛盾运动方式，科学引导网络舆情，合理应对网络舆情危机，具有重要的理论意义和实践意义。

与传统的舆情相比较，网络舆情从语言表达、社会思潮、结构组成、载体传播、生态环境诸方面，形成了其明显的系统化特征。

一　网络舆情的语言特点

网络舆情在语言表达方面，不同于传统媒体的主要特点在于其有一套网民“专用”的“网言网语”体系。了解这一语言体系的人，就能够轻松自由地融入网民社会，参与讨论问题，发表感想意见。若不了解这一语言体系或过于“较真”语言表达的“规范性”，则会被网民视为“外人”或“网盲”。

网络舆情语言体系的构建，是在“娱乐化”风格的主导下，因时因事而变化万千的。但无论如何变化，总是脱不了嬉笑诙谐、戏谑谩骂，寓雅致于俗聊、寓庄重于调侃、寓悲催于自嘲、寓正论于恶搞等“娱乐化”手法。在此风格主导下，网络语言流行语层出不穷，各种“格式化”文体如雨后春笋，构成了特有的“网言网语”体系。如表哥、房姐，月光族、啃老族，车奴、孩奴，躲猫猫、楼歪歪，杯具、洗具，有木有、肿么了，蛋定、围观等，均有其特定的网络社会含义。再如淘宝体、咆哮体、凡客体、甄嬛体、hold 住体、撑腰体、扫墓体、琼瑶体等，亦均有其独特的网络表达文体。此类“网言网语”体系伴随着网络社会的发展，正在“滚雪球”般地扩展壮大。

至于网络语言或曰互联网热词流行语的类型，有学者将其分为三大类：（1）一般网络用语——以象形、谐音、比喻、缩写的方式表达特定意义的词汇，最典型的如“88”等；（2）网民自创的“俏皮话”——网民某种情绪与网络大众文化有机结合而形成的网络热词或流行语，最典型的如“哥吃的不是面是寂寞”等；（3）与社会公共事件相关的流行语——网民对公共事件、社会现象自主解读后创造并流行的词汇，最典型的如“躲猫猫”等。[①] 其实，上述三大类不一定能够涵盖所有的网络语言，譬如还有众多的网民常用的“影视作品名句”——用影视作品中的人物对白名句来指代网民特有的态度、情感等，最典型的如“元芳你怎么看”等。此外还有大批的名词赋新类网络语言——将传统的规范的专用名词赋予新的、网络社会特有含义的网络用语，最典型的如“沙发”等。另外，还有一批独具网络语境的“疑似成语”，如“不明觉厉”“人艰不拆”“喜大普奔”之类的热词，文化界有人称之为不伦不类的“伪成语”[②]。这些还只是从语言自身的视角进行分类的，若从网民情感表达的视角，还可以将网络语言类分为自娱自乐型、针砭时弊型、怒气迸发型、悲催无奈型等类别；若从网络语言产生、应用的主平台、主渠道的视角，亦可将网络语言类分为微博类、论坛社区类、Q 群类等。当然，在网络语言中，亦有少部分低俗、猥琐，表达“负能量”的所谓“新词汇”。此类“新词汇”为数虽少，但对社会的负面影响作用不容忽视。

总之，网络语言正在形成其特有且具有强大生命力、鲜活力的全新的

---

① 吕晴：《2011 年互联网热词流行语年度报告》，载谢耕耘《中国社会舆情与危机管理报告（2012）》，社会科学文献出版社 2012 年版，第 396 页。

② 刘达：《对年度流行热词的冷分析》，《光明日报》2013 年 12 月 19 日。

系统化“词媒体”体系①，这是国家管理及社会治理者必须以网民的身份置身其中，并积极探讨与研究，进而正确引导与规范的新时代社会语言现象。

二　网络舆情的社会思潮特点

社会思潮是在特定的社会历史背景下，建立在一定的社会心理基础之上，具备某种相应的理论形态并在一定范围内具有相当影响力的带有某种倾向性的思想趋势。② 具有历史性、区域性、群体性、功利性、变异性、症候性等特点。社会思潮有正确和错误之分，与之相对应，其对社会发展进程也具有促进和阻碍两个方面的影响。

有学者将我国当代的社会思潮归纳为八种：除居于主导地位的邓小平思想外，还有老左派思潮、新左派思潮、自由主义思潮、民主社会主义思潮、民族主义思潮、新儒家思潮和民粹主义思潮。③ 这些思潮的必然地反映在网络舆情之中。

就我国的网络社会思潮而言，影响较大的除中国化的马克思主义这一主流意识形态外，还有无政府主义、民粹主义、民族主义、新自由主义、新左派等思潮。④

较之传统媒体领域，社会思潮的“多元化”特征在网络空间表现得尤为突出。从这一特点出发，人们将网络时代喻之为“全面吐槽”时代或“微力量崛起”时代。在社会思潮异常动荡、活跃的网络空间，与之直接相关的网络舆情亦呈现出以下明显特点。

其一，各种思潮间存在着相互融合与贯通的状况。网络舆情所体现的各种社会思潮并不只是相互间的碰撞与对立，在一定背景下，它们之间也

---

① “词媒体”概念由全球最大中文知识媒体——互动百科创建。词媒体是指以词作为核心传播内容的全新媒体形态，其利用“词”具有的对特定时间、地点、人物、事件进行超浓缩、利于口口相传的特性优势，最大限度地加快媒体信息的传播和记忆速度。词立方、冷知识、微百科、《锐词报》、《互动词海》等词条聚合类维基阅读网络刊物已成为词媒体展现形式，为词媒体的快速、准确、纵深传播起到了积极推动作用。

② 高瑞泉：《中国近代社会思潮》，上海人民出版社 2007 年版。

③ 马立成：《当代中国八种社会思潮》，社会科学文献出版社 2012 年版。

④ 万旋傲：《当前网络社会思潮的特点及引导策略》，载谢耕耘《中国社会舆情与危机管理报告（2012）》，社会科学文献出版社 2012 年版。

会有一定的融合与贯通。如新左派与民族主义、民粹主义就有着互为利用的密切联系。同样，新自由主义也时不时地与民族主义、民粹主义“套近乎”。

其二，各种思潮在价值诉求上具有本质差异。尽管在网络舆情领域中有着各种思潮间相互融合与贯通的状况，但这往往只是一时一事的现象。在本质上，不同的社会思潮之间有着明显的差异，这种差异来源于不同社会思潮所代表的不同社会阶层或不同社会利益集团根本立场的不同。立场的不同，决定着各种思潮在价值诉求上具有本质差异。

其三，各种思潮的表达均紧紧围绕现实社会矛盾问题而展开。网络舆情领域的社会思潮表达，不同于现实社会或传统意识形态领域那样，将主要精力放在理论的阐述与宣扬上，而是“寓理论于实践”“寓思想于现实”中，紧紧抓住现实社会矛盾问题，用大众化、通俗化、网络化、宣泄化、夸张化的表述形式，抨击自己的对立面，尤其是抨击主流意识形态，进而阐释和宣扬自己的思潮。

其四，各种非主流思潮与主流思潮之间均有着重大政治冲突。任何一种社会思潮的背后，都隐藏着其主体的政治化目标。网络舆情领域中诸多的非主流思潮同样有着其宣扬者的政治意图，而且这些形形色色的政治意图均与我国主流意识形态所坚持的政治目标相悖，进而形成对主流思潮的挑战。比如近期相当活跃的新自由主义思潮，其政治目标可谓路人皆知。同样，新左派思潮的政治倾向也绝不仅仅是挑战新自由主义，更不仅仅是“社会底层意识”的阐发，其“强烈的反西方情结”亦不仅仅是为了“社会公平”，隐藏其后的与主流思潮间的政治冲突同样昭然若揭。

其五，各种思潮在网络空间中有着自己的平台与阵地体系。如“乌有之乡”作为一个全国著名的左派网站，其影响力在中国所有的左派网站中堪称居首。“乌有之乡”自称是“一个中国大陆具有同情弱者、追求公平正义的政治性网站”。而实际上，其继承了斯大林和毛泽东的计划经济、阶级斗争思想，主张用苏联模式反观当今社会问题和缺弊。其文章言辞激烈、振聋发聩，往往使读者热血沸腾。网站的作者们希望中国社会尽早实现理想中的社会主义，尽早实现公平正义，于是对当今社会层出不穷的各种社会问题痛心疾首，呼吁重举毛泽东思想旗帜，从过去寻找解决的答案。类似“乌有之乡”的宣扬各种社会思潮的网站还有许多，加之与其思潮相近的各种链接网站，形成了各种社会思潮的网络平台体系，成为诸多非主流意识形态思潮的阵地。

三　网络舆情的结构特点

网络舆情就其内容的结构而言，最大的特点便是网络与民主的契合性。因为在人类社会发展进程中，每一次大的技术更新或技术革命总会激发人们对广泛民主、深度民主的追求。信息技术蓬勃发展与广泛普及，人类文明进入了信息时代、网络时代以及舆情聚集与传播的“自媒体时代”，这一崭新的时代极大地拓展了人们参与政治民主的渠道，激起了人们深化政治民主的欲望，形成了网络与民主的高度契合，反映不同政治诉求的“网络共同体”的态度、情绪及行为倾向，便成为网络舆情十分重要的特点之一。对此，有学者将其具体阐述为四大改变①：（1）互动结构的改变——高度交合性；（2）控制结构的改变——隐蔽性和离散性；（3）信息格局的改变——“自媒体”时代的来临；（4）参与结构的改变——平等性和非中介性。

从生存与运行结构来看，网络舆情还具有耗散结构的特征，即开放、非平衡态、非线性、存在涨落和突变。② 这种耗散结构的特征具体表现为四个方面。

其一，开放性是网络舆情生存的基础。在整个舆情社会系统中，网络舆情是一个有序的，有着自组织系统的子系统，但同时又是一个与社会系统、传统媒体系统、公民系统乃至于现实社会的政治、经济、文化诸领域有着不可分割的内在联系的开放系统。离开了开放性，网络舆情就失去了立身之本，断竭了信息之源。

其二，非平衡态是网络舆情的内在活力之泉。在人类社会，凡是充满活力的系统，必定是内部存在差异性、非平衡性且不断由非平衡态到平衡，再由平衡到新的非平衡之循环往复的内部矛盾运动。作为网络时代的特殊社会系统，网络舆情之所以充满着不竭的活力，其源泉就在于网民对

---

① 郭小安：《网络民主的可能及限度》，中国社会科学出版社2011年版，第116—122页。

② 喻国明：《中国社会舆情年度报告（2012）》，人民日报出版社2012年版，第11页。

于社会“焦点”“热点”事件的价值判断、态度、情感和行为倾向是多元的、不平衡的，这种不平衡通过一定时间的表达、碰撞、融合、化解，得以形成平衡，但这种平衡不可能“一劳永逸”，社会的不断变化，必然导致新的社会“焦点”“热点”事件出现，网络舆情结构亦随之产生了新的不平衡……如此循环往复，致使网络舆情活力无限。

其三，非线性是网络舆情的基本运行方式。网络舆情的产生、演变、发展是其系统内部各要素间相互制衡、相互作用、相互调节的运行过程。即社会“焦点”“热点”事件对网民态度、情感和行为倾向的刺激，产生着网络舆情。反过来网民的态度、情感和行为倾向又作用于现实社会，影响着社会“焦点”“热点”的演变趋向。网络舆情的主、客体之间相互制衡、相互作用，导致了不同主体间的相互调节，这便是网络舆情的基本运行方式。

其四，涨落和突变是网络舆情的表现常态。网络舆情的上述内在要素的运动，反映在其外在表现上，则是“涨落和突变”。当社会“焦点”“热点”事件出现并引起愈来愈多网民关注，加之传统媒体、“意见领袖”具有重要影响力的报道和评论，网络舆情瞬间形成，并时刻处于涨落的动态变化中，进而启动非线性的相互作用，促使网络舆情达到“巨涨落”，实现突变——网络舆情系统由繁杂、无序状态转向新的有序状态，形成新的稳定结构。这种“涨落和突变”现象，是网络舆情系统的常态。

从网络舆情的主体结构来看，其最大的特点在于年轻化，即青年网民在网络舆情主体中居于绝对多数。据 CNNIC 的调查数据显示，我国年龄在 39 岁以下的网民占网民总数的 80.1%，在网民的职业结构上，学生群体是网民中规模最大的群体，占比为 26.8%。其次为个体户/自由职业者，占比为 17.8%。企业公司中一般职员占 10.6%，无业/下岗/失业群体占 11.2%。[①] 此类以年轻人为主体的职业中，网民的比重占网民总数的 66.4%，这也从一个视角印证了网络舆情的主体结构的年轻化特点。

此外，从网络舆情的逻辑结构来看，由小到大分为三个层次：(1) 个别舆情——网民就某一具体问题所表达出来的情绪、意见和行为

① 《第 32 次中国互联网络发展状况统计报告（2013 年 7 月）》，中国互联网信息中心（CNNIC）网站。

倾向；（2）局部舆情——网民在一定时期内就某一领域的主要问题所表达出来的情绪、意见和行为倾向；（3）整体舆情——在日积月累中体现出来的各种不同方面的情绪、意见和行为倾向，是一个较长时期内社区民意的总体体现。[①] 另外，上述三个层次由大到小则构成了包含与被包含的结构关系。

四　网络舆情的载体与传播特点

网络舆情与传统舆情在载体方面最大的不同，显然在于以网络媒介为载体。具体而言，网络舆情的载体是网络论坛、新闻跟帖、博客、播客、微博、微信、QQ、MSN、手机短信、电子邮件、电子杂志以及“网络二次文献”载体——搜索引擎等，既有公共网络媒体，又有大量的“自媒体”。尤其是手机上网功能的普及，使上述网络载体得以实现与手机的互联互通，极大地强化了网络舆情载体功能，并正在取代纸质、电视、广播等传统载体，而成为舆情的“第一载体”。虽然各类具体的网络舆情载体在承载功能、表现方式、影响范围诸方面有着差异性，但它们的开放性、即时性、互动性、全天候性、情绪性等共同特征是明显的。

网络舆情的传播特点，大体可归纳为以下“七化”。

其一，传播主体的大众化。在传统媒介居于传播主导地位的时代，为社会传播资讯的主体是少数专门机构、媒体、社会精英等，大众则大都是受众角色。进入网络时代以来，大众不再只是受众，有相当多的网民加入资讯传播者的行列，成为网络传播主体。从理论上讲，在网络平台上，人人都具有“双重身份”，既是信息的接受者，又是信息的传播者，即所谓“每个人都可以是一个没有执照的电视台”[②]。“草根阶层”拥有了前所未有的话语权，任何人都可以借助网络平台就所关心的公共事务、社会事件、生活现况表达自己的态度、意见或宣泄自己的情绪，发布自己的见解。

---

① 中共中央宣传部舆情信息局：《网络舆情信息工作理论与务实》，学习出版社 2009 年版，第 16—17 页。

② 美国计算机科学家、媒体实验室主任，《数字化生存》的作者尼克洛庞帝的名言，转引自马俊等《中国的互联网治理》，中国发展出版社 2011 年版，第 111 页。

其二，传播速度的迅捷化。在网络舆情环境中，信息通道大幅度拓展，信息源大幅度增加，信息传播者既可以用文字，也可以用图片、录音、视频实现“第一时间、第一现场、第一视角”的现场直播。有研究者对 2011 年度从舆情热点事件到被媒体首次曝光的时间差进行了统计分析，结果显示，有 23.4% 的事件是在其发生后半天内得以曝光的，一天内得以曝光的占 52.5%，而新媒体已经成为舆情事件首次曝光的主要渠道。[①] 在“人人都是记者”的自媒体时代，许多社会事件的当事人通过网络平台，可以对事件的发生、发展进程进行即时的现场直播。如典型的“7·23 动车事故”中，早在事故发生前 7 分钟，就有目击者在列车上发微博说“狂风暴雨后的动车这是怎么了？爬得比蜗牛还慢，可别出啥事儿啊”，此条微博被转发 2.4 万次，评论 7600 多条。[②] 事故发生后 4 分钟，有乘客就通过微博发出了第一条消息。事故发生后 13 分钟，有乘客就发出了第一条求助微博，随之转发量即刻突破了 10 万。[③] 可见，网络舆情在传播速度方面，是传统舆情无法比拟的。

其三，传播方式的互动化。网络舆情在传播方式上，具有四个方面的互动联系：（1）传播主体间的一对一、一对多、多对多的互动，尤其是多对多的互动，可以说是网络舆情传播的常态。（2）不同网络平台之间的互动，如不同网站之间、不同媒介之间所传播的舆情内容经常互为信息源、互为影响，进而促进着网络热点、焦点的聚焦与形成。（3）网络媒体与传统媒体间的互动，如网络与电视、网络与报纸间的互为信息源、互为影响、互为传播热点。（4）网络舆情与社会舆情间的互动，即网民与网络空间之外的人互动交流，网上意见与网下意见的交织互动和相互作用[④]。

其四，传播内容的多元化。较之传统的社会舆情，互联网环境中的网

---

① 谢耕耘：《中国社会舆情与危机管理报告（2012）》，社会科学文献出版社 2012 年版，第 28—29 页。

② 祝华新：《到了用网络倒逼改革的时候了》，《中国青年报》2011 年 7 月 25 日。

③ 谢耕耘：《中国社会舆情与危机管理报告（2012）》，社会科学文献出版社 2012 年版，第 48 页。

④ 中共中央宣传部舆情信息局：《网络舆情信息工作理论与务实》，学习出版社 2009 年版，第 36 页。

络舆情，在内容的价值表达方面，具有明显的多元化特征。究其原因，有学者指出："全球化的互联网是价值多元的温床。"[①] 也就是说，互联网的特殊环境造就了网络舆情内容的多元化，这种特性是网络舆情的"天性"使然。

其五，传播手段的多样化。在网络社会，舆情的形成并进一步"成气候"，有多种手段可供选择：（1）通过网络论坛（BBS）与新闻跟帖将重大社会事件尤其是政治事件诱发为网络舆情并形成气候。（2）通过网络调查与网络签名引导网民特别关注相关的重大社会事件尤其是政治事件，形成网络舆情并进一步"成气候"。（3）通过个性化博客与自媒体博客广泛传播个性化主张和多元价值观，进而形成网络舆情并进一步"成气候"。（4）通过电子邮件、MSN 以及各类文字、音频、视频网络聊天平台，实现观点传播的"立体化"，进而形成网络舆情并进一步"成气候"。（5）通过微博、微信、手机短信等即时通信媒体，开展广泛而深入的"微动员"，进而形成网络舆情并进一步"成气候"。

其六，传播导向的领袖化。在网络时代，把握舆情传播导向的不再仅限于党政部门、主流媒体、社会精英，网络意见领袖所起的导向作用愈益明显。据有关专家的研究结果显示，2007—2011 年的 5 年中，意见领袖在其中发挥重要作用的，占影响较大的舆情事件总数百分比由 3.3% 上升到了 18.1%[②]，并且这种上升趋势还在继续。意见领袖在网络舆情传播导向方面发挥作用的方式，大体有四种：（1）通过网络平台对可能引起社会公众广泛关注的事件予以爆料。（2）针对热点、焦点事件，在网络上发表观点、言论及分析评价、趋势预测，引导网民思路和网络舆情走势。（3）在网上网下广泛发起动员，形成声势浩大的舆论，以期改变事态发展方向。（4）策划、组织相关的网络集体行动，以聚集网民、动员网民实现既定目标。

其七，互动对象身份的平等化。在网络互动进程中，参与互动的各方，"无论百姓还是机构，抑或社会名人，都被拉到了同一发言平台

---

① 马俊等：《中国的互联网治理》，中国发展出版社 2011 年版，第 113 页。

② 谢耕耘：《中国社会舆情与危机管理报告（2012）》，社会科学文献出版社 2012 年版，第 31 页。

上……无论社会精英，还是草根阶层，都处于相对平等的地位，在共同的时间、空间内表达自己的意见，自由地展开讨论”①。在此，互动对象的身份均为网民，因职业、社会地位、受教育程度、富有程度等因素而客观存在的身份差异，在网络互动进程中都不复存在。

五　网络舆情的生态特点

生态，通常指生物的生活状态。即生物在一定的自然环境下生存和发展的状态，也指生物的生理特性和生活习性。若将生态的本意引申到社会领域，可以理解为生态是指事物的生存状态，以及此事物与彼事物之间所形成的环环相扣的关系或生存习性。网络舆情生态则是指网络舆情的形成、发展、演变的状态，或曰舆情在网络环境下生存和发展的状态。

在我国，有学者从网络舆论的发生、发展和作用的视角分析了网上舆论的生态特点，将其归纳为“意见参与原子化，舆论涨落随机化，舆论共鸣圈层化，舆论延伸持续化，舆论主张行动化”②，并对上述“五化”特点进行了较为系统的阐释。当然，上述“五化”特点是针对“网上舆论”这一事物而揭示的，不能将其与网络舆情的生态特点画等号。在此，我们借鉴上述论点，结合网络舆情生存和发展状态的实际，将其生态特点归纳为以下五个方面。

其一，意见表达的碎片化。网络舆情的主体是网民，而网民对于现实社会中热点、焦点事件的态度和意见是千差万别的。这些千差万别的意见大都以微博、论坛、跟帖的形式由网民个人表达并公之于众，不像传统舆情那样要经过一定的机构或组织对社会上千差万别的意见进行归纳、分类，进而形成系统。因而在互联网环境中，网民的意见表达绝大多数是“碎片化”的，与传统舆情中的意见表达相比，“去结构化”的特征十分明显。

其二，舆情形成的层次化。从网民较为一致意见的聚集，到网络舆情的形成，大体要经过四个层次：（1）QQ、MSN 等网络社交群体内的意见“共鸣”；（2）各网络社交群体间的意见“共鸣”；（3）网络社区中众多

① 曹劲松：《政府网络发言》，江苏人民出版社 2012 年版，第 129 页。

② 同上书，第 168—173 页。

网民的意见“共鸣”；（4）网络社会中广大网民的意见“共鸣”。

其三，主题内容的链接化。网络舆情主题内容在其萌发、形成、发展的进程中，与之相关的所有信息，均可以通过“链接”的方式得以完整获取。进而为广大网民“人肉”某一社会焦点事件的中心人物，“回放”某一社会焦点事件的演变过程，“综观”人们对某一社会焦点事件的态度和意见，提供了广、快、精、准、全的舆情信息。

其四，“水军”活动的内在化。“网络水军”是指通过雇用大批人手在互联网上集体炒作某个话题或人物，以达到宣传、推销或攻击某些人或产品的目的的群体。网络水军是虚拟社会的特有现象，也是网络舆情生态中挥之不去的要素之一。网络水军与网络舆情“涨落”状况具有一定的联系，这种联系是隐性的、内在的。通过这种隐性化、内在化的作用，网络水军既可能推进一般性网络舆情能量的扩展，亦可能使用诽谤、诬陷、抹黑等手段，编造舆情趋向，混淆公众视听，扩散网络舆情负能量。实践证明，网络水军在网络舆情“涨落”中的副作用要远远大于正能量。这也是网络舆情生态需要重点净化的方面。

其五，网民诉求的行动化。有些网民在其意见或诉求不被网络社会关注的情况下，为了吸引公众的注意力，会通过线下的群体行为制造轰动效应，实现网络舆情与现实行动的互联互动。最常见的有所谓的“快闪”①、集会、“散行”②、聚游等行为。网民诉求的行动化是个体或小群体的非主流意见表达与行动表达的有机结合，目的在于扩大社会反响，引起公众关注，获得政府重视，促成诉求实现。网民诉求的行动化，是网络舆情生存与发展的状态特点之一。

总体而言，在网络舆情的系统化特征中，语言表达特点是其外在的表现方式，社会思潮特点是其内在的理念意识，结构组成特点是其各要素的组织运行形式，载体传播特点是其获得大众反响的规律所在，生态环境特

---

① 快闪，“快闪行动”的简称。简单地说就是：许多利用网络联系的人，通过短信或 bbs 约定一个指定的地点，在明确指定的时间同时做一个指定的不犯法却很引人注意的动作，然后赶快走人。有的是纯为搞笑，有的被视为社会或政治活动。

② 散行，通过网上舆论号召人们以一种特殊的行为方式表达舆论主张，通常无确定的聚集时间、地点，只是在一定的区域范围内，以一种符号化的行为加以体现。由于个体与个体之间的行为相对独立和分散，故称。

点是其生存与演变的社会状态。五大领域特点之间，相互支撑，相互作用，形成了一个系统有机的整体。

第三节　网络舆情危机的内涵

危机的概念常见于政治、经济领域，近些年来又被广范运用于公共管理和行政管理领域。就目前国内外专家学者对“危机”本质属性的界定来看，大都将其定义为：一种对组织基本目标的实现构成威胁、要求组织必须在极短的时间内做出关键性决策和紧急回应的突发事件。[①] 也有一些国外学者从社会学视角出发，将“危机”看作“人类社会的常态”，认为社会是以持续打破平衡，而非固守平衡的方式存在。[②] 当然，这里所讲的“危机”，在网络社会，自然也包含着网络舆情危机。

关于网络舆情危机的内涵，有学者则将社会突发事件在网络上引起公众关注的事件称为“公共危机事件网络舆情”——指公共危机事件发生后，网民在互联网空间上对公共危机事件所持有的情绪、意愿、态度和意见的总和。[③] 而由此舆情引起的危机，则为网络舆情危机。

当然，讲到网络舆情危机的内涵，不能不了解和把握“网络群体性事件”的本质内容所在，因为从公共危机和社会危机的表现形式来看，均脱离不了“群体性事件”。从这个意义上讲，“网络群体性事件”与“网络舆情危机”可谓“一块硬币的两面”。目前国内对“网络群体性事件”内涵的阐述颇具代表性的观点有两种。其一，网络群体性事件是指由现实或网络事件引发，以网络为传播、讨论、围观、聚集的基本途径或场所，有一定数量的相关网络群体及社会群体参与，对网络虚拟世界乃至现实世界造成较大影响的相关事件。[④] 其二，网络群体性事件有广义、狭义之分。广义的网络群体性事件是指在互联网上有较多网民参与讨论并产生一定社会影响的事件；狭义的网络群体性事件特指在一定社会背景下形

---

① 叶皓：《政府新闻学——政府应对媒体的新学问》，江苏人民出版社 2010 年版，第 211 页。

② ［英］齐格蒙特·鲍曼：《寻找政治》，洪涛等译，上海世纪出版社 2006 年版，第 75 页。

③ 史波：《公共危机事件网络舆情内在演变机理研究》，《情报杂志》2010 年第 4 期。

④ 严峰：《网络群体性事件与公共安全》，上海三联书店 2012 年版，第 4 页。

成的网民群体为了共同的利益或其他相关目的，利用网络进行串联、组织、呼应，乃至可能或者已经影响社会政治稳定的群体性非正常事件。[①]第一种观点将“网络群体性事件”放在相对宽泛的“造成较大影响的相关事件”范畴中，实际上认为网络群体性事件既可以是较大负面影响的事件，也可以是较大正面影响的事件，还可以是中性的较大影响的相关事件。这与“广义的网络群体性事件”内涵有较大相似性。第二种观点从广义、狭义两个方面对“网络群体性事件”进行了定义，其中狭义的定义将“网络群体性事件”限定为对社会政治稳定有负面影响的“非正常的群体性事件”。可以看出，狭义论者把“网络群体性事件”的外延规定在“政治领域的有较大负面影响的群体事件”中。上述两种观点对于我们正确地理解和把握“网络舆情危机”的内涵，均具有重要的借鉴作用。

在此，我们汲取国内外学者有关“公共危机”内涵的观点，借鉴我国学者关于“网络群体性事件”内涵的论述，将“网络舆情危机”的内涵表述为：可能危及社会及组织目标和利益的突发性事件，在互联网上被广泛传播，引起公众集中关注并发表评论和意见而形成强大的网络注意力，这种注意力足以影响和改变社会或组织原有的发展态势，而形成的社会公共危机。

上述定义体现的“网络舆情危机”的具体内涵至少有五个方面：（1）网络舆情危机是社会公共危机的一种特殊类型；（2）网络舆情危机是由危及社会利益的突发性事件引起的；（3）网络舆情危机的载体或舆情传播平台是互联网；（4）网络舆情危机的表现形式，是网民的评论和意见形成强大的网络注意力；（5）网络舆情危机的形成标志，是网络注意力足以影响和改变社会原有的平衡。

第四节　网络舆情危机的特点和分类

关于网络舆情危机的特点，我国学术界从不同的研究视角给予了多种总结、归纳和阐述。其中较具代表性的阐述，既有从危机的参与主体、产

① 周斌：《“微博问政”与预期应对》，人民出版社 2012 年版，第 171 页。

生过程及发展特征、诉求内容等视角揭示的“四特征说”①，又有从网络舆情危机与现实关系视角所阐释的“三特征说”②，还有从危机主体的政治参与视角而归纳的“三特征说”③，亦有学者从引起危机发生、发展的重要因素事件加以阐述的“五特征说”④，等等。我们认为，相对于传统的社会公共危机而言，网络舆情危机除了其主体具有明显特点外，在起因、客体、演变、行动及表现形式诸方面，亦有着明显的特点。

总体来说，网络舆情危机既有网络舆情的特征，又有社会公共危机的特征。两种特征有机融合，形成了其独有的特点。

其一，危机形成的“四个阶段性”。网络舆情危机的形成，一般要经历以下四个阶段：（1）公共危机事件的发生——此类事件大都具有典型性、社会性，涉及社会公众利益或足以引起社会公众的高度关注；（2）个体意见表达——为数众多的网民围绕公共危机事件发表个人意见，其中有相当一部分意见是偏激和非理性的，以至于夹杂着许多散布谣言、盲从起哄、谩骂攻击、倡导暴力的违法违规行为；（3）社群意见的碰撞与聚集——随着各类意见的碰撞，逐渐形成居于主导地位的“意见旋涡”，进而在“旋涡”的作用下，迅速聚集起庞大的网络舆情；（4）网络舆情危机的形成——当消极甚或是偏激、暴力的“意见旋涡”居于网络舆情主流，并掀起社会浪潮，严重冲击社会秩序时，网络舆情危机即形成。

其二，危机传导的迅速扩张性。网络舆情危机不同于其他公共危机的最大特点，便是其具有“超高的传导性”，即危机在形成的不同阶段，均

---

① （1）参与主体的虚拟性；（2）爆发时间的瞬时性；（3）聚合能量的倍增性；（4）诉求内容的隐蔽性。参见罗亮《网络群体性事件：概念、特征及其治理》，《行政与法》2010 年第 9 期。

② （1）强烈的现实评判性；（2）突出的群体极化倾向；（3）微妙的虚实互动性。参见刘建新《浅析网络群体性事件——内涵、特性及防治》，《浙江传媒学院学报》2011 年第 1 期。

③ （1）主体结构的复杂性；（2）利益冲突的非直接性；（3）具体行为的违法性。参见薛松《政治参与视角下的网络群体性事件分析》，《公安研究》2011 年第 4 期。

④ （1）发生于网络，具有广域性、快速性、瞬时性等特征；（2）危机事件往往反映社会现实，是社会转型时期社会结构矛盾引起的；（3）传统媒体、门户网站和各类网络平台在事件中交互而复杂的互动作用；（4）普通网民、意见领袖、专家学者在危机中起到引领、转折或推动作用；（5）政府在危机中往往会被动或主动地发出声音和采取措施，一定程度上影响着危机的走向。参见严峰《网络群体事件与公共安全》，上海三联书店 2012 年版，第 10—11 页。

有效地利用互联网上 QQ 群、MSN 等即时通信工具所具有的即时传播特点，来迅捷地反映人们对公共危机事件的探求欲和诉求欲，故公共危机事件网络舆情能在极短的时间内得到迅速扩散[①]，此种“危机雪球”的滚动速度以“光速传导”来形容亦不为过。正是这一特点，使多数网络舆情危机产生、聚集、形成、爆发常常以迅雷不及掩耳之势传导至社会。

其三，危机客体的虚假依赖性。网络舆情危机的产生与公共危机事件密切相关，但又不是公共危机事件之真实、客观的情景再现，亦很难做到在真实、客观的基础上，表达网络舆情。网络舆情危机的内容往往貌似真实或合情合理，然而，这只是将公共危机事件作为一种“由头”或“引子”，至于此类“由头”“引子”的原本情景，在危机的个体意见表达、社群意见的碰撞与聚集、网络舆情危机的形成等阶段，则早被舆论遗忘，网络舆情危机所依赖的“客观情景”常常由于虚假信息的渗入而变形，甚至成为对“由头”“引子”的杜撰。

其四，危机发展的多级衍生性。公共危机事件的复杂多变性与网络传播的主观随意性有机结合，常常使前一阶段逐渐消失的网络舆情有可能结合新的事态发展而产生新的变异。这种变异来自于利益差异性，通过同化、异化、简化等模式而出现灾难恐慌、政治流言、经济获利等变异情况，从而形成新的“网络事件衍生品”并进行新一轮的快速传播，滚出新的网络舆论“大雪球”，造成新一波“雪崩”，例如杭州飙车案的胡斌替身传言等。这种“衍生”的速度与规模往往是超级的。

其五，危机主体的群体极化性。由于人们对公共危机事件具有更强的知晓欲和减压心理，加之网络群体意见的聚集与渲染，使参与其中的网民极易产生“义愤填膺”情绪，进而形成“群起而攻之”的群体极化倾向，此种倾向若在个别不负责任的“意见领袖”的引导或煽动下，则极易形成极端的观点，进而爆发网络舆情危机。

其六，危机行动的集体性。专家组的研究结果表明，2007—2011 年，在公共管理和社会组织领域具有较大影响的网络舆情危机事件中，有网络

---

① 沈正赋、江小飞：《从汶川地震看中国网民对突发公共事件的介入》，《电视研究》2008 年第 9 期。

集体行动的危机事件占40.2%，所占比重几乎与无网络集体行动的危机事件持平。[①] 而且全国性的事件最容易产生网络集体行动的行为，与之相应，在有网络集体行动的危机事件中，出现谣言传播的概率相对较高。[②] 这突出反映了网络舆情危机的“线上线下互联互动”、虚拟社会与现实社会的集体行动互为支撑的特点。

其七，危机表现形式的复杂性。在网络舆情危机事件中，其危机的表现形式复杂多样。最常见的有：（1）巨量的“围观”者造成声势浩大的危机事态；（2）铺天盖地、洪水决堤般的“评论”使危机“屋漏偏逢连阴雨”；（3）无处不在的“人肉”将当事人“扒”得体无完肤；（4）光速传播的转发，使危机在全社会处于“现场直播”之中；（5）来去无踪的“推手”于虚拟中推波助澜，使危机事件有策划、有组织、有目的地不断演进。

关于网络舆情危机的类型，从不同的角度可做不同的分类。

从地域——空间的视角，可将网络舆情危机分为：（1）以网络空间为主阵地的网络舆情危机——危机主体的绝大多数行动均在网络中开展，诸如聚集网络议题、召集网上签名、开展网络调查、“水军”集中攻击等；（2）以网络为中介，以显示空间为主阵地的网络舆情危机——通过网络社交来组织、策划现实社会中的群体性事件；（3）虚拟与现实互动的网络舆情危机——通过网上网下的相互动员、相互交织、相互推进，促使危机规模与影响愈演愈烈。

从诱发——形成的视角，可将网络舆情危机分为：（1）现实诱发类网络舆情危机——由现实社会的热点、焦点事件诱发，进而在网络空间形成舆情危机；（2）现实与虚拟互诱类网络舆情危机——由现实与虚拟空间交织在一起的热点、焦点事件诱发，进而在网络空间形成舆情危机。

从公共管理——内容领域的视角，可将网络舆情危机分为：（1）行政管理类网络舆情危机——由于行政管理出现的纰漏、事故而形成的网络舆情危机；（2）制度建设类网络舆情危机——由于政府或社会组织的制

---

① 谢耕耘：《中国社会舆情与危机管理报告（2012）》，社会科学文献出版社2012年版，第347—348页。

② 同上书，第348—351页。

度建设出现纰漏、事故而形成的网络舆情危机；（3）信息封闭类网络舆情危机——由于公共管理部门封锁社会信息而出现重大舆情事件，进而发展演变为网络舆情危机。

从涉及范畴——影响广度的视角，可将网络舆情危机分为：（1）广义的网络舆情危机——引起网民广泛关注，进而影响了全社会重大舆论走向和进程的网络舆情危机；（2）狭义的网络舆情危机——由某一具体地域、行业的社会事件引发的网络群体事件，进一步演变为网络舆情危机。

从社会矛盾——利益冲突的视角，可将网络舆情危机分为：（1）公权与民权冲突类网络舆情危机——因公权行使不当造成社会焦点事件，进而演变为网络舆情危机；（2）社会利益冲突类网络舆情危机——因不同社会利益群体之间的冲突造成社会焦点事件，进而演变为网络舆情危机。

第五节　网络舆情与网络舆情危机的基本规律

网络舆情及网络舆情危机同所有社会现象一样，在其纷繁多样的表象之后是有规律可循的。目前，人们对于网络舆情及网络舆情危机规律的认识，大体可以归纳为以下十个方面。

一　网络舆情传播力决定影响力规律

"传播力"是指媒介的实力及其收集信息、报道新闻、对社会产生影响的能力，本质上是一种思想征服力。[①] 传播内容的权威性、媒介人员的素养、媒体管理水平、技术手段和资本是传播力的五个决定性因素。[②] "影响力"是指媒体所传播的信息被受众接收并接受，进而改变其态度和行为，产生对传播主体有利的力量。其侧重于媒体传播的效果而言。[③] 在网络时代，互联网实现了信息传播的多向、立体、广角度链接、万维智能

① 刘建明：《当代新闻学原理》，清华大学出版社 2003 年版，第 37 页。

② 刘建明等：《新闻学概论》，中国传媒大学出版社 2007 年版，第 40 页。

③ 《增强传播力提高影响力——从提高文化软实力看创新》，新浪网，2008 年 12 月 13 日。

等功能的有机融合，使社会传播技术能力实现了划时代的变革。这种技术传播能力的质变，又带动着传播内容的深刻变化，既可以有效做到真实准确、立场公正，对事件作出及时、深刻的分析，让人类认识世界的能力急遽提高；又可以让一些人混淆是非、观点偏颇，对事件作出错误判断和分析，给社会带来思想混乱和负面影响。传播力决定影响力，话语权决定主导权，时效性决定有效性，透明度决定公信度，已成为当今世界人们的共识。

人类社会的传播历史表明，社会越是发展，信息越是发达，人们对传播这种力量的依赖程度和重视程度就越高。一旦传播对象与传播主体达成共识，便自然会向着传播主体引导的方向产生态度和倾向的变化，并释放强大的行动力。而互联网所特有的高效、快捷、自由、灵活，影响面大、覆盖面广以及互动性、参与性强等特点，不仅恰好诠释了“传播力决定着影响力”这一规律，而且使之“马太效应”极为明显。如果说“注意力经济”是信息时代经济领域的“规律”之一，那么，“注意力政治”同样也是信息时代政治领域的“规律”之一。

二 网络舆情来源的“热源因子”规律

网络舆情危机产生于网络舆情热点事件，而网络舆情热点事件的形成则是由“热源因子”集聚而成。网络舆情热点事件的“热源因子”是指事件中引发关注、“点燃”舆情并使其热度上升和持续恒温，促使事件成为舆情热点事件的力量所在。[①]“热源因子”是网络舆情基本要素的来源，有了一定能量的“热源因子”，就有可能促成网络舆情的形成，若没有“热源因子”或“热源因子”能量微弱，就不可能形成网络舆情，这便是网络舆情来源的“热源因子”规律。对于这一规律，我国学术界一些专家从事件主体、根源、内容、结果、应对诸方面予以较深入揭示，将事件主体类分为诉求方、被诉方、牵涉方三个具体因子，加上事件根源、内容、结果、应对因子，共 7 个具体因子，作为分析、判断“热源因子”的实证要素，并对不同类型网络舆情事件的热源因子分布规律进行了量化

① 王国华、曾润喜、方付建：《解码网络舆情》，华中科技大学出版社 2011 年版，第 53 页。

分析[①]，进而为网络舆情热点事件的预测提供了理论参考。与之相应，近几年来主流媒体部门也十分注重对网络舆情“热源因子”的测评分析。人民网推出了“舆情热点事件舆情热度榜”，制定出了由“网民关注度、传统媒体报道、网站推荐、意见领袖关注度、境外媒体、网下行动”6项指标构成的舆情热度评判体系，将网络舆情来源的“热源因子”规律运用于舆情热度评判实践之中。

网络舆情的来源除“热源因子”的聚集外，还离不开“自媒体”的参与并发挥放大与聚焦作用。在网络社会，以往那种将公众单纯作为被动的信息接受者的时代一去不复返了，广大公众不再只是等着主流媒体“供饭”的“食客”，他们完全可以自己“下厨房”，并将“饭菜”端上“公共餐桌”。此可谓“划时代”的变化——在网络时代，每个人都有权发布信息、裁减信息、过滤信息，成为信息的主人。[②] 由此，“自媒体”也就成为网络时代最重要的时代特征之一，同时也成为网络舆情萌发、形成所必不可少的“媒介”要素。

三　网络舆情主体的平等性规律

在网络时代，互联网为公众提供了一个前所未有的自由讨论公共事务、参与政治、评价社会的活动空间。在这个空间里，参与活动的各方主体均以平等的网民身份发表见解、意见和建议，基本消除了身份歧视，实现了地位平等。与传统传播空间的主体结构相比，网络空间主体结构的最大特点就是精英垄断信息资源、信息传播及公共话语权的格局被彻底打破，普通的网民个体与社会精英在网络对话中不必“仰视”对方，不必诚惶诚恐，不必成为被“灌输”者，更不必成为被训斥的对象。社会精英在网络空间中也不必非要正襟危坐，只做布道者，讲圣言圣语。从某种意义上说，网络舆情主体的平等性更多地还是体现在社会精英的“礼贤下士”。否则，定会遭到网民的“拍砖”，进而有可能被“自然地”逐出“网境”。这种网络舆情主体的平等性，是Web2.0时代的必然现象，是不

---

① 参见王国华、曾润喜、方付建《解码网络舆情》，华中科技大学出版社2011年版，第53—60页。

② 郭小安：《网络民主的可能及限度》，中国社会科学出版社2011年版，第120页。

以人的主观意志为转移的客观规律。

四　网络舆情内容的“公共话题”规律

构成网络舆情的重要因素之一，是网民对社会上“焦点”“热点”事件所持有的认知、态度、情感和行为倾向的集合。这就是说，能够演变成为网络舆情的“事件”，必定是具有“公共话题”特质或潜质的社会“焦点”“热点”事件，离开了这一前置要件，网络舆情就失去了客体的支撑。对此，人民网的追踪研究结果和舆情专家的“热度测评”予以有效证实：人民网“舆情频道”曾对2009—2010年上半年的40件网络舆情热点事件进行了梳理，结果表明，这40件网络舆情热点事件虽然分属公共安全议题、司法公正议题、执法规范议题、官员风纪议题、公权滥用议题、公民维权议题、公共管理议题等领域①，但它们均与“公共议题”相关，且这些事件的“热度”值均在58以上，远高于一般性的事件。② 这表明，网络舆情的内容是公共关注的“热点”，即受广大网民关注的，网民思想情绪和利益诉求的聚焦点，民众议论的集中点。③

五　网络舆情传播方式的“六度分隔”规律

早在20世纪60年代，美国心理学家米格尔就针对社会人际交往的规律提出了“六度空间”理论，其典型的表述是：“你和任何一个陌生人之间所间隔的人不会超过六个，也就是说，最多通过六个人，你就可以认识任何一个陌生人。”④ 后来，国外学者又进一步提出了“小世界网络模型”理论，将“六度空间”规律经典地表述为：假如每个人跟自己认识的人之间是一步的距离，跟自己不认识而身边有人认识的人之间是两步的距离，那么地球上任何两个陌生人之间的距离最多也就六步之遥。⑤ 同人类

① 人民网·舆情频道·排行榜。

② 王国华、曾润喜、方付建：《解码网络舆情》，华中科技大学出版社2011年版，第58—59页。

③ 姜胜洪：《网络舆情热点的形成与发展、现状及舆论引导》，《理论月刊》2008年第4期。

④ 转引自马俊等《中国的互联网治理》，中国发展出版社2011年版，第121页。

⑤ 参见［美］邓肯·瓦茨《六度分隔：一个相互连接的时代的科学》，陈禹译，中国人民大学出版社2011年版。

社会里的六度分隔理论类似的是，网页也有这种规律。匈牙利物理学家Barabási发现，在全世界140亿个网页中，从其中任何一个到另一个，最多只需19次跳转。[①] 而美国微软公司研究人员则通过计算进一步证实了“六度分隔”规律。他们通过电脑的准确计算，得出“任意两个人之间建立联系需要6.6人”的结果。[②] 尽管我们不必拘泥于任意两个人之间建立联系到底是需要6度还是7度空间的具体表现形式，然而“六度分隔”规律所揭示的人与人之间联系“不可障碍性”的实质内容则是毋庸置疑的。而且网络舆情作为最吸引网民注意力的网络信息，其传播进程中的“六度分隔”规律则更为明显。因为网络传播是真正意义上的无疆界、全天候、多媒体、光速度的低成本海量信息传播，在这一环境中，网络舆情犹如在“地球村”里通过“大喇叭”传播的引人关注的热点信息，会在极短的时限内让所有“村民”知晓的。

六　网络舆情传播效果的“首因效应”“沉默螺旋”“反沉默螺旋”规律

“首因效应”是由美国心理学家洛钦斯首先提出的。它反映了人际交往中主体信息出现的次序对印象形成所产生的影响。[③] 其内涵主要是指个体在社会认知过程中，通过“第一印象”最先输入的信息对客体以后的认知产生的显著的影响作用，它是由第一印象（首次印象）所引起的一种心理倾向，许多人习惯称之为“第一感”。[④] 首因效应在本质上是一种“优先效应”。这种“优先效应”在网络舆情领域中体现得更为明显。在网络舆情的形成初期，网民们倾向于重视首次发布的信息，尤其是对社会主流媒体首次发布的信息，或者非主流媒体首次并广泛转发的信息，关注度往往明显高于后来发布的信息，即使后面的信息与前面的信息不一致，人们大都也会屈从于前面的信息，以形成整体一致的印象。为此，精明的舆情主体，往往会在“抢占先机”方面下足功夫，以引

---

① 参见http：//www.36kr.com/p/201428.html，2013.02.20。

② 新华网（http：//news.xinhuanet.com/tech/2008－08/05/content_ 8957262.htm）。

③ MBA智库.百科（http：//wiki.mbalib.com/wiki/首因效应　2013.10.12）。

④ 同上。

导网络舆情的走向。

“沉默螺旋”是德国传播学家伊丽莎白·诺埃勒-诺依曼在对历史进行研究的基础上，又经过多年的民意调查实证研究，于20世纪70年代提出的一种描述舆论形成的理论假设。① “沉默的螺旋”概念基本描述了这样一种现象：人们在表达自己想法和观点的时候，如果看到自己赞同的观点，并且受到广泛欢迎，就会积极参与进来，这类观点越发大胆地发表和扩散；而发觉某一观点无人或很少有人理会（有时会有群起而攻之的遭遇），即使自己赞同它，也会保持沉默。意见一方的沉默造成另一方意见的增势，如此循环往复，便形成一方的声音越来越强大，另一方越来越沉默下去的螺旋发展过程。② 尽管不少人提出了“沉默的螺旋理论在网络传播中已经失灵”的论点，但在网络舆情领域中，尤其是面对与“民族主义”“民粹主义”相关的社会热点、焦点事件时，仍时常存在着这样的情景：网络上发言的主要是情绪激烈者，很少能看到理性、温和的发言。这是因为在网上，那些少量的、理性而又温和的发言一旦出现，大多逃不了被“追杀”的命运，而那些极端的、非理性的发言则大多受到了“追捧”。此种具有规律性的民意表达现象，在网络舆情形成与传播进程中是不容忽视的。

“反沉默螺旋”是指这样的情形：在网络社会中，自我确信度高的“少数派”通过网络发表的与媒介舆论相悖的意见，往往会引起受众的反向思维，从而使“沉默的螺旋”迅速“倒戈”，形成“反沉默螺旋模式”③。网络特性和“中坚分子”的有机融合，是“反沉默螺旋”现象存在的原因所在。毕竟网络社会的信息受众中，有一大批善于反向思维的网民，加之网络发言者的虚拟性使这些“理性人”或多或少地消除了顾虑。愿意“有理有据”地阐明自己的态度和意见，而这些“有理有据”的网络言论，会被更多的网民所接受，进而与“多数派”意见势均力敌，甚

① 参见［德］伊丽莎白·诺埃勒-诺依曼《沉默的螺旋》，董璐译，北京大学出版社2013年版，译者序，第1—3页。

② ［德］伊丽莎白·诺埃勒-诺依曼：《沉默的螺旋》，董璐译，北京大学出版社2013年版，第5页。

③ 姚珺：《互联网中的反沉默螺旋现象》，《武汉理工大学学报》（社会科学版）2004年第6期。

至超越“多数派”意见。2007年的“华南虎照事件”则是我国网络舆情中“反沉默螺旋”现象的典型案例之一。[①] 类似的“反沉默螺旋”现象在网络社会层出不穷，成为网络舆情传播的特有规律之一。

七　网络舆情演变的“螺旋曲线”规律

网络舆情从形成到消散，并非都是一个直线的运行过程，多数是具有“螺旋曲线”运行特征的。有学者将前一种运行过程称为“消解型网络舆情演进模型”，将后一种运行过程称为“螺旋型网络舆情演进模型”[②]。消解型网络舆情演进模型在发展路径上通常是遵循着“事件发生→网民爆料→传统媒体跟进→网络炒作→形成舆论压力→政府部门介入→网民偃旗息鼓”的路径进行演化。[③] 螺旋型网络舆情演进模型在发展路径上则遵循着“形成期→爆发期→高峰期→反复期→消散期”的路径进行演化，其网络舆情呈现出双峰形态。[④] 可见，螺旋型网络舆情的演进路径较之消解型网络舆情而言，要更复杂一些。这种相对复杂的演变规律，存在于大多数网络舆情运行过程之中，为我们深入把握从社会焦点事件的形成到网络舆情的消散之内在矛盾运动及演变进程提供了理论指导，也为网络舆情引导和网络舆情危机应对实践提供了可资参考的理性化思路。

---

① 2007年10月3日，陕西一位名叫周正龙的农民拍到了在我国已经消失30多年的野生华南虎照片，证实其并未灭绝，这立即引起全国关注。但出乎意料的是，不到24小时，在BBS上即出现了对照片的质疑，此后延续数月，全国网民不断列举最新的证据，发表否定照片真实性和当地政府公信力的材料和观点，逐步使此一事件成为2007年度中国最为重要的新闻事件与公共事件之一。2008年6月29日上午，陕西省新闻办召开新闻发布会，发言人岳崇通报了“华南虎照片事件”调查处理情况，经省政府批准，监察机关对省林业厅和镇坪县13名相关公务人员作出严肃处理。在这一网络舆情事件中，对于虎照的真伪之争，出现了“挺虎”和“打虎”两派。“打虎派”在没有任何舆论优势并面对强势媒体压力时，“有理有据”地阐明自己的态度和意见，终于形成了与“挺虎派”分庭抗礼的巨大力量，进而产生了“反沉默螺旋”之作用，实现了舆论上的“逆袭”。

② 参见王国华、曾润喜、方付建《解码网络舆情》，华中科技大学出版社2011年版，第102—103页。

③ 喻国明、李彪：《舆情热点中政府危机干预的特点及借鉴意义》，《新闻与写作》2009年第6期。

④ 王国华、曾润喜、方付建：《解码网络舆情》，华中科技大学出版社2011年版，第103页。

八　网络舆情热点事件参与者和围观者舆论倾向的“利益驱动”规律

面对网络舆情热点事件，无论是参与者还是围观者，其态度及行为倾向总是受其心理动机支配的，而心理动机又是受背后的利益驱动着。有学者将网民的行为动机归纳为利益动机、权力动机、宣泄动机、道义动机，并分别予以深入剖析。① 这在一定程度上揭示了网络舆情及网络舆情危机主体在舆论倾向方面的规律性特征。但我们认为，在网民行为动机的上述“四大特征”中，起本质性、规定性作用的是利益动机，换句话讲，“利益驱动”决定着网络舆情及网络舆情危机主体的舆论倾向。因为网民有关权力动机、宣泄动机乃至于道义动机全都由利益动机而支配，利益动机是其他三个动机的出发点和归宿点。在现实社会中，不同阶层、不同群体间经济利益的不平衡性是“常态”，他们之间的权利诉求、民意表达、道义评判的不一致性自然也就会长期存在下去。这种现实社会中的“利益驱动”规律必然也会体现在网络社会中，尽管具体的表现形式不同，但其背后的“利益驱动”规律是一致的。

九　网络舆情危机形成过程中的“群体极化”和“协同过滤”规律

学术界普遍认可的“群体极化”阐述是：在一个组织群体中，个人决策因为受到群体的影响，容易做出比独自一个人决策时更极端的决定，这个社会现象被称为“群体极化”。美国传播学者桑斯坦在其“综观群体极化”的论述中，对网络社会“群体极化”现象的本质做了简单而明了的揭示：在网络和新的传播技术的领域里，志同道合的团体会彼此进行沟通讨论，到最后他们的想法和原先一样，只是形式上变得更极端了。② 事实上，无论在任何国家和地区，网络舆情中的“群体极化”效应，都是直接或间接推进网络舆情危机形成或恶化的重要因素之一，尤其是那些混淆是非、观点偏激、盲目冲动、谩骂攻击、煽动实施群体行为的“群体

① 王国华、曾润喜、方付建：《解码网络舆情》，华中科技大学出版社 2011 年版，第 89—77 页。

② ［美］凯斯·桑斯坦：《网络共和国：网络社会中的民主问题》，戴维明译，上海人民出版社 2003 年版，第 47 页。

极化”方式，往往是网络舆情危机形成与恶化的催化剂。

“群体极化”往往与“协同过滤”相伴而行。协同过滤，简单来说是利用某兴趣相投、拥有共同经验之群体的喜好来推荐使用者感兴趣的资讯，个人透过合作的机制给予资讯相当程度的回应（如评分）并记录下来以达到过滤的目的，进而帮助别人筛选资讯。对于网络社会的“协同过滤”现象，国外学者早在十年前就预测它将成为互联网领域的重要规律之一：协同过滤（collaborative filtering）——这是一大堆网站共通的有趣特征，而且快速地成为网站发展的公式。[①] “协同过滤”的实质在于“过滤者”从自己的利益出发，通过网络信息链接，使信息实现有利于本群体态度、观念的“窄化”和“聚集”，进而加速和强化“群体极化”，导致非理性的网民群体参与行为的扩大和升级。这同样是网络舆情危机中不容忽视的普遍现象。

十 网络舆情危机发展的“池塘效应”“蝴蝶效应”规律

关于“池塘效应”的故事是：一片池塘里有一片荷叶，第一天新长出两片，第二天新长出四片，第三天新长出八片，一直到第 47 天，我们看到池塘里依然只有不到四分之一的地方有荷叶，大部分水面还是空着的，而令人瞠目结舌的是，到第 48 天荷叶就掩盖了半个池塘，又过了仅仅一天，荷叶就掩盖了整个池塘。因为荷叶的增长方式是以几何级数增长而非算数级数增长的。“池塘效应”提醒我们，当危险的事物呈几何级数增长的时候，切莫认为它还很远、很小而掉以轻心，也许，危险就在“明天”！网络舆情危机的突然爆发，亦绝不是“偶然”因素的突聚，而是其背后的“必然”因素长期聚集的结果。在网络上，我们看到了太多的“核爆”型舆情。但如果仔细搜寻，都能发现在“核爆”之前关于其信息传播的轨迹。

“蝴蝶效应”的概念，是美国气象学家洛伦兹 1963 年提出来的。其大意为：一只南美洲亚马孙河流域热带雨林中的蝴蝶，偶尔扇动几下翅膀，可能在两周后在美国得克萨斯引起一场龙卷风。其原因在于：蝴蝶翅

---

① ［美］凯斯·桑斯坦：《网络共和国：网络社会中的民主问题》，戴维明译，上海人民出版社 2003 年版，第 16 页。

膀的运动，导致其身边的空气系统发生变化，并引起微弱气流的产生，而微弱气流的产生又会引起它四周空气或其他系统产生相应的变化，由此引起连锁反应，最终导致其他系统的极大变化。此效应说明，事物发展的结果，对初始条件具有极为敏感的依赖性，初始条件的极小偏差，将会引起结果的极大差异。网络舆论蝴蝶效应是指微内容经过舆论压力集团——网民对信息的细化与叠加，引发网络媒体与传统媒体的协同效应，并经实体社会的相关方反馈，最终形成舆论的倍增效应。[①]"蝴蝶效应"告诉人们尤其是告诉公共管理及社会治理部门，有些小事可以糊涂，有些小事若经系统放大，则对一个组织、一个国家来说是很重要的，是不能糊涂的。在网络舆情危机形成与发展的进程中，"蝴蝶效应"现象可以说是无所不在。因而公共管理及社会治理部门应时刻遵循这一规律，本着"传播力决定影响力，话语权决定主导权，时效性决定有效性，透明度决定公信度"的理念，及时妥善处置网络上相关的"小事"，尽量将网络舆情危机化解于"萌芽"阶段。

① 党生翠：《网络舆论蝴蝶效应研究》，中国人民大学出版社2013年版，第31页。

第四章

少数民族地区网络舆情及网络舆情危机的特点分析

由于少数民族地区的历史、习俗以及与之密切相关的政治、经济、文化发展的特殊性，使这些地区网络舆情及网络舆情危机的产生、表达、内容、主体、载体诸方面与其他地区有所不同。分析和把握这些特点，对于科学引导少数民族地区网络舆情、有效化解网络舆情危机是十分必要的。

第一节　我国少数民族地区区情概述

少数民族指的是多民族国家中人数最多的民族以外的民族，在我国指汉族以外的民族。中华人民共和国成立后，通过识别并经中央政府确认的民族共 56 个。其中少数民族共有 55 个：阿昌族、白族、保安族、布朗族、布依族、朝鲜族、达斡尔族、傣族、德昂族、侗族、东乡族、独龙族、鄂伦春族、俄罗斯族、鄂温克族、高山族、仡佬族、哈尼族、哈萨克族、赫哲族、回族、基诺族、京族、景颇族、柯尔克孜族、拉祜族、黎族、傈僳族、珞巴族、满族、毛南族、门巴族、蒙古族、苗族、仫佬族、纳西族、怒族、普米族、羌族、撒拉族、畲族、水族、塔吉克族、塔塔尔族、土族、土家族、佤族、维吾尔族、乌孜别克族、锡伯族、瑶族、彝族、裕固族、藏族、壮族。

中国各民族分布的特点是：大杂居、小聚居、相互交错居住。汉族地区有少数民族聚居，少数民族地区有汉族居住。这种分布格局是长期历史发展过程中各民族间相互交往、流动而形成的。中国少数民族人口虽少，但分布很广。全国各省、自治区、直辖市都有少数民族居住，绝大部分县级单位都有两个以上的民族居住。中国的少数民族主要分布在内蒙古、新疆、宁夏、广西、西藏、云南、贵州、青海、四川、甘肃、辽宁、吉林、湖南、湖北、海南、台湾等省、自治区。

中国的少数民族聚居地区，绝大部分是边疆地区。有30多个少数民族与境外同一民族相邻而居，成为中国对外开放的重要组成部分。全国边境县有135个，民族自治地方占107个。①

截至目前，全国共建立了155个民族自治地方，其中自治区5个、自治州30个、自治县（旗）120个。在全国55个少数民族中，有44个民族建立了自治地方政府。实行区域自治的少数民族人口占少数民族总人口的比例超过70%，民族自治地方的面积占全国国土总面积的64%左右②，自治地方的数量和布局，与中国的民族分布和构成基本上相适应。这种民族区域自治，是民族因素与区域因素、经济因素与政治因素、历史因素与现实因素、制度因素与法律因素的正确结合，确保了各民族充分享受自治权利。③

在55个少数民族中，除满族和回族使用汉语外，53个少数民族有自己的语言，数量超过80种。其中，不同的少数民族能够使用多种语言：藏族使用15种语言，高山族使用15种语言，瑶族使用8种语言，景颇族使用5种语言，怒族使用4种语言，蒙古族、壮族、彝族、珞巴族分别使用3种语言，阿昌族、门巴族、哈尼族、拉祜族、傣族、布依族、毛南族、仡佬族、仫佬族、苗族、土族、裕固族等民族各使用两种语言。④《中国的民族政策与各民族共同繁荣发展》白皮书明确指出，目前，我国少数民族约有6000万人使用本民族语言，占少数民族总人口的60%以上；有22个民族共使用28种文字，约有3000万人使用本民族文字。⑤

---

① 《中国有30多个少数民族与境外同一民族相邻而居》，新华网，2007年4月30日。

② 《少数民族概况》，新华网，2013年11月20日。

③ 中国统一战线理论研究会：《统一战线理论研究成果蓝皮书》，华文出版社2012年版，第168页。

④ 《中国130种语言在13亿人中传承　汉语全球影响力第六》，新华网，2011年7月11日。

⑤ 参见《中国少数民族语言现状》，文化中国—中国网，2010年7月25日。

中国是一个有着多种宗教的国家，主要有佛教、道教、伊斯兰教、天主教、基督教等。中国少数民族中信仰藏传佛教（俗称喇嘛教）的有藏、蒙古、土、裕固、门巴、普米、纳西7个民族；信仰上座部佛教（俗称小乘佛教）的有傣、布朗、德昂等民族和部分佤族；信仰伊斯兰教的有回、维吾尔、哈萨克、东乡、保安、撒拉、柯尔克孜、塔塔尔、乌孜别克、塔吉克10个民族；信仰基督教的有彝、苗、拉祜、景颇、傈僳等民族的一部分。俄罗斯族和鄂温克族的一小部分人信仰东正教。在独龙、怒、佤、景颇、高山、鄂伦春、珞巴等一些少数民族中，还保持着原始的自然崇拜和多种信仰。

第二节　我国以少数民族语文为媒介的信息化进程概述[①]

改革开放以来，我国少数民族语言文字信息处理技术及网络建设取得了巨大成就，先后有多种少数民族语言文字实现了信息化处理和互联网应用，对少数民族和民族地区经济发展、社会进步和文化传承起到了积极作用。

一　少数民族语言文字信息处理标准化建设

1984年10月，全国首届少数民族语言文字信息处理学术研讨会在呼和浩特举行，会议涉及蒙古、藏、维吾尔、哈萨克、朝鲜、壮6种少数民族语文信息的计算机处理，这次会议的召开，标志着少数民族语文信息化正式拉开了序幕。1991年，国务院下发了《国务院批转国家民委关于进一步做好少数民族语言文字工作报告的通知》，明确将“搞好民族语文的规范化、标准化和信息处理”作为民族语文的一项重要任务。此后我国少数民族语文规范化、标准化、信息化进入了一个蓬勃发展的时期。迄今已有多种传统通用民族文字编码字符集、字形、键盘国际标准、国家标准和地方标准。

---

① 本节所引用的数据资料除明确标引出处的之外，其他均参见梁春阳等《西部少数民族地区信息化绩效评估》，宁夏人民出版社2011年版，第259—265页。

目前，我国已完成7个文种共16款民族语文辅助翻译软件的研发工作：蒙古文、藏文、维吾尔文、哈萨克文、朝鲜文、彝文、壮文7种民族语文的辅助翻译软件，包括“彝文电子词典及辅助翻译软件”“壮文电子词典及辅助翻译软件”“蒙古文、藏文、维吾尔文、哈萨克文、朝鲜文民族语文电子词典及辅助翻译软件”“藏文、蒙古文、维吾尔文、哈萨克文、彝文WORD表格自动转换软件”“汉文与7种民族语文对照查询系统”“哈萨克文与斯拉夫文编码转换软件”等。[①] 这些软件中既有纠错功能完善的民族语文辅助翻译软件，又有具备多种查询方式的电子词典，其输入法不仅具有纠错提示，还首次实现了输入汉文词组拼音即可达到快速将汉文词组翻译成民族文词组的效果，推进了民族语文翻译的标准化、规范化和信息化建设。

1. 蒙古语言文字的信息处理标准建设。蒙古语言文字的信息处理工作在少数民族语言文字信息处理领域起步较早。1987年，原国家技术监督局发布了内蒙古民语委、内蒙古计算中心等单位联合制定的我国第一个民族文字编码标准——《信息处理交换用蒙古文七位和八位编码图形字符集》（GB 8045—87），此后又先后制定了《信息处理交换用蒙古文字符集键盘字母区的布局》《信息交换用蒙古文16×12、16×8、16×4点阵字模集》《信息交换用蒙古文16×12、16×8、16×4点阵数据集》《信息处理用蒙古文24点阵字模集及数据集》。1994年我国开始制定ISO/IEO10646多文种平面上的蒙古文国际编码标准。经过专家多次论证，提出了一套以蒙古文字母为基础的《蒙文编码方案》，包括蒙古文、托忒蒙古文、满文、锡伯文统一的编码方案。这套方案2000年得到了国际标准化组织的通过和Unix技术委员会的认可。2006年6月，全国信息技术标准化委员会成立了蒙古文信息技术国家标准工作组，这标志着我国蒙古文信息技术国家标准的制定有了自己的平台。

2. 藏语言文字的信息处理标准建设。藏文信息技术标准化工作开始于1993年。在国家有关部门的组织协调下，经过藏文专家和计算机专家、

---

① 《我国完成7种民族语文的辅助翻译软件研发工作》，中国网·中国民族频道，2013年12月20日。

信息标准专家的共同努力，完成了制定藏文编码国际标准最终方案的任务，经过国际标准化组织的多道严格的程序和数轮投票，于 1997 年 7 月在第 33 届 WG2 会议及 SC2 会议上正式获得通过，使藏文成为我国少数民族文字中第一个具有国际标准的文字。与此同时，国家公布了《信息技术信息交换用藏文编码字符集（基本集）》和《信息技术藏文编码字符集（基本集）点阵字形第一部分：白体》两项国家标准。1997 年 10 月后又着手进行《藏文编码字符集（辅助集）》的研制工作。2005 年 8 月，由西藏自治区藏语文工作委员会和西藏大学联合国内有关单位共同研制的藏文国家标准《信息技术信息交换用藏文编码字符集扩充集 A》《信息技术信息交换用藏文编码字符扩充集 B》通过专家鉴定。与此同时，还通过了《信息技术藏文编码字符集键盘字母数字区的布局》标准，初步解决了藏文键盘布局不统一的问题。

3. 维吾尔、哈萨克、柯尔克孜文字的信息处理标准建设。维吾尔、哈萨克、柯尔克孜三种文字都是以阿拉伯文为基础的拼音文字，大部分字母是共通的，在计算机处理这些文字时大都统一做在一个系统上，使系统具有同时处理这三种文字的功能。1989 年，原国家技术监督局发布了新疆大学和新疆维吾尔自治区民族语言文字工作委员会牵头制定的国家标准《信息处理—信息交换用维吾尔文编码图形字符集》（GB1250—1989）。2005 年 4 月，新疆质量技术监督局、自治区信息化办公室发布了《信息交换用维吾尔、哈萨克、柯尔克孜文编码字符集、基本集与扩展集》《信息交换用维吾尔、哈萨克、柯尔克孜文字体字形》《信息交换用维吾尔文界面信息常用术语》三项地方标准。这三项标准的发布，对解决维吾尔、哈萨克、柯尔克孜文计算机编码不全、字体字形标准不一致、不统一，界面术语翻译不准确、不规范，软件之间互不兼容、互不支持等问题起到了很大作用。

4. 朝鲜语信息处理标准建设。1989 年原国家技术监督局发布了延边电子信息中心起草的《信息交换用朝鲜文字编码字符集》（GB 12052—1989）国家标准，共收入朝鲜文字符 5300 个。为实现朝鲜语信息处理国际化目标，该中心积极同朝鲜的计算机中心、韩国国语信息学会、延边朝鲜语研究所联合，完成了三国通用的《国际标准信息技术用语词典（1—

25)》编译工作。[①]

5. 彝族语言文字的信息处理标准建设。1991 年，原国家技术监督局发布了四川省民委、民语委组织西南民族学院等单位根据规范彝文研制的《信息交换用彝文编码字符集》（GB 1314—1991）、《信息交换用彝文 15 ×16 点阵字模集及数据集》（GB 13135—1991）两个国家标准。1995 年又发布了《信息交换用彝文 24 × 24 点阵字模集及数据集》标准。1993 年，四川省民委、民语委和西南民族大学完成了《通用多八位彝文编码字符集》国际标准方案，并向国际标准化组织提交了关于将彝文编码到 ISO/IEC 10646 的提案，经过数年的积极争取，1997 年第 33 次 ISO/IEC JTCI/SC2/WG2 会议决定接受中国彝文方案中的 1165 个彝文字符和 57 个彝文部首的字形及名称，编码空间为 UA000—A48F 和 UA490—A4C8。1999 年 12 月，国际标准化组织终于批准了将彝文及其部首编码到 ISO/IEC 10646 BMP 的提案，并收入该国际标准 2000 年版。[②]

6. 傣文信息处理标准建设。傣文信息化起步虽比较晚，但它一开始走的就是国际编码标准的道路。2001 年德宏傣文编码国际标准获得通过，共收入 35 个字符，编码空间为 U1950 - 197F；2004 年，西双版纳新傣文编码国际标准获得通过，共收入 80 个字符，编码空间为 U1980 - 19DF，西双版纳老傣文的国际编码标准目前也正在制定中。[③]

7. 其他民族语文信息处理标准建设。2005 年，教育部、国家语委向云南省民语委下达了《纳西东巴象形文字编码字符集国际标准》的研发任务。之后，由云南省民语委和丽江东巴文化研究院联合开展的《纳西东巴象形文字编码字符集国际标准》研发工作正式启动，目前已经完成字符的收集整理工作，纳西东巴文的国际标准有望在不久的将来问世。2007 年 9 月，信息技术国际标准化组织在浙江杭州召开第 52 次会议，对各国提交的各种文字编码字符集的国际标准方案进行了讨论。云南省少数民族语文指导工作委员会与世界少数民族语文研究院共同研制并申报的西

---

① 戴红亮、陈敏：《少数民族语言文字的标准化和信息化建设》，中华人民共和国国家民族事务委员会网站，2009 年 6 月 3 日。

② 同上。

③ 同上。

双版纳经书傣文、老傈僳文、简易苗文等字符编码国际标准经过讨论、修改和完善，统一了名称，补充了字符，调整了码位，已具备通过的基本条件。此外，一些西部少数民族古文字，如西夏文、贵州古彝文的编码标准也在研究和制定中。

二　少数民族语文信息化操作平台的研制和发展

2002 年，潍坊北大青鸟华光科技股份有限公司开发出基于 Windows2000/XP 操作系统的“书林”维吾尔、哈萨克、柯尔克孜、蒙古文公文版、书刊版和报版软件，适合于办公、印刷、出版单位和个人使用。2004 年 8 月 10 日，由清华大学和新疆大学联合推出的维哈柯（汉英）阿（英）双向印刷文档识别系统问世。该系统解决了维、哈、柯、阿文的文档经图像识别输入计算机的难题，并在全球首次实现维吾尔、哈萨克、柯尔克孜文与汉、英文混排以及阿拉伯文与英文混排的文档识别，这标志着中国阿拉伯文字系统文档识别技术已位居国际前列。2007 年，中国科学院新疆理化技术研究所、新疆西北星信息技术有限责任公司、江苏无锡永中科技有限公司联合研发成功的“跨平台维、哈、柯文办公套件”通过专家验收并投入使用。截至 2007 年，全世界在 Windows 操作系统下已经有上百种文种实现了标准化，其中，中国的文字已有汉、蒙古、藏、朝鲜、维吾尔、哈萨克、柯尔克孜等文种。

1. 蒙古语言文字的信息处理平台和系统建设。20 世纪 80 年代，我国就在计算机上完成了蒙古文信息处理系统的设计。1983 年，内蒙古大学和内蒙古计算中心建立了《蒙古秘史》拉丁转写计算机检索系统。1989 年，内蒙古大学蒙古语文研究所和北京大学计算所、北京大学信息技术公司联合研制了在 DOS 环境下运行的北大华光蒙古文排版系统（后改为北大方正排版 6.0 多文种系统）。该系统不仅能够处理蒙古文，同时还能处理托忒蒙古文、满文、八思巴文、阿里嘎里文、卡尔梅克文、布里亚特文、新蒙古文以及汉、英、俄、日文和国际音标。另外还根据需要设置了一些专门系统，如蒙古文辞典编纂系统、蒙古作家用语风格分析系统、蒙古文图书管理系统、蒙医诊查系统、电视节目安排系统等。2001 年北大方正集团与内蒙古大学蒙古学学院合作，开发了在 Windows 环境下运行的基于蒙古文书版 9.1 排版软件。该版软件同时具备兼容原蒙古文书版生成的小样文件和稳定性高的特点，可以支持蒙古文、托忒文、汉文、俄文、英文和日文的排版。2004 年，由内蒙古大学蒙古学学院教授那顺乌日图等人研制开发的“达尔罕汉蒙电子词典”问世，“汉蒙机器翻译系统”工程取得重大进展。除此之外，还先后开发了与蒙古语文研究有直接关系的多种文字系统（传统蒙文、回鹘文、托忒文、八思巴文、新蒙文、布里亚特文等）、蒙文词类分析研究系统、词典编纂系统、传统蒙文转译系统、激光排版系统、蒙古作家用语风格分析系统、蒙文图书管理系统、蒙医诊查系统、电视节目安排系统、汉蒙对照名词术语编纂系统、蒙文 Windows 操作系统、蒙文矢量字库及蒙汉文混排软件系统等 20 多种管理系统。①

2. 藏语言文字的信息处理平台和系统建设。藏文软件系统研制开始于 20 世纪 80 年代初。1984 年，甘肃省计算中心以及航天部 710 所各自开发了一套藏文字处理系统。1986 年，青海省药品检验所、青海师范大学、青海民族学院与北京有线电厂合作，在 CCDOS2.13 下开发了与汉、英文兼容的藏文操作系统 TCDOS。1988 年，中国藏学中心和航天部 710 所推出了藏文字处理激光编辑排版印刷系统，后来与潍坊华光合作开发了书林藏文排版和激光照排系统。1990 年，中国计算机软件与技术服务公司等单位联合推出了北大方正藏文书报排版系统。2001 年，西藏大学开发了藏文软件——“火狐”藏文处理系统；2003 年，清华大学与西北民族大学合作开发了藏文多字体印刷藏文（混排汉文、英文）文档识别实验系统。2005 年中科院软件所与西藏大学、西北民族大学，联合开发基于 Linux 的跨平台藏文信息处理系统和办公套件。在信息化应用方面，研发出了《ZWPS 藏文桌面办公系统》《ZWDS 藏文系统》等。②

3. 新疆少数民族文字软件处理系统建设。较早的新疆少数民族文字软件处理系统主要使用的软件有基于 DOS 或 WIN32 环境的北大方正排版系统（1991），博格达维吾尔、哈萨克、柯尔克孜文排版系统（新疆民语委研制，1991），潍坊华光排版系统（1992），三立书版排版系统（1994），锡伯文、满文文字处理和轻印刷系统（新疆民语委研制，

---

① 参见中国教育网，2012 年 4 月 1 日。

② 同上。

1996)，“新疆 2000”多文种图文排版系统（新疆民语委研制，2000)，阿拉伯及多文种排版系统（新疆民语委研制，2000）等。新疆多文种操作系统主要有 Windows3X 维哈柯文系统（1996)、多文种 Windows95 平台“民文视窗”、Windows9X 维哈柯文系统（1998)、Windows2000 维哈柯文系统（2000）等。此外还开发了一些专门系统，如维哈柯文广播文稿系统、屏幕动态信息翻译系统、学校管理和排课等系统。①

4. 朝鲜文文字软件处理系统建设。朝鲜文操作系统由于其组字拼写方式的特殊性，已实现的朝鲜文处理系统种类很多。归纳起来，可分为组合式和整字式。组合式直接在英文操作系统上实现；整字式以汉字操作系统为基础，用软件插接兼容，通过改造操作系统在系统级上实现朝鲜文、汉字、英文兼容。中央民族大学和航天部在整字式朝文系统上开发了朝、汉、英语音兼容系统。

5. 彝文信息处理系统建设。彝文操作系统的开发也始于 20 世纪 80 年代，目前已经进行的彝文计算机信息处理，都是针对国务院宣布为国家规范彝文的凉山喜德语音彝文而言。1982 年至今，我国研究开发了《PGYW 彝文计算机》《微型计算机彝文处理系统 YWCL》《计算机激光彝文/汉字编辑排版系统》《计算机彝文/汉字/西文系统》《CMPT——大键盘彝文系统》《华光彝文、汉字、西文计算机激光照排系统》《北大方正彝文激光照排系统》《YWPS 彝文桌面办公系统》《YWDS 彝文系统》等系列信息处理系统，实现了在网上浏览彝文信息。2003 年“计算机彝文输入码及其键盘”获国家专利。其后从 2005 年到 2010 年，陆续研发和建立了“中小学汉彝对照电子词典”“UNICODE 彝文系统”和“彝文书版”“彝语六大方言语音库”“彝汉双语平行语料库和术语库”“彝语语料库”“彝语声学参数数据库”“彝文手机”“彝文自动分词软件”等众多成果。②

6. 壮文信息处理系统建设。广西计算中心开发了古壮文计算机处理系统，并于 1993 年用该系统出版了《壮族民歌古籍集成》第一卷《嘹

① 戴红亮、陈敏：《少数民族语言文字的标准化和信息化建设》，中华人民共和国国家民族事务委员会网站，2009 年 6 月 3 日。

② 王成平：《试论计算机彝文信息处理多元化的潮流》，《中国西部科技》2010 年第 21 期。

歌》，全书150万字，使壮民族古籍的整理出版进入了计算机处理的新时代。

7. 傣文信息处理系统建设。傣文操作系统的研发起步比较晚。2003年，西双版纳报社和北大青鸟华光照排有限公司开发了“西双版纳新老傣文计算机排版系统”。该系统首先运用于傣文古籍整理，现已出版了傣文贝叶经13卷。此外还研发出了《傣文DWDS系统》等应用系统。①

8. 其他民族语文信息处理系统建设。2002年5月，被国内外学术界称为世界上“唯一活着的象形文字”的纳西象形文字首次实现计算机化，古老的纳西象形文字从此可以直接输入计算机。2006年，大连民族学院开发了纳西象形文字信息处理平台，基本完成了纳西象形文字计算机化处理平台的搭建，实现了中英、纳西象形文的混合编排。2007年4月，贵州三都水族自治县中国水族文化研究所研发的“中国水族文字输入系统”获国家版权局著作权登记证书，得到版权保护。该输入系统对于抢救水书工作具有极大的促进作用。此外，进入90年代以来，云南省有关单位从信息处理的角度对云南省少数民族文字进行开发利用和研究，现在，拉丁字母系统的少数民族文字基本上都能用计算机处理，非拉丁字母系统的少数民族文字如藏文、新傣仂文、新老傣那文、老傈僳文、规范彝文、滇东北规范老苗文等也基本上能够进行计算机处理，并进行简单的排版和桌面打字。②

三　少数民族语言文字互联网网站建设

从2000年1月6日中国互联网上第一个少数民族文字网站“同元藏文网站”正式开通，到目前为止，中国已经有了蒙古文、藏文、哈萨克文、维吾尔文、彝文和朝鲜文的网站，少数民族用户在网上下载部分系统软件和应用软件即可浏览这些网站。蒙古文、藏文、维吾尔文等少数民族文字还支持网上聊天。

1. 新疆少数民族文字网站建设。2001年4月，全国第一个全面采用少数民族语言文字的政府网站，维吾尔文版、哈萨克文版的《新疆环境

---

① 参见中国教育网，2012年4月1日。

② 同上。

保护》网站成立。2004 年 10 月，《中国民族》杂志维吾尔文版首次出现在国际互联网，填补了网上没有维吾尔文版杂志的空白。2009 年 7 月，天山网哈萨克文版正式开通，这是继天山网开通汉文版、维吾尔文版、英文版、俄文版之后，又增加了一个语种——哈萨克文版，成为新疆拥有语种版面最多的新闻网站。目前，新疆共有互联网站约 16000 家，其中官方在新疆建立的少数民族文字网站约 10 家，较为稳定的少数民族文字网站约 500 余家，其中维吾尔文网站 400 余家、哈萨克文网站 30 余家。维吾尔文目前比较有名的网站有 Uigur Linux（维文 Linux 中心）、Zaman（时代）、Uighursoft（乌鲁木齐维软公司）、Almassoft（乌鲁木齐金钻电脑公司）、Izadinix（探索）、“新疆语言文字网”等。综合性网站有 Uighur News、维吾尔在线、Oyghan、SabiLar、Uighurnet、阿凡提、“纳福”等。2006 年 11 月，开通了新疆维吾尔自治区政府网站维吾尔文版，以符合维吾尔、哈萨克、柯尔克孜少数民族文字信息化国家标准的规范，提供政务信息及网上政务服务。[①] 目前，新疆的维吾尔族群众用维吾尔文上网聊天、发送短信息已经十分便捷。据《新疆的发展与进步白皮书》显示：中国已研发出“博格达维哈柯文排版系统”“阿拉伯文及多文种排版系统”等软件，通过制定标准和软件研制方式，为各类民族文字软件的代码、键盘布局、输入法等提供规范。[②]

2. 蒙古文网站建设。2002 年 7 月，我国首家蒙汉双语网站——呼和浩特市政府网（蒙汉双语）正式开通。该网站在全国首家采用蒙古族语言文字发布信息，解决了蒙古族语言文字不能在互联网上浏览的关键性技术难题。2006 年 12 月，由内蒙古蒙科立软件有限责任公司建立的蒙驿网站开通，这是国内首家蒙、汉双语并用的综合性门户网站。蒙驿网站突破了蒙古文图文混排的传统格式，第一次实现了蒙古文由左向右的竖排字序。同时使用了蒙科立搜索引擎技术，填补了蒙古文没有搜索引擎的空白。网站还免费提供《蒙古文音码输入法》，解决了以往网民不能在网络

---

① 戴红亮、陈敏：《少数民族语言文字的标准化和信息化建设》，中华人民共和国国家民族事务委员会网站，2009 年 6 月 3 日。

② 参见《中国古老少数民族文字跨入“数字化”时代焕发活力》，新华网，2009 年 11 月 16 日。

上互相发送蒙古文稿件的难题。2008年9月，中国蒙古语新闻信息服务网正式开通。该网站可向中国境内所有蒙古文新闻媒体提供互联网新闻信息服务和互联网新闻传播技术支撑服务。目前网站设1个主频道、10个子频道，除蒙古文新闻信息收集、发布之外，还为上百家少数民族文字网站提供远程技术服务。该网站受众覆盖面已达31个省、直辖市、自治区和18个国家和地区，成为我国重要的蒙古文网络平台。目前，我国已开通了100多家蒙古文网站，比较有名的有蒙古文化、蒙科立蒙古文网站、草原雄鹰、曾经草原等网站。[①]

3. 藏文网站建设。2001年9月，西藏网藏文版正式开通。该网站设有11个栏目，为国内外关心西藏、喜爱藏文以及从事藏学研究的人士提供了一个便利实用的媒介。2006年6月，我国首家大型藏文新闻综合门户网站——中国藏族网在青海日报社正式开通运行。作为全国首家大型藏文综合门户网站，中国藏族网通软件系统采用了国际或国内领先技术，是国际上唯一支持藏语文内容检索的网站系统，可同时实现汉文、藏文、英文的站内检索；建立有大型藏文数据库，为网站内容充实和今后开展大型文化研发打下了坚实基础；支持动态视频点播和发布，可以实现视频文件资源的在线发布；采用国内最先进的内容管理系统，从写稿、审核、签发、撤签、归档全套自动管理。[②] 2008年12月，我国首个由省级政府主办的藏文政务网站——青海省政府藏文政务网站正式开通运行。目前比较有名的藏文网站有中国西藏信息中心、同元藏文网、西藏语言文字网藏文版等。

4. 彝文网站建设。当前较为著名的彝族网站有彝族人网、中国彝学网、中国彝族网、彝族青年网、火讯网、楚雄彝族文化网、乌蒙彝人网等。其中涉及彝语言文字网站有：中国彝学网（彝文版）、彝人网（彝文版）、人民网（彝文版）等。[③]

---

① 戴红亮、陈敏：《少数民族语言文字的标准化和信息化建设》，中华人民共和国国家民族事务委员会网站，2009年6月3日。

② 同上。

③ 陈万兵：《中国少数民族语言文字信息处理——彝族语言文字数字化信息化建设回顾与思索》，博锐管理在线信息管理，2012年2月29日 。

四　作为“第五媒介”的少数民族文字手机的研制与开发

2004 年 1 月，北京首信股份有限公司和中国移动新疆移动通信公司联合研发的全球首款“C8088”维吾尔文彩屏手机投放市场。这种手机在原有汉语、英语语言种类基础上，增加了维吾尔语言操作功能，并可实现 3 种语言自由转换。该手机不仅可以使用维吾尔语语音短信服务，还具备维吾尔文字菜单和输入维吾尔文字短信功能，并有和弦铃声和高速上网等功能，使新疆 900 多万使用维吾尔语言文字的少数民族群众通信更为方便。

2006 年 11 月，国内首部多民族文字手机在北京中文信息处理重大成果汇报展上亮相。该手机涵盖了十种少数民族文字的型号，包括了蒙语、藏语、维吾尔语、苗语、彝语、壮语、朝鲜语、侗语、哈萨克语、傣语等。

2007 年 10 月，我国首部蒙古文手机在呼和浩特面市。这款手机在原有汉语、英语语种的基础上，增加了蒙古语操作功能，可实现三种语言的自由切换，同时具备蒙古文手机菜单和收发蒙古文短信的功能。

2009 年 5 月，由西南民族大学与北京网道信通科技发展有限公司共同研制的彝文手机正式推出。此类手机具有全彝文界面，编辑、收发彝文短信、彩信，彝文拼音及手写输入，彝族风格图片、铃音和彝文电子书等特色功能。

2009 年 6 月，《人民日报》推出了藏文、维文手机报，9 月又推出蒙文、哈萨克文手机报。《人民日报》是目前国内唯一拥有藏文、维文、蒙文、哈文四种少数民族文字手机报的媒体。

2014 年，由西藏自治区报刊出版中心与国家新闻出版广电总局共同提出方案，经相关科研机构研发成功的 T. E. ped 藏汉双语平板电脑，已在西藏普及使用，并免费发到西藏全区 5400 多个农家书屋。其全系统功能和工具语言均为藏汉双语，还具有藏汉语互译功能。[①] 对于西藏人们的生活、出行、娱乐、学习、工作，与时代同步融入信息化、数字化社会，

---

① 《西藏：5400 多台藏汉语平板电脑免费送书屋》，《中国新闻出版报》2014 年 7 月 17 日，第 2 版。

发挥了重要的推进作用。

2014年年底，一款以维吾尔语种为媒介，兼具传播新闻、引导舆论、咨询服务、交流互动等多种功能为一体，并以文字、图片、音频、视频等多种形式，为用户提供新闻咨讯的新型手机新闻客户端——“新华社新疆发布”（安卓版）正式上线。① 该平台为在维吾尔民众中展示政府形象、引导舆论、维护稳定，具有重要的网络舆情引导作用。

少数民族文字手机的成功研制与普及，极大地方便了少数民族群众的信息沟通和交流，为西部少数民族地区信息化绩效的充分发挥奠定了重要的技术与社会基础。

第三节 少数民族地区网络舆情及网络舆情危机来源的特殊性分析

网络舆情危机是由危及社会利益的突发性事件引起的。与汉族聚居区有关网络舆情及网络舆情危机的产生，主要源于公共安全、社会安全、事故灾害、自然灾害等突发性事件不同，少数民族地区网络舆情及网络舆情危机产生，除源自上述突发性事件外，还有大量的因历史原因、宗教原因、风俗习惯原因、境外渗透原因而产生与形成。

一 因历史问题引发群体性事件而形成网络舆情及网络舆情危机

民族关系指各民族之间在政治、经济、文化、语言等方面的相互关系。民族关系从某种意义上讲，是历史环境和条件的产物与积淀，这种积淀在一定条件下，会折射和反映现实环境。

在涉及民族关系方面的矛盾纠纷中，有的群体性事件的发生具有深层次的历史根源。虽然此类群体性事件所占比重不大，但由于矛盾蓄积较久且多为深层次原因，如果不能得到充分重视、研究和有效化解，容易演变为群体性事件，进而形成网络舆情及网络舆情危机。

因历史问题引发的群体性事件，在网络社会，极易被持不同立场的参与者或网民发布在互联网上，形成网上群体对立情绪，并迅速膨胀、爆发

---

① 《光明日报》2015年1月2日，第7版。

大规模的网络民族关系纠纷，进而产生“线上线下”互为“加油添火”、群体联动的网络舆情危机。

二　因宗教因素引起群体性事件而形成网络舆情及网络舆情危机

宗教因素，是指宗教在信仰它的人群中，既支配他们的精神生活，又约束他们的物质生活；能产生这种支配或约束力量的，有宗教的自我，也有宗教在社会不同领域显现或延伸的不同形式。[①] 在现实生活中，“宗教因素”会对社会产生程度不一的正面或负面的影响。具体表现在，宗教信仰者会对来自外部的、对其信仰及其社会生活产生影响和作用的事物，做出积极或消极、激烈或温和的反应，当这些反应扩展至社会公共领域并出现激化甚至暴力行为时，就会发生与之相关的群体性事件，此类群体性事件被发布在互联网上，就很可能迅速形成“涨潮”式的网络舆情，进而发展成为网络舆情危机。

由宗教因素引起的群体性事件，主要有以下十大类型。

其一，因伤害少数民族信教群众宗教感情引发的纠纷。这主要是不同民族之间因宗教戒律、风俗习惯等方面的矛盾引发的较大规模的群体性事件。

其二，因出版物、广播影视作品、互联网等媒体宣传不当而引发的纠纷。随着社会信息化建设进程的加快，各种信息传播速度快、覆盖面广，新闻媒体所发布的信息如果出现歧视少数民族风俗习惯、宗教信仰等内容，可直接伤害到少数民族感情而引发纠纷，甚至导致事件升级。

其三，因教派之间或教派内部矛盾引发的纠纷。近些年来，在一些地方，教派之间及教派内部矛盾纠纷呈现增多趋势。宗教内部因争教权、管理权和对教义的不同理解而发生矛盾，引发上访的情况时有发生。

其四，一些少数民族信教群众违反相关规定引发的纠纷。随着市场经济的普及和深入，愈来愈多的少数民族群众尤其是年轻人到外地城市打工、做生意或从事其他服务业工作。这对于开阔眼界、增长技能、提

① 金宜久：《国际政治中的“宗教因素”》，《世界经济与政治》2012 年 12 月 27 日，载中国民族宗教网。

升综合素质具有重要意义，但也会出现个别少数民族信教群众违反相关规定造成民事、刑事案件及经济纠纷，进而引起群体性事件。

其五，跨地区非法传教活动引发的纠纷。有的地方在举办宗教场所重建竣工庆典或其他宗教活动中，违反国家有关法规和政策，擅自举办跨地区非法传教活动，进而引发群体性纠纷，影响社会和谐、宗教和顺。

其六，外来信教群众擅自建立宗教活动场所引发的纠纷。近些年来，少数民族流动人口在一些城市形成了聚集地。此类外来信教群众在当地政府不能及时、有效解决其过宗教生活的困难时，会出现擅自建立宗教活动场的群体行为，进而与当地政府和群众产生纠纷。

其七，涉及宗教团体权益的纠纷等。一些曾被废除的宗教封建特权死灰复燃，有个别人自封为“教主”，欲通过不正当的方式，争夺一些地区的教权、教产，给当地正常的宗教秩序带来了很大隐患。

其八，因宗教网站的不当渲染而引发网络群体事件。宗教活动的网络化，是信息时代宗教发展的一大特征。如同宗教本身一样，宗教活动的网络化既有与中国特色社会主义相适应的一面，也有不相适应甚至相违背的一面。若后一种作用在社会上产生了一定的效应，就有可能为少数民族群体性事件的产生与演变起到推波助澜的功效。

其九，因相关公共事项管理不善而引起的群体性事件。有些城市，尤其是东部地区的一些城市，个别公共事务管理者缺乏基本的宗教意识和宗教知识，在管理工作中出现失误，导致散居在该城市的信教群众强烈不满，甚至引发群体性事件。此外，一些政府在城市改造过程中，对少数民族群众的文化、生活和心理特点考虑不周，拆迁部分宗教活动场所，但未能妥善安置此类宗教活动场所，从而引发群体性事件。虽然此类事件的数量不多，但容易刺激少数民族信教群众的不满情绪，并极易引发为群体性事件。

其十，因境外宗教渗透而引发的群体性事件。宗教渗透也是境外反华分子进行渗透的首选方式，而边疆少数民族地区是他们进行宗教渗透的重灾区。有学者对新疆的研究表明，宗教渗透对“意识形态安全带来极大的威胁”，包括对少数民族的国家认同、中华民族认同、中华文化认同、对社会主义道路的认同等造成严重威胁。[①] 随着网络科技应用的普及和全球化时代的发展，境外渗透势力对中国少数民族地区进行宗教渗透的计划性和组织性增强，渗透方式越来越多，手段越来越高明，不能不引起我们的重视。

三 因各民族间风俗习惯不同，在社会交往中发生纠纷而形成网络舆情及网络舆情危机

随着我国改革开放和社会主义市场经济的推进，各民族间的交往日益增多，与此同时，也出现了一些新情况新问题。比如，各民族在根本利益一致的前提下，因具体的经济权益而引起一些矛盾和纠纷；由于在文化传统、风俗习惯、宗教信仰等方面缺乏了解，容易造成某些误会和纠纷。特别是随着人口流动的加快，少数民族分布范围不断扩大，城市少数民族人口快速增加，少数民族散居化趋势日益明显。据不完全统计，目前少数民族流动人口超过2000万，已有29个少数民族成员在内地所有省区市都有分布。[②] 这一现象的出现，客观上扩大了涉及少数民族矛盾纠纷可能发生的范围。

特别是随着改革开放的不断深入和城市化进程的加快，各民族之间的友好交往日益增多，由于文化、语言、风俗习惯、宗教信仰的不同，引发的纠纷时而发生。

四 因境外信息网络渗透而形成网络舆情及网络舆情危机

进入网络时代以来，以网络为渠道对我国少数民族群众进行意识形态控制，已成为境外极端宗教主义者对我渗透的重要渠道之一。他们利用国际互联网这一新的信息技术工具进行宗教渗透，比以前任何一种途径和手法更快捷、更直观、更方便、更有效，其信息技术导致的信息强大穿透力和无国界性，使我们的反渗透工作遇到强力挑战。而一些涉及民族方面的信息，通过上网或发短信被公开乃至被歪曲后，往往引起众多群众以跟帖或者互发短信的方式扩散，使信息的受众群和影响力加倍扩大，甚至成为

---

① 郭培清：《反宗教渗透综论》，《中央社会主义学院学报》2007年第6期。

② 参见人民网·理论频道，2010年2月25日。

少数民族群体性事件的诱发因素。

以下事件则是境外组织策划及网站渗透的网络舆情危机典型起源性事件。

2008 年 3 月 14 日，西藏自治区首府拉萨市发生的打砸抢烧暴力事件是由达赖集团有组织、有预谋、精心策划煽动，境内外“藏独”分裂势力相互勾结制造的。[①] 从 3 月 10 日起，达赖集团就对分裂活动进行不间断的遥控指挥和精心布置。他们通过电子邮件传递信息，散发光盘煽动更多人参与闹事，这些分裂祖国的罪恶活动终于在 3 月 14 日大规模爆发。

2009 年 7 月 5 日，新疆乌鲁木齐市发生打砸抢烧严重暴力犯罪事件，更是一起典型的由境外遥控指挥、煽动，境内具体组织实施，有预谋、有组织的暴力犯罪事件。这起事件发生之前，以民族分裂分子热比娅为首的“世维会”通过互联网等多种渠道煽动闹事，称“要勇敢一点”，“要出点大事”[②]。在事件的进程中，西方媒体对“7・5”事件的不实报道也起到了助推作用。清华大学联合凤凰网所做关于“7・5”事件的舆情分析表明，在本次暴力犯罪事件当中，西方媒体的不实报道对整个事件谣言的传播和扩散起到了主要助推作用，使谣言“国际化”。此类“国际化”谣言与“世维会”煽动言论有机融合，形成了负面影响极大的网络舆情，增加了新一轮“群体极化”的舆情因素。

第四节　少数民族地区网络舆情及网络舆情危机内容的特殊性分析

网络舆情形成与发展的规律之一，是其内容的“公共话题”性，即有关公共安全、司法公正、执法规范、官员风纪、公权滥用、公民维权、公共管理诸方面的社会“焦点”“热点”事件及其议题。“公共话题”性事件及其议题既可以成为网络舆情及网络舆情危机本身的内容，亦可以成为其“引子”或“由头”，在一定的社会政治背景下，“公共话题”性的“引子”或“由头”甚至可以由策划、组织者杜撰。

---

① 《西藏自治区主席向巴平措谈拉萨发生的打砸抢烧事件》，新华网，2008 年 3 月 17 日。

② 《乌鲁木齐发生打砸抢烧严重暴力犯罪事件》，新华网，2009 年 7 月 6 日。

少数民族地区网络舆情及网络舆情危机，在涉及内容方面除了大量与全国其他地区相同之外，其差异性主要体现在以下三个方面。

其一，重大“公共话题”性事件所涉及的领域相对较为集中。少数民族地区形成重大网络舆情或网络舆情危机的“公共话题”性事件，比较集中地聚集在民族关系、宗教派别纠纷方面以及与民族历史、民族文化、民族风俗习惯相关的社会、经济纠纷方面。其中，既有少数民族群众与汉族群众之间的纠纷，又有不同少数民族群众之间的纠纷，还有大量的同一少数民族中群众之间的纠纷。与诸如公共安全、司法公正、执法规范、官员风纪、公权滥用等其他领域的“公共话题”性事件相比，少数民族地区的网络社会中，在涉及民族关系、宗教派别方面的焦点、热点事件上，更容易产生“一石激起千层浪”的“网民参与爆炸”效应。

其二，现实中的“公共话题”性事件在网络舆情中大都充作“群体极化”的“引子”或“由头”。与全国性“公共话题”引起的网络热议或网络围观内容主要集中于事件本身不同，少数民族地区对现实中涉及自身利益的“公共话题”性事件，若遇不负责任的“意见领袖”的非理性引导，网络上立马会出现远远偏离“公共话题”事件本身的，铺天盖地、汹涌澎湃的抗议甚至暴力性言论，进而加速网络舆情危机的扩展。此种情景下，往往也是境外“三股势力”① 浑水摸鱼、趁火打劫、造谣惑众、煽动分裂的可乘之机。所谓“民族宗教无小事”，不仅适应于现实社会，同样也适应于网络社会。

其三，境内外非法组织插手的政治性“公共话题”事件之“引子”“由头”多为杜撰或谣言。在少数民族地区，境内外“三股势力”插手的政治性“公共话题”事件，大都是由社会生活中的一般性事件“演变”而来。这些组织出于既定的政治目的，借助少数民族地区发生的一般性冲突事件，通过精心策划和谣言包装，杜撰出足以形成公共危机和网络舆情危机的政治性“公共话题”事件，以此为“由头”，煽动和组织反社会的暴力行为。

关于少数民族地区网络舆情及网络舆情危机的性质，有学者从人类社

---

① 指暴力恐怖势力、民族分裂势力、宗教极端势力。

会历史的视角，将群体抗议分为竞争性抗议、反应性抗议、主动性抗议等三种不同种类。并指出，目前中国发生的群体性事件主要集中为竞争性、反应性的抗议，但主动性抗议具有增加的趋势。[①] 进而认为，少数民族群体性事件总体上、本质上属于人民内部矛盾，具有非对抗性、非政治性。大多数少数民族群众的要求是合理的，但表达要求的行为方式往往过激乃至违法，即合理不合法。如有的事件常常伴随聚集、串联、游行等行为，有的事件在极少数敌对分子或坏人的煽动下，甚至出现聚众械斗、堵塞交通、打砸抢烧、冲击党政机关等严重违法行为。对于人民内部矛盾与敌我矛盾、非对抗性矛盾与对抗性矛盾相互交织在一起，需要区别对待和处理，但这类事件总体上、性质上仍属于人民内部矛盾。[②]

上述总体认识，虽然是针对我国少数民族群体性事件而言的，但对于我们正确理解现阶段少数民族地区网络舆情及网络舆情危机的总体性质，亦有着重要的理论启示意义。毕竟网络群体性事件与现实群体性事件有着本质的、内在的、必然的联系。

第五节　少数民族公众在网络舆情及网络舆情危机中诉求表达的特殊性分析

网络时代的一个重要的社会特征，就是互联网成为公众发表言论、表达意见、释放情绪的广阔平台与便利通道。当社会焦点、热点事件或“公共话题”事件发生后，广大公众就会涌向互联网来表达自己的态度和意愿，进而在网上形成错乱无序、纷繁复杂的“舆情旋涡”。在一定情况下，这种“舆情旋涡”有可能左右事件的演化，促使网络舆情危机的形成，造成线上线下互为因果、相互融合的公共危机。

面对“潮涌型”的网络舆情，如何清晰地把握其表达的本质性原因呢？有学者提出了一个较好的路径——分析网络舆情的诉求指向。他们将网络舆情的诉求指向归纳为六个方面：探寻真相、价值裁判、利益表达、

① 吴亮：《中国少数民族群体性事件及治理机制研究》，博士学位论文，中央民族大学，2011 年，第 12—13 页。

② 同上书，第 23 页。

社会抗议、行为动员、自我表现。[①] 这为我们分析少数民族地区网络舆情及网络舆情危机表达的特殊性提供了重要的理论与方法借鉴。

相对于一般网络舆情主体的诉求指向，少数民族公众在网络舆情或网络舆情危机中体现的意愿、诉求、指向等态度与情绪，大都集中于利益表达、社会抗议、行为动员三个方面，而探寻真相、价值裁判、自我表现等诉求指向体现得不甚明显。

一　利益诉求表达的特殊性——“相对剥夺感”情绪的迸发

利益的追求和表达，是网民一切活动的动因。不同群体、不同阶层的网民，各有其利益追求与表达的特点。少数民族公众在网络上的利益追求与表达特点，主要反映在“相对剥夺感”在网络舆情中的显现或宣泄。即少数民族网民对于合理合法的利益诉求、自认合理的利益诉求，在表达方式上有着较明显的“被剥夺”情绪迸发。“相对剥夺”是指当人们将自己的处境与某种标准或某种参照物相比较而发现自己处于劣势时所产生的受剥夺感，这种感觉会产生消极情绪，可以表现为愤怒、怨恨或不满。[②] 对此，我国学者做了中国式的阐释：“相对剥夺感”，即强调人们的物质财富增加在横向社会对比下显得更少，人们所想要的东西（希望政府提供的东西）与人们实际能获得的东西之间存在的差距越大，相对剥夺感越大，人们参与群体性事件的可能性就越大。[③]

网络舆情危机，一方面是经济、社会领域的问题在网络上的发酵，另一方面也是心理和制度层面的问题在网络上的反映，尤其对少数民族网民而言更是如此。少数民族地区发生突发事件后，既有主流媒体的客观报道及健康的网络舆论引导，亦有诸多零散网站发布的假新闻及用心不良的煽动性舆论。在这期间，类似“相对剥夺感”之类的心理情绪，就会在舆情表达中发挥作用。

就少数民族网民而言，若以“相对剥夺感”的心理情绪来表达一切

① 王国华、曾润喜、方付建：《解码网络舆情》，华中科技大学出版社 2011 年版，第 111—115 页。

② 美国学者默顿（R. K. Merton）关于群体行为的理论观点。转引自《社会学意义上的“相对剥夺感”》，河北省委党校：干部学习网，2013 年 12 月 3 日。

③ 吴亮：《政治学视野下的民族群体性事件及治理机制》，《民族研究》2010 年第 4 期。

利益诉求，势必会将诸多个体性矛盾、一般性纠纷统统上升为“民族关系问题”，进而在网上宣泄一些非理性的言论，这对于正确引导网络舆情、有效化解网络舆情危机是极为不利的。

就汉族网民而言，若不注意少数民族网民利益诉求表达的特殊性，就有可能在网上有意无意地讲出一些伤害少数民族情感的话语，同样不利于网络舆情的引导和网络舆情危机的化解。

二　社会抗议诉求表达的特殊性——制度外路径的选择

社会抗议，从理论上讲，是指一定数量的民众在空间上聚集，并且通过公共法规允许或不允许的方式、有时带有一定冲突性的方式，公开向国家政权系统表达对特定对象的反对意见或公共法规外的要求的活动。[①] 从上述概念可以看出，社会抗议的构成要素主要为：（1）有明确的议题；（2）有特定的抗议对象（可能是政府及有关部门，也可能是其他组织机构、团体或个人）；（3）抗议方式的多样性（可能合法，也可能不合法，亦可能整体合法而局部不合法）；（4）抗议表达的是反对意见。

现阶段我国少数民族民众的社会抗议，从议题上讲，既有与其他地区相同的方面，亦有其特定的内容，如涉及民族风俗习惯、宗教活动场所等方面的内容。从抗议对象、抗议方式来讲，与其他地区差异不大（均会出现合法的、不合法的、局部不合法的方式）。但在抗议表达反对意见方面，常常是以一种制度外的行为。也就是说，制度外路径的选择，是少数民族民众社会抗议表达的特点之一。对此，有学者对我国西部民族地区农民非制度化政治参与的实证研究结果表明，西部民族地区农民常常通过拉拢干部、越级上访、暴力威胁、围攻基层政府、静坐示威等非制度化政治参与手段表达利益诉求，给政府施加压力。[②]

同样，上述社会抗议表达的制度外路径选择的特点，在网络舆情和网络舆情危机中也有明显的体现。

---

① 唐杰：《社会抗议刍议——关于我国集体行为研究概念体系的思考》，《学术界》2009年第5期。

② 谢治菊：《农民非制度化政治参与的现实审视与路径优化——基于西部民族地区的实证研究》，《云南行政学院学报》2011年第3期。

如何确保少数民族群众在制度内进行社会抗议表达，不仅是现实社会中应当引起高度重视和妥善解决的重大问题，而且也是网络社会中应引起高度重视和妥善解决的重大问题。不仅是少数民族网民应当保持理性的问题，而且也是各级政府及相关部门应当重点研究与有效解决的问题。

三　行为动员诉求表达的特殊性——非理性行为的实施

关于网络舆情中的行为动员，有学者从行为主体的动机出发，将其分为两大类型：其一是“引起关注型”行为动员；其二是“倡议行动型”行为动员。前者是指一些网民希望将一些地方性或个别突发性事件扩散开来以引起过多网民注意，或表现为一些网民希望某个事情“闹大”以给某些相关主体和权威部门更大压力。后者是指网民为了对某个事件表达更多抗议、不满等行动，而有意在网上发出倡议或动员令。①

若结合网络舆情现实深入分析以上两种类型的行为动员，不难看出，“引起关注型”行为动员，大都以骤增点击量、复制量、转载量等方式，来动员网民广泛参与网络行为，以实现引起社会高度关注或给相关部门增加压力之目的。而“倡议行动型”行为动员则主要以网络调查、网络签名、网络组织、行动策划、网民参与等方式，来动员网民广泛参与策划者拟定的行为，以实现抗议、不满行为的社会化、大众化之目的。相对而言，“倡议行动型”行为动员更易引起网络舆情危机，更有可能形成线上线下“互动”的群体性事件。

目前我国少数民族网民的网络行为动员诉求表达之特殊性，主要体现为“倡议行动型”行为动员相对突出，动员主体成分相对复杂等方面。从在全社会具有“轰动”效应的网络舆情事件来看，事关少数民族地区经济、社会现况的网络舆情事件，其行为动员方式大多数为“倡议行动型”。其中，在特别重大的网络舆情事件进程中，其动员主体和运作方式往往具有“境内境外”人员相联系，“普通网民”与“意见领袖”相配合，网民行为动员与网络政治动员相融合的特征。

此类特殊的“倡议行动型”行为动员，极易在网络和社会上造成一

---

①　王国华、曾润喜、方付建：《解码网络舆情》，华中科技大学出版社2011年版，第113—114页。

系列非理性行为，若遇到“三股势力”的插手，便极有可能演变为“破坏性网络政治动员”。对此，无论是少数民族网民、各级政府部门、各类社会团体，均应时刻保持高度的警觉性。

第六节　少数民族地区网络舆情及网络舆情危机形成的特殊性分析

关于网络舆情危机的形成范式，我国有学者将其归纳为：公共舆论议题的制造→公共舆论场域的搭建→意见领袖的出现→问题由虚拟空间向现实空间扩散→群体性事件生成。① 这可以说是一般性网络舆情危机的形成流程。那么，少数民族地区网络舆情危机的形成或演化周期又有哪些特点呢？对此，亦有学者汲取了国外有关“危机模型”的理论，结合我国少数民族地区网络舆情危机的实际案例分析，提出了“危机六阶段模型”：事前阶段（历史问题）→事发阶段（一般性社会事件）→事中阶段（网络政治动员）→事重阶段（严重的公共危机事件）→事终阶段（得到有效控制）→事后阶段（处理总结）。② 此模型中的前四个阶段，对于我们分析少数民族地区网络舆情危机形成的特殊性具有重要启示。

从上述理论出发，结合近些年来我国少数民族地区网络舆情危机发生的实际情况，不难看出其社会政治领域危机形成的特点所在。

其一，大都具有历史的渊源为社会背景。或者是少数民族与汉族之间，或者是此少数民族与彼少数民族之间，或者是同一少数民族的不同宗教派别之间，具有历史上的纷争、对抗性事件，遗留在少数民族的历史记忆中，成为网络舆情危机事前阶段的“潜意识”社会背景。

其二，引发点大都为一般性的个体化纠纷或普通刑事案件。在现实社会中，因各种原因引发的某民族成员（可能是个人，也可能是具有亲属、同乡之缘的微小群体）与其他民族成员（同样可能是个人，也可能是具

---

① 孙晓辉：《网络群体性事件中执政公信力的流失及其防范：基于社会动员的分析视角》，《理论与改革》2010 年第 4 期。

② 李成：《政府应对“网络政治动员”威胁研究：以新疆 7·5 事件为例》，博士学位论文，浙江大学，2010 年，第 34—36 页。

有亲属、同乡之缘的微小群体）间较严重的社会纠纷或刑事案件。这在少数民族地区网络舆情危机爆发进程中，具有“导火索”或“雷管”的作用。

其三，引发点爆发后，大都有策划者的网络政治动员。面对上述一般性的个体化纠纷或普通刑事案件，个别具有政治目的的团伙或非法组织以此为“契机”，进行系统的策划并通过网络信息平台开展网络政治动员，以达到“将普通事件政治化”或“将一般纠纷上升为民族矛盾”的目的。其网络政治动员的主体，既可能是境内“意见领袖”，也可能是境外“三股势力”组织，亦可能是个别国家的有关组织。更为常见的是上述各类主体通过网络的互联互通、相互配合，进行网络政治动员。这在少数民族地区网络舆情危机爆发进程中，具有“引爆炸药库”的作用，因而也是网络舆情危机形成的关键阶段。

其四，网络政治动员急剧演化为部分网民及公众的大规模非法行为。在上述网络政治动员的作用下，部分网民、部分公众在网络社会与现实社会中实施较大规模的非法行为，致使网络舆情危机和社会公共危机同时爆发，造成较为严重的社会危害。

第七节　少数民族地区网络舆情及网络舆情危机主体的特殊性分析

少数民族地区网络舆情及网络舆情危机主体与全国其他地区的主体相比较，明显的特征主要表现在两个方面：一是主体间的“数字鸿沟”现象更为明显；二是主体成分的多元性特征十分突出。

一　主体间的“数字鸿沟”更为明显

“数字鸿沟”亦称“信息鸿沟”，最初是指“信息富有者与信息贫困者之间的鸿沟”①。现在人们更多地将其理解为不同的群体在当代信息技术领域中存在的差距，即人们对信息技术的拥有、掌握、控制和使用能力

① ［美］沃纳·赛佛林等：《传播理论：起源、方法及应用》，郭镇之译，华夏出版社2000年版，第283页。

上存在的差别。[①] 从这个意义上讲，我国少数民族地区网络舆情及网络舆情危机主体的“数字鸿沟”具体体现在以下两个方面。

其一，舆情信息传播者与接受者之间的“数字鸿沟”。由于历史及经济、文化发展诸方面的原因，在少数民族公众中，人们之间文化知识、技术能力的差别是十分突出的，有相当多的百姓文化水平很低，对信息技术的学习应用能力较差，基本无法做到对信息技术的拥有、掌握、控制和使用，故而在网络社会，大都只能被动地成为舆情信息的接受者。而另一些具备一定文化知识、具有较强信息技术应用能力的人，则能够有效地做到对信息技术的拥有、掌握、控制和使用，也就自然成为网络舆情的收集、筛选、整合、传播者，他们中间的一些精英便成为少数民族网民的“意见领袖”。由于舆情信息传播者与接受者之间存在着巨大的“数字鸿沟”，因而二者间的“信息不平衡”“信息不对称”状况十分突出，网络舆情信息接受者几乎没有条件和能力对传播者发布的信息进行质疑与甄别，盲目听从、全盘接受“精英”们传播的内容，便成为大多数网民的无奈选择。

其二，网络舆情及网络舆情危机传播与参与主体内部各阶层之间的“数字鸿沟”。在少数民族地区，网络舆情及网络舆情危机传播与参与主体的内部，亦存在着较大的“数字鸿沟”。少数“精英”或“意见领袖”凭借其相对较高的社会地位、文化知识水平、信息技术应用能力以及相对丰富的社会政治参与经验，可以从自己的价值观念和政治立场出发，设置相关议题，筛选与组织舆情信息，进而在网络平台上广为传播。相当多的一般网民因其社会地位、文化知识水平、信息技术应用能力以及社会政治参与经验处于“草根”阶层，尚不具备筛选与组织舆情信息的能力，更不具备分析、甄别“精英”或“意见领袖”所传播信息内容的能力，只能在网络舆情及网络舆情危机进程中充任参与者的角色，主要以下载、复制、传播为主，其中一些人便成为涉网犯罪的当事人。这便是少数民族地区的“意见领袖”在网络上更容易获得“一呼百应”效应的原因之一。

二　主体成分的多元性特征十分突出

少数民族地区网络舆情及网络舆情危机的传播或参与主体，除本国的

---

① 赵春丽：《网络民主发展研究》，经济科学出版社 2011 年版，第 83 页。

网站、网民外，还经常有诸多境外网站、网民的主动参与；除了有大量的以汉文为媒介的网站、网民外，还有诸多以少数民族语言文字为媒介的网站、网民的主动参与。就引导网络舆情发展流向的“意见领袖”而言，既有本国的群主、版主，亦有诸多境外群主、版主；既有以汉文为媒介的群主、版主，也有诸多以少数民族语言文字为媒介的群主、版主；甚至还有相当部分的以外国语言文字为媒介的群主、版主积极发表“领袖意见”。这种网络舆情及网络舆情危机传播或参与主体的多元性，给主流媒体的网络舆情引导工作带来了不小的影响和冲击。

另据调查，国外尤其是西方国家针对我国少数民族受众对象的一些传统媒介宣传、渗透活动一直呈强化趋势。如覆盖云南边境一线的境外民族语广播电台有近 30 个，而新疆境外则有“美国之音”“自由亚洲之声”“英国 BBC”等 8 个主要电台、120 多个频点，用维吾尔语对新疆进行反动宣传。[①] 这些传统媒介与网络媒介相互配合，不断扩大着国外传播主体网络舆情及网络舆情危机传播的效能，而部分民众在某些重大问题上又往往容易听信谣言，这就会使舆论和民众在发生群体抗议时往往倾向于激进，进而形成现实群体性事件与网络群体性事件的“互联互通”。

第八节　少数民族地区网络舆情及网络舆情危机载体的特殊性分析

网络舆情及网络舆情危机载体的特殊性集中体现在其刊载、传播信息平台、文字的多样性。即有关报道、评论公共危机事件的信息载体，既有大量的汉语文网站、QQ 群、微信、手机短信等平台，也有众多的少数民族语言文字信息传播平台，还有一些境外、国外的各种信息传播平台。这种载体形式的多样性，为网络舆情监控和网络舆情危机预警工作带来了复杂性。具体来讲，少数民族地区网络舆情及网络舆情危机载体的多样性表现在以下三个方面。

---

① 张春霞、蒲晓刚：《境外宗教渗透与新疆意识形态安全》，《新疆社会科学》2010 年第 1 期。

其一，汉语文信息载体平台发挥着重要的影响作用。在少数民族地区网络舆情危机中，不仅仅是少数民族语言文字信息传播平台发挥着重要的作用，其实，汉语文信息载体平台亦发挥着不可替代的作用。这种作用当然也不仅仅是正面的，在一定背景下，其负面作用也是不容小视的。同时，汉语文信息载体平台在少数民族地区的网络舆情危机形成与发展进程中，能够发挥的负面作用甚至会超过少数民族语言文字信息传播平台。

其二，少数民族语言文字信息传播平台具有关键性的“双刃剑”作用。从 2000 年 1 月 6 日中国互联网上第一个少数民族文字网站“同元藏文”网站正式开通，到目前为止，中国已经有了蒙古文、藏文、哈萨克文、维吾尔文、彝文和朝鲜文的网站，少数民族用户在网上下载部分系统软件和应用软件即可浏览这些网站。蒙古文、藏文、维吾尔文等少数民族文字还支持网上聊天。随着网络信息技术的不断普及，少数民族语言文字网站“雨后春笋”般地问世，而且绝大多数为民间所办。此类信息化技术的应用普及，极大地丰富了少数民族群众的物质文化生活，促进着少数民族地区的现代化发展。同时，也给不良网络信息的传播带来了“机遇”，其负面的影响作用也是显而易见的。在此“双刃剑”特征下，若“正向功能”发挥不佳，就极有可能导致“负向功能”在网络上泛滥，从而引起网络舆情危机。

其三，西方互联网媒体对我国少数民族地区公共危机事件的“说三道四”。西方国家的一些媒体，包括其中的个别主流媒体，历来对我国少数民族地区的政治、文化、社会状况及动态“关注有加”，常常拿出他们的“价值衡器”来评判是非，并极尽造谣、歪曲、诽谤之能事，以其强大的传播力、渗透力，企图在我国少数民族地区发挥影响力。他们通过各种载体和平台传播的诸多负面信息，对我国少数民族地区受众具有重要的“诱骗”作用。这无疑也是少数民族地区网络舆情及网络舆情危机载体的特殊性之一。

第五章

少数民族地区网络舆情及网络舆情危机的特殊规律研究

同世界上一切事物一样，网络舆情及网络舆情危机的形成与演变，是有一定内在规律的。关于网络舆情及网络舆情危机的一般性规律，本研究的第三章进行了阐述。在此，以我国少数民族地区网络舆情及网络舆情危机为研究对象，重点分析其特殊规律所在，以便为正确引导网络舆情、有效应对网络舆情危机提供必要的理论参考。

第一节　民族或宗教因素是引起网络舆情危机产生的最主要“热源因子”

网络舆情危机是由现实社会中的焦点事件“聚热”后产生相应的网络“热源因子”，并达到一定的“热度”而形成的。一般来讲，这方面的“热源因子”从涉及领域所占比重由高到低依次为：（政府官员或公共治理部门人员）言行不当、产品和服务问题、涉法涉警、社会民生、公共卫生、灾难事故、时事政治、社会安全、伦理道德、反腐倡廉、组织人事、滥用公权诸方面。[①]

少数民族地区网络舆情形成的“热源因子”虽然从整体上讲大体也集中于上述领域，但该地区形成网络舆情危机的“热源因子”则主要集中于民族或宗教领域，尤其是重大的网络舆情危机，其“热源因

① 谢耕耘：《中国社会舆情与危机管理报告（2012）》，社会科学文献出版社2012年版，第9—10页。

子”更是与民族或宗教因素息息相关。虽然“热源因子”引起网络舆情危机的规律具有普遍性，但这一普遍规律的具体表现，在少数民族地区则呈现出“民族或宗教因素是引起网络舆情危机产生的最主要‘热源因子’”的特殊性。之所以呈现出这一特殊规律，主要原因有以下三个方面。

其一，网络化的族群认同感，对于少数民族地区网络舆情危机“热源因子”具有本能的“加热”功能。所谓族群认同（Ethnic identity），通俗地讲就是族群的身份确认，是指成员对自己所属族群的认知和情感依附。在有关族群认同的诸多理论中，受到学术界大多数学者认可的理论之一是“根源论”。“根源论”认为，族群认同主要来源于根基性的情感联系，这种族群情感纽带是“原生的”，甚至是“自然的”。依据“原生的”“自然的”族群情感而形成的族群认同，是人类社会最基本的组织形式之一，对族群成员来说，原生性的纽带和情感是根深蒂固的和非理性的、下意识的。基于族群认同基础上的族群认同感，则是指属于特定族体的自我意识或身份。对个人来说，民族或族体身份是生来就有的，并终身保持下去。归属感则是在社会化或涵化过程中逐渐形成，表现为成员间有共同的情感、意识。① 这种族群认同感与国家认同感属于两个互为“交叉的逻辑圈”，其“交合”之处越大，两种认同感的“和谐度”就越高，反之亦然。在网络时代，这种族群认同感在现代通信技术及环境的支撑下，得到了史无前例的拓展与强化。互联网的崛起，为人们在网络空间进行“由下而上”的族群认同空间拓展“提供了一种超越民族—国家架构下的民族认同”。对此，有学者通过考察总结道：从中穆 BBS 虚拟社区的族群书写和族群叙事实践来看，与民族—国家在民族问题上具有确定性、封闭性和线性特征的宏观书写和总体性叙事不同，对族群认同的民间的、地方性的和边缘性的叙事，呈现出来的是一种多元、复杂、零散和拼贴面貌。② 这就是说，网络时代的族群认同感具有“草根化”和“难以预控

---

① 汝信、黄长著、沈世鸣：《社会科学新词典》，重庆出版社 2003 年版；转引自中国知网：中国知识资源总库，2013 年 12 月 27 日。

② 黄少华：《网络空间的族群化》，《兰州大学学报》（社会科学版）2013 年第 1 期。

性”的特征，在特定的社会焦点事件背景下，出现超越民族—国家架构下的民族认同的“网络舆情”之可能性极大，若政府部门在公共事务管理或社会治理中出现失误，甚至某一族群的网民主观上认为“政府部门在公共事务管理或社会治理中出现失误”的情形下，就极有可能“自然而然”地为此类“热源因子”加热，进而导致网络舆情危机的形成。

其二，网络化的宗教动员对于少数民族教民在对待“热点事件”的态度上，具有天然的“导向”功能。宗教动员作为宗教参与社会事务乃至政治事务的一种方式，对于一个国家或地区的社会稳定与发展具有明显的“双向作用”——宗教动员的主旨及内容与政府导向相一致或相补充，就会显现出“正向功能”作用，反之，则会产生“负向功能”作用。后者对于“网络舆情危机”的形成，具有天然的“导向”功能。关于具有“负向功能”作用的宗教动员，有学者指出，目前在世界范围内大体有三条路径[①]：（1）世俗力量的“宗教动员”——动员主体是世俗政治力量，动员对象是宗教激进分子和普通教众，动员的目标是出于世俗政治斗争的需要，动员结果是形成了一些宗教势力；（2）社会力量的“宗教动员”——动员主体是宗教社会力量，主要是一些宗教复兴运动组织，动员对象是最广大意义上的教众和最广泛的民众，动员目标是推动宗教复兴的进一步发展，动员的结果是宗教社会力量的组织性大为加强；（3）极端暴力势力的“宗教动员”——动员主体是宗教恐怖组织，动员对象是宗教极端分子和普通教众，动员目标是积聚实施恐怖行动的力量和资源，动员结果是导致国际宗教恐怖主义的全球泛滥。亦有学者对中国现阶段的宗教“市场”予以了归纳：中国社会中实际上存在三个宗教市场，即红市——合法的宗教组织、信众及活动；黑市——政府禁止或取缔的宗教组织、信众及活动；灰市——既不合法也不非法，既合法又非法的宗教组织、信众及活动。[②] 其中后两种宗教“市场”均具

---

① 张金平、徐以骅：《当代国际恐怖主义的“宗教动员”》，《阿拉伯世界研究》2011 年第 3 期。

② 赵冰：《中国宗教互联网状况简析》，《理论界》2010 年第 4 期。

有宗教动员的“负向功能”。加之宗教类信息网络组织的愈益普及[①]，当事关少数民族教民的“热点事件”发生后，上述具有“负向功能”的宗教动员就会通过网络开展广泛的活动，提出“导向性”观点和应对措施，并通过网络传播不断地聚集和“发酵”舆情，进而导致网络舆情危机的形成。此外，线下线上制售非法宗教出版物的案件在少数民族地区亦常有发生。其中多数案件既有纸质载体的、又有电子介质载体的，有些案件还具有“在沿海地区制作印刷后，到少数民族地区发售”的特点。[②] 反映出“黑市”宗教宣传与宗教活动，近年来在我国少数民族地区还具有一定的“市场”，且相对“活跃”。

其三，民族间事实上的不平等，对于少数民族地区网络舆情危机“热源因子”具有自然的“聚热”作用。民族间的事实上的不平等，是指在多民族国家，某些民族由于历史的原因而造成经济、文化发展落后，不能像先进民族那样行使法律赋予的各种权利的现象。在社会主义条件下，这种历史上遗留下来的民族间的事实上的不平等，主要表现在经济上和文化上。[③] 在我国改革开放的新时代中，虽然伴随着现代化的进程，各民族间的平等地位得以有效实现，民族团结进步事业不断发展繁荣，但由于历史的原因和惯性，少数民族与汉族之间在经济和文化上受现代化洗礼而受益的程度还是有差别的，这种事实上的差别往往使一些少数民族民众心理上具有“相对剥夺感”，此种心理感受在网络环境下得以聚集和扩散，民族间的心理隔阂会随之加大。加之由于民族认同与国家认同是属于两个不同层次的认同取向，民族间事实上的不平等在一定条件下可导致“两个认同”的失谐。在此“认同失谐”的状态下，面对少数民族地区网络舆情危机“热源因子”，一些少数民族网民便会通过网络传播的方式抒发其“相对剥夺感”的心理感受，进而围绕“热源因子”聚集并强化网络舆情危机的“热度”，最后导

---

① 最典型的是国内宗教 QQ 群组的愈益增多。据统计，目前我国国内网络上共有宗教综合类 QQ 群 652 个、佛教类 1552 个、基督教类 110 个、天主教类 514 个、道教类 275 个、伊斯兰教类 97 个。此外，宗教类中文网站和网页的数量已经突破千万。转引自赵冰《中国宗教互联网状况简析》，《理论界》2010 年第 4 期。

② 《11 起涉疆非法宗教类出版物案件》，《中国新闻出版报》2014 年 9 月 26 日，第 2 版。

③ 参见上海市民族和宗教委员会网站 · 民族政策法规频道：2014 年 2 月 16 日。

致网络舆情危机的爆发。

第二节　网络舆情危机形成中的“群体极化”“协同过滤”现象相对明显

“群体极化”在网络社会的表现特征是一定的网民群体意见或决定的极端化。这种极端化地看待问题、做出决定、付诸行动的方式，往往是网络舆情危机形成并恶化的催化剂。与“群体极化”相伴而行的“协同过滤”现象的本质，则是将那些与“群体意见或决定”不一致的信息排斥在本群体的“网络圈子”之外，以达到实现“群体观念”的“窄化”聚集，进而达到“极化”之目的。“群体极化”和“协同过滤”虽然是网络社会中的普遍现象，但就多民族国家中的少数民族地区而言，此种现象具有更加明显的社会化表现，这一点对于该地区乃至全国性的网络舆情危机形成与发展，具有重要的影响作用。

其一，面对一些“敏感性”的网络舆情“热源因子”，少数民族网民更易形成“群体极化”的主体。桑斯坦在揭示网络社会“群体极化”的本质时，特别强调了三个方面：其主体——网络意见表达者中“志同道合的团体”；其内容——对于社会问题的看法“他们的想法和原先一样”；其结果——这种“一致想法”的表现“形式上变得更极端了”①。其中第一个方面的本质即“志同道合的团体”，在少数民族网民中更易于形成。这是因为族群联系具有逻辑和时间上的优先权，具有强制的力量和情感。这种源于血统的强烈认同感和团结一致的态度，在面对涉及诸如民族、宗教、文化及习俗诸方面“敏感性”的网络舆情“热源因子”时，对“自己团体”的认同度更高，对异己团体的排斥性更明显。加之近些年来互联网建立了“虚拟教堂”，并成为信徒获取宗教知识、实现群体认同的重要路径②，以及大量的民族语言网站、QQ 群、微信群等网络平台，为部

① ［美］凯斯·桑斯坦：《网络共和国：网络社会中的民主问题》，戴维明译，上海人民出版社 2003 年版，第 47 页。

② 李敏：《宗教的网络传播与信徒的群体认同》，《河北科技师范学院学报》（社会科学版）2011 年第 6 期。

分少数民族网民构建“群体极化”环境，通过“协同过滤”强化“一致想法”，进而形成有利于本群体意志和利益的“极化”舆情提供了便利条件。

其二，在少数民族语文环境中，网络舆情“协同过滤”的效应更为明显。人类社会是由一个个族群共同体构成的。而族群共同体主要由两大元素形成：血统和文化。在此，血统是指一个民族、家族或者说一个国家在文化上沉淀下来的血缘关系，文化则主要是指以语文为核心的历史、文学、艺术、宗教、风俗、习惯等。由于遗传进化和血缘关系，族群总的来说是一种优先的、既定的而且强有力的社会约束。在此基础上，各个民族都有着“文化中心主义”倾向——常易于将自己的生活方式、价值观念、信仰和行为规范看成是最好的，是优于其他民族的。常常敌视和怀疑自己所不熟悉的文化模式。由此，在网络社会，各种少数民族语文网站及QQ群、微信群，乃至少数民族语文微博、微信等众多网络社交平台上，“文化中心主义”的倾向可谓“自然迸发”“延绵不断”。少数民族网民在讨论社会热点、焦点问题的时候，这些网络平台的创办者及其“意见领袖”、博主、群主们除积极发挥“引导舆情”的作用外，还通过“链接”有选择性地聚集大量与“文化中心主义”倾向相一致的网络舆论来强化族群认同感，这实际上就是网络舆情“协同过滤”的过程。在这一过程中，难免会出现一些与主流意识“失谐”甚至“相悖”的状况，当这种状况在与少数民族经济、文化相关的“社会矛盾”或热点、焦点问题碰撞时，极有可能形成或爆发网络舆情危机。

第三节　网络舆情传播的“首因效应”“民粹效应”尤为突出

网络平台往往是社会焦点、热点事件的“第一信息来源”。从媒体传播规律的角度来说，“首因效应”现象在网络社会表现得更为明显。当社会事件或群体性事件发生后，人们总是倾向于重视前面的信息。正如一些专家分析所言：那些最早传播的信息往往会使网民们产生“先入为主”的心理反应，进而左右他们对事件真相的判断，并在信息的同步交流、密集互动中产生“规模效益”[①]。如果“先入为主”的是虚假信息或错误信息，就极有可能使此类“首因效应”“规模效益”诱发为群体性的过激行为，导致势态的扩大、恶化，进而形成网络舆情危机。

在少数民族地区，由于网络化的“族群认同感”和“文化中心主义”在少数民族网民中具有“自然而然”的信息受众基因，加之一些民间网站、网页、QQ群、微信群以及其他即时通信平台对社会焦点、热点事件信息的“协同过滤”，乃至境外一些别有用心的网络信息发布者在“第一时间”发布的虚假信息，在遇到事关民族关系、宗教问题、文化习俗等“敏感性”事件时，其“首因效应”及其规模发展的特征，往往较之其他地区表现得更为突出，大有“一石激起千层浪”之势，如应对不力，极有可能形成网络舆情危机。

分析少数民族地区网络舆情危机的这一特殊规律，其构成要素大体有两个方面。

一是少数民族网民在该地区已占据相当的比重，为“首因效应”奠定了庞大的受众基础。以新疆维吾尔自治区为例，据《中国互联网络发展状况统计报告》统计，截至2012年年底，新疆的网民人数为962万，网络普及率达43.06%，其中，少数民族网民占全疆网民总数的44.05%。[②]如此庞大的少数民族受众群体，为该地区特殊的网络舆情危机“首因效应”规律的显现，奠定了深厚的群众基础。

二是“敏感”事件“首次信息”传播主体的复杂性，使“首因效应”的“规模发展”趋向具有突出的“不确定性”。其中最易引起网络舆情危机的“首因效应”信息传播主体，则是境外网络平台。此类平台的“敏感”事件网络虚假信息发布，很容易在少数民族网民中形成“首因效应”，若应对不当，就有可能引起网络舆情危机。

与“首因效应”相伴而行的少数民族地区网络舆情危机的另一特殊规律，则是网络“民粹效应”尤为突出。网络“民粹效应”实际上是民粹主义运动在网络社会中的体现。关于“民粹主义”的本质内涵，政治

---

① 周斌：《“微博问政”与舆情应对》，人民出版社2012年版，第199—200页。

② 参见中国互联网络信息中心《中国互联网络发展状况统计报告》，2013年1月。

学界一般概况为：凡是代表人民、以人民的名义说话，广义上均可以归入民粹主义的行列。并指出，在“民粹主义”者看来，“人民”这一术语意味着在数量上占据绝对多数，并凭借数量众多而被赋予了道德的或政治的合法性。[①] 正如保罗·塔格特所分析的那样，民粹主义者的“人民”概念是作为一个基本的统一体，他们被视为一个缺乏基本分化的单一实体，是统一的、团结一致的。[②] 较之传统的“民粹主义”，“网络民粹主义”不仅是互联网上兴起的政治思潮之一，而且“人民”的参与更为彻底和直接——任何人都可以不受限制地在网络上表达自己对“社会不公平”的意见、观点，自由自在地宣泄非理性情绪，并获得无数“人民”的回应。

关于网络民粹主义的构成要素，有学者指出，它由两种力量构成：网络批判现实主义、网络民族主义。前者以国家内部的社会矛盾为主要关注点，以反权威、反精英主义的底层姿态出现；后者则以反对全球化、反对西方国家为内容，以极端排外性的情绪表达为形式。[③] 也就是说，批判现实主义与网络民族主义是构成“网络民粹主义”的主导性要素。其中，网络民族主义的另一表现特征，便是“集体无意识”。勒庞曾深刻剖析过大众心理的集体无意识现象。他指出，在集体无意识心理中，异质性被同质性所吞没；群体是个无名氏，因此也不必承担责任，总是约束着个人的责任感便彻底消失了。[④] 在“集体无意识”的大众心理影响下，只要是具有仇富、仇官、反权力、反市场、反全球化甚或是反现代化的情绪迸发，都会受到网络民族主义者的积极回应。诸如此类的非理性表达以及由此形成的网络舆情压力，不仅在网络上形成了一股股与社会主流意识相对抗的“反潮流”之风，而且也给国家、社会以及普通民众带来了负面的舆论压力。

在少数民族地区，上述网络“民粹效应”或“网络民族主义”的表现，主要是以民族关系、民族矛盾以及宗教领域中的现实问题为关注点，

---

① 陈尧：《网络民粹主义的躁动：从虚拟集聚到社会运动》，《学术月刊》2011 年第 6 期。

② ［英］保罗·塔格特：《民粹主义》，袁明旭译，吉林人民出版社 2005 年版，第 125 页。

③ 陈尧：《网络民粹主义的躁动：从虚拟集聚到社会运动》，《学术月刊》2011 年第 6 期。

④ ［法］古斯塔夫·勒庞：《乌合之众：大众心理研究》，冯克利译，中央编译出版社 2005 年版，第 15—16 页。

通过网络手段聚集非理性的“民粹”舆论，释放或宣泄“狭义民族主义”情绪，进而形成强大的反权威、反主流、排斥外族社会的“网络舆情场”。在此“网络舆情场”的作用下，若有“敏感性”公共突发事件产生，在少数民族网民很有可能出现“集体无意识”的“民粹效应”，进而发展成为网络舆情危机。尤其值得警惕的是，一些境外媒体或政治组织，经常会通过网络进入少数民族地区的“网络舆情场”中，发布一些别有用心或煽动性的有利于“民族主义”活动的网络信息或言论，以企图加剧“民粹效应”的蔓延和爆发。例如2012年和田“6·29”劫机事件发生后，“世维会”发言人竟称：“维吾尔族人认定有人劫持飞机事件是谎言。”他在接受美国广播公司采访时又称：“这是因为航班上的汉族与维族乘客抢座位引发的斗殴。”印度的《印度斯坦时报》也引述“世维会”的话称：“事件发生在7·5事件三周年‘敏感日’到来之前，所以和田地区的‘气氛紧张’。中国当局会利用此事件对当地人进行镇压。”[①] 此类“用意颇深”的声音甚至使国内网络上也出现了一些不明真相的传言和谣言。好在我国官方对此次劫持飞机事件的信息通报做到了及时、客观、全面、完整，使包括少数民族网民在内的最广大的受众能够在“第一时间”了解到事件的真相及其处置情况，有效避免了网络谣言的传播和网络“民粹效应”的产生。否则，极有可能因网络“民粹效应”或“网络民族主义”极端化而形成网络舆情危机。因为在许多情况下，网络民粹主义并不满足于制造“网络集聚事件”。仅仅通过点击率、跟帖或发言来表明观点、立场，是难以满足民粹主义的现实目的的。网络民粹主义的现实目的在于：通过网络来联络、煽动、组织，使诉求和意愿在现实中得到具体化的蔓延、加剧。从这个意义上讲，网络民粹主义天然地具有与现实中的民粹主义社会运动相结合的冲动。在特定的情况下，网络民粹主义容易被少数别有用心的“精英”分子所利用，在冠冕堂皇的假面具下实施“多数人”的暴政。网络民粹主义发展到极端就是网络暴力的普遍化。[②] 即诸多网民在网络民族主义的影响下进行特定的活动或行动，如游行、贴标、

---

① 邱永峥、王渠：《探访和田劫机事件真相》，《环球时报》2011年7月2日。

② 陈尧：《网络民粹主义的躁动：从虚拟集聚到社会运动》，《学术月刊》2011年第6期。

话语暴力、集中攻击等。[①]

第四节 网络舆情扩散的"六度分隔规律""池塘效应""蝴蝶效应"更为凸显

目前，在少数民族网民中，多数人均会使用两种（少数民族语言文字、汉语言文字）或两种以上的语言文字从事网上社交、网络信息搜索及网络信息发布。但在同一少数民族网民之间，网上交流或信息发布一般会优先选择用民族语文。据学者在某少数民族地区高校对少数民族网民的调查结果显示，网民对少数民族语言、文字网站有一定的偏好。这一情况说明，网络文化与民族文化已经在互相融合、相互影响。[②] 或者说，在网络时代，网络文化已经成为民族文化不可分割的重要组成部分。在这一社会文化背景下，同一少数民族的网民之间由于"族群认同感"相对明显，加之以语文为中心的文化联系的密切性，使之在网络舆情传播或扩散进程中，"六度分隔规律""池塘效应""蝴蝶效应"较之汉族网民显现得更为突出。

其一，同一少数民族的网民之间，从素不相识到结为网友乃至朋友，其网络社交路径相对更为便捷。在网络文化已经成为民族文化不可分割的组成部分的当今社会，同一少数民族的网民之间社交不仅做到了"全天候、无界限"，而且较之汉族网民又多了诸多民族文化方面的路径和渠道。其中最突出的优势为"少数民族语文网络平台"以及在此基础上的诸多专业网站。在此类网络平台上，由于网民的族群类别单一，文化一致，宗教信仰统一，不仅"小世界网络"的范畴进一步"中心化"，而且使同一少数民族陌生网民之间的"距离"明显缩小，网络舆情传播的"六度分隔规律"在这里恐怕就成"三度分隔规律"——同一少数民族中

① 方付建：《网络时代的民族问题研究：进展与路向》，《中共杭州市委党校学报》2013 年第 1 期。

② 徐百灵、李小琴：《喀什地区少数民族大学生网民特征分析》，《喀什师范学院学报》2010 年第 2 期。

任何两个陌生人之间的距离最多也就三步之遥。[①] 这就是说，在同一少数民族的网民之间，网络舆情传播尤其是涉及事关本民族“敏感”问题的网络舆情传播的速度与范围、广度与深度均会超过一般的网络社会环境。在“传播力决定影响力”的网络时代，少数民族地区网络信息传播“六度分隔规律”的特殊性要求我们，必须在网络舆情引导机制上采取与之相适应的对策。否则，就有可能削弱甚至丧失网络舆情引导的影响力。

其二，在同一少数民族的网民中，有关网络舆情“热源因子”的“热度突变”更为快速。网络舆情“池塘效应”的本质在于，一些“不起眼”的微小舆情可能会在一定时间的“被社会忽视”中突然“爆发”，形成网络舆情危机。在少数民族地区，由于一些“社会小事”而导致网络舆情“池塘效应”的事例可谓“层出不穷”“防不胜防”。较之其他地区而言，少数民族地区导致网络舆情产生“池塘效应”的诱因，除了常见的官员腐败、行政不作为或乱作为、政府与民争利、商业纠纷、土地纠纷等，许多诸如生活习俗冲突、宗教活动冲突、历史文化误解乃至老百姓之间“民族心理”的隔阂等方面，均有可能因一些“社会小事”而形成网络舆情“热源因子”，加之“族群认同感”基础上的“群体极化”，极有可能在很短的时间内导致网络舆情的“池塘效应”，并进一步导致网络舆情危机。

其三，在同一少数民族网民中，因“微观因素”而迅速引发“宏观范围”网络舆情危机产生的诱因更为敏感。伴随着市场经济的发展，愈来愈多的少数民族公民融入了经济相对发达的地区或城市开创新的生活、打拼新的事业，但由于文化传统、生活习俗等方面的差异，在生活和事业中难免会与当地居民、企业、商场、社区产生误解、矛盾甚至冲突，常常因“琐事”而“备受委屈”，当这种生活心理与现实冲突交织在一起时，“敏感”事件时有发生。此类因“微观因素”导致的“敏感”事件融入网络社会后，就会立即在“宏观范围”形成网络舆情，“蝴蝶效应”亦应

---

① 此处借用美国学者邓肯·瓦茨的“六度分割理论”，对同一少数民族网民中陌生人之间网络社交规律表现的特殊性加以“形象化”的表述，不一定必须是“三度分割规律”。参见［美］邓肯·瓦茨《六度分割：一个相互连接的时代的科学》，陈禹译，中国人民大学出版社2011年版。

声而出。若应对不及时、不得当，就会演变为网络舆情危机，甚至发展为现实社会中的群体性事件。

第五节　网络舆情危机的演变多以“螺旋型网络舆情演进”为主

当今社会，绝大多数因“社会焦点事件”而形成的网络舆情或网络舆情危机，其演变路径不外乎“消解型”和“螺旋型”两类。前者的突出特点是，随着政府、有关部门介入，事实真相的公布，对相关公权人员的查处，矛盾冲突逐渐化解，事件的负面影响慢慢平息。[①] 后者的突出特点则在于，其发展的“高峰期”之后还有“反复期”，即出现了循环往复的变化，在这一变化阶段，网络舆情或网络舆情危机会出现诸多“变异动因”和“变异路经”[②]，致使其演变路径复杂化及趋向的不确定性。

在少数民族地区，当一些与民族关系、宗教事务、生活习俗、历史文化相关的“敏感性”社会焦点事件发生后，少数民族网民的情绪化“喷涌”往往具有“聚集快、爆发猛”的特点。这一高潮过后，一部分“敏感性”社会焦点事件随着正常渠道、程序的查处，与其相关的网络舆情一般会自然平息。但还有相当多的因“敏感性”社会焦点事件所产生的网络舆情并没有就此息散，而是由“高峰期”进入了“反复期”。在“反复期”，由于一些“刺激性”信息的再输入，或新的“焦点事件”屡次发生，会导致网民的情绪波动再次聚集、爆发，形成网络舆情的“反复性高潮”。在“反复性高潮”中，发生在网络上的“偶然的事实、创造性的想象、情不自禁地信以为真这三种因素的共同作用、产生的一种虚假现实里，会做出激烈的本能反应”[③]。此时的网民，从整体上来说，其甄别、辨识舆情反应的能力下降，加之少数民族网民天然的“族群认同感”，及

---

① 王国华、曾润喜、方付建：《解码网络舆情》，华中科技大学出版社 2011 年版，第 102 页。

② 同上书，第 107—109 页。

③ 同上书，第 106 页。

其民族之间在经济、文化等方面存在的“事实上的不平等”等因素的作用，极易造成新一轮的网络舆情危机。

总体而言，少数民族地区的网络舆情及网络舆情危机的演变进程中，引起“螺旋型网络舆情演进”的因素或潜在要素，除具有与其他地区相同的“一般性”要素外，其“特殊性”要素明显多于其他地区。尤其是当政府或其他社会治理部门在应对和处置事关民族关系、宗教事务等社会焦点事件之“第一轮”网络舆情危机高潮时，若出现失误或错误，则更易引发“反复性高潮”，导致“多波次”的网络舆情危机。

第六节 网络舆情动员呈现出“线上动员与线下行动有机结合”的特征

虽然网络舆情动员的“主阵地”是虚拟社会，但其动员内容及其所要达到的目的则与现实社会密不可分。从这个意义上讲，网络舆情动员实质上就是社会舆情动员的一种新的路径和手段，最终是为社会舆情动员服务的。近些年来，随着网络信息技术普及的大众化程度愈益提高，在面对社会焦点、热点事件时，不同群体的网络舆情动员日益呈现出“线上动员与线下行动有机结合”的特点，这种特点或方式与任何高新技术的大众化普及一样，具有“双刃剑”的特性——主流社会或主流网络舆情系统通过“线上动员与线下行动的有机结合”，对于倡导主流价值观，维护社会稳定，促进社会各阶层、各群体间的和谐相处，有着不可替代的时代价值；代表非主流意识的社会群体，也可以通过“线上动员与线下行动有机结合”的网络舆情动员路径和手段，聚集舆论力量和社会资源，为实现自身的价值观或政治抱负开展各种形式的群体性活动，进而造成与主流社会相冲突的负面社会影响。

上述情形无论在少数民族地区还是其他地区，均已出现日趋增多的趋势。但从网络政治与社会稳定的视角来看，对社会治安以及各族人民群众生活、生产具有严重危害的“线上动员与线下行动有机结合”的网络舆情动员和网络恐怖活动，在少数民族地区显得尤为突出。可以说，这是少数民族地区非主流社会网络舆情动员的一大特征之一。

对此，少数民族地区的领导部门和社会维稳部门还是有着清醒认识和深刻把握的。据新疆维吾尔自治区公安厅相关部门负责人分析，该自治区的“三股势力”实施“网上纠合、网下行动的动向明显，从近三年已查获的网上教、学经，组织、策划实施暴恐破坏的案件看，呈多发态势”①。可见，少数民族地区网络舆情动员、网络恐怖活动的“线上动员与线下行动有机结合”特征较之内地各省市而言，是十分突出的。对此，不仅少数民族地区的各级领导及相关部门、人民群众要有足够的认识和警惕，其他地区的各级领导及相关部门、人民群众亦应保持足够的认识和警惕。毕竟暴力恐怖分子代表不了任何一个民族，也代表不了任何一种宗教。暴力恐怖活动是不分地区、不分民族、不分男女、不分老幼的反社会、反人类、反文明的暴行，必须形成全社会的防反民族分裂势力、暴力恐怖势力、宗教极端势力体系及其相关机制。

第七节　网络舆情危机的发展极易受到境外政治组织的影响

近些年来，在少数民族地区出现的“政治敏感性”突发事件中，几乎均有境外政治组织的网络舆论渗透和影响。更有甚者，一些“藏独”“疆独”分子和非法政治组织，在境外通过互联网平台开展“常态化”的分裂国家、宣扬暴力、指导恐怖活动等违法犯罪行径。

早在2008年3月的拉萨“3·14”事件中，“藏独”分子便利用互联网这一工具进行着破坏活动。近些年来，已有大量宣扬“藏独”的网站和网页建立。境外“藏独”分子利用此类互联网平台造谣煽动，别有用心地炒作热点问题，恶意混淆是非，并通过网络非法组党结社，进行网络串联，宣传达赖集团的政治主张。② 互联网俨然已经成为境外敌对势力进行渗透、颠覆、破坏活动的重要平台与工具。

另据有关部门统计，目前已发现建立于美国、德国、土耳其等国家，

① 《决不让互联网成为违法犯罪平台　新疆遏制网络违法犯罪活动启示录》，《新疆日报》2013年10月8日。

② 姜平：《突发事件应对管理》，国家行政学院出版社2011年版，第177页。

专门针对新疆进行渗透、颠覆、破坏活动的反动网站、网页达50多个。近些年来在新疆境内打掉的一些暴力恐怖团伙和“伊吉拉特”组织，大都是通过互联网与境外恐怖组织取得联系并寻求支持，或者是利用互联网发展成员、接收和发布行动指令。[①] 此外，在新疆境外，“三股势力”开办了数十家维吾尔文网站，这些网站大多使用斯拉夫文字的维吾尔文。土耳其境内的维文网站多采用土耳其文拼写的维吾尔文。此类网站大多数主要宣扬宗教极端内容、散布反动谣言、歪曲新疆历史，在互联网上进行反面宣传。[②] 实际上，这些年来少数民族地区出现的重大暴力恐怖事件，几乎无一例外地受到了境外政治组织的网络煽动和教唆。

上述现状表明，在少数民族地区，网络舆情危机的发展极易受到境外政治组织的煽动和影响，进而使“政治敏感性”突发事件发展成为严重危害我国社会稳定、发展与和谐民族关系的犯罪行为。

第八节　网络舆情危机一旦被“三股势力”策划利用，极易爆发重大暴力事件

境内外的暴力恐怖势力、民族分裂势力、宗教极端势力历来对我国少数民族地区的网络舆情和网络舆情危机“关注有加”，不放过任何可乘之机。“三股势力”除虎视眈眈地盯着少数民族地区的“可乘之机”外，还通过各种方式积极煽动、组织、领导暴力恐怖活动，破坏社会安定。其中，利用互联网、手机及电子存储介质策划、实施暴力恐怖活动便是其常用的手法之一。

上述现状告诉我们，暴力恐怖势力、民族分裂势力、宗教极端势力沆瀣一气，同流合污，通过互联网等现代通信技术手段，已经形成了境内、境外相互通联，共同策划，分工协作，全力实施暴力恐怖活动系统化的组织体系，而少数民族地区的“政治敏感性”社会焦点事件、突发性群体

---

① 张秀红、丛培兵：《网络舆情对新疆公民意识培育的影响及应对》，《新疆师范大学学报》（哲学社会科学版）2013年第2期。

② 阿布都瓦依提·尼亚孜：《浅析维吾尔文网站网络舆情引导和控制》，《新闻世界》2010年第7期。

事件以及由此引发的网络舆情危机，便是“三股势力”的“所伺之机”。对这种特殊性，各级政府和各族人民应始终保持高度的警惕性，并通过科学的网络舆情引导机制，合理的网络舆情危机应对机制，将“三股势力”的“所伺之机”消除在“萌芽”状态，牢牢地把握反对和打击“三股势力”的主动权。

第 六 章

少数民族地区应对与化解网络舆情危机的经验分析

进入网络时代以来，我国少数民族地区党政部门面对愈益增多的网络舆情危机，在树立与网络社会相适应的理念的基础上，及时更新观念，善于与时俱进，通过不断创新与实践，积极探索网络舆情危机的特点及其酝酿、产生、爆发、演变的基本规律，在实践中摸索、总结了一些行之有效的工作经验和基本原则。

第一节 重视民族语文的网络媒体发展和网络主流媒体体系建设

一个民族的语文能否及时实现信息化、网络化，对于该民族的现代化发展具有十分重要的现实意义和历史意义。与之相适应，少数民族民族语文网络主流媒体体系是否健全、完善，对于该地区网络舆情引导及网络舆情危机应对，亦有着十分重要的现实意义和历史意义。

我国历来重视少数民族语文的现代化建设，无论是国家层面还是民族地区的地方政府，均将民族语文的信息化、网络化建设和民族语文网络主流媒体体系建设，作为重要的政治任务和文化事业列入少数民族地区经济社会发展规划及其具体建设项目之中，予以重点扶持和发展。

在少数民族语言文字信息处理标准化建设方面，基本建立起了蒙古语言文字的信息处理标准系统、藏语言文字的信息处理标准系统、维吾尔和哈萨克及柯尔克孜文字的信息处理标准系统、朝鲜语信息处理标准系统、彝族语言文字的信息处理标准系统、傣文信息处理标准系统等信息化技术系统，为我国主要少数民族语言文字的信息化、网络化发展奠定了坚实的基础。

在少数民族语文操作平台的研制和发展方面，经过 20 多年的努力，先后使蒙古文、藏文、维吾尔文、哈萨克文、柯尔克孜文、锡伯文、满文、朝鲜文、彝文、壮文、傣文等少数民族文字实现了计算机软件处理和应用以及相应的数据库建设，研发出了大批的少数民族文字办公、网络应用系统，为其网络化发展提供了较完备的技术支撑。[①]

在少数民族语言文字互联网网站建设方面，新疆维吾尔自治区目前具有较为稳定且网络功能较为齐全的少数民族文字网站，在新疆维吾尔自治区的维吾尔文、哈萨克文、柯尔克孜文网站有 500 余家，内蒙古自治区约有 100 多家蒙古文网站。[②] 此外，藏文网站、朝鲜文网站、彝文网站等已有了较大规模的发展，并涌现出了一些具有重要影响力的著名网站。尤其是新华网、人民网等国内著名主流媒体，建立了完备的蒙古文、藏文、维吾尔文、哈萨克文、朝鲜文、彝文、壮文等少数民族文字频道，此类少数民族语言文字互联网网站及频道的建立与运行，对于全面推进少数民族地区物质文明、精神文明、政治文明、社会文明、生态文明发展，促进各民族间和谐相处、共同繁荣，发挥着无可替代的重要作用。

在少数民族语言文字"第五媒体"应用系统的研发与建设方面，涵盖了蒙语、藏语、维吾尔语、苗语、彝语、壮语、朝鲜语、侗语、哈萨克语、傣语等十种少数民族文字的多民族文字手机已经问世并不断普及应用，还有数种可实现少数民族语文、汉文、英文相互切换的手机亦开始普及应用。《人民日报》等主流媒体还推出了藏文、维文、蒙文、哈文四种少数民族文字的手机报。[③] 此类少数民族语言文字"第五媒体"应用系统的应用与普及，为在少数民族地区实现网络舆情的正确引导及网络舆情危机的科学应对与化解，具有重要的基础性作用。

---

① 参见本书第四章。

② 戴红亮、陈敏：《少数民族语言文字的标准化和信息化建设》，中华人民共和国国家民族事务委员会网站，2009 年 6 月。

③ 参见本书第四章。

在少数民族文字政务微博方面，新疆维吾尔自治区人民政府新闻办官方微博“新疆发布”群已在腾讯微博正式上线，并实现了全疆15个地州市官方微博同时在线与全国网友联动，使用文字、图片、音视频等多种方式，展现全景新疆。“新疆发布”政务微博平台采用微博集群形式上线，在统一的平台上，聚合新疆各行政单位、公共服务部门、地州市、新疆媒体、知名博主账号，分批次进行建设。同时为充分发挥新疆多民族、多语言、多元文化优势，满足各族人民精神文化需求，天山网维吾尔文微博www. barmu. cn测试版同时开通。[①] 类似的少数民族文字政务微博在其他自治区亦正在创办、开通，并发挥着网络问政平台集群的作用。

第二节　确立公开负责、相信民众、接受监督的观念和机制

网络技术的普及为政务信息公开创造了最佳的技术与环境条件，同时也为最大限度地发挥广大人民群众在经济社会发展中的积极性、创造性奠定了必要的社会基础。当社会焦点事件出现或社会矛盾凸显时，能否以“公开负责、相信民众”的理念来指导政府工作，能否切合实际、平等互动地与网民沟通，是新时期评价一个地方的领导机构或部门能否有效贯彻“从群众中来，到群众中去”基本工作方法的重要内容之一。概言之，加强网民与领导者、决策层的互动，是网络时代落实党的群众路线、密切官民关系、构建和谐社会的重要路径之一。为此，人民网在数年前就及时创建和开通了“领导留言板”平台，为广泛反映政情民意打造了系统化的信息网络。对此，我国少数民族地区的领导者、决策层十分重视，积极在“地方领导留言板”上参与互动，听取广大网民的诉求、意见、建议，予以及时回复，并将此类网络问政、网民与高层领导的网络交流互动形成常态，取得了良好的社会效应。如2008年9月，在各省、直辖市、自治区的主要领导中，甘肃省委书记陆浩第一个在人民网“地方领导留言板”上以实名回复留言。[②]

---

① 《网络问政新措　“新疆发布”微博群今日上线》，人民网，2012年3月1日。

② 曹劲松：《政府网络发言》，江苏人民出版社2012年版，第213页。

此外，微博问政亦是网络时代落实党的群众路线，密切官民关系，构建和谐社会的主要渠道之一，因而也成为近些年来各地党政部门创新工作方法与形式的重点领域。在这方面，我国少数民族地区的领导层同样积极参与创新与实践，并取得了较为突出的实绩。据《2013 年中国政务微博评估报告》显示，2013 年，我国党政机构微博客前 100 名区域分布中，有 13 家来自少数民族地区的党政机构微博客入围“前百”之列（云南 5 家，新疆、宁夏、广西、甘肃各 2 家）；我国党政干部微博客前 100 名区域分布中，有 20 名来自少数民族地区的党政干部微博客入围“前百”之列（新疆 6 名，云南 5 名、广西 3 名，宁夏、甘肃各 2 名，内蒙古、贵州各 1 名）。[①] 可见，在政务微博及微博问政方面，少数民族的党政机构、党政干部并没有明显地落后于其他地区。实际上，在微博问政兴起之时，我国少数民族地区的党政部门开展了积极而有成效的探索与实践，取得了不俗的成效。例如，“新浪微博”2010 年在全国微博问政系统中评出的“政府机构微博排行榜”前 10 名中，云南省人民政府的“微博云南”、宁夏回族自治区的“银川市人民政府”、云南省临沧市人民政府的“临沧潮”、云南省曲靖市人民政府的“微博曲靖”等 4 个政府微博位列其中。“腾讯微博”2010 年评选出的“政府官员微博排行榜”中，就有云南省红河州州委常委、宣传部长伍皓，新疆阿克苏地委副书记、行署专员穆铁礼甫·哈斯木、云南盈江县委副书记李毅等 3 位少数民族地区的领导干部当选全国“10 大微博官员”。其中，伍皓位列第一名，同时又位列“新浪微博”2010 年评选出的全国“10 大微博官员”第二名。[②] 在包括中央各部委、领导干部在内的全国众多的“政府微博”“微博官员”中，能够脱颖而出，在“政府机构微博”前 10 名中占 4 席，“10 大微博官员”中占 3 席，且有一位位居头名。此外，2013 年，由新浪网、腾讯网、人民网、新华网 4 家微博客网站报告列出了排名前 100 名的党政干部微博客。其中，新疆维吾尔自治区人大常委会副主任穆铁礼

① 国家行政学院电子政务研究中心：《2013 年中国政务微博评估报告》，中国电子政务门户网，2014 年 4 月 8 日。

② 谢耕耘：《中国社会舆情与危机管理报告（2011）》，社会科学文献出版社 2011 年版，第 33 页。

甫·哈斯木、阿克苏地委书记黄三平、阿克苏地区新和县副县长鲁福贵、乌鲁木齐垦区人民法院院长任保军等四位新疆党政干部进入2012年度政务微博评估报告前100名。[①] 这从一个视角反映出了目前我国少数民族地区的一些政府机构和领导干部在参与“微博问政”方面的积极探索及带头作用。

一切为了群众，一切依靠群众，这是中国共产党的群众观点，也是群众路线的核心内容。做到这“两个一切”的基本前提则是相信群众，而“相信群众”就需虚心接受广大群众的监督，切实改进工作中的缺点与错误。在网络时代，能否切实做到“相信群众”“依靠群众”，很大程度上要看党政领导部门和社会治理部门是否建立起了一套行之有效的“网民监督体制与机制”。在这方面，近些年来我国少数民族地区进行了积极探索与实践，取得了一些有益的经验。

较为典型的事例便是云南省委宣传部牵头组织、由网民代表直接参与的“躲猫猫”事件真相调查委员会，对发生于该省晋宁县看守所的“躲猫猫”事件真相的深入调查。在“躲猫猫”事件[②]引起网民普遍关注，并产生猜疑、质疑、愤懑、同情、失望等网络舆情，“躲猫猫”一词一时成了最新网络流行语，迅速蹿红于网络，而相关部门并未立即做出回应的情况下，云南的一些QQ群上突然出现了一则落款为“中共云南省委宣传部”的公告，公告中写道：为满足社会公众的知情权，省委宣传部将会同相关部门组成调查委员会，于2月20日上午前往昆明市晋宁县具体事发地，对“躲猫猫”舆论事件真相进行调查。现面向社会征集网民和社会各界人士代表，作为调查委员会成员参与调查。随即，这份来自官方征集网民参与“躲猫猫”事件真相调查的公告被迅速传播，各大网站、QQ群等新媒体也以最快的速度复制粘贴着这份公告。与此同时，来自社会各

① 《新疆四位领导干部党政微博评估位列全国“百强”》，《新疆都市报》2013年3月29日。

② “躲猫猫”事件：24岁的云南青年男子李荞明因盗伐林木被刑拘，在看守所度过11天后却因重伤入院，因“重度颅脑损伤”于2009年2月12日凌晨6时57分不治身亡。对此，晋宁县公安机关给出的答案是，当天李荞明受伤是由于其与同监室的狱友在看守所天井里玩“躲猫猫”游戏时，遭到狱友踢打并不小心撞到墙壁而导致。——《男子莫名死在看守所 民警称其因玩躲猫猫撞墙》，云南网，2009年2月14日。

界的报名电话异常踊跃，从下午 2 时到 8 时的 6 个小时里，共有 500 多人通过电话和网络进行了报名。云南省委宣传部从报名人员中随机进行了选择，组成了“躲猫猫”事件调查委员会。在 15 人组成的调查委员会中，有 8 人是网民和社会人士，其中主任和副主任均由网民担任，同时，宣布网友调查会不断在网上进行实时播报，报道事情进展。[①] 此外，最高人民检察院也派人指导调查。2009 年 2 月 27 日，云南省检察机关、公安机关公布了调查结论：这是一起发生在看守所内“牢头狱霸”打死在押人员的故意伤害致死案件。云南省公安厅纪委书记、新闻发言人杨建平在发布会上对李荞明的家属表示“最深切的歉意”。云南相关部门这次的做法，开创了邀请网民参与敏感问题官方调查之先河，体现了执政者对网民的重视与尊重，堪称官民互动的典范之一。[②]

类似云南有关部门邀请网民直接参与案件调查工作的做法，实际上是通过网络实现了公众对执政者的监督权，顺应了时代的发展潮流，与我们党的群众路线是一脉相承的。正如广大网民评价和期待的那样：从“周老虎”到“躲猫猫”，中国公众通过互联网行使监督权的意识日渐加强，网络民主作为中国公民参政议政、监督政府的一种有效形式，也正在逐步走向成熟。希望各级政府和党委都能够从“周老虎”和“躲猫猫”中吸取教训，学到经验，在互联网时代与时俱进，通过官民的网上良性互动，进一步促进中国社会的和谐。

关于确立公开负责、相信民众、接受监督的观念和机制，时任中共云南省委宣传部副部长，全国“10 大微博官员”之一的伍皓对此做过精辟的归纳[③]：“网络舆论，要用网络的办法来解决，要真正信任网民，用非常坦诚、开放、开明的心态来对待网络舆论。”“让网民代表去现场，去复原当时的情景，通过网民自己参与来得出结论。”“这个世界上没有什么是可以隐瞒的。一切公开透明，就不怕网友来挑毛病，（就算）挑出毛病来，能比‘躲猫猫’这个事件本身的毛病还大吗?”提供真相和让老百

① 《云南“躲猫猫”事件解析：真相还能躲多久》，人民网，2009 年 2 月 21 日。

② 张雷、刘力锐：《网民的力量：网络社会政治动员论析》，东北大学出版社 2012 年版，第 135 页。

③ 《专访伍皓：网络舆论要用网络办法来解决》，云南网，2009 年 2 月 19 日。

姓接触到真相的机会，就是宣传部门的职责。

第三节 倡导和鼓励党政主要领导以网民身份与百姓开展网络交流

倡导和鼓励党政主要领导以网民身份与百姓开展网络交流，作为正确引导网络舆情、有效化解网络舆情危机的主要经验之一，在少数民族地区主要体现在以下三个方面。

首先，领导干部能否在网络舆情引导方面以身作则、亲力亲为，对于一个地区网络舆情正能量的聚集及发挥有效作用，具有无可替代的重要作用。因而，倡导和鼓励党政主要领导以网民身份与百姓开展网络交流，是近些年来我国政界诸多领导干部被广大群众尤其是广大网民发自内心赞许的“亮点”之一。同样，这一“亮点”在少数民族地区亦“熠熠生辉”。

时任新疆维吾尔自治区党委书记的张春贤一直被网络称为“网络红人”，其重视民意、关注网上舆论的言行早已为众多网友所熟悉。特别是2011年1月24日，张春贤通过人民网发表题为《奋力前行、给力新疆》的新春寄语，向所有关心、帮助和支持新疆经济社会发展的网友和各界朋友致以新春的问候，让我们再次见证了张春贤与网友之间的深情厚谊。这番情真意切的话语间透着兴奋和专注，彰显了与民同喜、与民同乐、与民同忧的公仆情怀，一下子拉近了网友与一个自治区党委书记的距离。对此，网友们动情地写道：张春贤写给网友的这封公开信，态度高雅亲切、言辞热情诚恳，字里行间闪烁的真情、真爱，不仅温暖着网友的心灵，更激发着网友给力的信心和力量。① 此外，张春贤写给网友的一封“话说民生”网络信件，亦给了各民族网友带来了浓浓的情谊和建设美好新疆的信心，成为高层领导干部以网民身份与百姓交流的范文之一。

党政领导干部以网民身份与百姓开展网络交流，不仅是网络时代贯彻党的群众路线的重要创新，而且在正确引导网络舆情、有效化解网络舆情危机方面具有普通“意见领袖”难以比拟的社会正能量效益。2011年

① 《张春贤给网友写信话民生缘何感人?》，中国共产党新闻网，2011年3月3日。

“两会”期间，张春贤应腾讯网的邀请，开通了听取民生建议的微博。短短十来天，“听众”近30万，体现了全国各族群众对新疆的关注和支持。对此，张春贤说，通过这次开通微博，体会到互联网包括微博是个巨量信息源；传播的碎片化特征明显，能够很方便地发表自己的感想；同时，网络是很重要的沟通交流平台，可以使沟通便捷化、扁平化、快捷化。通过这个平台，可以更加直接地了解民生、民意和民情，可以加强舆论监督，提高社会管理现代化水平。①

其次，党政主要领导干部通过网络了解和答复网民的诸多具体“民生问题”，推进有关部门依照政策规定及时有效地解决百姓的实际困难，对于充分发挥网络作用，正确引导网络舆情，切实提高执政能力，积极构建和谐社会，亦有着十分重要的时代意义。在这方面，少数民族地区的一些高层党政领导干部同样凸显了榜样的作用。

2011年年底，内蒙古自治区的一位网民在给自治区党委书记胡春华的网络留言中写道②：

> 尊敬的胡春华书记：
>
> 您好！我是巴彦淖尔市临河区河套书苑住宅小区的居民。2011年11月1日接到我市兴旺房地产开发有限责任公司的交工通知，并于次日交钱领到了新房的钥匙。其中存在许多收费不合理的问题，比如电表费，水表费，违约金不给退还只能抵顶3年物业费等，很多居民曾多次向当地政府反映此问题，至今都没有明确答复。最严重的是，当初开发商承诺于2011年11月5日供暖，可是直到今日（12月2日）依旧没有任何供暖迹象，寒冬腊月，气温一天比一天低，好多领钥匙并开始装修的居民苦不堪言，希望您在百忙之中能帮助解决老百姓的民生问题，以此为盼。

对此网络留言，胡春华书记立刻责成相关部门调查、回复、办理，及

① 参见央视网，2011年3月17日。

② 《内蒙古自治区党委书记胡春华回复网友反映养老保险未退还等问题》，人民网，2012年1月21日。

时给网友满意的反馈。巴彦淖尔市发展和改革委员会很快在网上发布了答复意见：

> 2011 年 12 月 2 日，有网友给自治区胡春华书记、巴特尔主席留言均反映河套书苑步梯楼业主领钥匙遇到的问题，现将调查处理情况回复如下：
>
> 一、河套书苑延期交房及违约金抵三年物业管理费问题，我委正在落实。
>
> 二、巴彦淖尔市兴旺房地产开发公司已和阳光能源公司达成供暖协议，取暖费收取问题，按物价部门批准的价格以供暖实际发生天数计算。
>
> 三、乱收费问题按巴市发改委巴价检退〔2011〕41 号文件执行。

与上述情况相类似的还有内蒙古自治区网友通过网络留言向胡春华书记反映"养老保险未退还""单位福利房的收费问题"等，西藏自治区网友通过网络留言向陈全国书记反映"建议放宽公务员招考年龄限制""求调动盼结束'异地恋'""拉萨市污水厂职工待遇问题"等。[①] 以上网民留言，在胡春华书记、陈全国书记的责成下，相关部门均在第一时间给予网友具体、详细的回复。自治区党政主要领导干部通过网络了解和答复网民的诸多具体"民生问题"，不仅有效地解决了网友的问题，更重要的是开辟了一条心系百姓、高效务实的行政路径，对于提升政府形象、密切官民互动、引导网络舆情，具有"划时代"的重要意义。

再次，在少数民族地区，少数民族领导干部能否以网民身份与百姓开展经常性的网络交流，对于该地区网络舆情的正确引导及网络舆情危机的有效化解，有着无可替代的特殊意义和作用。故此，一些少数民族地区在这方面开展了积极的创新与拓展工作，取得了较好的社会效应。

这方面较为典型的经验是新疆维吾尔自治区"新疆政务微博圈"的创建及运行。在"新疆政务微博圈"中，自治区各部委厅局、地市、县

---

① 参见人民网，2012 年 1 月 21 日。

区以及相关党政部门、公共服务部门、社会治理部门的主要领导均开设了个人微博，并保持经常性的信息广播，吸引了成千上万各族网友的关注、转发、讨论。尤其是诸位少数民族领导干部用“双语”发布微博与少数民族网友开展网络交流，已成为广泛深入联系少数民族群众、正确引导少数民族网络舆情不可或缺的主要渠道与方式。如笔者于2013年4月24日通过“新疆政务微博圈”进入自治区人大常委会副主任穆铁礼甫·哈斯木的微博，其微博已经广播9641条，听众达2118092人。他2013年4月17日发布的微博：

> 最新消息，电视剧《阿娜尔罕》即将于5月初在中央电视台一套黄金时段隆重首映，这部根据40年前的红色经典电影改编的电视连续剧终于要和全国观众见面了！

此条微博在短短的一个星期内，便取得了阅读17万、全部转播和评论191条的传播效应。[①] 与之类似，截至2013年4月17日，阿克苏地区扶贫办党委书记、副主任艾哈买提吐尔地的微博已经广播2944条，听众12909人；阿克苏地区统战部长艾热提阿里木的微博已经广播53条，听众11995人。[②]

实践证明，在网络时代，倡导和鼓励少数民族党政主要领导以网民身份用“双语”或少数民族语文与百姓开展网络交流，是少数民族地区网络舆情引导工作必不可少的方式和路径之一。

第四节　在网络焦点事件的信息发布上坚持抢占先机原则和正确导向原则

抢占先机原则，亦称网络舆情危机处理的“时间原则”“主动原则”或“第一时间原则”。此原则的核心内容是：在突发事件发生或网络舆情危机萌发阶段，党政部门应在“第一时间”发布信息，以抢占舆论先机，

---

① 穆铁礼甫·哈斯木的腾讯微博（http：//t. qq. com/mt2120285　2013. 04. 24）。

② 新疆政务微博圈（http：//news. qq. com/zt2011/xjweibo/2013. 4. 24）。

避免谣言四起，掌握舆论主动权。把握此原则的关键点在于：何谓“第一时间”？对此，有学者认为，“第一时间”有广义狭义之分，广义的“第一时间”指人们对突发事件的认识处于空白的时刻，狭义的“第一时间”则指事件刚一发生、未被局外人知晓的时刻。[①] 抢占先机原则实际上就是有效利用舆论传播的“先入为主”规律及“首因效应”。在传播领域有句谚语：“当真理还在穿鞋的时候，谣言已走到千里之外。”可见，真理若不在事件突发的第一时间就及时“穿鞋”并奔走相告，谣言即刻就会遍及社会，这时，真理要战胜谣言，所付出的代价则会数倍、数十倍于第一时间。来自政府的消息有着天然的权威性，是公众最想在第一时间知道的，只要主动出击，就能占有引导舆论的先机。[②] 对于这一点，我国少数民族地区党政部门在应对突发事件及网络舆情危机实践中，有着更加深切的体会：在突发事件的新闻传播中，最可怕的不是记者抢发新闻，而是记者抢发的不是出自政府发布的新闻，谁第一时间发新闻，谁就掌握了舆论的主导权、事件处理的主导权。

在这方面，新疆“和田劫机事件”[③] 的舆情引导就充分体现了“抢占先机”的重要性和社会效应。在劫机事件发生后，和田公安机关在初步审查后于6月29日晚迅速公布了事件过程及6名劫机者的身份。新疆维吾尔自治区新闻办公室发言人也在“第一时间”向媒体通报了事件真相，并指出：“在恐怖暴力面前，不分民族，不论职业，奋不顾身的集体抗争让恐怖势力无容身之地。这也是为什么这次偶发事件影响不了新疆建设发

---

① 邹建华：《突发事件舆论引导策略》，中共中央党校出版社2009年版，第13页。

② 清华大学政府发言人制度课题组：《新闻发布与新闻执政的紧迫性》，《新闻记者》2005年第1期。

③ 新疆“和田劫机事件”：2012年6月29日，从新疆和田飞往乌鲁木齐的天津航空公司GS7554航班起飞仅6分钟，坐在经济舱第6排至第8排的3名乘客突然站起来，其中一名“残疾人”将手中的金属组合拐杖拧成几截，丢给同伙和在机舱中部就坐的另外3人，他们用民族语言高声呼喊，直冲驾驶舱门。暴徒们撬不开驾驶舱门，就一边挥舞金属棒对着机舱内的乘客和设备乱砸，一边摸出“遥控器”式的东西，并要机舱中部的同伙丢火柴和打火机过来！这时反应过来的便衣空警和一些乘客便上前与暴徒搏斗，最终制伏了暴徒。事后，有关部门公布“这并不是简单的劫机案，这些恐怖分子是想制造一起机毁人亡的惨剧”。——邱永峥：《和田劫机事件调查：歹徒欲引燃爆燃物致机毁人亡》，《环球时报》2012年7月2日。

展大局的根本所在。”① 此种主动的信息公开，不仅及时地向公众通报了事实真相，防止了“小道消息”的产生与传播，而且有效地回应了一些境外媒体和敌对势力将这起事件说成是“维汉民众间的斗殴”“中国当局会利用此事件对维族进行镇压”之类的谣言，消除了一些民众的质疑。加之随后诸多主流媒体对机上各民族乘客的采访报道，很快就形成了客观、公正、正义的社会舆论和网络舆情，发挥了网络舆情引导应有的社会效应，促进了社会稳定与和谐。对此，不论是负责发布官方声音的发言人，还是负责现场处置的强力机构官员，都感慨道：我们公开真实情况的速度，要跟互联网时代的不负责或者别有用心的杂音赛跑。要想赢得这场反恐斗争，不仅要迅速制伏恐怖嫌犯，还必须尽快公布真相，公布得越快、越详细，杂音就会越小。②

正确导向原则，亦称网络舆情危机处理的“定向引导原则”。此原则的核心内容是：在突发事件发生或网络舆情危机萌发阶段，党政部门应对网络舆论及时加以鉴别、筛选，对正确、进步的舆论予以积极而有力的支持，对错误、消极的舆论予以坚决有效的驳击和引导，进而形成网络舆论的显意识状态，达到维护真理、弘扬正气之目的。把握此原则的关键点在于：如何让网络媒体帮助政府解决危机，而不是制造新的“麻烦”。通常，社会性突发事件发生后，网络媒体的反应历程大体为：迅速报道—跟进炒作—各种猜测—深度分析—多种结论。若由其沿着这一历程随意发展，网络舆情危机就会如洪水肆虐般，在瞬间给社会带来重大危害。对此，我国少数民族地区党政部门在舆论引导的实践中，探索总结出了“正确导向原则”及其相应的具体内容③：（1）正确引导社会舆论，增强公众的信心；（2）坚持客观、准确、全面报道，营造良好的舆论氛围；（3）正确反映多元利益相关者的要求，维护社会安定；（4）立足于对公众的教育，增强全社会的危机风险意识。

此方面，较为典型的案例是新疆维吾尔自治区主要领导对“托克逊

---

① 邱永峥：《和田劫机事件调查：歹徒欲引燃爆燃物致机毁人亡》，《环球时报》2012 年 7 月 2 日。

② 同上。

③ 叶皓：《政府新闻学——政府应对媒体的新闻学》，江苏人民出版社 2010 年版，第 222—224 页。

县黑工厂事件”[1]及时有效的网络舆情导向。2010 年 12 月 13 日，该事件被媒体报道后，互联网舆情急剧升温，在当日各门户网站均占头条位置，“网络放大器”效应立刻凸显，网民的愤怒、质疑、问责铺天盖地。对此，新疆维吾尔自治区党委书记张春贤也是在当日就要求严厉打击丑恶现象，提出“即使‘上天入地’，也要把不法分子缉拿归案、依法严惩、公开处理，还人民群众一个公道”[2]。其中“上天入地”一词成为地方领导的经典言论在网络上广为传播，凸显了党和政府彻底严查此案、不惧困难的决心与勇气，深得网民称赞，进而及时、成功地引导了网络舆情。此案亦在很短的时间内得以查处和审理。就此案列，网络舆情专家评价道：新疆自治区政府在危机关头未自顾自怜，在“大众麦克风时代”勇于面对质疑的舆论与高涨的舆情，在第一时间和关键时刻取得了话语权，较快平息了民愤，合理引导了网络舆论，这是政府危机公关的时代范本。[3]

第五节　对现实中重大突发事件坚持公开透明原则和系统处置原则

公开透明原则是应对网络舆情危机的根本性原则之一。公开透明原则的本质内容在于：在突发事件发生或网络舆情危机萌发阶段，党政部门应最大程度地满足公众的知情权，达到解疑释惑，及时消除误解和矛盾的效果。把握此原则的关键点在于：能否主动、及时地满足公众的知情权。当重大突发事件发生时，党政部门若能依法、及时、真实、全面地发布公众急于知晓的相关信息，就能够有效抑制谣言传播的空间，维护社会稳定和人心安定，进而有助于危机的解决，彰显政府威信。否则，就会出现舆论失控，谣言惑众，社会混乱、人心惶惶的情况，致使危机急剧深化，局面

---

① 托克逊县黑工厂事件：新疆托克逊县库米什镇老国道 247 公里处有一家名为佳尔思的绿色建材化工厂，十余名工人（其中 8 人为智障人）三四年来在这里遭受了非人待遇。周边邻居在经过多年沉默后，再也无法忍受良心折磨，向媒体讲述了他们看到的残忍场景：工人们逃跑就遭毒打，干活如牛如马，吃饭与狗同锅，工钱一分都领不到。人民网舆情检测室：《网络舆情热点面对面》，新华出版社 2012 年版，第 254 页。

② 参见人民网舆情检测室《网络舆情热点面对面》，新华出版社 2012 年版，第 258 页。

③ 人民网舆情检测室：《网络舆情热点面对面》，新华出版社 2012 年版，第 259 页。

陡然变坏，严重影响社会稳定。就此，美国心理学家奥尔波特提出过一个著名的传播学公式：流言流通量 = 问题的重要性 × 证据的暧昧性。[①] 进入网络社会以来，我国党政部门经历了众多的突发性危机事件及由此衍生的网络舆情危机，在应对这些危机的实践中，既有惨痛的教训，更有宝贵的经验。其中，受到各级各地党政部门公认的经验之一，便是“及时公开真相，切忌粉饰过失”，在此经验的基础上，获取的理性认识则是“谣言止于透明，恐慌止于公开”。

甘肃省有关部门对“正宁校车事件”[②] 的网络舆情引导，可谓践行“公开透明原则”的范例之一。事故发生后，甘肃省主要领导迅速作出重要指示，相关部门负责人立刻赶往事故现场。正宁县委、县政府在第一时间启动了道路交通事故Ⅱ级响应，并成立了救援工作领导小组，全力开展抢救工作。与此同时，甘肃省卫生厅在数小时之内就发布了关于事故的第一条微博。随后，甘肃省卫生厅就有关事故调查及受伤人员抢救工作情况的微博，一条接一条地在网上发布，两天之内共发布了 51 条官方微博。此外，甘肃省新闻办、庆阳市卫生局等部门也通过微博连续发布相关信息。使与“正宁校车事件”及后续抢救工作相关的信息及时有序、公开透明地发布在网络中。后来，对于造成此次特大交通事故的直接、间接责任人，尤其是对当地教育主管部门负责人、幼儿园办学机构负责人的处理结果以及进一步改进校车购置使用、强化监管的举措亦及时予以公布。从事故发生到与此次事故有关的网络舆情热点的消散，甘肃省相关部门先后经历了 5 次网络舆情应对高潮，他们自始至终坚持“公开透明原则”，较好地化解了可能出现的网络舆情危机，有序地引导了全国性的“校车安全问题”大讨论，为后来在全国重视和改进此类问题，创造了较为有利的舆情环境。对此，专家们评价道：综合看来，本次事故处理中，当地政府应对及时，甘

---

① 转引自邹建华《突发事件舆论引导策略》，中共中央党校出版社 2009 年版，第 25 页。

② 甘肃“正宁校车事件”：2011 年 11 月 16 日 9 时许，甘肃省庆阳市正宁县榆林子镇西街道班门口，发生一起交通事故。一辆车号为陕 D72231 的大翻斗运煤货车与一辆榆林子镇幼儿园接送校车迎面相撞，造成 21 人死亡。其中有 19 名幼儿，另有 43 人受伤。这是近期国内发生的一起典型的偶然发生，带有必然性的突发公共事件。——人民网舆情检测室：《网络舆情热点面对面》，新华出版社 2012 年版，第 336—337 页。

肃省卫生厅、教育和公安部门微博的使用是当地舆情应对的亮点。①

此外，新疆生产建设兵团应对“最牛团长夫人”② 网络舆情危机的做法，亦为“坚持公开透明和系统处置原则”方面的范例之一。“最牛团长夫人”事件从2009年10月8日帖子开始在网上热传，到10月10日新疆生产建设兵团注意到此事并开始调查，感谢广大网友对兵团的关系与支持，再到10月12日晚，新疆生产建设兵团新闻办高调回应网上盛传的“最牛团长夫人”事件，通过天涯社区宣布免去有关责任人职务。在特殊时期网络通信不畅的情况下，多管齐下迅速地平息了社会舆论，产生了良好的效果。对此，人民网舆情监测室舆情分析专家评价道：在这次网络危机中，新疆生产建设兵团反应快、有诚意，惩治当事干部不良习气态度鲜明，尤其在当地网络不通的条件下，打电话、发传真，请网站协助，想方设法保持对话和信息及时透明，很快赢得了网民的普遍支持，乃至一片叫好声，这是一个非常正面的案例。天涯的编辑也乐于配合，半夜三更起来接电话做记录，第一时间将兵团的处理决定发出来，再次扮演了“义务消防员”角色，这也是网站应尽的社会责任。③

突发性危机事件以及由此衍生的网络舆情危机，案情复杂、涉及人数众多、涉及面广，因而，应对此类危机也是一项复杂的系统工程，要坚持系统处置的原则。系统处置原则的核心内容是：在突发事件发生或网络舆

① 人民网舆情检测室：《网络舆情热点面对面》，新华出版社2012年版，第344页。

② “最牛团长夫人”事件：2009年10月8日，在众多网站论坛上流传着一篇题为《史上“最牛”的团长夫人莫高窟前丑陋一幕现形记》的帖子描述说：“10月6日上午11点30分，在莫高窟最为著名也是最为拥挤的藏经洞，有一位50岁上下的中年妇女，在伸手触摸1000年前的西夏壁画时，被我部一年仅19岁的女讲解员制止，该妇人顿时大怒，拂袖而去。不料该妇人顷刻即回，身后簇拥两名壮汉径直走向了那位斗胆说了‘不要触摸壁画’的讲解员。顿时二记耳光响彻洞窟，伴随着耳光的是她那不堪入耳的污言秽语。”这引起了众多网友关注，好事者在网上人肉搜索“打人者”，随着越来越多网友加入人肉搜索，打人者的姓名、工作单位等详细信息被网友公布在网络上，甚至连其丈夫的相关信息也被扒出。此事引起新疆生产建设兵团的高度重视，并对沸腾的互联网舆情立刻启动了应急机制。随后又在10月12日晚上给某网站论坛发文称10月8日在网上流传的有关“兵团某团场团长与其配偶在假期公车旅游并与景点工作人员发生冲突”帖文中的当事人陈伟、于富琴，因违规使用公务车辆，并在景区与工作人员发生冲突，在社会上造成极坏影响。兵团农十二师党委作出决定，免去陈伟农十二师221团党委常委、副团长的职务。同时，农十二师221团党委决定，免去于富琴221团医院党支部书记的职务。——《最牛团长夫人掌掴讲解员遭曝光夫妻被免职网民叫好》，人民网，2009年10月17日。

③ 《四季度地方政府应对网络舆情榜　新疆最强》，人民网，2010年1月18日。

情危机萌发阶段，党政部门应及时形成统一归属、责任明确、层次清晰、措施完善、由浅入深、有条不紊的系统化处置对策，以达到彻底、全面、科学、有效解决危机之目标。把握此原则的关键点在于：能否及时形成既统一领导又分工明确、既层次分明又有机互动的系统化处置机制。

在这方面，云南、广西、内蒙古、甘肃等少数民族地区的一些党政部门以“红头文件”的形式建立起了回复办理“地方领导留言板”的工作机制，探索出了具体、实用、有效的相关工作制度。如内蒙古自治区的“五步联动”（留言浏览、甄别梳理、定期呈报、分解交办、统一反馈）、“三项制度”（受理内容、回复程序、回复原则方面的规范），甘肃省的“采集—整理—呈报—督办—处理—回告（回复）”的工作流程等①，为建立健全网络舆情系统化处置机制进行了积极探索。宁夏银川市政府通过“强化联动”将各级党务政务网络平台受理的问题转交各县区和市直部门办理，并通过整合群众监督、社会舆论监督、网络舆情监督等多种力量，形成联动合力，使网民在“问政银川”中提出的问题得到了相对高效的回复与办理，办结率高达80%以上。②

在上述探索实践中，各地党政部门总结出了诸项相关的经验：(1) 属地管辖——不管事件发生的主管部门是谁，事件发生在那个地方，就由该地的政府负责、组织处置；（2）分级负责——根据事件的一般、重大、特大等严重程度，分别由不同级别的主管部门牵头负责信息披露、舆论引导等舆情信息处置工作；（3）分类管理——按事件涉及的主要领域，分别由不同的部门承担具体的处置工作；（4）分层落实——在内部运行机制上，按领导层、各专门领导小组、具体处置部门等层次，做好落实处置预案的领导、指挥、协调、互动等具体工作；（5）统一有序——自始至终做到指挥协调统一、宣传解释统一、行动步骤统一，以防止失控、失真、失序。

---

① 王国华、曾润喜、方付建：《解码网络舆情》，华中科技大学出版社2011年版，第157—158页。

② 张明新：《问政银川已收到有效信息5000余条 办结率80%以上》，人民网，2012年4月29日。

第六节　与网民间交流中坚持坦诚沟通原则和人文关怀原则

坦诚沟通原则是应对网络舆情危机的态度性原则之一。俗话说："态度决定一切。"党政部门在应对网络舆情危机的进程中，有无坦诚、负责的态度，能否与媒体及网民平等对话，往往在一定程度上决定着危机的走向。坦诚沟通原则的核心内容是：在突发事件发生或网络舆情危机萌发阶段及以后的处置过程中，党政部门应不回避问题，勇于承担责任，向公众表现出充分的坦诚，把自己所想、所做的，积极与公众沟通，以最大限度地获得公众的同情、理解、信任和支持。把握此原则的关键点在于：能否充分做到诚意、诚恳、诚实。诚意——及时向公众表明态度，必要时致以歉意，以赢得同情和理解。诚恳——不回避问题和错误，正确面对和回应负面报道及谣言。诚实——实事求是，不隐瞒、不说谎。

对于上述"关键点"的把握，在我国少数民族地区较为典型的事例为：2012 年 6 月 17 日，网友"zhangou2952"在天涯论坛贵州板块贴出《致贵州省长的一封信》，直指贵州公务员招考办事效率低下。四天之后，贵州省省长赵克志给天涯网友 zhangou2952 回帖："我代表贵州省政府和公务员招考主管部门，向广大考生表示歉意。"省长的回复，迅速引发了网民"围观"，一天之内，该帖访问数高达 5 万人次。[①] 地方高层领导的此种诚意、诚恳、诚实态度得到了网民的肯定与赞许。

体现"坦诚沟通原则"的主体主要是地方党政领导部门和领导干部。为此，我国少数民族地区的诸多党政领导部门专门制定了相关规定，以规范领导部门与广大网民之间的坦诚沟通。例如云南省委、省政府一直关注网络上的群众呼声，并多次召开专题会议，就网上信访工作进行研究，出台规定，全面规范推广网上信访。省委办公厅、省政府办公厅信访局早在 2009 年就专门制定并下发了《人民网地方领导频道网民给省委、省政府主要领导留言办理工作规则（试行）》和《人民网地方领导频道网民给地

① 人民网评：《为"网络问政"喝彩——善待网民和网络舆论》，人民网，2012 年 7 月 27 日。

方领导留言办理工作流程》，将网友在留言中反映的问题纳入信访工作，并明确了办理要求、办结时限和问责办法。仅在2009年上半年，云南省已开通网上信访的单位达1579家，共收到群众网上来信33885件，已办结30719件，所有来信都得到及时妥善处理。[①] 与之相似，广西壮族自治区为进一步发挥好人民网"地方领导留言板"听民意、解民忧、纳建言、受监督的平台作用，切实使回复工作规范化、制度化，于2010年出台了《关于回复人民网网友留言的暂行规定》，使互联网真正成为各级领导与广大群众间最便捷纽带与桥梁，也为广西推进网络问政广纳民言民智进而提升社会和谐开辟了宽广道路。[②] 此外，青海省、西藏自治区等少数民族地区省级党政部门，也于2010—2011年及时出台了这方面的规定。贵州省不仅下发了《中共贵州省委办公厅、贵州省人民政府办公厅关于做好人民网网民留言办理工作的通知》，对办理网民留言收集、回复、督察工作作出明确要求外，还将这一工作纳入了绩效考核的范畴。[③] 宁夏石嘴山市开设了"石嘴山人民议政网"，政府在网站上公开评议信访问题，公布信访事件的处理过程、处理结果，市长的批件也清晰可见。[④] 与此同时，新疆维吾尔自治区党委书记、甘肃省委书记、青海省委书记、广西壮族自治区党委书记、宁夏回族自治区党委书记、贵州省委书记、内蒙古自治区区党委书记、云南省委书记、西藏自治区党委书记，青海省省长、内蒙古自治区主席、甘肃省省长、云南省省长、新疆维吾尔自治区主席、宁夏回族自治区主席、贵州省省长等众多少数民族省区党政主要领导均通过人民网"地方领导留言板"与网民进行了进行了沟通，回复了相关问题[⑤]，目前这一工作正在形成固定的工作机制。

通过互联网上的"地方领导留言板"，诸多少数民族地区的领导干部与网民建立了一种平等相待、坦诚沟通的朋友关系，有效深化了高层领导与广大百姓之间的联系与交往，促进了"网络问政"的健康发展。贵州

① 《云南省出台"人民网网友给地方领导留言办理制度"》，人民网，2009年8月23日。

② 人民网，2010年7月30日。

③ 《贵州省下发通知 要求制度化办理网友留言并纳入绩效考核》，人民网，2011年5月17日。

④ 《2010年中国互联网舆情分析报告》，人民网，2012年7月27日。

⑤ 《51位省委书记、省长公开回应网友留言》，人民网，地方领导频道 。

省委书记石宗源已经将浏览“地方领导留言板”作为每天早晨的“必修课”，遇有重要留言，就打印下来，根据情况做出批示处理。对于群众在网上的声音，力求回应。据披露，在不到一年的时间里，其就“地方领导留言板”的网民留言做出直接批示的，总数超过了1000条。[①] 中共广西区委书记郭声琨在谈到与网民坦诚沟通时指出，将自己作为一个普通的网民，树立“网络思维”，才能真正做好网络问政。中共甘肃省委书记陆浩亦深有同感：“我是人民网的网民，也是各位网友的老朋友。我每天都要挤时间上网了解民意。我的体会是：集中网络民智，是推进科学决策的重要形式。”[②] 地方高层领导带头与网民互动，将集中网络民智上升至科学决策方法与路径的高度予以关注和重视，在“坚持坦诚沟通原则”方面为广大干部做出表率，为少数民族地区科学、有效应对和引导网络舆情做出了积极的探索。

在我国少数民族地区党政部门应对突发性危机事件及由此衍生的网络舆情危机的实践中，获得广泛认可的应用坦诚沟通原则的内在要求有三点：（1）正确对待和回应负面报道——要真诚、低调，有必要的胸怀和雅量，以谦和、宽容的态度，通过事实来回应负面报道乃至于谣言，切忌以对抗式、吵架式的态度，动辄指责媒体“不负责任”“造谣”“别有用心”。（2）不能说谎——面对危机，要及时将真相、可能的风险、政府的对策告知公众，无论出于什么动机，都不能欺骗公众，如果情况存在着不确定性，也应坦诚告知，切忌将“善意的谎言”作为应对危机、维持稳定的“艺术手段”。（3）保持与公众平等交谈的常态——通过微博、QQ等网络方式，搭建党政部门与广大网民间平等交流、促膝谈心的平台，并使之成为工作常态。

人文关怀原则，亦称以情感人原则、以人为本原则或人民、公众的利益高于一切的原则。人文关怀原则的核心内容是：在突发事件发生或网络舆情危机萌发阶段，党政部门应把群众的利益放在中心位置，紧扣其中的思想脉搏，想群众之所想，急群众之所需，通过体现人文关怀，引导广大群众主动参与危机的处置，在群众的拥护和支持中，实现应对

---

① 邓兆安、张涛：《中国式网络问政》，南方日报出版社2010年版，第79页。

② 同上书，第81页。

目标。

进入网络时代以来，我国少数民族地区的党政部门在通过网络平台提高服务效率、体现“人文关怀”方面，做了大量的开创性工作，受到了广大网民的肯定与赞许，为正确引导网络舆情、科学应对网络舆情危机奠定了广泛的群众基础。例如银川市委、市政府把党务政务网络平台建设定位为了解社情民意的新渠道、人民群众表达利益诉求的新途径、促进民生问题解决的新载体、推进和谐社会的新阵地，力求“公开、权威、准确、及时”服务于市民群众，对收集的各项诉求快速立项分解，全程跟踪问效，力求在最短的时间内抓好落实、解决问题。“微博银川”开通后，截至2012年第一季度，共发布微博4200多条，粉丝接近154万人，收到评论15400多条，发出评论23300多条。此外，2011年7月，“问政银川”认证开通后，在不到一年的时间内，粉丝超过18万人，共收到有效信息5000余条，办结率达到80%以上。受理解决的问题绝大多数都是老百姓最关心、最现实的切身利益问题。在工信部主办的“2011年中国最具影响力政务微博推荐评测”中，“微博银川”当选“2011年度中国最具影响力政务微博”，“问政银川”当选“2011年度中国优秀政务微博”[①]。对于银川市致力于搭建一个网络互动平台，帮助个人“问事于政府”、政府“问计于公众”的做法与成效，清华大学社会化媒体实验室的“政务微博观察”感慨道：这是一支“还在用诺基亚5230”维护微博的管理团队，“小米加步枪”何来如此能量？“有呼必应、勤政爱民”，是“社会主义的好微博”。[②]

这些年来，我国的政务微博在社会管理创新、政府信息公开、新闻舆论引导、倾听民众呼声、树立政府形象、群众政治参与等方面起到了积极的作用。在我国，云南省是较早利用微博发布政务信息的省区。据中国权威网络舆情研究机构人民网舆情监测室联合新浪微博发布的《2011年政务微博报告》显示，2009年开通的“微博云南”是全国少数几个拥有粉丝过百万的政务类微博。截至2011年年底，仅云南在新浪开通认证微博

① 张明新：《“问政银川”已收到有效信息5000余条　办结率80%以上》，人民网，2012年4月29日。

② 《“问政银川”打造政务微博群》，新华网，2011年11月7日。

的机构和官员已近600个，粉丝已经超过135.6万，发布微博千余条，形成了一个有影响力的“微博圈”①。继“微博云南”后，“昆明发布”“微博曲靖”等政务微博，成为城市营销、政民互动、了解民情、疏导情绪、舆论监督的重要载体，也是打造阳光政府和服务型政府的具体举措。上述政务微博由于注重信息发布的权威性和及时性，积极与网民开展互动交流，转变话语方式，用亲和的语言、诚恳的态度回应关注，答疑释惑，赢得了广大网民的好评。此外，利用以微博、微信为代表的新媒体及时、便捷的传播优势，创新检察宣传和涉检网络舆情应对新路子，使云南检察机关“双微”的发展势头后来居上，短期内走在了全国政务微博的前列——云南检察微博数量达150个，位居全国检察系统以省为单位的第一，并形成了省地县三级院的微博集群。其中，“云南省人民检察院”官方微博获正义网“2012微博问政领军奖”、腾讯网“2012政务微博最佳新锐奖”、新华网新华微博“十大最具活力政务机构微博”。对于云南省检查系统微博集群所发挥的网络舆情引导效应，网友们评价道②：“让公众从一言一行中感知公平，在交流互粉中获享正义。”“阅云检微信，犹如品茶。告诉我的不止是法律知识，更是做人的道理与心境！”

与此同时，诸多少数民族地区的政府网络平台以其“坦诚沟通”和“人文关怀”的实际行动，彰显了政府官网应有的网络履职绩效。在2013年度的“城市网络形象排行榜”中，少数民族地区的银川市、乌鲁木齐市跻身于该年度“网络履职绩效全国十佳”行列，呼和浩特市跻身于“省会城市和计划单列市城市网络形象十佳”行列，西宁市获该年度“创新进步奖”③。此外，西藏自治区、新疆生产建设兵团入选2014年度“中国创新型政务平台”中的“地方特色政府网站”，广西政协网、贵州黔东南州政府门户网站以及甘肃高台县、贵州大方县、新疆哈密县荣获2014年度“中国政务网站领先奖”，新疆哈密地区、贵州铜仁地区、贵州黔西南州、新疆阿克苏地区以及贵州红花岗区、新疆奎屯市、甘肃崇信县、内

---

① 《政务微博 云南发布居前列》，云南网，2012年1月8日。

② 《云南检察：微博微信“双微”现象引起广泛关注》，人民网，2013年11月18日。

③ 《2013年度“城市网络形象排行榜”获奖名单》，新华网·舆情在线：城市网络信息排行榜。

蒙古二连浩特市、新疆伊宁市等少数民族地区的政务网站荣获2014年度“中国政务网站优秀奖”①。在政务微信职能及其影响力发挥方面，少数民族地区的“微乌鲁木齐”（wlmq20130220）跻身于全国政务微信“周总阅读量”前3名之列，“呼和浩特新闻网”（hhhtnewswb）、“微铜仁”（wlzhdrwzc-tr）、“微贵阳”（gool-guiyang）、“乌海新闻”（wuhaixw）、“昆明发布”（kmfabu）在全国政务微信“周发布量”的前10名中占了5席，“微贵阳”“微乌鲁木齐”“陇南发布”（lnfb－2202398981）跻身于全国政务微信“周总点赞量”的前10名②，有效地发挥了政务网络平台积极与公众沟通，以最大限度地获得公众的同情、理解、信任和支持的重要作用。

上述成功的典型表明，把握“人文关怀”原则的关键点在于：在网络舆情或网络舆情危机的处置中，如何做到“利取其大，弊限其小”，有效体现“公众利益致上”的准则，进而赢得公众合作，动员社会力量，化危为机，化害为益。应该讲，在我国少数民族地区，政府在引导网络舆情、应对网络舆情危机的实践中，通过倾听群众的呼声，从群众的根本利益出发，努力营造党政部门与人民群众间的良性互动机制，将人民群众答应不答应、满意不满意、高兴不高兴作为网络舆情工作的出发点和归宿，是最根本、最宝贵的经验之一。

第七节　在网络舆情危机应对中坚持口径一致原则和借助第三方力量原则

口径一致原则是应对网络舆情危机必须遵循的重要原则之一。口径一致原则的核心内容是：在突发事件发生或网络舆情危机萌发阶段，党政部门应在舆论引导中统一指挥，用一致的口径对外发布信息，做到“用一个声音说话”，“说统一口径的话”，确保形成真实、权威、有效的信息传播机制，赢得公众的信赖。把握此原则的关键点

① 《2014年中国优秀政务平台推荐及综合影响力评估结果通报》，新华网·舆情频道，2014年12月19日。

② 《新华网发布城市政务微信影响力榜单》，新闻网·舆情频道，2014年12月8日。

在于：内部做好统一协调工作，杜绝未经授权擅自发布消息的情况（其前提当然是“第一时间”由统一的新闻发言人将真实的情况不间断地发布于公众）。

在这方面，云南省应对“躲猫猫”事件、甘肃省应对“正宁县校车事件”、新疆维吾尔自治区应对“和田劫机事件”、新疆生产建设兵团应对“最牛团长夫人”事件、云南省应对“螺蛳湾群体事件”[①] 等网络舆情应对进程与方式，均为我们提供了可资借鉴与启示的成功范例。上述范例的共同之处就在于党政部门在舆论引导中统一指挥，用一致的口径对外发布信息。用处置云南“螺蛳湾群体事件”舆情主要负责人的话来讲：从舆论应对和信息公开的角度，我觉得我们这次应该说公开信息时间最快，基本上是跟这个事件处置同步。在事件刚刚得到初步的处置，我们的信息也在现场就已经发布了，就使我们处在千里之外的所有的人，基本上都和昆明市民一样同步了解了这个事态的所有进展情况。我觉得从我们宣传部门的角度看，我们是一个比较大的突破。[②]

多年来的经验和教训充分证明，党政部门和新闻单位对于同一突发事件及由其衍生的网络舆情危机，传出不一样的声音，发布互为矛盾的信息，是应对危机的大忌。这不仅会使原本简单的事件复杂化，而且会派生出新的危机，造成公众的困惑、猜忌、恐慌，最后丧失公众的信任。因此，无论是事件的调查者、处理者、新闻工作者、党政决策者、与事件直接相关的当事者，对外界公布信息的口径只能是一个——由官方、权威的，在公众中具有极高信任度的相关部门统一进行信息发布，切忌多个部门乱表态。当然，这里所说的“统一口径”，应该以及时、透明、客观、

---

① 云南螺蛳湾群体事件：2009 年 11 月 21 日，在昆明螺蛳湾批发市场，部分商户因对市场搬迁有意见，此事演变成阻断交通、打砸交通设施的群体事件。事件发生后，云南省委宣传部在第一时间通过网络将信息及时公开发布。针对昆明市螺蛳湾批发市场的群体性事件，云南省政府新闻办除了及时召开网络新闻发布会外，还开设了国内第一家政府微博客“微博云南”，第一时间对事件作出简要说明。网民们称：这个危机传播利用新媒体做得好啊。对于发生的很多事件，诸如“躲猫猫”“螺蛳湾拆迁”群体性事件等，民众关注和看重的是政府开诚布公地处理这些事件的态度，并非事件本身。此事件的有效应对，被人民网评选为 2009 年“年度网络对话 10 大事件”之一，而成为成功的范例。——云南网，2010 年 1 月 9 日。

② 《伍皓回忆昆明螺蛳湾群体事件：宣传部如何与传言赛跑》，凤凰网，2009 年 11 月 27 日。

真实、持续、全面为基本前提，任何偏离这一前提的“统一口径”，都是有害的、不可取的。

借助与危机事件没有直接关联的公正、专业、权威的第三方力量应对与处置危机，是我国经过多年的实践总结出来且被党政部门公认的一条经验。借助第三方力量原则的核心内容是：在突发事件发生或网络舆情危机萌发阶段，党政部门应及时争取“第三方”出来说话，以真实、公正、权威的声音，赢得公众的信任，为化解危机提供“外援”支持。把握此原则的关键点在于：选择名副其实的“第三方”，发出科学、客观、权威、可信的声音。就党政部门而言，“第三方”的选择对象主要为专业检测机构、专家学者、外国政府政要、海外华人华侨、有专业背景的网民等。由他们出面来主持公道，较之官方自己的辩解或鸣冤叫屈，其化解危机的效果更为显著。

在我国少数民族地区，借助第三方力量化解网络舆情危机的典型案例是云南省的“躲猫猫”事件。在由“躲猫猫”事件引发的网络舆情危机形成期，云南省有关部门及时在网上公开诚邀网民和社会人士加入“真相调查委员会”，并由网民担任主任、副主任，开展全面深入的调查工作，最后收到了赢得公众信任、化解舆情危机之最佳效果。因而此次网络舆情危机应对不仅被官方的人民网评选为2009年“年度网络对话10大事件”之一，而且被网民誉为“官民在知情权问题上的良性互动的标本”①。与之类似，在新疆“7·5”事件发生后，我国官方积极组织境外媒体到事发地采访的同时，国内媒体及时采访了境外媒体参访者，并及时转载了这些媒体的报道。据对新华社、央视国际两家网站的统计，7月7日至10日，两家网站转载了美联社、法新社、印度《教徒报》、法国《欧洲时报》、印度尼西亚《国际日报》、美国《美中信使报》、德国明斯特电视台、匈牙利《新导报》等境外47家媒体的报道，这些媒体大都派记者进入乌鲁木齐实地采访，可信度很高。② 中国政府以开放的态度组织媒体采访，并转载其客观报道，不仅有利于团结境外更多媒体，在西方公众中间

---

① 转引自人民网舆情检测室《网络舆情热点面对面》，新华出版社2012年版，第214页。

② 石静：《浅析民族地区网络媒介对突发事件的舆论引导》，《西北民族大学学报》（社会科学版）2010年第6期。

增加正义、公平的声音，而且对于众多少数民族受众的舆情引导具有特殊的收效。故此，借助与危机事件没有直接关联的公正、专业、权威的“第三方力量”，应成为引导网络舆情、应对网络舆情危机坚持的原则之一。

第七章

少数民族地区网络舆情及网络舆情危机应对能力测评与分析

网络舆情及网络舆情危机应对能力是系统反映某一地区政府官方微博与政府网站影响能力、服务水平，对网络舆情及网络舆情危机的回应与处置能力，主流媒体的引导能力以及网络舆情社会环境状况的综合性能力。要客观、全面地把握我国少数民族地区网络舆情及网络舆情危机应对能力的现况，需要建立与之相适应的科学、完备、具体的测评体系，进行量化的测评与比较分析。

第一节 网络舆情及网络舆情危机应对能力测评体系的创建原则与思路

创建一套科学完备、系统具体的测评体系，是客观把握和科学分析少数民族地区的网络舆情及网络舆情危机应对能力的必备前提。从网络舆情及网络舆情危机产生与发展的规律入手，结合我国现阶段网络政治、网络社会的实际，网络舆情及网络舆情危机应对能力测评体系的创建应遵循以下五个基本原则。

其一，客观性原则。从我国现阶段的国情出发，客观地反映我国网络舆情及网络舆情危机产生与发展的实际状况，真实、全面地反映出网络时代初期我国少数民族地区应对与化解网络舆情及网络舆情危机的综合能力与实际水平。要做到这一点，必须注重两方面的工作：一是指标项目的确立符合中国国情，体现中国特色；二是对所确定的每个指标的内涵与外延都应有明确界定，保证数据选取的准确性和客观性。

其二，系统性原则。按照系统论原理，将各种与应对、化解网络舆情及网络舆情危机相关的指标要素、体系层次，依据其内在规律，组织整合为全面、科学、层次分明、角度各异但又相互统一的有机整体。要做到这一点，必须注重处理好宏观与微观、部分与整体、具体指标与系统化体系之间的关系，使指标项目的确立和整合形成既相对独立又相互关联的科学体系。

其三，代表性原则。选取的指标应突出应对与化解网络舆情及网络舆情危机的特征，反映其不同的方面，代表其不同的领域及部门，显现其实质内容，以极具代表性的指标来体现应对与化解网络舆情及网络舆情危机的方方面面，进而形成现实而科学的指标体系，完成整体性测评任务。要做到这一点，必须注重在系统化的前提下，做好点面结合工作，严格论证、筛选各项微观指标，使其真正具备典型性和代表性。

其四，可操作性原则。所设计的指标项目能够从国家和地方政府及权威科研机构的统计资料、研究报告中获取准确的数据，适当增加有代表性的辅助指标，同时统计与计算方法应尽量简明，以保证测评实践的顺利实施。要做到这一点，在选取和架构测评模型指标项目时，必须妥善处理整体的系统性与具体项目数据的可获得性之间的关系，在不至于对整体系统性构成实质性影响的前提下，尽量选取可获取性强且数据来源具有连续性的指标项目，舍去难以获取准确数据的指标项目。

其五，可比较性原则。所选取的具体指标及组合的子系统，要符合全国的实际，尽量突出共性，以利于全国各地区间就应对与化解网络舆情及网络舆情危机能力开展比较研究。要做到这一点，必须注重以开阔的视野了解和把握各地相关的全国性的统计资料及学术研究成果，提高获取、利用综合性统计数据的能力。

网络舆情及网络舆情危机应对能力测评体系的创建思路大体如下：

首先，将“网络舆情及网络舆情危机应对能力测评体系”分为五个子系统：A. 官方微博综合绩效指数；B. 政府网站服务能力指数；C. 网络舆情及网络舆情危机回应与处置能力指数；D. 主流媒体影响力指数；E. 网络舆情社会环境指数。依照这五大系统在应对网络舆情及网络舆情危机实践中作用的大小，在整体构架中赋予不同的加权值（详见图 7—1）。

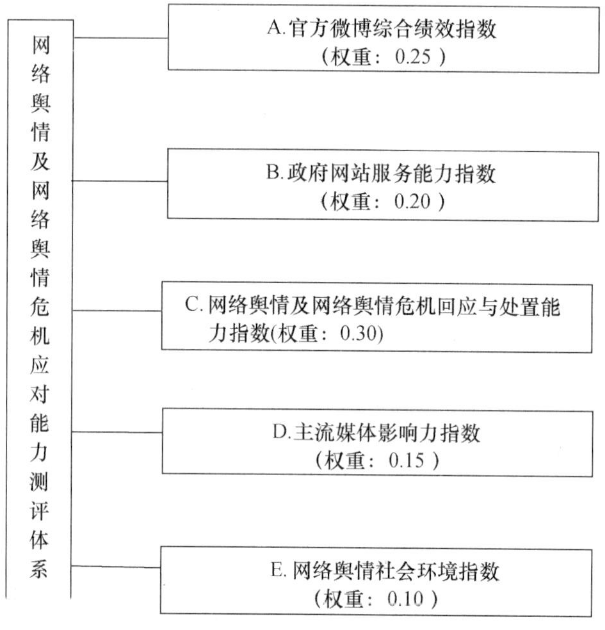

图7—1 网络舆情及网络舆情危机应对能力测评体系示意

其次，在五个子系统中，分别构建相应的分支测评体系来客观、全面地反映各子系统的实际状况。如“B. 政府网站服务能力指数”这一子系统是由B1政府网站信息公开指数、B2政府网站民生服务指数、B3政府网站互动交流指数、B4政府网站舆情引导指数、B5政府网站运行绩效指数五个分支测评体系构成。同样，对每个子系统中的分支测评体系，按其在应对网络舆情及网络舆情危机实践中作用的大小，在各子系统的架构中赋予不同的加权值（以“政府网站服务能力指数”为例，详见图7—2）。

再次，在每个分支测评体系中，选定若干项具体指标来准确、客观、全面地反映其分支体系的实际状况。如“B4政府网站舆情引导指数”这一分支测评体系是由B4.1省级政府网站舆情引导指数、B4.2省会城市政府网站舆情引导指数、B4.3地市级政府网站舆情引导指数这3项具体指标构成。同样，对于每个分支测评体系中的具体指标，依其在应对网络舆情及网络舆情危机实践中作用的大小，在各分支系统的架构中赋予不同的

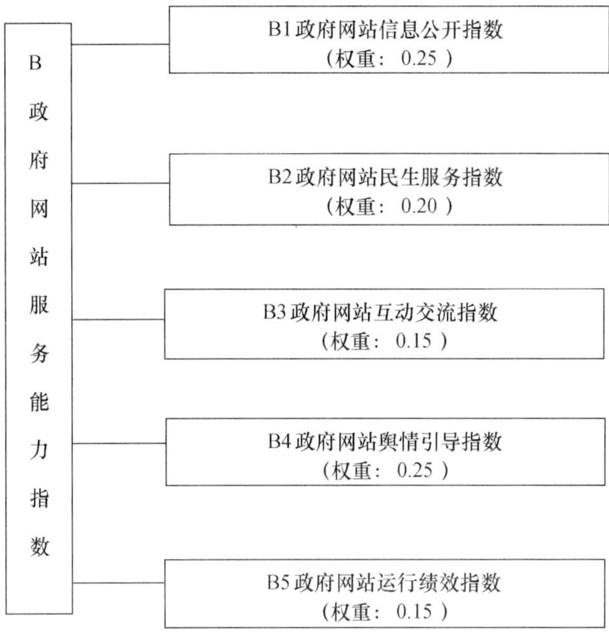

图7—2 政府网站服务能力指数测评体系示意

加权值（以“政府网站舆情引导指数”为例，详见图7—3）。

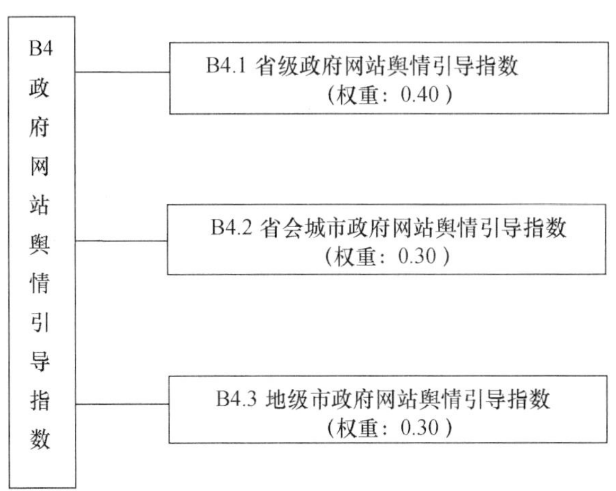

图7—3 政府网站舆情引导指数测评体系示意

最后，按照具体指标指数→分支体系指数→子系统指数→综合测评指数的顺序，用层累制的方式，测算出最终的“网络舆情及网络舆情危机应对能力综合指数”。

第二节 网络舆情及网络舆情危机应对能力测评体系的指标构成

按照上述原则和思路，我们选择了48项具体指标作为最基本的测评要素，按照分支体系指数→子系统指数→综合测评指数的构架方式，创建了“网络舆情及网络舆情危机应对能力测评指标体系”，作为少数民族地区网络舆情及网络舆情危机应对能力测评与分析的模型与工具（详见表7—1）。

表7—1 网络舆情及网络舆情危机应对能力测评指标体系

指标项目	权重	数据来源	数据来源的连续性
A. 官方微博综合绩效指数	0.25	由A1—A5指数值计算而得	
A1. 具有较大影响力的官方微博比率指数	0.15	由A1.1—A1.2指数值计算而得	
A1.1 具有较大影响力的党政机构微博比率指数	0.65	《中国政务微博客评估报告》	连续
A1.2 具有较大影响力的党政官员微博比率指数	0.40	《中国政务微博客评估报告》	连续
A2. 党政机构微博传播效能指数	0.20	由A2.1— A2.3指数值计算而得	
A2.1 党政机构微博互动力指数	0.40	《中国政务微博客评估报告》	连续
A2.2 党政机构微博影响力指数	0.40	《中国政务微博客评估报告》	连续
A2.3 党政机构微博传播力指数	0.25	《中国政务微博客评估报告》	连续

续表

指标项目	权重	数据来源	数据来源的连续性
A3. 效益显著的官方微博综合指数	0.60	由 A3.1— A3.2 指数值计算而得	
A3.1 党政机构微博综合效益前 100 名得分指数	0.40	《中国政务微博客评估报告》	连续
A3.2 党政官员微博综合效益前 100 名得分指数	0.20	《中国政务微博客评估报告》	连续
A4. 党政系统优秀微博比率指数	0.60	由 A4.1— A4.2 指数值计算而得	
A4.1 党政系统优秀机构微博比率指数	0.40	《中国政务微博客评估报告》	连续
A4.2 党政系统优秀官员微博比率指数	0.15	《中国政务微博客评估报告》	连续
A5. 公安系统优秀官方微博比率指数	0.60	由 A5.1— A5.2 指数值计算而得	
A5.1 公安系统优秀机构微博比率指数	0.40	《中国政务微博客评估报告》	连续
A5.2 公安系统优秀官员微博比率指数	0.20	《中国政务微博客评估报告》	连续
B. 政府网站服务能力指数	0.25	由 B1— B5 指数值计算而得	
B1. 政府网站信息公开指数	0.40	由 B1.1— B1.3 指数值计算而得	
B1.1 省级政府网站信息公开指数	0.30	《中国政府网站绩效评估》	连续
B1.2 省会城市政府网站信息公开指数	0.30	《中国政府网站绩效评估》	连续
B1.3 地市级政府网站信息公开指数	0.20	《中国政府网站绩效评估》	连续

续表

指标项目	权重	数据来源	数据来源的连续性
B2. 政府网站民生服务指数	0.40	由 B2.1— B2.3 指数值计算而得	
B2.1 省级政府网站民生服务指数	0.30	《中国政府网站绩效评估》	连续
B2.2 省会城市政府网站民生服务指数	0.30	《中国政府网站绩效评估》	连续
B2.3 地市级政府网站民生服务指数	0.15	《中国政府网站绩效评估》	连续
B3. 政府网站互动交流指数	0.40	由 B3.1— B3.3 指数值计算而得	
B3.1 省级政府网站互动交流指数	0.30	《中国政府网站绩效评估》	连续
B3.2 省会城市政府网站互动交流指数	0.30	《中国政府网站绩效评估》	连续
B3.3 地市级政府网站互动交流指数	0.30	《中国政府网站绩效评估》	连续
B4. 政府网站舆情引导指数	0.25	由 B4.1— B4.3 指数值计算而得	
B4.1 省级政府网站舆情引导指数	0.40	《中国政府网站绩效评估》	连续
B4.2 省会城市政府网站舆情引导指数	0.30	《中国政府网站绩效评估》	连续
B4.3 地市级政府网站舆情引导指数	0.30	《中国政府网站绩效评估》	连续
B5. 政府网站运行绩效指数	0.15	由 B5.1— B5.3 指数值计算而得	
B5.1 省级政府网站运行绩效指数	0.40	《中国政府网站绩效评估》	连续
B5.2 省会城市政府网站运行绩效指数	0.30	《中国政府网站绩效评估》	连续
B5.3 地市级政府网站运行绩效指数	0.30	《中国政府网站绩效评估》	连续
C. 网络舆情及网络舆情危机回应与处置能力指数	0.30	由 C1—C3 指数值计算而得	

续表

指标项目	权重	数据来源	数据来源的连续性
C1. 政府网站新技术应用指数	0.25	由 C1—C3 指数值计算而得	
C1.1 省级政府网站新技术应用指数	0.40	《中国政府网站绩效评估》	连续
C1.2 省会城市政府网站新技术应用指数	0.30	《中国政府网站绩效评估》	连续
C1.3 地市级政府网站新技术应用指数	0.30	《中国政府网站绩效评估》	连续
C2. 网络舆情危机官方回应及处置效果指数	0.45	由 C2.1—2.4 指数值计算而得	
C2.1 网络舆情危机官方回应能力指数	0.30	《城市网络舆情形象排行榜》	连续
C2.2 网络舆情危机官方初始回应效果指数	0.20	《城市网络舆情形象排行榜》	连续
C2.3 网络舆情危机官方最终处置效果指数	0.20	《城市网络舆情形象排行榜》	连续
C2.4 网络舆情危机官方媒体运用能力指数	0.30	《城市网络舆情形象排行榜》	连续
C3. 政府网站无障碍发布指数	0.30	由 C3.1—C3.2 指数值计算而得	
C3.1 省级政府网站无障碍发布指数	0.60	《中国政府网站绩效评估》	连续
C3.2 省会城市政府网站无障碍发布指数	0.40	《中国政府网站绩效评估》	连续
D. 主流媒体影响力指数	0.15	由 D1—D3 指数值计算而得	
D1. 省级党报影响力指数	0.40	由 D1.1—D1.3 指数值计算而得	
D1.1 省级党报自身软实力指数	0.50	《中国社会舆情年度报告》	连续
D1.2 省级党报网民感受指数	0.30	《中国社会舆情年度报告》	连续
D1.3 省级党报意见领袖感受指数	0.20	《中国社会舆情年度报告》	连续

续表

指标项目	权重	数据来源	数据来源的连续性
D2. 省级卫视影响力指数	0.30	由 D2.1—D2.3 指数值计算而得	
D2.1 省级卫视自身软实力指数	0.50	《中国社会舆情年度报告》	连续
D2.2 省级卫视网民感受指数	0.30	《中国社会舆情年度报告》	连续
D2.3 省级卫视意见领袖感受指数	0.20	《中国社会舆情年度报告》	连续
D3. 声望较大媒体的官博综合影响力指数	0.30	《中国社会舆情年度报告》	连续
E. 网络舆情社会环境指数	0.10	由 E1—E3 指数值计算而得	
E1. 舆情危机压力指数	0.40	由 E1.1—E1.2 指数值计算而得	
E1.1 舆情总危机指数	0.60	《中国社会舆情年度报告》	连续
E1.2 舆情平均危机指数	0.40	《中国社会舆情年度报告》	连续
E2. 负面舆情事件影响力指数	0.30	由 E2.1—E.2.2 指数值计算而得	
E2.1 负面舆情热点事件比率指数	0.60	《中国社会舆情与管理危机报告》	连续
E2.2 有谣言发生的事件所占重大舆情事件比率指数	0.40	《中国社会舆情与管理危机报告》	连续
E3. 网络舆情推动力指数	0.30	由 E3.1—E3.2 指数值计算而得	
E3.1 较大影响的社会舆论事件中有网络集体行动的事件所占比率指数	0.60	《中国社会舆情与管理危机报告》	连续
E3.2 较大影响的社会舆论事件中有意见领袖参与的事件所占比率指数	0.40	《中国社会舆情与管理危机报告》	连续

第三节　少数民族地区官方微博综合绩效测评与分析

政府部门和各级官员通过微博开展有关信息公开、网络问政、网上办公等一系列体现“以人为本”“网上群众路线”的活动并形成工作机制，是网络社会政治文明与法治建设不可或缺的重要内容。官方微博综合绩效测评子系统由“具有较大影响力的官方微博比率指数”“党政机构微博传播效能指数”“效益较显著的官方微博综合指数”“党政系统优秀微博比率指数”“公安系统优秀微博比率指数”这 5 个分支系统构成。现阶段我国各地区（本课题的统计数据不含港、澳、台地区，下同）的“官方微博综合绩效指数”情况见表 7—2 至表 7—7。

一　少数民族地区具有较大影响力的官方微博比率指数测评

在此，我们将“具有较大影响力的官方微博”定位于进入国家行政学院电子政务研究中心确立的“党政机构微博客样本库”和“党政干部微博客样本库”中的官方微博①。现阶段我国各地区具有较大影响力的官方微博比率及其指数值情况详见表 7—2。

表 7—2 显示，在 31 个省、直辖市、自治区中，“具有较大影响力的官方微博比率”超过全国平均值的省域有 10 个。其中浙江、江苏、广东、山东的指数值为全国平均值的 2 倍以上，为高比率省份；北京、河南、辽宁、四川、上海、云南 6 省市则为较高比率的省域；西藏、海南、青海、宁夏、贵州、内蒙古、重庆、江西、湖南 9 省域的指数值不及全国平均值的 50%，可视为“水平一般”的地区。

由表 7—2 还可以看出，目前我国少数民族地区“具有较大影响力的官方微博比率”指数值为 43.68，不及全国平均值的一半。反映出我国少

① “党政机构微博客样本库”和“党政干部微博客样本库”系由国家行政学院电子政务研究中心对新浪网、腾讯网、人民网、新华网四家微博客网站认证的党政机构、党政干部微博客进行综合评分后，排名前 1000 名的微博客。引自国家行政学院电子政务研究中心《2013 年中国政务微博客评估报告》，国家行政学院网站，2014 年 4 月 8 日。

数民族地区“具有较大影响力的官方微博比率”整体还处于低比率水平。从9省区的具体情况来看，指数值进入全国“较高比率”行列的只有云南省，指数值高于50.00的有新疆、甘肃、广西3省区，西藏、青海、宁夏、贵州、内蒙古5省区的指数值则均在50.00以下，尤其是西藏、青海的指数值不及全国平均水平的1/10。也就是说，目前我国少数民族地区的绝大多数省区“具有较大影响力的官方微博比率”低于全国平均值，其中低于全国平均值一半的省区亦占多数。

表7—2　各地区具有较大影响力的官方微博比率指数（以全国平均值为100）

项目 地区	具有较大影响力的党政机构微博比率指数			具有较大影响力的党政官员微博比率指数			具有较大影响力的官方微博比率指数
	原始值	指数值	权重	原始值	指数值	权重	
全国平均	3.23	100	0.60	3.23	100	0.40	100
北京	5.70	176.47		6.50	201.24		186.38
天津	0.50	15.48		0.70	21.67		17.96
河北	3.10	95.98		3.30	102.17		98.46
山西	2.40	74.30		2.30	71.21		73.06
内蒙古	0.90	27.86		1.60	49.54		36.53
辽宁	6.30	195.05		3.00	92.88		154.18
吉林	2.10	65.02		0.90	27.86		50.16
黑龙江	1.30	40.25		4.50	139.32		79.88
上海	4.00	123.84		3.30	102.17		115.17
江苏	10.70	331.27		4.70	145.51		266.97
浙江	14.10	436.53		15.60	482.97		455.11
安徽	1.90	58.82		2.80	86.69		69.97
福建	2.80	86.69		3.00	92.88		89.17
江西	1.50	46.44		1.50	46.44		46.44
山东	6.80	210.53		7.20	222.91		215.48
河南	6.00	185.76		4.40	136.22		165.94
湖北	2.70	83.59		2.10	65.02		76.16
湖南	1.00	30.96		2.40	74.30		48.30
广东	10.00	309.60		4.30	133.13		239.01

续表

项目 地区	具有较大影响力的党政机构微博比率指数			具有较大影响力的党政官员微博比率指数			具有较大影响力的官方微博比率指数
	原始值	指数值	权重	原始值	指数值	权重	
广西	2.20	68.11		1.40	43.34		58.20
海南	0.00	0.00		0.30	9.29		3.72
重庆	1.80	55.73		1.00	30.96		45.82
四川	5.50	170.28		2.40	74.30		131.89
贵州	0.60	18.58		1.70	52.63		32.20
云南	2.00	61.92		5.20	160.99		101.55
西藏	0.10	3.10		0.10	3.10		3.10
陕西	1.70	52.63		4.20	130.03		83.59
甘肃	1.00	30.96		4.20	130.03		70.59
青海	0.10	3.10		0.40	12.38		6.81
宁夏	0.30	9.29		0.50	15.48		11.77
新疆	0.90	27.86		4.50	139.32		72.44
少数民族地区平均	0.90	27.86		2.18	67.42		43.68

资料来源：国家行政学院电子政务研究中心：《2013 年中国政务微博客评估报告》，国家行政学院网站，2014 年 4 月 8 日。

说明：1. 最终的指数值为前面各单项指数值加权处理后的数据。下同。

2. 少数民族地区为内蒙古、广西、贵州、云南、西藏、甘肃、青海、宁夏、新疆 9 个省、自治区。下同。

二 党政机构微博传播效能指数测评

党政机构微博传播效能指数由“党政系统官方微博客互动力”“党政系统官方微博影响力”“党政系统官方微博传播力”3 项指标构成。现阶段我国各地区党政机构微博传播效能指数值情况详见表 7—3。

由表 7—3 可知，目前我国“党政机构微博传播效能”指数值最高的省域依次为浙江、广东、江苏、山东，其指数值都在全国平均值的 2 倍以上，其中浙江、广东的指数值分别为全国平均值的 5 倍、3 倍以上，优势十分明显。此外，河南、云南、上海、山西、北京、四川等地的“党政机构微博传播效能”指数值亦高于全国平均水平，上述 6 个省市可谓目前我国“党政机构微博传播效能”较高的省域。

表7—3显示，“党政机构微博传播效能”指数值不及全国平均水平50%的省域有14个：天津、河北、内蒙古、辽宁、吉林、黑龙江、江西、湖南、海南、重庆、贵州、西藏、陕西、青海。其中有8个省域的指数值仅为全国平均值的20%左右。这14个省域可谓目前我国“党政机构微博传播效能”较低的地区。

关于少数民族地区的“党政机构微博传播效能”，表7—3显示其指数值为全国平均水平的42.77%，整体上属于较低水平。具体而言，云南省的指数值为全国平均水平的159.33%，是少数民族地区“党政机构微博传播效能”最高的省域。而其他8个省域的指数值都明显低于全国平均值。相对而言，能够突破全国“党政机构微博传播效能”较低水平行列的（即指数值为50.00以上），除了云南，还有广西、甘肃、宁夏、新疆等省区，而内蒙古、贵州、西藏、青海4省区的指数值不仅位于全国较低水平行列，而且也明显低于少数民族地区的平均水平，反映出这4个省区的“党政机构微博传播效能”尚为全国最低。这从“党政机构微博客综合排名前100位”中没有这4个省区的党政机构微博之现况①，亦得以印证。

表7—3 各地区党政机构微博传播效能指数（以全国平均值为100）

项目 / 地区	党政机构微博互动力指数			党政机构微博影响力指数			党政机构微博传播力指数			党政机构微博传播效能指数
	原始值	指数值	权重	原始值	指数值	权重	原始值	指数值	权重	
全国平均	91.31	100	0.20	50.05	100	0.40	53.48	100	0.40	100
北京	87.91	96.28		49.78	99.46		69.88	130.67		111.31
天津	19.24	21.07		9.60	19.18		11.31	21.15		20.35
河北	29.29	32.08		15.34	30.65		17.18	32.12		31.52
山西	115.17	126.13		60.99	121.86		70.00	130.89		126.33

① 国家行政学院电子政务研究中心：《2013年中国政务微博客评估报告》，国家行政学院网站，2014年4月8日。

续表

项目 地区	党政机构微博互动力指数			党政机构微博影响力指数			党政机构微博传播力指数			党政机构微博传播效能指数
	原始值	指数值	权重	原始值	指数值	权重	原始值	指数值	权重	
内蒙古	19.24	21.07		9.60	19.18		11.31	21.15		20.35
辽宁	36.01	39.44		15.08	30.13		18.90	35.34		34.08
吉林	19.24	21.07		9.60	19.18		11.31	21.15		20.35
黑龙江	30.11	32.98		14.40	28.77		17.01	31.81		30.83
上海	125.69	137.65		61.13	122.14		69.88	130.67		128.65
江苏	268.44	293.99		192.31	384.24		174.21	325.75		342.79
浙江	426.45	467.04		224.05	447.65		239.54	447.91		451.63
安徽	57.18	62.62		31.77	63.48		33.51	62.67		62.98
福建	59.38	65.03		31.64	63.22		33.14	61.97		63.08
江西	31.17	34.14		16.39	32.74		17.75	33.19		33.20
山东	235.67	258.10		123.73	247.21		143.40	268.14		257.76
河南	179.55	196.64		96.60	193.01		106.41	198.97		196.12
湖北	56.78	62.18		31.94	63.82		36.20	67.69		65.40
湖南	29.03	21.07		15.15	30.27		16.98	31.75		29.02
广东	408.27	447.13		221.98	443.52		210.94	394.43		424.61
广西	62.76	68.73		30.86	61.66		35.35	66.10		64.85
海南	19.24	21.07		9.60	19.18		11.31	21.15		20.35
重庆	28.86	31.61		15.35	30.67		16.97	31.73		31.28
四川	89.32	97.82		52.41	104.72		52.38	97.94		100.63

续表

项目 地区	党政机构微博互动力指数			党政机构微博影响力指数			党政机构微博传播力指数			党政机构微博传播效能指数
	原始值	指数值	权重	原始值	指数值	权重	原始值	指数值	权重	
贵州	19.24	21.07		9.60	19.18		11.31	21.15		20.35
云南	146.37	160.30		79.23	158.30		85.50	159.87		159.33
西藏	19.24	21.07		9.60	19.18		11.31	21.15		20.35
陕西	19.24	21.07		9.60	19.18		11.31	21.15		20.35
甘肃	56.97	62.39		31.55	63.04		33.97	63.52		63.10
青海	19.24	21.07		9.60	19.18		11.31	21.15		20.35
宁夏	60.83	66.62		31.95	63.84		32.58	60.92		63.23
新疆	57.18	62.62		31.00	51.94		35.67	66.70		59.98
少数民族地区平均	51.23	56.11		11.57	23.11		29.81	55.75		42.77

资料来源：国家行政学院电子政务研究中心：《2013 年中国政务微博评估报告》，国家行政学院网站，2014 年 4 月 8 日。

说明：1. 各省、直辖市、自治区的单项得分为“党政机构微博综合排名前 100 位”微博的单项得分之和。如：宁夏的“问政银川”（排名第 18，其微博互动力得分为 32.45）、“微博银川”（排名第 79，其微博互动力得分为 28.38）为“党政机构微博综合排名前 100 位”的微博，宁夏的“党政机构官方微博互动力指数”原始值则为：32.45 + 28.38 = 60.83。

2. 因《2013 年中国政务微博客评估报告》中所列各省、直辖市、自治区党政系统官方微博评估结果为“党政机构微博综合排名前 100 位”微博的各项得分，而天津、内蒙古、吉林、海南、贵州、西藏、陕西、青海 8 省、自治区中没有全国排名前 100 位的党政机构微博，故将这 8 省区的单项得分定位于“前 100 位中最低得分的 2/3”。如表中“党政机构微博互动力指数”原始值最低为 28.86，天津、内蒙古、吉林、海南、贵州、西藏、陕西、青海 8 省区的原始值则为 28.86 ÷ 3 × 2 = 19.24。

三　效益显著的官方微博综合指数测评

在此，我们将国家行政学院电子政务研究中心公布的研究成果——《2013 年中国政务微博客评估报告》中所列全国省、直辖市、自治区“党政机构微博客综合排名前 100 位”和“党政干部微博客综合排名前 100 位”微博客确定为“效益显著的官方微博”①。效益显著的官方微博综合指数则由“党政机构微博综合效益前 100 名得分指数”和“党政官员微博综合效益前 100 名得分指数”2 项指标构成。现阶段我国各地区效益显著的官方微博综合指数值情况，详见表 7—4。

从表 7—4 的数据可以看出，目前“效益显著的官方微博综合指数”为全国平均值 2 倍以上的有浙江、广东、山东、江苏 4 省，其中浙江的指数值最高，约为全国平均值的 5. 3 倍，其次是广东，其指数值约为全国平均值的 3. 25 倍。这 4 个省应该是我国目前效益显著的官方微博综合指数值最高的地区。

此外，若将“效益显著的官方微博综合指数”在 100—200 之间视为“水平较高”的标准，则云南、河南、上海、新疆、四川 5 省区为我国目前官方微博综合指数值较高的地区。若将“效益显著的官方微博综合指数”在 50. 00 以下视为“低水平”的标准，则天津、内蒙古、吉林、海南、贵州、西藏、陕西、青海、江西、重庆、黑龙江 11 省域为我国目前官方微博综合指数的低水平地区。

就少数民族地区的“效益显著的官方微博综合指数”状况来看，目前该地区的平均指数值是全国平均值的 68. 49%，整体上明显低于全国平均水平。然而具体来看，云南、新疆 2 省区分别以 164. 70、116. 04 的指数值位居全国第 5 位、第 8 位，可谓少数民族地区的“佼佼者”。而内蒙古、贵州、西藏、青海 4 省区的“效益显著的官方微博综合指数”则仅为全国平均值的 25% 左右，反映出少数民族地区各省域间官方微博综合效益差异性十分突出。此外，云南、新疆的“效益显著的官方微博综合指数”能够位居全国前列，且明显高出北京、福建、天津等相对发达地区，说明这方面的效益状况与经济社会发展水平并不存在直接的“正比”关系，这对于少数民族地区其他省区官方微博综合效益的提高，具有重要的示范与引领意义。

---

① 国家行政学院电子政务研究中心：《2013 年中国政务微博客评估报告》，国家行政学院网站，2014 年 4 月 8 日。

表 7—4　　各地区效益显著的官方微博综合指数（以全国平均值为 100）

地区＼项目	党政机构微博综合效益前 100 名得分指数			党政官员微博综合效益前 100 名得分指数			效益显著的官方微博综合指数
	原始值	指数值	权重	原始值	指数值	权重	
全国平均	204. 85	100	0. 60	215. 49	100	0. 40	100
北京	209. 44	102. 24		198. 14	91. 95		98. 24
天津	45. 02	21. 98		44. 52	20. 66		21. 45
河北	68. 19	33. 29		44. 52	20. 66		28. 24
山西	271. 40	132. 49		44. 52	20. 66		87. 76
内蒙古	45. 02	21. 98		66. 88	31. 04		25. 60
辽宁	76. 46	37. 33		271. 44	125. 96		72. 78
吉林	45. 02	21. 98		44. 52	20. 66		21. 45
黑龙江	67. 92	33. 16		139. 78	64. 87		45. 84
上海	283. 15	138. 22		270. 82	125. 68		133. 20
江苏	621. 30	303. 30		265. 98	123. 43		231. 35
浙江	941. 79	459. 75		1365. 54	633. 69		529. 33
安徽	135. 15	69. 98		44. 52	20. 66		50. 25
福建	136. 88	66. 82		202. 05	93. 76		77. 60
江西	71. 69	35. 00		69. 95	32. 46		33. 98
山东	486. 23	237. 36		559. 96	259. 85		246. 36
河南	346. 46	169. 13		337. 49	156. 62		164. 13
湖北	136. 59	66. 68		202. 67	94. 05		77. 63
湖南	67. 51	32. 96		136. 31	63. 26		45. 08
广东	896. 01	437. 40		334. 89	155. 41		324. 60
广西	141. 87	69. 26		205. 32	95. 28		79. 67
海南	45. 02	21. 98		66. 78	31. 00		25. 59
重庆	67. 53	32. 97		44. 52	20. 66		28. 05

续表

项目 地区	党政机构微博综合效益前100名得分指数			党政官员微博综合效益前100名得分指数			效益显著的官方微博综合指数
	原始值	指数值	权重	原始值	指数值	权重	
四川	212.98	103.97		272.30	126.36		112.93
贵州	45.0	21.98		67.87	31.50		25.79
云南	342.88	167.38		346.24	160.68		164.70
西藏	45.02	21.98		44.52	20.66		21.45
陕西	45.02	21.98		265.36	123.14		62.44
甘肃	134.15	65.49		135.52	62.89		64.45
青海	45.02	21.98		44.52	20.66		21.45
宁夏	138.24	67.48		133.02	61.73		65.18
新疆	136.52	66.64		409.75	190.13		116.04
少数民族地区平均	119.30	58.24		180.70	83.86		68.49

资料来源：国家行政学院电子政务研究中心：《2013年中国政务微博客评估报告》，国家行政学院网站，2014年4月8日。

说明：1. 各省、直辖市、自治区的单项得分为“党政机构微博客、党政官员微博客综合排名前100位”的单项得分之和。

2. 因《2013年中国政务微博客评估报告》中所列各省、直辖市、自治区党政系统官方微博评估结果为“党政机构微博客综合排名前100位”和“党政干部微博客综合排名前100位”的微博客的各项得分，而天津、内蒙古、吉林、海南、贵州、西藏、陕西、青海8省区中没有全国排名前100位的党政机构微博客，天津、河北、山西、吉林、重庆、安徽、西藏、青海8省区中没有全国排名前100位的党政干部微博客，故将上述省区的单项得分定位于“前100位中最低得分的2/3”。

四 党政系统优秀微博比率指数测评

党政系统优秀微博比率是指各省、直辖市、自治区的党政系统优秀的机构微博客、党政系统优秀的官员微博客数量分别占据全国总数的百分比。同样，我们以国家行政学院电子政务研究中心公布的研究成果——《2013年中国政务微博客评估报告》中所列全国省、直辖市、自治区“党政机构微博客综合排名前100位”和“党政干部微博客综合排名前100位”微博客数量，作为计算优秀微博比率的原始数据。

党政系统优秀微博比率指数具体由“党政系统优秀机构微博比率指数”“党政系统优秀官员微博比率指数”2项指标构成。现阶段我国各地区党政系统优秀微博比率指数值情况，详见表7—5。

分析表7—5可知，目前我国党政系统优秀微博比率指数值为全国平均值2倍以上的有浙江、北京、广东、山东、江苏5省市，其中浙江、北京的指数值分别为全国平均值的5.26倍、3.47倍。这5省市可谓目前我国党政系统优秀微博比率最高的地区。

若将“党政系统优秀微博比率指数”在100—200之间视为“水平较高”的标准，则河南、云南、上海、新疆、四川5省市为目前我国党政系统优秀微博比率较高的地区。若将“党政系统优秀微博比率指数”在50.00以下视为“低水平”的标准，则天津、吉林、西藏、青海、贵州、内蒙古、河北、重庆、海南、江西、安徽、黑龙江、湖南、陕西、甘肃15个省域为现阶段我国党政系统优秀微博比率的低水平地区。

此外，由表7—5还可以看出，目前我国少数民族地区的“党政系统优秀微博比率指数”为40.59，不足全国平均值的50%，整体上处于低水平状态。具体而言，云南、新疆“党政系统优秀微博比率指数”分别高出全国平均值54.80%、11.46%，处于少数民族地区“领跑者”位次；而西藏、青海2省区则以指数值为“0”的现状，即在“党政机构微博客综合排名前100位”和“党政干部微博客综合排名前100位”中均没有这2省区的微博客，而处于全国“党政系统优秀微博比率指数”的末位；贵州、内蒙古2省区则以其指数值明显低于少数民族地区平均值的现状，而处于全国“党政系统优秀微博比率指数”低水平行列中的落后位次，其主要原因在于这2省区的“党政系统优秀机构微博比率”为“0”所致。

表 7—5　　各地区党政系统优秀微博比率指数（以全国平均值为 100）

项目 地区	党政系统优秀机构微博比率指数			党政系统优秀官员微博比率指数			党政系统优秀微博比率指数
	原始值	指数值	权重	原始值	指数值	权重	
全国平均	3.23	100	0.60	3.23	100	0.40	100
北京	12.00	371.52		10.00	309.60		346.75
天津	0.00	0.00		0.00	0.00		0.00
河北	1.00	30.96		0.00	0.00		18.58
山西	4.00	123.84		0.00	0.00		74.30
内蒙古	0.00	0.00		1.00	30.96		12.38
辽宁	1.00	30.96		4.00	123.84		68.11
吉林	0.00	0.00		0.00	0.00		0.00
黑龙江	1.00	30.96		2.00	61.92		43.34
上海	4.00	123.84		4.00	123.84		123.84
江苏	9.00	278.64		4.00	123.84		216.72
浙江	15.00	464.40		20.00	619.20		526.31
安徽	2.00	61.92		0.00	0.00		37.15
福建	2.00	61.92		3.00	92.88		74.30
江西	1.00	30.96		1.00	30.96		30.69
山东	8.00	247.68		8.00	247.68		247.68
河南	6.00	185.76		5.00	154.80		173.38
湖北	2.00	61.92		3.00	92.88		74.30
湖南	1.00	30.95		2.00	61.92		43.34

续表

项目 地区	党政系统优秀机构微博比率指数			党政系统优秀官员微博比率指数			党政系统优秀微博比率指数
	原始值	指数值	权重	原始值	指数值	权重	
广东	14.00	433.44		5.00	154.80		321.98
广西	2.00	61.92		3.00	92.88		74.30
海南	0.00	0.00		1.00	30.96		12.38
重庆	1.00	30.96		0.00	0.00		18.58
四川	3.00	92.88		4.00	123.84		105.26
贵州	0.00	0.00		1.00	30.96		12.38
云南	5.00	154.80		5.00	154.80		154.80
西藏	0.00	0.00		0.00	0.00		0.00
陕西	0.00	0.00		4.00	123.84		49.54
甘肃	2.00	61.92		2.00	61.92		61.92
青海	0.00	0.00		0.00	0.00		0.00
宁夏	2.00	61.92		2.00	61.92		61.92
新疆	2.00	61.92		6.00	185.76		111.46
少数民族地区平均	1.44	44.72		1.11	34.40		40.59

资料来源：国家行政学院电子政务研究中心：《2013 年中国政务微博客评估报告》，国家行政学院网站，2014 年 4 月 8 日。

五　公安系统优秀官方微博比率指数测评

作为政府服务人民的重要领域，公安系统的工作与广大民众的社会生活息息相关，因而公安系统的官方微博也就成为社会关注的重点“窗口”。正因如此，近些年来，公安系统的官方微博发展迅速，已成为我国官方微博中最具影响力的方面军之一。公安系统优秀官方微博比率是指各省、市、自治区公安系统优秀的官方机构微博客、公安系统优秀的官员微博客数量分别占全国总数的百分比。同样，我们以国家行政学院电子政务中心公布的研究成果——《2013 年中国政务微博客评估报告》中所列全国省、直辖市、自治区“公安系统机构微博客综合排名前 100 位”和“公安系统干部微博客综合排名前 100 位”微博客数量，作为计算优秀微博比率的原始数据。

公安系统官方优秀微博比率指数具体由“公安系统优秀机构微博比率指数”“公安系统优秀官员微博比率指数”2 项指标构成。现阶段我国各地区公安系统优秀官方微博比率指数值情况，详见表 7—6。

表 7—6 显示，目前我国公安系统优秀微博比率指数值为全国平均值 2 倍以上的有江苏、山东、广东 3 省，其中江苏省的指数值为全国平均值的 4 倍以上。这 3 省应该是我国公安系统优秀微博比率最高的地区；若以“公安系统优秀微博比率指数”在 100—200 之间为“水平较高”的标准，则辽宁、河南、福建、黑龙江、浙江、云南、河北、上海、广西、甘肃 10 个省域为目前我国公安系统优秀微博比率较高的地区；若以“公安系统优秀微博比率指数”在 50.00 以下为“低水平”的标准，则西藏、海南、天津、内蒙古、宁夏、青海、贵州、吉林、江西、重庆、新疆、四川、陕西 13 个省区为目前我国公安系统优秀官方微博比率的低水平地区，其中西藏、海南 2 省区则以指数值为“0”的现状，位居全国最末位。

就少数民族地区的公安系统优秀微博比率而言，目前的指数值为全国平均值的 46.57%，整体上处于“低水平”状态。具体来讲，该地区指数值最高的是云南省——其公安系统优秀微博比率指数值高出全国平均值 38.08 个百分点，高出少数民族地区平均值 91.51 个百分点；其次是广西和甘肃 2 省区——其公安系统优秀官方微博比率指数值高出少数民族地区平均值 55.60 个百分点。少数民族地区指数值最低的是西藏自治区——其公安系统优秀微博比率指数值为“0”；此外，内蒙古、宁夏、青海、贵州 4 省区的“公安系统优秀官方微博比率指数值”都仅为全国平均值的 10% 左右。这 5 个省区可谓全国及少数民族地区此项指标的“落伍者”。

表 7—6 各地区公安系统优秀官方微博比率指数（以全国平均值为 100）

项目 / 地区	公安系统优秀机构微博比率指数			公安系统优秀官员微博比率指数			公安系统优秀官方微博比率指数
	原始值	指数值	权重	原始值	指数值	权重	
全国平均	3. 23	100	0. 60	3. 23	100	0. 40	100
北京	2. 50	77. 40		3. 50	108. 36		89. 78
天津	0. 00	0. 00		0. 54	16. 72		6. 69
河北	4. 44	137. 46		3. 23	100. 00		122. 48
山西	2. 78	86. 07		0. 54	16. 72		58. 33
内蒙古	0. 00	0. 00		0. 54	16. 72		6. 69
辽宁	8. 33	257. 90		3. 50	108. 36		198. 08
吉林	0. 56	17. 34		0. 27	8. 36		13. 75
黑龙江	2. 22	68. 73		8. 89	275. 23		151. 33
上海	2. 22	68. 73		5. 12	158. 51		104. 64
江苏	18. 33	567. 49		6. 74	208. 67		423. 96
浙江	5. 56	172. 14		3. 77	116. 72		149. 97
安徽	2. 50	77. 40		3. 50	108. 36		89. 78
福建	5. 28	163. 47		7. 01	217. 03		184. 89
江西	0. 00	0. 00		1. 35	41. 80		16. 72
山东	12. 22	378. 33		11. 86	267. 18		333. 87
河南	7. 50	232. 20		4. 31	133. 44		192. 70
湖北	2. 50	77. 40		1. 89	58. 51		69. 84
湖南	1. 67	51. 70		1. 62	50. 16		51. 08

续表

项目 地区	公安系统优秀机构微博比率指数			公安系统优秀官员微博比率指数			公安系统优秀官方微博比率指数
	原始值	指数值	权重	原始值	指数值	权重	
广东	10.00	309.60		6.74	208.67		269.23
广西	5.00	154.80		0.81	25.08		102.91
海南	0.00	0.00		0.00	0.00		0.00
重庆	0.56	17.34		0.81	25.08		20.44
四川	0.56	17.34		2.43	75.23		40.50
贵州	0.28	8.67		0.54	16.72		11.89
云南	2.22	68.73		7.82	242.11		138.08
西藏	0.00	0.00		0.00	0.00		0.00
陕西	0.83	25.70		2.70	83.60		48.86
甘肃	0.83	25.70		7.01	217.03		102.23
青海	0.00	0.00		0.81	25.08		10.03
宁夏	0.28	8.67		0.27	8.36		8.55
新疆	0.83	25.70		1.89	58.51		38.82
少数民族地区平均	1.05	32.47		2.19	67.73		46.57

资料来源：国家行政学院电子政务研究中心：《2013 年中国政务微博客评估报告》，国家行政学院网站，2014 年 4 月 8 日。

六　官方微博综合绩效指数测评与分析

官方微博综合绩效指数由具有较大影响力的官方微博比率指数、党政机构微博传播效能指数、效益显著的官方微博综合指数、党政系统优秀官方微博比率指数、公安系统优秀官方微博比率指数 5 个分支系统的指数值通过相应的加权处理后集合而成。目前我国各地区官方微博综合绩效指数情况详见表 7—7。

表 7—7 **各地区官方微博综合绩效指数（以全国平均值为100）**

项目 / 地区	具有较大影响力的官方微博比率指数		党政机构微博传播效能指数		效益较显著的官方微博综合指数		党政系统优秀官方微博比率指数		公安系统优秀官方微博比率指数		官方微博综合绩效指数		
	指数值	权重	指数值	权重	指数值	权重	指数值	权重	指数值	权重	指数	地区	排名
全国平均	100	0.15	100	0.25	100	0.25	100	0.20	100	0.15	100		
北京	186.38		111.31		98.24		346.75		89.78		163.16	浙江	1
天津	17.96		20.35		21.45		0 00		6.69		14.15	广东	2
河北	98.46		31.52		28.24		18.58		122.48		51.80	江苏	3
山西	73.06		126.33		87.76		74.30		58.33		88.09	山东	4
内蒙古	36.53		20.35		25.60		12.38		6.69		20.45	河南	5
辽宁	154.18		34.08		72.78		63.11		198.08		93.18	北京	6
吉林	50.16		20.35		21.45		0.00		13.75		20.04	云南	7
黑龙江	79.88		30.83		45.84		43.34		151.33		62.52	上海	8
上海	115.17		128.65		133.20		123.84		104.64		123.20	四川	9

续表

项目/地区	具有较大影响力的官方微博比率指数		党政机构微博传播效能指数		效益较显著的官方微博综合指数		党政系统优秀微博比率指数		公安系统优秀官方微博比率指数		官方微博综合绩效指数		
	指数值	权重	指数值	权重	指数值	权重	指数值	权重	指数值	权重	指数	地区	排名
江苏	266.97		342.79		231.35		216.72		423.96		290.52	辽宁	10
浙江	455.11		451.63		529.33		526.31		149.97		441.26	福建	11
安徽	69.97		62.98		50.25		37.15		89.78		59.70	山西	12
福建	89.17		63.08		77.60		74.30		184.89		91.14	新疆	13
江西	46.44		33.20		33.98		30.69		16.72		32.41	广西	14
山东	215.48		257.76		246.36		247.68		333.87		257.97	湖北	15
河南	165.94		196.12		164.13		173.38		192.70		178.53	甘肃	16
湖北	76.16		65.40		77.63		74.30		69.84		72.51	黑龙江	17
湖南	48.30		29.02		45.08		43.34		51.08		42.10	安徽	18
广东	239.01		424.61		324.60		321.98		269.23		327.94	河北	19
广西	58.20		64.85		79.67		74.30		102.91		75.16	陕西	20

续表

项目 地区	具有较大影响力的官方微博比率指数		党政机构微博传播效能指数		效益较显著的官方微博综合指数		党政系统优秀官方微博比率指数		公安系统优秀微博比率指数		官方微博综合绩效指数		
	指数值	权重	指数值	权重	指数值	权重	指数值	权重	指数值	权重	指数	地区	排名
海南	3.72		20.35		25.59		12.38		0.00		14.52	宁夏	21
重庆	45.82		31.28		28.05		18.58		20.44		28.49	湖南	22
四川	131.89		100.63		112.93		105.26		40.50		100.30	江西	23
贵州	32.20		20.35		25.79		12.38		11.89		20.63	重庆	24
云南	101.55		159.33		164.70		154.80		138.08		147.91	贵州	25
西藏	3.10		20.35		21.45		0.00		0.00		10.92	内蒙古	26
陕西	83.59		20.35		62.44		49.54		48.86		50.47	吉林	27
甘肃	70.59		63.10		64.45		61.92		102.23		70.20	海南	28
青海	6.81		20.35		21.45		0.00		10.03		12.98	天津	29
宁夏	11.77		63.23		65.18		61.92		8.55		47.54	青海	30
新疆	72.44		59.98		116.04		111.46		38.82		82.99	西藏	31
少数民族地区平均	43.68		42.77		68.49		40.59		46.57		49.47		

资料来源："官方微博综合绩效指数"系根据表7—2至表7—6数据加权处理后计算而得。

由表 7—7 可知，目前我国官方微博综合绩效指数最高的是浙江省，其指数值高出全国平均指数值 341 个百分点；其次是广东省，其指数值高出全国平均指数值约 228 个百分点。官方微博综合绩效指数最低的是西藏自治区，其指数值仅为全国平均指数值的 10. 92%；其次是青海省，其指数值仅为全国平均指数值的 12. 98%。各地区官方微博综合绩效指数值的排序情况详见表 7—7、图 7—4。

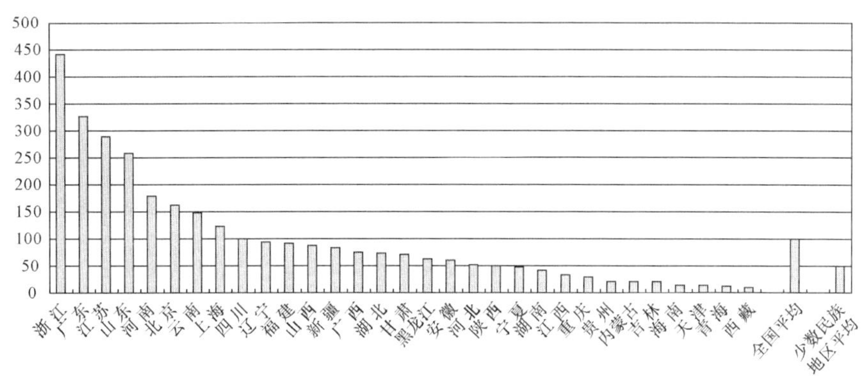

图 7—4　各地区官方微博综合绩效指数值排序情况

表 7—7、图 7—4 显示，目前我国各省区官方微博综合绩效水平大体分为四个档次：（1）指数值高于全国平均值 100 个百分点以上的浙江、广东、江苏、山东 4 省，可谓水平最高的地区；（2）指数值在 100—200 之间的河南、北京、云南、上海、四川 5 省市，可谓水平较高的地区；（3）指数值在 50—100 之间的辽宁、福建、山西、新疆、广西、湖北、甘肃、黑龙江、安徽、河北、陕西 11 省区，可谓水平一般的地区；（4）指数值在 50. 00 以下的宁夏、湖南、江西、重庆、贵州、内蒙古、吉林、海南、天津、青海、西藏 11 省区，可谓低水平地区。

在少数民族地区，各省域的官方微博综合绩效水平亦可分为四个档次：（1）云南省以其“官方微博综合绩效指数值”147. 91 的水平，位居少数民族地区首位，位居全国第 7 位，也是少数民族地区“官方微博综合绩效指数值”唯一高出全国平均值的省份，可谓少数民族地区的“排头兵”；（2）新疆、广西、甘肃 3 省区，以指数值在全国排名第 13、14、

16 位，居于少数民族地区“第二梯队”；（3）宁夏、贵州、内蒙古 3 省区，以指数值在全国排名第 21、25、26 位，成为少数民族地区官方微博综合绩效“水平一般”的省域；（4）青海、西藏 2 省区，以指数值不及全国平均值的 15%，且排名最后 2 位的现状，成为少数民族地区官方微博综合绩效“水平最低”的省域。

就目前少数民族地区官方微博综合绩效的整体水平而言，其指数值约为全国平均水平的 50%，处于“低水平”位次。在 9 个省区中，云南、新疆、广西、甘肃 4 省区的“官方微博综合绩效指数值”高于少数民族地区平均值，另外 5 个省区中，除宁夏接近少数民族地区平均值外，其他 4 省区的指数值均明显低于少数民族地区平均值。从“官方微博综合绩效指数值”的 5 个分支系统来看，少数民族地区与全国平均水平间差距相对较大的系统为三个方面：（1）党政系统优秀微博比率——其指数值低于全国平均水平 59.41 个百分点；（2）党政机构微博传播效能，其指数值低于全国平均水平 57.23 个百分点；（3）具有较大影响力的官方微博比率，其指数值低于全国平均水平 56.32 个百分点。

第四节　少数民族地区政府网站服务能力测评与分析

政府网站是实现政府信息公开的重要平台，也是彰显服务型政府，体现执政为民理念的主要载体，是开展网络舆情引导、应对网络舆情危机的主渠道之一。政府网站服务能力的大小，在一定程度上反映着一个地区的政府执政水平的高低，同时也反映着该地区网络舆情及网络舆情危机应对能力的强弱。政府网站服务能力测评子系统由“政府网站信息公开指数”“政府网站民生服务指数”“政府网站互动交流指数”“政府网站舆情引导指数”“政府网站运行绩效指数”5 个分支系统构成。现阶段我国各地区的“政府网站服务能力指数”情况，详见表 7—8 至表 7—13。

一　少数民族地区政府网站信息公开指数测评

政府网站信息公开指数是测评各地区政府网站信息公开能力的系统化指标。政府网站信息公开能力主要包括政府网站的基础信息公开、行政权力公开、行政决策公开、重点政府信息公开、基层政务公开情况，以及公开保障机制建设等方面的情况。具体由概况信息、人事信息、统计信息、通知公告、行政职权目录、行政权力运行、政策法规、规划计划、重点工程项目、财政资金信息、环境保护信息、征地拆迁信息、价格和收费信息 24 项面向社会公开的信息指标构成。①

本课题测评体系所设定的“政府网站信息公开指数”，则是由《中国政府网站绩效评估》中的“省级政府网站信息公开指数”“省会城市政府网站信息公开指数”“地市级政府网站信息公开指数”3 项政府网站信息公开能力指标构成。现阶段我国各地区政府网站信息公开指数情况详见表 7—8。

表 7—8　　各地区政府网站信息公开指数（以全国平均值为 100）

项目 地区	省级政府网站信息公开指数			省会城市政府网站信息公开指数			地市级政府网站信息公开指数			政府网站信息公开指数
	原始值	指数值	权重	原始值	指数值	权重	原始值	指数值	权重	
全国平均	0.57	100	0.40	0.61	100	0.30	0.56	100	0.30	100
北京	0.72	126.32		—	—		—	—		126.32
天津	0.59	103.51		—	—		—	—		103.51
河北	0.51	89.47		0.51	83.61		0.61	108.93		93.55
山西	0.51	89.47		0.64	104.92		0.57	101.79		97.80
内蒙古	0.55	96.49		0.39	63.93		0.56	100.00		87.76
辽宁	0.43	75.44		0.63	103.28		0.51	91.07		88.48
吉林	0.48	84.21		0.56	91.80		0.51	91.07		88.56
黑龙江	0.47	82.46		0.58	95.08		0.59	105.36		93.12
上海	0.78	136.84		—	—		—	—		136.84
江苏	0.68	119.30		0.72	118.03		0.71	126.79		121.17
浙江	0.53	92.98		0.68	111.48		0.69	123.32		107.63

① 中国软件测评中心：《第十二届（2013）中国政府网站绩效评估》（http://2013wzpg.cstc.org.cn），2013 年 11 月 28 日。

续表

项目 地区	省级政府网站信息公开指数			省会城市政府网站信息公开指数			地市级政府网站信息公开指数			政府网站信息公开指数
	原始值	指数值	权重	原始值	指数值	权重	原始值	指数值	权重	
安徽	0.77	135.09		0.69	113.15		0.67	119.64		123.87
福建	0.76	133.33		0.72	118.03		0.69	123.21		125.70
江西	0.48	84.21		0.65	106.56		0.68	121.43		102.08
山东	0.56	98.25		0.75	122.95		0.66	117.86		111.54
河南	0.43	75.44		0.62	101.64		0.59	105.36		92.28
湖北	0.72	126.32		0.71	116.39		0.64	114.29		119.73
湖南	0.73	128.07		0.75	122.95		0.64	114.29		122.40
广东	0.78	136.84		0.76	124.59		0.69	123.21		129.08
广西	0.48	84.21		0.62	101.64		0.53	94.64		92.57
海南	0.76	133.33		0.59	96.72		0.57	101.79		112.89
重庆	0.55	96.49		—	—		—	—		95.49
四川	0.79	138.60		0.77	126.23		0.67	119.64		129.20
贵州	0.50	87.72		0.66	108.20		0.51	91.11		94.88
云南	0.51	89.47		0.40	65.57		0.35	62.50		74.21
西藏	0.32	56.14		0.39	63.94		0.22	39.29		53.42
陕西	0.72	126.32		0.75	122.95		0.66	117.86		122.77
甘肃	0.44	77.19		0.39	63.94		0.38	67.85		70.41
青海	0.40	70.18		0.58	95.08		0.28	50.00		71.60
宁夏	0.32	56.14		0.58	95.08		0.40	71.43		72.41
新疆	0.40	70.18		0.31	50.82		0.47	83.93		68.50
少数民族地区平均	0.44	77.19		0.48	78.69		0.41	73.21		76.45

资料来源：中国软件测评中心：《第十二届（2013）中国政府网站绩效评估》，2013 年 11 月 28 日。

说明：地市级政府网站的相关数据系各省域中地市级政府网站数据的平均值，下同。如：宁夏的“地市级政府网站信息公开指数”的原始值 = ［0.63（石嘴山市）+0.58（固原市）+0.28（中卫市）+0.11（吴忠市）］/4 =0.40。

分析表7—8可以看出，目前“政府网站信息公开指数”高出全国平均水平的共有15个省区。若将指数值为125以上的确定为政府网站信息公开的“高水平”地区，将指数值在100—125之间的确定为“较高水平”地区，则目前我国政府网站信息公开的“高水平”地区为上海、四川、广东、北京、福建5省市，“较高水平”地区则依次为安徽、陕西、湖南、江苏、湖北、海南、山东、浙江、天津、江西10个省。

目前“政府网站信息公开指数”低于全国平均水平的共有16个省域。若将指数值在80—100之间的确定为政府网站信息公开的“一般水平”地区，将指数值在80.00以下的确定为“低水平”地区，那么，目前我国政府网站信息公开的“一般水平”地区依次是山西、重庆、贵州、河北、黑龙江、广西、河南、吉林、辽宁、内蒙古10个省区，“低水平”地区则为西藏、新疆、甘肃、青海、宁夏、云南6个省区。

就少数民族地区而言，其“政府网站信息公开指数”平均值为76.45，低于全国平均值23.55个百分点，与指数值最高的上海市相比，相差60.39个百分点。少数民族地区“政府网站信息公开指数”相对较高的是贵州、广西2省区，其指数值与全国平均水平相差不大。在政府网站信息公开的“高水平”和“较高水平”的15个省域中，没有少数民族地区的省域；而在政府网站信息公开的“低水平”的6个省域中，全部为少数民族地区的省区。这6个省区的指数值不仅明显低于全国平均值，而且全都低于少数民族地区平均值，其中西藏、新疆的指数值分别低于全国平均值46.58个和31.50个百分点，分别低于少数民族地区平均值23.03和7.95个百分点，差距甚为突出。

二　少数民族地区政府网站民生服务指数测评

民生服务是政府网站的主要职能之一，能否充分发挥此项职能应有的作用，对彰显“以人为本”的执政理念，提升“服务型”政府之执政水平，进而强化网络舆情引导能力，具有重要意义。政府网站民生服务指数则是体现政府网站在教育、社保、就业、健康、住房、交通，以及婚育收养、公用事业、证件办理等诸多民生领域中服务能力与水平的测评指标。[①] 在此，我们从省级、省会城市、地市级三级政府网站的视角，就其民生服务指数进行测评。目前我国各地区政府网站民生服务指数情况见表7—9。

表 7—9　　各地区政府网站民生服务指数（以全国平均值为 100）

项目 地区	省级政府网站民生服务指数			省会城市政府网站民生服务指数			地市级政府网站民生服务指数			政府网站民生服务指数
	原始值	指数值	权重	原始值	指数值	权重	原始值	指数值	权重	
全国平均	0.44	100	0.40	0.48	100	0.30	0.29	100	0.30	100
北京	0.91	206.82		—	—		—	—		206.82
天津	0.21	47.73		—	—		—	—		47.73
河北	0.12	27.27		0.27	56.25		0.32	110.35		60.89
山西	0.34	77.27		0.41	85.42		0.27	93.10		84.46
内蒙古	0.31	70.46		0.29	60.42		0.31	106.90		78.38
辽宁	0.58	131.82		0.37	77.08		0.22	75.86		98.61
吉林	0.15	34.09		0.30	62.50		0.18	62.07		51.01
黑龙江	0.18	40.91		0.44	91.67		0.23	79.31		67.66
上海	0.76	172.73		—	—		—	—		172.73
江苏	0.40	90.91		0.81	168.75		0.60	206.90		149.06
浙江	0.41	93.18		0.44	91.67		0.46	158.62		112.36
安徽	0.51	115.91		0.58	120.83		0.39	134.48		122.96
福建	0.84	190.91		0.76	158.33		0.52	179.31		177.66
江西	0.37	84.09		0.46	95.33		0.46	158.62		109.82
山东	0.37	84.09		0.76	158.33		0.41	141.38		123.55

① 中国软件测评中心：《第十二届（2013）中国政府网站绩效评估》，中国软件测评中心网站，2013年11月28日。

续表

项目 地区	省级政府网站民生服务指数			省会城市政府网站民生服务指数			地市级政府网站民生服务指数			政府网站民生服务指数
	原始值	指数值	权重	原始值	指数值	权重	原始值	指数值	权重	
河南	0.13	29.55		0.30	62.50		0.26	89.66		57.47
湖北	0.71	161.36		0.76	158.33		0.33	113.79		146.18
湖南	0.92	209.09		0.79	164.58		0.36	124.14		170.25
广东	0.64	145.46		0.82	170.83		0.44	151.72		154.95
广西	0.44	100.00		0.36	75.00		0.21	72.41		84.22
海南	0.74	168.68		0.45	93.75		0.18	62.07		114.22
重庆	0.25	56.82		—	—		—	—		58.82
四川	0.70	159.09		0.82	170.83		0.35	120.69		151.09
贵州	0.40	90.91		0.70	145.83		0.26	89.66		107.01
云南	0.43	97.72		0.28	58.33		0.11	37.93		67.97
西藏	0.10	22.73		0.13	27.08		0.10	34.48		27.56
陕西	0.56	127.27		0.74	154.17		0.38	131.04		136.47
甘肃	0.41	93.18		0.30	62.50		0.16	55.17		72.57
青海	0.39	88.64		0.16	33.33		0.08	27.59		53.72
宁夏	0.16	36.36		0.14	29.17		0.12	41.38		35.71
新疆	0.12	27.27		0.22	45.83		0.17	58.62		42.24
少数民族地区平均	0.31	70.46		0.29	60.42		0.17	58.62		63.90

资料来源：中国软件测评中心《第十二届（2013年）中国政府网站绩效评估》，中国软件测评中心网站，2013年11月28日。

表7—9显示，我国目前政府网站民生服务指数值最高的是北京市，其次为福建省。指数值超过全国平均值的省域有15个。若分别将指数值为150以上、100—150之间、50—100之间、50以下确定为“高水平”“较高水平”“一般水平”和“低水平”的标准，则政府网站民生服务高

水平地区依次为北京、福建、上海、湖南、广东、四川6省市；较高水平的地区依次为江苏、湖北、陕西、山东、安徽、海南、浙江、江西、贵州9省；一般水平的地区依次为辽宁、山西、广西、内蒙古、甘肃、云南、黑龙江、河北、重庆、河南、青海、吉林12省区；低水平的地区由低向高则依次为西藏、宁夏、新疆、天津。

从少数民族地区的情况来看，其政府网站民生服务的平均指数值为63.90，低于全国平均值36.10个百分点，整体上处于“一般水平”。就各省区的具体情况来看，贵州省是目前少数民族地区政府网站民生服务水平最高的省域——其指数值高出全国平均值约7个百分点，高出少数民族地区平均值43.11个百分点；西藏自治区、宁夏回族自治区则是目前少数民族地区政府网站民生服务水平相对最低的省域——其指数值分别低于全国平均值72.44个、64.29个百分点，分别低于少数民族地区平均值36.34个、28.19个百分点；此外。新疆维吾尔自治区的政府网站民生服务指数与全国平均值、少数民族地区平均值间的差距亦比较突出。

三　少数民族地区政府网站互动交流指数测评

政府网站互动交流体系是指政府网站通过政务咨询、投诉举报、在线访谈、征集调查等渠道的开展交流互动的情况。具体包括政府网站在线提交咨询、查询答复结果、历史咨询整理汇编、在线提交投诉举报、查询投诉受理情况、交流预告、公众在线提问功能、交流内容汇总、在线意见提交、征集结果查看等基本功能。[①]“政府网站互动交流指数”则是由省级、省会城市、地市级政府网站互动交流指数按照一定的权重集合而成。现阶段我国各地区政府网站互动交流指数情况详见表7—10。

分析表7—10可知，现阶段我国政府网站互动交流水平最高的是北京市，其指数值高出全国平均值66.07个百分点。若将高水平、较高水平、一般水平、低水平的指数值标准分别确定为130以上、100—130之间、70—100之间、70以下，则政府网站互动交流高水平地区依次为北京、广东、上海、福建、江苏、湖南6省市；较高水平地区依次为重庆、湖北、

① 中国软件测评中心：《第十二届（2013）中国政府网站绩效评估》，中国软件测评中心网站，2013年11月28日。

安徽、四川、陕西、山东、黑龙江、海南、辽宁9省市；一般水平地区依次为浙江、河北、内蒙古、广西、江西、河南、贵州、山西、吉林、青海10省区；低水平地区由低到高则为西藏、云南、宁夏、天津、甘肃、新疆6个省区。

表7—10　　各地区政府网站互动交流指数（以全国平均值为100）

项目 地区	省级政府网站互动交流指数			省会城市政府网站互动交流指数			地市级政府网站互动交流指数			政府网站互动交流指数
	原始值	指数值	权重	原始值	指数值	权重	原始值	指数值	权重	
全国平均	0.56	100	0.40	0.62	100	0.30	0.48	100	0.30	100
北京	0.93	166.07		—	—		—	—		166.07
天津	0.34	60.71		—	—		—	—		60.71
河北	0.49	87.50		0.66	106.45		0.49	102.08		97.56
山西	0.40	71.43		0.42	67.74		0.46	95.83		77.64
内蒙古	0.48	85.71		0.66	106.45		0.48	100.00		96.22
辽宁	0.53	94.64		0.68	109.68		0.47	97.92		100.14
吉林	0.28	50.00		0.65	104.84		0.39	81.25		75.83
黑龙江	0.69	123.21		0.64	103.23		0.48	100.00		110.25
上海	0.79	141.07		—	—		—	—		141.07
江苏	0.66	117.86		0.79	127.42		0.74	154.17		131.62
浙江	0.47	83.93		0.59	95.16		0.59	122.92		99.00
安徽	0.72	128.57		0.69	111.29		0.62	129.17		123.57
福建	0.68	121.43		0.81	130.65		0.73	152.08		133.39
江西	0.38	67.86		0.52	83.87		0.66	137.50		93.56
山东	0.47	83.93		0.90	145.16		0.62	129.17		115.87
河南	0.38	67.86		0.61	98.39		0.58	120.83		92.91
湖北	0.66	117.86		0.88	141.94		0.62	129.17		128.48
湖南	0.76	135.71		0.86	138.71		0.57	118.75		131.52

续表

项目 地区	省级政府网站互动交流指数			省会城市政府网站互动交流指数			地市级政府网站互动交流指数			政府网站互动交流指数
	原始值	指数值	权重	原始值	指数值	权重	原始值	指数值	权重	
广东	0.86	153.57		0.93	150.00		0.64	133.33		146.43
广西	0.61	108.93		0.59	95.16		0.38	79.17		95.87
海南	0.82	146.43		0.39	62.90		0.41	85.42		103.07
重庆	0.72	128.57		—	—		—	—		128.57
四川	0.73	130.36		0.79	127.42		0.53	110.42		123.50
贵州	0.39	69.65		0.70	112.90		0.51	106.25		93.61
云南	0.39	69.65		0.31	50.00		0.24	50.00		57.86
西藏	0.13	23.21		0.58	93.55		0.09	18.75		42.97
陕西	0.68	121.43		0.85	137.10		0.53	110.42		122.83
甘肃	0.34	60.71		0.43	69.35		0.26	54.17		61.34
青海	0.59	105.36		0.34	54.84		0.23	47.92		72.97
宁夏	0.44	78.57		0.31	50.00		0.22	45.83		60.18
新疆	0.41	73.21		0.25	40.32		0.37	77.08		64.50
少数民族地区平均	0.42	75.00		0.46	74.19		0.31	64.58		71.63

资料来源：中国软件测评中心《第十二届（2013）中国政府网站绩效评估》，中国软件测评中心网站，2013 年 11 月 28 日。

由表 7—10 还可以看出，现阶段我国少数民族地区政府网站互动交流指数为 71.63，低于全国平均值 28.37 个百分点，整体上处于“一般水平”。具体来看，少数民族地区政府网站互动交流指数最高的是内蒙古自治区，其指数值为 96.22，其次是广西壮族自治区，其指数值为 95.87，这两个自治区的指数值与全国平均值相差无几。政府网站互动交流指数低于少数民族地区平均值的有新疆、甘肃、宁夏、云南、西藏 5 省区，且这 5 省区均处于我国政府网站互动交流的低水平行列，与其他省域间的差距甚为突出。

四　少数民族地区政府网站舆情引导指数测评

有效开展正确的网络舆情引导工作，是政府网站重要的职能之一，也是信息时代彰显“执政为民”理念、构建和谐社会的主要形式之一。故此，网络舆情引导能力的强弱，是评价政府网站是否积极履行职能、有效发挥社会效益的重要指标体系。

政府网站舆情引导能力测评体系主要是评估政府通过政务微博、人民留言、政务微信等渠道发布信息、解读政策、加强网络舆情引导的情况。具体包括政府网站是否在主流微博上提供政务微博、微博内容的更新情况、微博内容与政务工作及社会热点的结合情况、人民网留言板答复处理的及时性和答复质量，通过政务微信及时发布信息与网民互动交流等测评项目。[①] 本课题的“政府网站舆情引导指数”测评体系，由省级、省会城市、地市级政府网站舆情引导指数按照一定的权重集合而成。目前我国各地区政府网站的舆情引导指数情况见表7—11。

分析表7—11可知，目前我国政府网站舆情引导能力最高的为上海市，其指数值高出全国平均值157.14个百分点。在31个省域中，指数值超过全国平均值的有15个。若将指数值在150以上的确定为政府网站舆情引导能力“高水平”，指数值在100—150之间的确定为“较高水平”，指数值在60—100之间的确定为“一般水平”，指数值在60以下的确定为“低水平”地区，那么这四个档次的排序分别为：（1）政府网站舆情引导能力高水平地区依次是上海、北京、广东、四川、安徽5省市；（2）政府网站舆情引导能力较高水平地区依次是湖北、陕西、河南、天津、山西、江西、甘肃、山东、贵州、浙江10省；（3）政府网站舆情引导能力一般水平地区依次是江苏、福建、内蒙古、吉林、宁夏、黑龙江、河北、新疆、广西、湖南、青海11省区；政府网站舆情引导能力低水平地区由低到高依次是重庆、辽宁、西藏、云南、海南5省区。

---

① 中国软件测评中心：《第十二届（2013）中国政府网站绩效评估》，中国软件测评中心网站，2013年11月28日。

表 7—11　各地区政府网站舆情引导指数（以全国平均值为 100）

项目 地区	省级政府网站舆情引导指数			省会城市政府网站舆情引导指数			地市级政府网站舆情引导指数			政府网站舆情引导指数
	原始值	指数值	权重	原始值	指数值	权重	原始值	指数值	权重	
全国平均	0.28	100	0.40	0.31	100	0.30	0.18	100	0.30	100
北京	0.64	228.57		—	—		—	—		228.57
天津	0.35	125.00		—	—		—	—		125.00
河北	0.19	67.86		0.08	25.81		0.22	122.22		71.55
山西	0.51	182.14		0.30	96.77		0.14	77.78		125.22
内蒙古	0.15	53.57		0.26	83.87		0.20	111.11		79.92
辽宁	0.05	17.86		0.05	16.13		0.14	77.78		35.32
吉林	0.12	42.86		0.37	119.35		0.16	88.89		79.62
黑龙江	0.30	107.14		0.15	48.39		0.10	55.56		74.04
上海	0.72	257.14		—	—		—	—		257.14
江苏	0.05	17.86		0.45	145.16		0.26	144.44		94.24
浙江	0.31	110.71		0.10	32.26		0.29	161.11		102.30
安徽	0.50	178.71		0.52	167.74		0.18	100.00		151.81
福建	0.25	89.29		0.22	70.97		0.19	105.56		88.68
江西	0.30	107.14		0.47	151.63		0.17	94.44		116.68
山东	0.31	110.71		0.30	96.77		0.21	116.67		108.32
河南	0.46	164.29		0.35	112.90		0.24	133.33		139.59
湖北	0.39	139.29		0.67	216.13		0.12	66.67		140.56
湖南	0.10	35.71		0.30	96.77		0.13	72.22		64.98
广东	0.59	210.71		0.62	200.00		0.30	166.67		194.29
广西	0.05	17.86		0.35	112.90		0.16	88.89		67.68
海南	0.10	35.71		0.15	48.39		0.15	83.33		53.80
重庆	0.00	0.00		—	—		—	—		0.00

续表

项目 地区	省级政府网站舆情引导指数			省会城市政府网站舆情引导指数			地市级政府网站舆情引导指数			政府网站舆情引导指数
	原始值	指数值	权重	原始值	指数值	权重	原始值	指数值	权重	
四川	0.54	192.86		0.67	216.13		0.29	161.11		190.32
贵州	0.30	107.14		0.40	129.03		0.15	83.33		106.56
云南	0.24	85.71		0.00	0.00		0.11	61.11		52.62
西藏	0.14	50.00		0.00	0.00		0.10	55.56		36.67
陕西	0.26	92.86		0.60	193.55		0.27	150.00		140.21
甘肃	0.42	150.00		0.22	70.97		0.17	94.44		109.62
青海	0.15	53.57		0.20	64.52		0.14	77.78		64.12
宁夏	0.08	28.57		0.49	158.07		0.12	66.67		78.85
新疆	0.24	85.71		0.14	45.16		0.13	72.22		69.50
少数民族地区平均	0.20	71.43		0.23	74.19		0.14	77.78		74.16

资料来源：中国软件测评中心：《第十二届（2013）中国政府网站绩效评估》，中国软件测评中心网站，2013 年 11 月 28 日。

分析表 7—11 还可以看出，目前我国少数民族地区的政府网站舆情引导能力整体上处于“一般水平”中的下游位次，其指数值为 74.16，与高水平地区之间的差距约为 75 个百分点，与全国平均值的差距约为 25 个百分点。就少数民族地区各省域的具体情况而言，政府网站舆情引导能力相对较高的是甘肃省和贵州省，其指数值分别高出全国平均值 9.62 个、6.56 个百分点，可谓少数民族地区中的“第一集团”；政府网站舆情引导能力相对较低的则是西藏自治区和云南省，其指数值分别低于全国平均值 63.33 个、47.38 个百分点，分别低于少数民族地区平均值 37.49 个、21.54 个百分点，排在全国的末位档次。由此也可以看出，在少数民族地区的各省域间，政府网站舆情引导能力的差距也是十分突出的。

五 少数民族地区政府网站运行绩效指数测评

政府网站运行绩效指数主要反映政府网站的信息公开指数、民生领域服务指数、重点服务指数（如户籍或身份证办理、港澳通行证或护照办理、保障性住房申请或公积金贷款办理、房屋产权登记、机动车驾驶证办理或机动车登记、生育服务证办理服务等）、互动交流指数、新技术应用指数、网络舆情引导指数诸测评项目的综合得分情况[①]，体现着政府网站综合职能、综合效益的状况。现阶段我国各地区政府网站的运行绩效指数情况详见表7—12。

表7—12显示，当前我国政府网站运行绩效水平最高的为北京市，其指数值高出全国平均值74.40个百分点，其次是上海市，其指数值高出全国平均值59.30个百分点。政府网站运行绩效水平最低的则是西藏自治区，其指数值低于全国平均值67.79个百分点；其次是宁夏回族自治区，其指数值低于全国平均值45.55个百分点。政府网站运行绩效水平最低地区与水平最高地区间的差距为142.19个百分点。

在31个省域中，政府网站运行绩效指数值超过全国平均值的有14个。若将指数值在150以上的确定为政府网站运行绩效“高水平”档次，指数值在100—150之间的确定为“较高水平”档次，指数值在70—100之间的确定为“一般水平”档次，指数值在60以下的确定为“低水平”档次，则这四个档次的排序分别为：（1）政府网站运行绩效高水平地区依次为北京、上海2市；（2）政府网站运行绩效较高水平地区依次为福建、广东、四川、湖南、湖北、江苏、安徽、陕西、山东、浙江、海南、江西12省；（3）政府网站运行绩效一般水平地区依次为贵州、广西、黑龙江、辽宁、山西、内蒙古、河南、吉林、河北、重庆10个省、自治区、直辖市；（4）政府网站运行绩效低水平地区由低到高依次为西藏、宁夏、青海、甘肃、新疆、云南6省区。

---

① 中国软件测评中心：《第十二届（2013）中国政府网站绩效评估》，中国软件测评中心网站，2013年11月28日。

表 7—12　各地区政府网站运行绩效指数（以全国平均值为 100）

项目 地区	省级政府网站运行绩效指数			省会城市政府网站运行绩效指数			地市级政府网站运行绩效指数			政府网站运行绩效指数
	原始值	指数值	权重	原始值	指数值	权重	原始值	指数值	权重	
全国平均	45.70	100	0.40	46.34	100	0.30	33.14	100	0.30	100
北京	79.70	174.40		—	—		—	—		174.40
天津	37.90	82.93		—	—		—	—		82.93
河北	27.70	60.61		32.40	69.92		31.25	94.30		73.51
山西	35.90	78.56		42.70	91.15		32.22	97.22		87.94
内蒙古	36.80	80.53		31.20	67.33		32.76	98.85		82.07
辽宁	40.00	87.53		40.50	87.40		29.56	89.20		87.99
吉林	29.10	63.68		38.40	82.87		27.32	82.44		75.07
黑龙江	39.30	86.00		43.80	94.52		31.58	95.30		91.35
上海	72.80	159.30		—	—		—	—		159.30
江苏	47.00	102.85		66.00	142.43		55.39	167.14		134.01
浙江	43.00	94.09		43.80	94.52		45.70	137.90		107.36
安徽	61.10	133.70		53.90	116.31		41.68	125.77		126.10
福建	69.30	151.64		66.60	143.72		50.69	152.96		149.66
江西	34.50	75.49		46.50	100.35		46.45	140.16		102.35
山东	39.30	86.00		69.60	150.19		42.29	127.61		117.74
河南	27.30	59.74		37.30	80.49		35.04	105.73		79.76
湖北	64.80	141.79		66.80	144.15		38.47	116.08		134.79
湖南	68.20	149.23		70.40	151.92		40.45	122.06		141.89
广东	66.80	146.17		74.30	160.34		46.31	139.74		148.92

续表

项目 地区	省级政府网站运行绩效指数			省会城市政府网站运行绩效指数			地市级政府网站运行绩效指数			政府网站运行绩效指数
	原始值	指数值	权重	原始值	指数值	权重	原始值	指数值	权重	
广西	41.20	90.15		41.60	89.77		27.80	83.88		88.16
海南	68.20	149.23		39.30	84.81		24.10	72.72		106.95
重庆	33.50	73.30		—	—		—	—		73.30
四川	71.90	157.33		69.60	150.19		38.54	116.30		142.88
贵州	38.20	83.59		55.90	120.63		32.65	98.52		99.18
云南	42.60	93.22		26.90	58.05		15.97	48.19		69.16
西藏	17.00	37.20		23.00	49.63		10.43	31.47		32.21
陕西	53.00	115.97		66.40	143.29		40.53	122.30		126.07
甘肃	34.00	74.40		30.00	64.74		20.09	60.62		67.37
青海	35.30	77.24		28.00	60.42		14.61	44.09		62.25
宁夏	24.50	53.61		25.00	53.95		18.58	56.07		54.45
新疆	36.80	80.53		21.30	45.97		24.35	73.48		68.05
少数民族地区平均	34.04	74.49		31.43	67.83		21.92	66.14		69.99

资料来源：中国软件测评中心：《第十二届（2013）中国政府网站绩效评估》，中国软件测评中心网站，2013年11月28日。

表7—12还显示，当前我国少数民族地区的政府网站运行绩效平均指数值为69.99，低于全国平均值约30个百分点，整体上处于“一般水平”档次。具体来看，政府网站运行绩效水平最高的是贵州省，其指数值与全国平均水平相当。指数值高出少数民族地区平均值的有贵州、广西、内蒙古3个省区，而云南、新疆、甘肃、青海、宁夏、西藏6省区的政府网站运行绩效水平都低于少数民族地区平均值，处于全国的“低水平”行列。

六　少数民族地区政府网站服务能力指数测评

依照本课题设定的测评指标体系，政府网站服务能力指数由政府网站信息公开指数、政府网站民生服务指数、政府网站互动交流指数、政府网站舆情引导指数、政府网站运行绩效指数在一定的权重系数下集合而成。目前我国各地区的政府网站服务能力指数情况详见表7—13、图7—5。

由表7—13、图7—5可知，目前我国政府网站服务能力最高的是北京市，其指数值高出全国平均值81.16个百分点。在31个省域中，指数值高出全国平均值的有14个。若将指数值在150以上的确定为政府网站服务能力“高水平”档次，指数值在100—150之间的确定为“较高水平”档次，指数值在70—100之间的确定为“一般水平”档次，指数值在60以下的确定为“低水平”档次，则这四个档次的排序分别为：（1）政府网站服务能力高水平地区依次为北京、上海、广东、四川4省市；（2）政府网站服务能力较高水平地区依次为湖北、福建、安徽、陕西、江苏、湖南、山东、江西、浙江、贵州10省；（3）政府网站服务能力一般水平地区依次为陕西、海南、河南、天津、黑龙江、广西、内蒙古、河北、辽宁、甘肃、吉林11省区；（4）政府网站服务能力低水平地区由低到高依次为西藏、宁夏、新疆、云南、青海、重庆6个省、市、自治区。

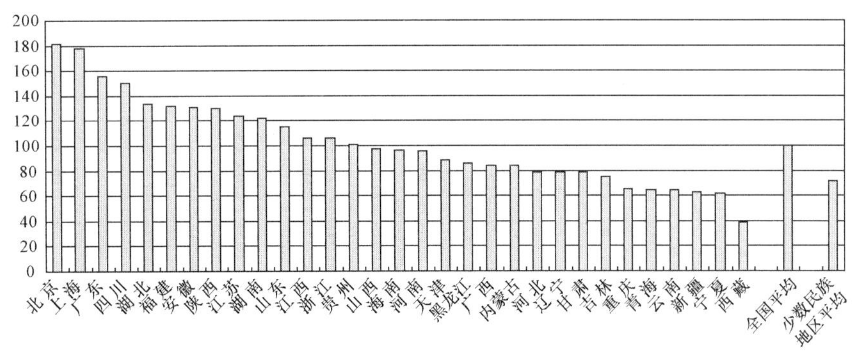

图7—5　各地区政府网站服务能力指数值排序情况

表 7—13　　**各地区政府网站服务能力指数（以全国平均值为 100）**

项目 地区	政府网站信息公开指数		政府网站民生服务指数		政府网站互动交流指数		政府网站舆情引导指数		政府网站运行绩效指数		政府网站服务能力指数		
	指数值	权重	指数值	权重	指数值	权重	指数值	权重	指数值	权重	指数	地区	排名
全国平均	100	0. 25	100	0. 20	100	0. 15	100	0. 25	100	0. 15	100		
北京	126. 32		206. 82		166. 07		228. 57		174. 40		181. 16	北京	1
天津	103. 51		47. 73		60. 71		125. 00		82. 93		88. 22	上海	2
河北	93. 55		60. 89		97. 56		71. 55		73. 51		79. 11	广东	3
山西	97. 80		84. 46		77. 64		125. 22		87. 94		97. 48	四川	4
内蒙古	87. 76		78. 38		96. 22		79. 92		82. 07		84. 34	湖北	5
辽宁	88. 48		98. 61		100. 14		35. 32		87. 99		78. 89	福建	6
吉林	88. 56		51. 01		75. 83		79. 62		75. 07		74. 88	安徽	7
黑龙江	93. 12		67. 66		110. 25		74. 04		91. 35		85. 56	陕西	8
上海	136. 84		172. 73		141. 07		257. 14		159. 30		178. 10	江苏	9

续表

项目 地区	政府网站信息公开指数		政府网站民生服务指数		政府网站互动交流指数		政府网站舆情引导指数		政府网站运行绩效指数		政府网站服务能力指数		
	指数值	权重	指数值	权重	指数值	权重	指数值	权重	指数值	权重	指数	地区	排名
江苏	121.17		149.06		131.62		94.24		134.01		123.51	湖南	10
浙江	107.63		112.36		99.00		102.30		107.36		105.91	山东	11
安徽	123.87		122.96		123.57		151.81		126.10		130.96	江西	12
福建	125.70		177.66		133.39		88.68		149.66		131.59	浙江	13
江西	102.08		109.82		93.56		116.68		102.35		106.04	贵州	14
山东	111.54		123.55		115.87		108.32		117.74		114.72	山西	15
河南	92.28		57.47		92.91		139.59		79.76		95.36	海南	16
湖北	119.73		146.18		128.48		140.56		134.79		133.80	河南	17
湖南	122.40		170.25		131.52		64.98		141.89		121.91	天津	18
广东	129.08		154.95		146.43		194.29		148.92		156.14	黑龙江	19
广西	92.57		84.22		95.87		67.68		88.16		84.51	广西	20

续表

项目 地区	政府网站信息公开指数		政府网站民生服务指数		政府网站互动交流指数		政府网站舆情引导指数		政府网站运行绩效指数		政府网站服务能力指数		
	指数值	权重	指数值	权重	指数值	权重	指数值	权重	指数值	权重	指数	地区	排名
海南	112.89		114.22		103.07		53.80		106.95		96.02	内蒙古	21
重庆	95.49		58.82		128.57		0.00		73.30		65.92	河北	22
四川	129.20		151.09		123.50		190.32		142.88		150.06	辽宁	23
贵州	94.88		107.01		93.61		106.56		99.18		100.68	甘肃	24
云南	74.21		67.97		57.86		52.62		69.16		64.36	吉林	25
西藏	53.42		27.56		42.97		36.67		32.21		39.31	重庆	26
陕西	122.77		136.47		122.83		140.21		126.07		130.37	青海	27
甘肃	70.41		72.57		61.34		109.62		67.37		78.83	云南	28
青海	71.60		53.72		72.97		64.12		62.25		64.96	新疆	29
宁夏	72.41		35.71		60.18		78.85		54.45		62.15	宁夏	30
新疆	68.50		42.24		64.50		69.50		68.05		62.83	西藏	31
少数民族地区平均	76.45		63.90		71.63		74.16		69.99		71.68		

资料来源："各地区政府网站服务能力指数"根据表7—8至表7—12数据加权处理后计算而得。

分析表7—13、图7—5还可以看出，少数民族地区政府网站服务能力整体上明显低于全国平均水平，其指数值为71.68，低于全国平均值28.32个百分点，处于“一般水平”的下限。就五个分支系统的情况来看，少数民族地区政府网站的“信息公开指数”和“舆情引导指数”相对较高，而“民生服务指数”和“运行绩效指数”相对较低。反映出该地区政府网站在民生服务职能的发挥及网站运行综合职能显现方面，与全国其他地区间的差距更为突出些。

就少数民族地区各省域政府网站服务能力的现状而言，大体可分为三个档次：(1) 贵州省以其指数值高于全国平均值而进入全国“较高水平”行列，居于少数民族地区第1位；(2) 广西、内蒙古、甘肃3省区的指数值高出少数民族地区平均值，处于全国“一般水平”行列，位居少数民族地区的“第二档次”；(3) 青海、云南、新疆、宁夏、西藏5省区的政府网站服务能力指数低于少数民族地区的平均值，且与全国平均值间的差距均在30个百分点以上，处于全国的“低水平”行列，故而可视其为少数民族地区的末档。

第五节　少数民族地区网络舆情及网络舆情危机回应与处置能力测评与分析

网络舆情及网络舆情危机回应与处置能力是网络危机应对能力的重要组成部分。这方面能力的大小，反映着一个地区的政府对网络舆情及网络舆情危机应对与控制水平的高低，同时也反映着该地区政府在网络时代的执政能力的强弱。网络舆情及网络舆情危机回应与处置能力测评子系统由“政府网站新技术应用指数”“网络舆情危机官方回应及处置效果指数”“政府网站无障碍发布指数”3个分支系统构成。现阶段我国各地区的“网络舆情及网络舆情危机回应与处置能力”情况，详见表7—14至表7—17。

一　少数民族地区政府网站新技术应用指数测评

政府网站新技术应用指数主要反映政府网站在信息网络技术的普及应用方面能否与时俱进，能否适应网络舆情引导、网络舆情危机应对之要求。政府网站新技术应用指数测评子系统的具体内容包括：（1）政府网站基于智能终端提供移动应用的服务功能和服务内容的建设情况，以及安全性情况；（2）政府网站通过公共搜索、站内搜索提供智能检索服务的情况；（3）政府网站利用信息无障碍技术的支撑情况，包括可感知性、可操作性、可理解性和兼容性等。[①]

本课题测评体系所设定的“政府网站新技术应用指数”，由《中国政府网站绩效评估》中的“省级政府网站新技术应用指数”“省会城市政府网站新技术应用指数”“地市级政府网站新技术应用指数”3项指标构成。现阶段我国各地区政府网站新技术应用指数详细情况见表7—14。

表7—14　各地区政府网站新技术应用指数（以全国平均值为100）

项目 地区	省级政府网站新技术应用指数			省会城市政府网站新技术应用指数			地市级政府网站新技术应用指数			政府网站新技术应用指数
	原始值	指数值	权重	原始值	指数值	权重	原始值	指数值	权重	
全国平均	0.42	100	0.40	0.38	100	0.30	0.19	100	0.30	100
北京	0.80	190.47		—	—		—	—		190.47
天津	0.29	69.05		—	—		—	—		69.05
河北	0.37	88.10		0.29	76.32		0.19	100.00		88.13
山西	0.32	76.19		0.34	89.47		0.18	94.74		85.74
内蒙古	0.34	80.95		0.32	84.21		0.13	68.42		78.17
辽宁	0.35	83.33		0.28	73.68		0.19	100.00		85.44
吉林	0.56	133.33		0.31	81.58		0.19	100.00		107.81
黑龙江	0.34	80.95		0.29	76.32		0.16	84.21		80.54
上海	0.66	157.14		—	—		—	—		157.14
江苏	0.34	80.95		0.33	86.84		0.33	173.68		110.54
浙江	0.63	150.00		0.32	84.21		0.21	110.53		118.42
安徽	0.72	171.43		0.30	78.95		0.18	94.74		120.68
福建	0.70	166.67		0.65	171.05		0.28	147.37		162.19
江西	0.31	73.81		0.56	147.37		0.25	131.58		113.21
山东	0.33	78.57		0.58	152.63		0.16	84.21		102.38

① 中国软件测评中心：《第十二届（2013）中国政府网站绩效评估》，中国软件测评中心网站，2013年11月28日。

续表

项目 地区	省级政府网站新技术应用指数			省会城市政府网站新技术应用指数			地市级政府网站新技术应用指数			政府网站新技术应用指数
	原始值	指数值	权重	原始值	指数值	权重	原始值	指数值	权重	
河南	0.33	78.57		0.27	71.05		0.15	78.95		76.43
湖北	0.66	157.14		0.40	105.26		0.16	84.21		119.70
湖南	0.38	90.48		0.59	155.26		0.27	142.11		125.40
广东	0.36	85.71		0.63	165.79		0.30	157.90		131.39
广西	0.35	83.33		0.38	100.00		0.21	110.53		96.49
海南	0.36	85.71		0.29	76.32		0.16	84.21		82.44
重庆	0.24	57.14		—	—		—	—		57.14
四川	0.70	166.67		0.38	100.00		0.20	105.26		128.25
贵州	0.35	83.33		0.35	92.15		0.16	84.21		86.23
云南	0.31	73.81		0.33	86.84		0.09	47.37		69.79
西藏	0.27	64.29		0.28	73.68		0.07	36.84		58.87
陕西	0.27	64.29		0.37	97.37		0.25	131.58		94.40
甘肃	0.34	80.95		0.28	73.68		0.15	78.95		78.17
青海	0.29	69.05		0.41	107.90		0.10	52.63		75.78
宁夏	0.31	73.81		0.25	65.79		0.22	115.79		84.00
新疆	0.55	130.95		0.23	60.53		0.18	94.74		98.96
少数民族地区平均	0.35	83.33		0.33	86.84		0.15	76.61		80.72

资料来源：中国软件测评中心：《第十二届（2013）中国政府网站绩效评估》，中国软件测评中心网站，2013 年 11 月 28 日。

说明：地市级政府网站的相关数据系各省域中地市级政府网站数据的平均值，下同。如：宁夏的“地市级政府网站新技术应用指数”的原始值 = [0.49（石嘴山市）+0.15（中卫市）+0.13（固原市）+0.09（吴忠市）]/4 =0.22。

表 7—14 显示，目前我国各省域中，政府网站新技术应用水平最高的是北京市，其“新技术应用指数值”约为全国平均值的 2 倍。其次是福建省，第三是上海市，其“新技术应用指数值”均在全国平均值的 1.5 倍以上。政府网站新技术应用水平最低的是重庆市，其次是西藏自治区，其“新技术应用指数值”均不及全国平均值的 60%。若将“政府网站新技术应用指数值”高于 130 的视为“高水平”层次，介于 100—130 之间的视为“较高水平”层次，介于 80—100 之间的视为“一般水平”层次，

在80以下的视为“低水平”层次，则现阶段我国各省域“政府网站新技术应用”水平的四个层次分别为：（1）高水平地区——北京、福建、上海、广东4省市；（2）较高水平地区——四川、安徽、湖南、湖北、浙江、江西、江苏、吉林、山东9省；（3）一般水平地区——新疆、广西、陕西、河北、贵州、山西、辽宁、宁夏、海南、黑龙江10省区；（4）低水平地区——由低到高依次为重庆、西藏、天津、云南、青海、河南、甘肃、内蒙古8个省、直辖市、自治区。

由表7—14还可以看出，目前我国少数民族地区的政府网站新技术应用水平整体上处于“低水平”层次，其指数值低于全国平均值19.28个百分点。该地区的政府网站新技术应用水平相对较高的省区为新疆维吾尔自治区、广西壮族自治区，其指数值接近于全国平均值，水平相对较低的省区为西藏、云南、青海、内蒙古，其指数值低于少数民族地区平均值。就三级政府网站新技术应用水平现状来看，少数民族地区与全国平均水平间差距较大的是“地市级政府网站新技术应用水平”，其指数值低于全国平均值23.39个百分点。

二 少数民族地区网络舆情危机官方回应及处置效果指数测评

在网络舆情危机中，官方回应及处置效果如何，是体现当地政府的网络舆情危机应对与处置能力高低的重要内容之一。网络舆情危机官方回应、处置效果指数测评子系统的具体内容包括：（1）网络舆情危机官方回应能力指数——综合体现官方面对网络舆情危机时的初始回应速度、过程回应速度、初始回应效果、过程回应效果、最终处置效果的测评项目[①]；（2）网络舆情危机官方初始回应效果指数；（3）网络舆情危机官方最终处置效果指数；（4）网络舆情危机官方媒体运用能力指数——体现首发媒体类型是什么，媒体是否联动、是否有效运用体制、市场和社交媒体等内容的测评项目。[②] 目前我国各省域网络舆情危机官方回应及处置效果指数见表7—15。

---

① 《新华网发布城市网络形象——舆情处置能力（1月份）榜单》，新华网·舆情频道，2014年2月10日。

② 同上。

表 7—15　　各地区网络舆情危机官方回应及处置效果指数（以全国平均值为 100）

项目 / 地区	网络舆情危机官方回应能力指数			网络舆情危机官方初始回应效果指数			网络舆情危机官方最终处置效果指数			网络舆情危机官方媒体运用能力指数			网络舆情危机官方回应及处置效果指数
	原始值	指数值	权重	原始值	指数值	权重	原始值	指数值	权重	原始值	指数值	权重	
全国平均	38.80	100	0.30	6.43	100	0.20	16.37	100	0.20	12.27	100	0.30	100
北京	—	—		—	—		—	—		—	—		100.00
天津	—	—		—	—		—	—		—	—		100.00
河北	40.50	104.38		5.80	90.20		16.62	101.53		10.87	88.59		96.24
山西	33.46	86.24		4.38	68.12		16.00	97.74		11.39	92.83		85.89
内蒙古	58.50	150.77		11.25	174.96		24.00	146.61		18.75	152.81		155.39
辽宁	39.25	101.16		6.13	95.33		19.00	116.07		12.36	100.73		102.85
吉林	35.07	90.39		5.63	87.56		15.00	91.63		12.35	100.65		93.15
黑龙江	30.75	79.25		5.25	81.65		9.00	54.98		6.25	50.94		66.38
上海	24.33	62.71		3.75	58.32		12.00	73.31		12.50	101.87		75.70
江苏	41.26	106.34		8.15	126.75		18.03	101.14		12.90	105.13		110.82
浙江	38.90	100.26		6.41	99.69		17.40	106.29		14.50	118.17		106.73

续表

项目 地区	网络舆情危机官方回应能力指数			网络舆情危机官方初始回应效果指数			网络舆情危机官方最终处置效果指数			网络舆情危机官方媒体运用能力指数			网络舆情危机官方回应及处置效果指数
	原始值	指数值	权重	原始值	指数值	权重	原始值	指数值	权重	原始值	指数值	权重	
安徽	34.90	89.95		5.78	89.89		14.88	90.90		11.17	91.04		90.45
福建	43.13	111.60		5.07	78.85		18.00	109.96		14.38	117.20		106.27
江西	27.71	71.42		4.67	72.63		11.67	71.29		7.22	58.84		67.86
山东	39.98	103.04		6.78	105.44		18.06	110.32		10.69	87.12		100.20
河南	35.28	90.93		6.12	95.18		10.03	61.27		10.17	82.89		83.43
湖北	37.90	97.68		6.82	106.07		11.44	69.88		10.44	85.09		90.02
湖南	36.95	95.23		6.28	97.67		16.39	100.12		12.45	101.47		98.57
广东	41.69	107.45		7.75	120.54		18.37	112.21		12.28	100.08		108.81
广西	43.19	111.31		6.92	107.62		18.92	115.58		12.02	97.96		107.42
海南	37.00	95.36		6.75	104.98		14.40	87.97		13.75	112.06		100.82
重庆	47.63	122.76		7.50	116.64		20.25	123.70		12.50	101.87		115.46
四川	42.88	110.52		8.00	124.42		19.50	119.12		14.13	115.16		116.41
贵州	34.00	87.63		5.63	87.56		12.00	73.30		12.50	101.87		89.02

续表

项目 地区	网络舆情危机官方回应能力指数			网络舆情危机官方初始回应效果指数			网络舆情危机官方最终处置效果指数			网络舆情危机官方媒体运用能力指数			网络舆情危机官方回应及处置效果指数
	原始值	指数值	权重	原始值	指数值	权重	原始值	指数值	权重	原始值	指数值	权重	
云南	40.66	104.79		7.38	114.78		18.39	112.34		12.84	104.65		108.26
西藏	—	—		—	—		—	—		—	—		100.00
陕西	35.09	90.44		5.85	90.98		14.40	87.97		10.20	83.13		87.86
甘肃	39.30	101.29		6.45	100.31		16.20	98.96		12.75	103.91		101.42
青海	48.00	123.71		7.50	116.64		24.00	146.61		12.50	101.87		120.33
宁夏	40.32	103.92		5.63	87.56		18.00	109.96		17.50	142.62		113.47
新疆	—	—		—	—		—	—		—	—		100.00
少数民族地区平均	43.42	111.91		7.25	112.75		18.24	111.42		14.12	115.08		112.93

资料来源：新华网·舆情频道，2013.2.10—2015.1.15。

说明：1. “各地区网络舆情危机官方回应及处置效果指数”中的各项具体指标的原始值数据，取自新华网网络舆情监测分析中心与武汉大学互联网科学研究中心、清华大学新闻研究中心于2013年2月—2015年1月发布的《全国城市网络舆情处置能力月度排行榜》。

2. 各省域的原始值数据为其具体指标项目的平均值。如广西壮族自治区的“网络舆情危机官方最终处置效果”的原始值为该自治区2013—2014年间发生的13次在全国具有重要影响的网络舆情事件中“官方最终处置效果”得分的平均值：(24 + 18 + 12 + 18 + 24 + 24 + 24 + 24 + 18 + 18 + 24 + 6 + 12) ÷ 13 = 18.92。

3. 因北京、天津、西藏、新疆4个直辖市、自治区2013—2014年间未发生在全国具有重要影响的网络舆情事件，故其“网络舆情危机官方回应及处置效果指数”取全国平均值。

分析表7—15可知，目前我国各省域中网络舆情危机官方回应及处置效果指数值最高的是内蒙古自治区（当然，这与该自治区近两年来发生的具有全国性重大影响的网络舆情事件相对较少有关，但即便是在回应及处置此类“相对较少”的网络舆情事件中，其官方回应能力、处置效果的各项具体得分名列前茅[①]，也一定程度上反映了该自治区在此方面的能力），指数值最低的是黑龙江省。若将“网络舆情危机官方回应及处置效果指数”高出120的视为“高水平”层次，介于100—120之间的视为“较高水平”层次，介于80—100之间的视为“一般水平”层次，在80以下的视为“低水平”层次，则现阶段我国各省域“网络舆情危机官方回应及处置效果”水平的四个层次分别为：（1）高水平地区——内蒙古、青海2省区；（2）较高水平地区——四川、重庆、宁夏、江苏、广东、云南、广西、浙江、福建、辽宁、甘肃、海南、山东13省区（因北京、天津、西藏、新疆2013—2014年间未发生在全国具有重要影响的网络舆情事件，故不计入此内）；（3）一般水平地区——湖南、河北、吉林、安徽、湖北、贵州、陕西、山西、河南9省；（4）低水平地区——黑龙江、江西、上海3省市。

就少数民族地区而言，目前的网络舆情危机官方回应及处置效果整体上略高于全国平均水平。从9个省、自治区的状况看，除贵州省外，其他各省、自治区的“网络舆情危机官方回应及处置效果指数值”均高出全国平均值（因西藏、新疆2013—2014年间未发生在全国具有重要影响的网络舆情事件，故不计入此内），一定程度上反映出现阶段我国少数民族地区的网络舆情危机官方回应能力、处置效果大体处于“较高水平”，并不明显落后于全国其他地区。

三　少数民族地区政府网站无障碍发布指数测评

政府网站无障碍发布水平的高低，主要体现在网站应用中的可感知

---

① 新华网舆情监测分析中心联合武汉大学互联网科学研究中心梳理出了2013年12月有关城市网络形象的15件典型“舆情热点事件”，通过舆情事件热度值、官方回应、媒体应对能力等指标来评估相关城市舆情应对能力，内蒙古乌海市的各项得分名列前茅，总分位列第一。——《新华网发布城市网络形象——舆情处置能力（12月份）榜单》，新华网·舆情频道，2014年1月9日。

性、可操作性、可理解性以及兼容性等方面①，对网络舆情及网络舆情危机回应与处置能力具有重要的影响作用。现阶段我国各省域的政府网站无障碍发布能力的指数值见表7—16。

表7—16 各地区政府网站无障碍发布指数（以全国平均值为100）

项目 地区	省级政府网站无障碍发布指数			省会城市政府网站无障碍发布指数			政府网站无障碍发布指数
	原始值	指数值	权重	原始值	指数值	权重	
全国平均	69.77	100	0.60	69.41	100	0.40	100
北京	82.00	117.53		—	—		117.53
天津	68.00	97.46		—	—		97.46
河北	74.00	106.06		72.00	103.73		105.13
山西	68.00	97.46		74.00	106.61		101.12
内蒙古	68.00	97.46		76.00	109.49		102.27
辽宁	72.00	103.20		66.00	95.09		99.96
吉林	68.00	97.46		64.00	92.21		95.36
黑龙江	64.00	91.73		72.00	103.73		96.53
上海	98.00	140.46		—	—		140.46
江苏	68.00	97.46		70.00	100.85		98.82
浙江	80.00	114.66		74.00	106.61		111.44
安徽	70.00	100.33		74.00	106.61		102.84
福建	77.00	110.36		70.00	100.85		106.56
江西	60.00	86.00		58.00	83.56		85.02
山东	72.00	103.20		65.00	93.65		99.38
河南	60.00	86.00		58.00	83.56		85.02
湖北	89.00	127.56		64.00	92.21		113.42
湖南	79.00	113.23		73.00	105.17		110.01
广东	68.00	97.46		68.00	97.97		97.66
广西	66.00	94.60		74.00	106.61		99.40
海南	68.00	97.46		73.00	105.17		100.54
重庆	58.00	83.13		—	—		83.13
四川	79.00	113.23		72.00	103.73		109.43

① 中国软件测评中心：《第十二届（2013）中国政府网站绩效评估》，中国软件测评中心网站，2013年11月28日。

续表

地区＼项目	省级政府网站无障碍发布指数			省会城市政府网站无障碍发布指数			政府网站无障碍发布指数
	原始值	指数值	权重	原始值	指数值	权重	
贵州	66.00	94.60		79.00	113.82		102.29
云南	85.00	121.83		72.00	103.73		114.59
西藏	58.00	83.13		68.00	97.97		89.07
陕西	52.00	74.53		72.00	103.73		86.21
甘肃	72.00	103.20		54.00	77.80		93.04
青海	52.00	74.53		76.00	109.49		88.51
宁夏	58.00	83.13		76.00	109.49		93.67
新疆	64.00	91.73		60.00	86.44		89.61
少数民族地区平均	65.44	100.01		70.56	101.66		100.67

资料来源：中国软件测评中心：《第十二届（2013）中国政府网站绩效评估》，中国软件测评中心网站，2013年11月28日。

由表7—16可以看出，目前我国各省域中，政府网站无障碍发布水平最高的是上海市，其指数值为140.46，水平最低的是重庆市，其指数值为83.13，二者间的差距是57.33个百分点。若将“政府网站无障碍发布指数”高出110的视为“高水平”层次，介于100—110之间的视为“较高水平”层次，介于90—100之间的视为“一般水平”层次，在90以下的视为“低水平”层次，则现阶段我国各省域“网络舆情危机官方回应及处置效果”水平的四个层次分别为：（1）高水平地区——上海、北京、云南、湖北、浙江、湖南6省市；（2）较高水平地区——四川、福建、河北、安徽、贵州、内蒙古、山西、海南8省区；（3）一般水平地区——辽宁、广西、山东、江苏、广东、天津、黑龙江、吉林、宁夏、甘肃10个省、市、自治区；（4）低水平地区——重庆、江西、河南、陕西、青海、西藏、新疆7省区。

表7—16还显示，目前我国少数民族地区政府网站无障碍发布的整体水平与全国平均水平相当。该地区中水平最高的是云南省，其政府网站无障碍发布指数值为114.59，水平最低的是青海省，其政府网站无障碍发布指数值为88.51，二者间的差距为26.08个百分点。

四　少数民族地区网络舆情危机回应与处置能力指数测评

网络舆情危机回应与处置能力指数由政府网站新技术应用指数、网络舆情危机官方回应及处置效果指数、政府网站无障碍发布指数在一定的权重系数下集合而成。目前我国各地区的网络舆情危机回应与处置能力指数情况详见表7—17、图7—6。

表7—17　各地区网络舆情危机回应与处置能力指数（以全国平均值为100）

项目／地区	政府网站新技术应用指数		网络舆情危机官方回应及处置效果指数		政府网站无障碍发布指数		网络舆情危机回应与处置能力指数		
	指数值	权重	指数值	权重	指数值	权重	指数	地区	排名
全国平均	100	0.25	100	0.45	100	0.30	100		
北京	190.47		100.00		117.53		127.88	北京	1
天津	69.05		100.00		97.46		91.50	福建	2
河北	88.13		96.24		105.13		96.88	内蒙古	3
山西	85.74		86.89		101.12		90.87	四川	4
内蒙古	78.17		155.39		102.27		120.15	上海	5
辽宁	85.44		102.85		99.96		97.63	广东	6
吉林	107.81		93.15		95.36		97.48	浙江	7
黑龙江	80.54		66.38		96.53		78.97	湖南	8
上海	157.14		75.70		140.46		115.49	江苏	9
江苏	110.54		110.82		98.82		107.15	湖北	10
浙江	118.42		106.73		111.44		111.07	广西	11
安徽	120.68		90.45		102.84		101.72	安徽	12
福建	162.19		106.27		106.56		120.33	云南	13
江西	113.21		67.86		85.02		84.35	山东	14
山东	102.38		100.20		99.38		100.50	宁夏	15
河南	76.43		83.43		85.02		82.16	青海	16
湖北	119.70		90.02		113.42		104.46	辽宁	17
湖南	125.40		98.57		110.01		108.71	吉林	18
广东	131.39		108.81		97.66		111.11	河北	19

续表

项目 地区	政府网站新技术应用指数		网络舆情危机官方回应及处置效果指数		政府网站无障碍发布指数		网络舆情危机回应与处置能力指数		
	指数值	权重	指数值	权重	指数值	权重	指数	地区	排名
广西	96.49		107.42		99.40		102.28	新疆	20
海南	82.44		100.82		100.54		96.14	海南	21
重庆	57.14		115.46		83.13		91.18	甘肃	22
四川	128.25		116.41		109.43		117.28	贵州	23
贵州	86.23		89.02		102.29		92.30	天津	24
云南	69.79		108.26		114.59		100.54	重庆	25
西藏	58.87		100.00		89.07		86.44	山西	26
陕西	94.40		87.86		86.21		89.00	陕西	27
甘肃	78.17		101.42		93.04		93.09	西藏	28
青海	75.78		120.33		88.51		99.65	江西	29
宁夏	84.00		113.47		93.67		100.16	河南	30
新疆	98.96		100.00		89.61		96.62	黑龙江	31
少数民族地区平均	80.72		112.93		100.67		101.20		

资料来源："各地区网络舆情危机回应与处置能力指数"根据表7—14至表7—16数据予以加权处理后计算而得。

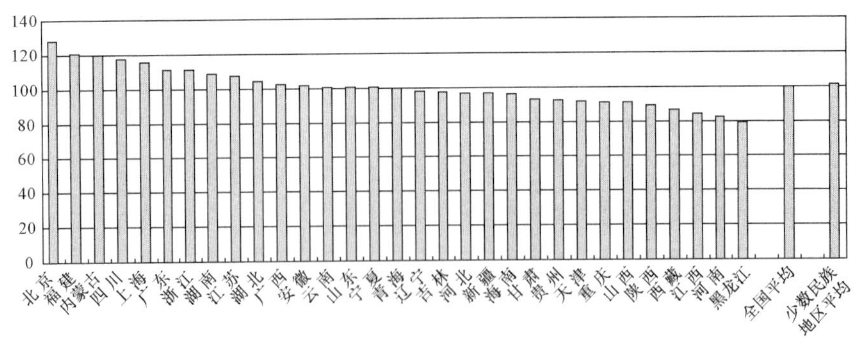

图7—6 各地区网络舆情危机回应与处置能力指数值排序情况

表 7—17、图 7—6 显示，目前我国网络舆情危机回应与处置能力最高的是北京市，其指数值高出全国平均值 27.88 个百分点。在 31 个省域中，指数值高出全国平均值的有 15 个。若将指数值在 115 以上的确定为网络舆情危机回应与处置能力“高水平”档次，指数值在 100—115 之间的确定为“较高水平”档次，指数值在 90—100 之间的确定为“一般水平”档次，指数值在 90 以下的确定为“低水平”档次，则这四个档次的排序分别为：（1）网络舆情危机回应与处置能力高水平地区依次为北京、福建、内蒙古、四川、上海 5 个省、直辖市、自治区；（2）网络舆情危机回应与处置能力较高水平地区依次为广东、浙江、湖南、江苏、湖北、广西、安徽、云南、山东、宁夏 10 省区；（3）网络舆情危机回应与处置能力一般水平地区依次为青海、辽宁、吉林、河北、新疆、海南、甘肃、贵州、天津、重庆、山西 11 省区。（4）网络舆情危机回应与处置能力低水平地区由低到高依次为黑龙江、河南、江西、西藏、陕西 5 个省区。

就少数民族地区整体的网络舆情危机回应与处置能力而言，目前与全国平均水平持平。网络舆情危机回应与处置能力处于“高水平”行列的是内蒙古自治区，处于“较高水平”行列的有广西、云南、宁夏 3 省区，而西藏、贵州、甘肃、新疆、青海 5 省区则处于“一般水平”和“低水平”行列，反映出少数民族地区尚有一半以上的省区其网络舆情危机回应与处置能力处在较低或很低的水平。故此，该地区网络舆情危机回应与处置能力现况不容乐观。

第六节　少数民族地区主流媒体影响力测评与分析

主流媒体，通常是指承担重要的宣传任务和功能，覆盖面广，品牌性强，影响力大的强势媒体[①]。主流媒体的重要功能便是体现并传播社会主流意识形态与主流价值观，坚持并引导社会发展主流和前进方向。因而，一个地区主流媒体影响力的大小，在一定程度上反映着该地区网络舆情及网络舆情危机应对能力的强弱。主流媒体影响力测评子系统由“省级党

① 参见《中华新闻报》2001 年 11 月 3 日。

报影响力指数”“省级卫视影响力指数”“声望较大媒体的官博综合影响力指数”3个分支系统构成。现阶段我国各地区的“主流媒体影响力”情况详见表7—18至表7—21。

一 少数民族地区省级党报影响力指数测评

党报最大的优势就是权威性、公信力、影响力。省级党报则是某一个省域时事新闻与政治新闻报道最具权威性、公信力、影响力的主流媒体之一。省级党报影响力指数测评体系由“省级党报自身软实力指数”“省级党报网民感受指数”“省级党报意见领袖感受指数”3个具体项目构成。现阶段我国各省域及少数民族地区的省级党报影响力指数情况详见表7—18。

表7—18 各地区省级党报影响力指数（以全国平均值为100）

项目 地区	省级党报自身软实力指数			省级党报网民感受指数			省级党报意见领袖感受指数			省级党报影响力指数
	原始值	指数值	权重	原始值	指数值	权重	原始值	指数值	权重	
全国平均	44.09	100	0.50	43.77	100	0.30	58.92	100	0.20	100
北京	52.97	120.14		49.80	113.78		65.23	110.71		116.35
天津	29.88	67.77		29.88	68.27		59.68	101.29		74.62
河北	48.45	109.89		45.10	103.04		58.40	99.12		105.68
山西	54.32	123.20		45.10	103.04		57.45	97.51		112.01
内蒙古	28.07	63.67		45.30	103.50		59.28	100.61		83.01
辽宁	31.01	70.33		45.50	103.95		60.52	102.72		86.89
吉林	32.34	73.35		40.80	93.22		57.76	98.03		84.25
黑龙江	40.54	91.95		45.30	103.50		57.85	98.19		96.66
上海	76.02	172.42		44.10	100.75		61.58	104.52		137.34
江苏	70.57	160.06		44.30	101.21		58.15	98.69		130.13
浙江	57.46	130.32		44.90	102.58		67.03	113.76		118.69
安徽	29.26	66.36		45.10	103.04		57.50	97.59		83.61
福建	69.43	157.47		45.30	103.50		58.18	98.74		129.53
江西	33.69	76.41		44.40	101.44		59.88	101.63		88.96
山东	78.43	177.89		44.40	101.44		54.93	93.23		138.02

续表

地区＼项目	省级党报自身软实力指数			省级党报网民感受指数			省级党报意见领袖感受指数			省级党报影响力指数
	原始值	指数值	权重	原始值	指数值	权重	原始值	指数值	权重	
河南	37.27	84.53		43.80	100.07		60.24	102.24		92.73
湖北	77.82	176.50		45.10	103.04		57.38	97.39		138.64
湖南	31.97	72.51		42.00	95.96		60.67	102.97		85.64
广东	74.30	168.52		45.20	103.27		61.58	104.52		136.15
广西	28.42	64.46		45.30	103.50		57.84	98.17		82.91
海南	60.61	137.47		46.00	105.10		57.44	97.49		119.76
重庆	37.53	85.12		47.20	107.84		58.88	99.93		94.90
四川	36.94	83.78		33.10	75.62		61.18	103.84		85.34
贵州	27.21	61.72		45.40	103.72		54.98	93.31		80.64
云南	35.28	80.02		44.20	100.98		58.78	99.76		90.26
西藏	32.08	72.76		38.50	87.96		57.82	98.13		82.39
陕西	35.02	79.43		41.00	93.67		57.46	97.52		87.32
甘肃	27.36	62.06		45.20	103.27		57.70	97.93		81.60
青海	25.58	58.02		45.20	103.27		58.16	98.71		79.73
宁夏	28.94	65.64		45.10	103.04		57.61	97.78		83.29
新疆	37.98	86.14		45.40	103.72		55.23	93.74		92.93
少数民族地区平均	30.10	68.27		44.40	101.44		57.49	97.57		84.08

资料来源：喻国明主编：《中国社会舆情年度报告（2012）》，人民日报出版社 2012 年版，第 197—198 页。

表 7—18 中“省级党报自身软实力指数”是指省级党报的影响范围、社会责任、网络传播力、创新力等方面的综合实力；“省级党报网民感受指数”是指一般网民通过网络论坛、微博对省级党报知名度、美誉度、信任度的综合评价；“省级党报意见领袖感受指数”是指网民中的“意见领袖”对省级党报关注度、美誉度的综合评价。①

① 喻国明主编：《中国社会舆情年度报告（2012）》，人民日报出版社 2012 年版，第 170 页。

分析表7—18可以看出，目前我国省级党报影响力最大的省域是湖北省，即《湖北日报》，其影响力指数超出全国平均水平38.64个百分点；此外山东省的《大众日报》，其影响力指数亦超出全国平均水平38个百分点以上。相对而言，省级党报影响力最小的省域是天津市，即《天津日报》，其影响力指数低于全国平均水平25.38个百分点，低于《湖北日报》64.02个百分点。

若将“省级党报影响力指数”高于130的确定为“高水平”档次，介于100—130之间的确定为“较高水平”档次，介于85—100之间的确定为“一般水平”档次，在85以下的确定为“低水平”档次，则这四个档次的排序分别为：（1）省级党报影响力高水平省域依次是湖北、山东、上海、广东、江苏5省市；（2）省级党报影响力较高水平省域依次是福建、海南、浙江、北京、山西、河北6省市；（3）省级党报影响力一般水平省域依次是黑龙江、重庆、新疆、河南、云南、江西、陕西、辽宁、湖南、四川10个省区；（4）省级党报影响力低水平地区由低到高依次为天津、青海、贵州、甘肃、西藏、广西、内蒙古、宁夏、安徽、吉林10个省域。

表7—18还显示，目前我国少数民族地区省级党报影响力整体上还处于“低水平”档次，其指数值为84.08，低于全国平均指数值15.92个百分点。就该地区中的各省域而言，省级党报影响力位居“一般水平”行列的只有新疆、云南2省区，其余7个省区均处于“低水平”行列。反映出少数民族地区省级党报在影响范围、社会责任、网络传播力、创新力以及在网民中的知名度、美誉度、信任度、关注度诸方面还处于全国落后位次，还有较大的提升空间。

二　少数民族地区省级卫视影响力指数测评

卫星电视对于广大电视受众、网民而言，是生活中不可或缺的信息来源渠道，是影响社会舆情、网络舆情的重要平台之一。省级卫视影响力的大小，从一个视角反映着某一省域舆情引导能力的强弱。省级卫视影响力指数测评体系由“省级卫视自身软实力指数”“省级卫视网民感受指数”“省级卫视意见领袖感受指数”等具体测评项目构成。现阶段我国各省域及少数民族地区的省级卫视影响力指数情况详见表7—19。

表7—19　　各地区省级卫视影响力指数（以全国平均值为100）

项目 / 地区	省级卫视自身软实力指数			省级卫视网民感受指数			省级卫视意见领袖感受指数			省级卫视影响力指数
	原始值	指数值	权重	原始值	指数值	权重	原始值	指数值	权重	
全国平均	48.57	100	0.50	46.22	100	0.30	55.88	100	0.20	100
北京	67.43	138.83		46.00	99.52		57.42	102.76		119.82
天津	64.77	133.35		41.70	90.22		53.23	95.26		112.79
河北	44.61	91.85		47.70	103.20		55.37	99.09		96.70
山西	39.74	81.82		38.30	82.87		58.58	104.83		86.74
内蒙古	39.74	81.82		45.10	97.58		58.15	104.06		91.00
辽宁	50.19	103.34		43.50	94.12		55.32	99.00		99.71
吉林	42.57	87.65		46.30	100.17		56.90	101.83		94.24
黑龙江	50.05	103.05		41.80	90.44		55.63	99.55		98.57
上海	54.14	111.47		56.40	122.03		59.56	106.59		113.66
江苏	46.94	96.64		64.30	139.12		59.08	105.73		111.20
浙江	42.44	87.38		50.70	109.69		55.16	98.71		96.34
安徽	66.67	137.27		43.30	93.68		59.63	106.71		118.08
福建	64.50	132.80		40.40	87.41		58.79	105.21		113.67
江西	40.57	83.53		39.20	84.81		42.60	76.24		82.46
山东	42.79	88.10		48.30	104.50		53.04	94.92		94.38
河南	66.83	137.60		42.40	91.74		55.57	99.45		116.21
湖北	40.51	83.41		45.50	98.44		51.83	92.75		89.79
湖南	55.66	114.60		100.00	216.36		100.00	178.96		158.00
广东	40.89	84.19		43.00	93.03		58.06	103.90		90.78
广西	65.53	134.92		35.90	77.67		40.88	73.16		105.39
海南	40.77	83.94		45.10	97.58		53.57	95.87		90.42
重庆	40.69	83.78		41.10	88.92		36.90	66.03		81.77
四川	65.72	135.31		44.20	95.63		59.31	106.14		117.57

续表

项目 地区	省级卫视自身软实力指数			省级卫视网民感受指数			省级卫视意见领袖感受指数			省级卫视影响力指数
	原始值	指数值	权重	原始值	指数值	权重	原始值	指数值	权重	
贵州	41.65	85.75		47.30	102.34		56.41	100.95		93.77
云南	41.18	84.79		44.20	95.63		62.79	112.37		93.56
西藏	39.95	82.25		42.90	92.82		54.60	97.71		88.51
陕西	39.80	81.94		36.90	79.84		51.70	92.52		83.43
甘肃	39.94	82.23		41.40	89.57		46.44	83.11		84.61
青海	45.39	95.45		41.00	88.71		53.35	95.47		93.43
宁夏	43.56	89.69		43.80	94.76		52.65	94.22		92.11
新疆	40.40	83.18		45.20	97.79		59.61	106.68		92.26
少数民族地区平均	44.15	90.90		42.98	92.99		53.88	96.42		92.63

资料来源：喻国明主编：《中国社会舆情年度报告（2012）》，人民日报出版社 2012 年版，第 215—216 页。

由表 7—19 可知，目前我国各省域中“省级卫视影响力指数”最高的是湖南省，其指数值高出全国平均水平 58.00 个百分点，指数值最低的是重庆市，其指数值低于全国平均水平 18.23 个百分点，低于水平最高的湖南省 76.23 个百分点。若将省级卫视影响力“高水平”“较高水平”“一般水平”“低水平”的指数值分别确定为“115 以上”“100—115 之间”“90—100 之间”“90 以下”，则“省级卫视影响力”水平的四个档次分布如下：（1）省级卫视影响力高水平省域依次是湖南、北京、安徽、四川、河南 5 省市；（2）省级卫视影响力较高水平省域依次是福建、上海、天津、江苏、广西 5 个省区；（3）省级卫视影响力一般水平省域依次是辽宁、黑龙江、河北、浙江、吉林、山东、贵州、云南、青海、新疆、宁夏、内蒙古、广东、海南 14 省区；（4）省级卫视影响力低水平省域由低到高依次是重庆、江西、陕西、甘肃、山西、西藏、湖北 7 个省区。

由表7—19还可以看出，目前我国少数民族地区省级卫视影响力整体上略低于全国平均水平，其指数值低于全国平均值7.37个百分点。就少数民族地区各省域的现况来看，省级卫视影响力指数高于全国平均水平的只有广西壮族自治区，高于少数民族地区平均水平的仅有广西、贵州、云南3省区，其他6省区的省级卫视影响力指数均低于少数民族地区平均值。反映出现阶段我国少数民族地区的大多数省域之省级卫视影响力水平尚处于全国落后位次。就其3个具体测评项目来看，制约少数民族地区省级卫视影响力水平的“短板”在于“自身软实力”相对太弱，即该地区的多数省域之省级卫视的影响范围、社会责任、网络传播力、创新力等方面的综合实力相对太弱。

三　少数民族地区声望较大媒体的官博综合影响力指数测评

声望是指公众对个体或组织的认可程度。所谓声望较大媒体的官博是网民认可程度较高的各类媒体的官方微博，如“@南方都市报”“@vista看天下”等。声望较大媒体的官博在网络舆情引导及网络舆情危机应对方面，具有重要的社会责任和影响力，因而也是主流媒体影响力测评与分析不容忽视的指标体系之一。在此，我们将“声望较大媒体的官博”具体定位于：进入《中国社会舆情年度报告（2013）》“媒体官博综合影响力”前300名的媒体官博。通过对此类媒体官博的“影响力指数”的统计，进而测评出现阶段我国各省域及少数民族地区声望较大媒体的官博综合影响力水平现状（详见表7—20）。

分析表7—20可知，目前我国“声望较大媒体的官博”综合影响力水平最高的是广东省，其指数值高出全国平均值585.54个百分点。此外，北京、上海2市“声望较大媒体的官博”综合影响力水平亦明显高出其他省域，其指数值分别高出全国平均值381.16个和198.65个百分点。而内蒙古、广西、西藏、陕西、青海、新疆6省区因没有“媒体官博综合影响力”前300名的媒体，故其“声望较大媒体的官博”综合影响力水平最低。

表 7—20 各地区声望较大媒体的官博综合影响力指数（以全国平均值为 100）

项目 地区	声望较大媒体的官博综合影响力指数	
	原始值	指数值
全国平均	364.37	100
北京	1753.20	481.16
天津	99.00	27.17
河北	139.60	38.31
山西	86.90	23.85
内蒙古	0.00	0.00
辽宁	465.10	127.65
吉林	43.80	12.02
黑龙江	43.70	11.99
上海	1088.20	298.65
江苏	653.10	179.24
浙江	922.50	253.18
安徽	190.50	52.28
福建	216.00	59.28
江西	87.30	23.96
山东	347.40	95.34
河南	298.60	81.95
湖北	290.50	79.73
湖南	534.20	46.61
广东	2497.90	685.54
广西	0.00	0.00
海南	57.80	15.86
重庆	331.80	91.06
四川	520.60	142.88
贵州	42.20	11.58
云南	312.40	85.74
西藏	0.00	0.00
陕西	0.00	0.00
甘肃	75.20	20.64

续表

项目 地区	声望较大媒体的官博综合影响力指数	
	原始值	指数值
青海	0.00	0.00
宁夏	198.20	54.40
新疆	0.00	0.00
少数民族地区平均	69.78	19.15

资料来源：喻国明主编：《中国社会舆情年度报告（2013）》，人民日报出版社 2013 年版，第 184—189 页。

说明：1. 各省域“声望较大媒体的官博综合影响力”原始值为“媒体官博综合影响力”前 300 名中指数值的累计数。如宁夏回族自治区“声望较大媒体的官博综合影响力”原始值为：90.30（@ vista 看天下“媒体官博综合影响力”排名第 4）+65.70（@ 博客天下“媒体官博综合影响力”排名第 67）+42.20（@ 第一财经宁夏卫视—财富梦想“媒体官博综合影响力”排名第 282）=198.20。

2. 内蒙古、广西、西藏、陕西、青海、新疆 6 省区因没有“媒体官博综合影响力”前 300 名的媒体，故在此表中，其原始值、指数值均按“0”处理。

3. 北京市的“声望较大媒体的官博综合影响力”原始值不含诸如《人民日报》、CCTV、中央人民广播电台等国家级媒体；国外、境外在中国大陆运行的媒体，其“媒体官博综合影响力”原始值不计入本表。

若将“声望较大媒体的官博”综合影响力的“高水平”“较高水平”“一般水平”“低水平”的档次，分别定位于指数值在“200 以上”“80—200 之间”“10—80 之间”“10 以下”，那么，现阶段我国各省域“声望较大媒体的官博”综合影响力水平的四个档次分别为：（1）高水平地区依次是广东、北京、上海、浙江 4 省市；（2）较高水平地区依次是江苏、四川、辽宁、山东、重庆、云南、河南 7 省市；（3）一般水平地区依次是湖北、福建、宁夏、安徽、湖南、河北、天津、江西、山西、甘肃、海南、吉林、黑龙江、贵州 14 省区；（4）低水平地区是内蒙古、广西、西藏、陕西、青海、新疆 6 省区。

分析表 7—20 还可以看出，目前我国少数民族地区“声望较大媒体的官博”综合影响力的整体水平明显较低，其指数值低于全国平均值 80.85 个百分点，低于广东省 660 多个百分点。就少数民族地区各省域而言，“声望较大媒体的官博”综合影响力的水平相对最高的是云南省，其

“@春城晚报”“@都市时报”“@壹读”等著名媒体的官博在全国具有重要的影响力。其次便是宁夏回族自治区，其“@vsita看天下”的官博影响力在全国排名第4位，“@博客天下”在全国排名第67位[①]，可谓难能可贵。当然，该地区的内蒙古、广西、西藏、青海、新疆5省区均未有媒体进入“媒体官博综合影响力”前300名，因而其“声望较大媒体的官博综合影响力指数”排在全国末位，反映出现阶段少数民族地区多数省域的“声望较大媒体的官博综合影响力”还很弱。

四 少数民族地区主流媒体影响力指数测评

主流媒体影响力指数由省级党报影响力指数、省级卫视影响力指数、声望较大媒体的官博综合影响力指数在一定的权重系数下集合而成。目前我国各省域及少数民族地区的主流媒体影响力指数情况详见表7—21、图7—7。

表7—21、图7—7显示，目前我国各省域中主流媒体影响力水平最高的是广东省，其指数值高出全国平均值187.36个百分点，其次是北京市，其指数值高出全国平均值126.83个百分点。主流媒体影响力水平最低的是西藏自治区，其指数值低于全国平均值40.49个百分点，其次是陕西省，其指数值低于全国平均值40.04个百分点。主流媒体影响力指数值最低省域与最高省域之间的差距为227.85个百分点，这方面的“鸿沟”现象十分突出。

表7—21　各地区主流媒体影响力指数（以全国平均值为100）

项目 / 地区	省级党报影响力指数		省级卫视影响力指数		声望较大媒体的官博综合影响力指数		主流媒体影响力指数		
	指数值	权重	指数值	权重	指数值	权重	指数	地区	排名
全国平均	100	0.40	100	0.30	100	0.30	100		
北京	116.35		119.82		481.16		226.83	广东	1

① 喻国明主编：《中国社会舆情年度报告（2013）》，人民日报出版社2013年版，第184—189页。

续表

项目 地区	省级党报影响力指数		省级卫视影响力指数		声望较大媒体的官博综合影响力指数		主流媒体影响力指数		
	指数值	权重	指数值	权重	指数值	权重	指数	地区	排名
天津	74.62		112.79		27.17		71.84	北京	2
河北	105.68		96.70		38.31		82.78	上海	3
山西	112.01		86.74		23.85		77.98	浙江	4
内蒙古	83.01		91.00		0.00		60.50	江苏	5
辽宁	86.89		99.71		127.65		102.96	四川	6
吉林	84.25		94.24		12.02		65.58	山东	7
黑龙江	96.66		98.57		11.99		71.83	湖北	8
上海	137.34		113.66		298.65		178.63	福建	9
江苏	130.13		111.20		179.24		139.18	辽宁	10
浙江	118.69		96.34		253.18		152.33	河南	11
安徽	83.61		118.08		52.28		84.55	湖南	12
福建	129.53		113.67		59.28		103.70	云南	13
江西	88.96		82.46		23.96		67.51	重庆	14
山东	138.02		94.38		95.34		112.12	安徽	15
河南	92.73		116.21		81.95		96.54	河北	16
湖北	138.64		89.79		79.73		106.31	海南	17
湖南	85.64		158.00		46.61		95.64	山西	18
广东	136.15		90.78		685.54		287.36	宁夏	19
广西	82.91		105.39		0.00		64.78	天津	20
海南	119.76		90.42		15.86		79.79	黑龙江	21
重庆	94.90		81.77		91.06		89.81	江西	22
四川	85.34		117.57		142.88		112.27	吉林	23
贵州	80.64		93.77		11.58		63.86	新疆	24
云南	90.26		93.56		85.74		89.89	广西	25
西藏	82.39		88.51		0.00		59.51	甘肃	26
陕西	87.32		83.43		0.00		59.96	贵州	27

续表

项目 地区	省级党报影响力指数		省级卫视影响力指数		声望较大媒体的官博综合影响力指数		主流媒体影响力指数		
	指数值	权重	指数值	权重	指数值	权重	指数	地区	排名
甘肃	81.60		84.61		20.64		64.22	内蒙古	28
青海	79.73		93.43		0.00		59.92	陕西	29
宁夏	83.29		92.11		54.40		77.27	青海	30
新疆	92.93		92.26		0.00		64.85	西藏	31
少数民族地区平均	84.08		92.63		19.15		67.17		

资料来源："各地区主流媒体影响力指数"根据表7—18至表7—20数据予以加权处理后计算而得。

若将主流媒体影响力"高水平""较高水平""一般水平""低水平"四个档次的指数值分别确定为"150以上""100—150之间""70—100之间""70以下"，则目前我国各省域的主流媒体影响力状况为：(1)高水平省域依次有广东、北京、上海、浙江4省市；(2)较高水平省域依次有江苏、四川、山东、湖北、福建、辽宁6省；(3)一般水平省域依次有河南、云南、湖南、重庆、安徽、河北、海南、山西、宁夏、天津、黑龙江11个省区；(4)低水平省域由低到高依次有西藏、青海、陕西、内蒙古、贵州、甘肃、广西、新疆、吉林、江西10省区。

表7—21、图7—7显示，目前我国少数民族地区主流媒体影响力的整体水平处于低水平层次，其指数值低于全国平均值32.83个百分点，与广东省的差距达220.19个百分点。就该地区各省域间的现状而言，主流媒体影响力水平最高的是云南省，其指数值接近全国平均水平，在全国排名第13位，其次是宁夏回族自治区，其指数值高出少数民族地区平均值约10个百分点，在全国排名第19位。其他7个省域的主流媒体影响力指数值均低于少数民族地区平均值，在全国处于低水平层次。反映出现阶段少数民族地区的绝大多数省域的主流媒体影响力水平尚处于全国落后位次。

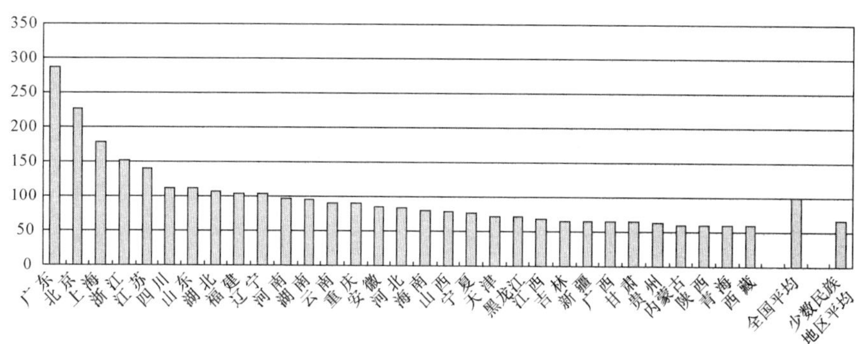

图 7—7　各地区主流媒体影响力指数值排序情况

第七节　少数民族地区网络舆情社会环境状况测评与分析

网络舆情社会环境是指网络舆情生存及活动范围内的社会物质、精神条件的总和。广义而言，就是网络舆情所处的社会政治环境、经济环境、法制环境、科技环境、文化环境等宏观因素。狭义而言，则是指影响网络舆情生存与发展的信息因素，包括信息来源和传输情况，信息的真实公正程度、信息爆炸和污染状况等。在此，我们从狭义的网络舆情社会环境内涵出发，从影响网络舆情危机生成与发展的视角，将其测评体系具体内化为“舆情危机压力指数”“负面舆情影响力指数”“网络舆情推动力指数”三个子系统予以测评与分析。

一　少数民族地区舆情危机压力指数测评

舆情危机压力指数主要是指某一省域内发生的舆情事件及其信息倾向性。具体又包括“舆情总危机指数”和“舆情平均危机指数”2 项测评指标[①]。现阶段我国各省域及少数民族地区的舆情危机压力指数状况，详

① 喻国明主编：《中国社会舆情年度报告（2012）》，人民日报出版社 2012 年版，第 239—241 页。

见表 7—22。

分析表 7—22 可以看出，目前我国各省域中舆情危机压力相对最小的是四川省——其“正向指数值”高出全国平均值 46. 72 个百分点，舆情危机压力相对最大的则是河南省——其“正向指数值”低于全国平均值达 95. 65 个百分点。若将舆情危机压力“小、较小、一般、大”的标准分别确定为舆情危机压力“正向指数值”高于 140、介于 120—140 之间、介于 100—120 之间、100 以下，则现阶段我国各省域的舆情危机压力状况为：（1）压力小的省域依次有四川、陕西、甘肃、内蒙古、福建 5 省区；（2）压力较小的省域依次有重庆、新疆、广西、黑龙江、辽宁 5 个省区；（3）压力一般的省域依次有安徽、吉林、上海、山东、天津、海南、西藏、青海、宁夏 9 个省域；（4）压力大的省域由大至小依次有河南、浙江、河北、湖北、广东、江苏、云南、贵州、江西、山西、湖南、北京 12 省市。

就少数民族地区而言，其舆情危机压力从整体上看处于“一般”状况，其“正向指数值”高出全国平均值 18. 22 个百分点。具体来说，该地区舆情危机压力相对最大的是云南省——其“正向指数值”低于全国平均值 24. 62 个百分点，其次是贵州省——其“正向指数值”低于全国平均值 21. 47 个百分点。舆情危机压力相对最小的则是甘肃、内蒙古 2 省区，其“正向指数值”分别高出全国平均值 42. 35 个、42. 18 个百分点。新疆、广西、西藏、青海、宁夏 5 省区的舆情危机压力则处于“一般”或“较小”的状态。

应当特别指出的是，新疆、贵州 2 省区虽然在“省域舆情总危机指数”方面指数值较低或与全国平均值相当，但在“省域舆情平均危机指数”方面，其指数值明显偏高（新疆为 134. 81，贵州为 130. 71，位居全国前 2 位）。说明虽然这两个省区发生的舆情事件总数不是太多，但其每个舆情事件的信息倾向性或曰造成舆情危机的可能性，在全国是十分突出的。此类现象虽然出现在少数民族地区的个别省域，但却显现着少数民族地区在舆情危机压力方面的特殊性所在。

表 7—22　　　各地区舆情危机压力指数（以全国平均值为 100）

项目 / 地区	舆情总危机指数			舆情平均危机指数			舆情危机压力指数	
	原始值	指数值	权重	原始值	指数值	权重	正常指数值	正向指数值
全国平均	522.77	100	0.60	65.87	100	0.40	100	100
北京	626.50	119.84		52.20	79.25		103.60	96.4
天津	—	—		—	—		100.00	100.00
河北	935.60	178.97		78.00	118.42		154.75	42.25
山西	627.10	119.96		78.40	119.02		119.58	80.42
内蒙古	217.00	41.51		54.20	82.28		57.82	142.18
辽宁	393.80	75.33		49.20	74.69		75.07	124.62
吉林	317.00	60.64		79.30	120.39		84.54	115.45
黑龙江	168.20	32.18		84.10	127.68		73.38	126.62
上海	398.80	76.29		66.50	100.96		86.16	113.84
江苏	756.50	144.70		68.80	104.45		128.60	71.40
浙江	1053.70	201.56		70.20	106.58		163.57	36.43
安徽	384.10	73.47		64.00	97.16		82.95	117.05
福建	221.30	42.33		55.30	83.95		58.98	141.02
江西	624.80	119.52		78.10	118.57		119.14	80.86
山东	489.50	93.64		61.20	92.91		93.35	106.65
河南	1280.90	245.02		80.10	121.60		195.65	4.35
湖北	833.70	159.48		83.40	126.61		146.33	53.67
湖南	670.00	128.16		60.90	92.46		113.88	86.12
广东	977.90	187.06		48.90	74.24		141.93	58.07
广西	300.20	57.42		50.00	75.91		64.82	135.18
海南	—	—		—	—		100.00	100.00

续表

项目 地区	舆情总危机指数			舆情平均危机指数			舆情危机压力指数	
	原始值	指数值	权重	原始值	指数值	权重	正常指数值	正向指数值
重庆	240.40	45.99		60.10	91.24		64.09	135.91
四川	167.90	32.12		56.00	85.02		53.28	146.72
贵州	602.80	115.31		86.10	130.71		121.47	78.53
云南	723.30	138.36		68.80	104.45		124.62	75.38
西藏	—	—		—	—		100.00	100.00
陕西	248.00	47.44		41.30	62.70		53.54	146.46
甘肃	244.10	46.69		48.80	74.09		57.65	142.35
青海	—	—		—			100.00	100.00
宁夏	—	—		—	—		100.00	100.00
新疆	88.80	16.99		88.80	134.81		64.12	135.88
少数民族地区平均	362.70	69.38		66.12	100.38		81.78	118.22

资料来源：喻国明主编：《中国社会舆情年度报告（2012）》，人民日报出版社2012年版，第240—241页。

说明：1. “正向指数值”是指将正常指数值（在此表中，正常指数值越高说明舆情压力越大，故而是反向指标）做出相应的正向处理，使其能够正向表达各省域舆情压力的小与大。如内蒙古自治区舆情危机压力指数的“正常指数”为57.82（压力相对较小），其“正向指数”则为100+（100-57.82）=142.18。此表“舆情危机压力指数”中的“正向指数值”数据，均为经过正向处理后的数据。

2. 因天津、海南、西藏、青海、宁夏5省区的数据缺失，其舆情危机压力指数中“正常指数值”“正向指数值”均取全国平均数。

二 少数民族地区负面舆情事件影响力指数测评

负面舆情事件影响力是指一个地区所发生的可能对社会造成不利影响或引发民众对社会管理者持负面看法的舆情事件所产生的影响，其对网络舆情危机的生成与发展具有十分重要的促进作用。研究与分析一个地区的网络舆情社会环境状况，不能不注重对负面舆情影响力状况的测评。在此，我们将“负面舆情热点事件比率”和“有谣言发生的事件所占重大舆情事件比率”作为“负面舆情事件影响力指数”测评子系统的具体构成要素。其中，将“负面舆情热点事件比率”中的“负面舆情热点事件”定位于《中国社会舆情与危机管理报告（2013）》所列出的“影响较大的反腐倡廉舆情事件”，将2010—2012年各省域影响较大的反腐倡廉舆情事件所占比率（三年间的平均数）作为测评的基本数据之一；将《中国社会舆情与危机管理报告（2012）》所列“影响较大的社会舆情事件中谣言与发生地交叉分析”中各省域“有谣言发生的事件所占重大舆情事件比率”（五年间的平均数）作为测评的基本数据之二。近些年来，我国各省域及少数民族地区的“负面舆情影响力指数”情况详见表7—23。

由表7—23可知，目前我国各省域中负面舆情影响力最小的是青海、西藏2省区，其负面舆情影响力指数中的“正向指数值”高出全国平均值89.63个百分点。负面舆情影响力最大的是北京市，其负面舆情影响力指数中的“正向指数值”低于全国平均值近300个百分点。此外，广东省的负面舆情影响力亦颇大，其负面舆情影响力指数中的“正向指数值”低于全国平均值240个百分点以上。

若将负面舆情影响力“小、较小、一般、大”的标准分别确定为负面舆情影响力指数中“正向指数值”高于180、介于150—180之间、介于100—150之间、100以下，则现阶段我国各省域的负面舆情影响力状况为：(1) 负面舆情影响力小的省域依次是西藏、青海、宁夏、甘肃4省区；(2) 负面舆情影响力较小的省域依次是天津、黑龙江、吉林、内蒙古、贵州、新疆、福建7个省区；(3) 负面舆情影响力一般的省域依次是海南、河北、江西、广西、山西、重庆、安徽、辽宁、云南9省市；(4) 负面舆情影响力大的省域由大至小依次是北京、广东、浙江、河南、湖南、四川、上海、江苏、山东、湖北、陕西11省市。

表 7—23　　各地区负面舆情影响力指数（以全国平均值为 100）

项目 \ 地区	负面舆情热点事件比率指数			有谣言发生的事件所占重大舆情事件比率指数			负面舆情影响力指数	
	原始值	指数值	权重	原始值	指数值	权重	正常指数值	正向指数值
全国平均	3.44	100	0.60	2.70	100	0.40	100	100
北京	13.47	391.57		11.10	411.11		399.39	-199.39
天津	—	—		1.40	51.85		20.47	179.53
河北	1.80	52.33		1.40	51.85		52.14	147.86
山西	3.67	106.69		0.00	0.00		64.01	135.96
内蒙古	0.80	23.26		0.70	25.93		24.33	175.67
辽宁	3.87	112.59		1.40	51.85		88.29	111.71
吉林	1.23	37.76		0.00	0.00		22.66	177.34
黑龙江		—		1.40	51.85		20.74	179.26
上海	3.27	95.06		4.20	155.56		119.26	80.74
江苏	3.17	92.15		4.20	155.56		117.51	82.49
浙江	6.33	184.01		7.60	281.48		223.00	-23.00
安徽	3.60	104.65		0.70	25.93		73.16	126.84
福建	1.07	31.11		2.10	77.78		49.78	150.22
江西	1.97	57.27		1.40	51.85		55.10	144.90
山东	4.03	117.15		2.80	103.70		111.77	88.23
河南	6.27	182.27		4.20	155.56		171.58	28.42
湖北	3.00	87.21		3.50	129.63		104.18	95.82
湖南	4.83	140.41		4.90	181.48		156.84	43.16
广东	12.10	351.74		9.00	333.33		344.38	-144.38
广西	1.97	57.27		1.40	51.85		55.10	144.90
海南	1.70	49.42		1.40	51.85		50.39	149.61
重庆	3.47	100.87		0.70	25.93		70.89	129.11
四川	2.43	70.64		6.30	233.33		135.72	64.28

续表

项目 地区	负面舆情热点事件比率指数			有谣言发生的事件所占重大舆情事件比率指数			负面舆情影响力指数	
	原始值	指数值	权重	原始值	指数值	权重	正常指数值	正向指数值
贵州	1.23	35.76		1.40	51.85		42.20	157.80
云南	2.30	66.86		3.50	129.63		91.97	108.03
西藏	—	—		0.70	25.93		10.37	189.63
陕西	2.77	80.52		3.50	129.63		100.16	99.84
甘肃	0.43	12.50		0.70	25.93		17.87	182.13
青海	—	—		0.70	25.93		10.37	189.63
宁夏	0.87	25.29		0.00	0.00		15.17	184.83
新疆	1.33	38.66		1.40	51.85		43.94	156.06
少数民族地区平均	1.28	37.21		1.17	43.33		39.66	160.34

资料来源：谢耕耘主编：《中国社会舆情与危机管理报告（2013）》，社会科学文献出版社2013年版，第158页；谢耕耘主编：《中国社会舆情与危机管理报告（2012）》，社会科学文献出版社2012年版，第341页。

说明：1.“负面舆情热点事件比率”是指此类事件发生数量占全国总数量的比率（不含港澳台、全国性舆情热点事件比率），表中的数据为2010—2012年3年的平均值；“有谣言发生的事件所占重大舆情事件比率”的数据为2007—2011年5年的平均值。

2.“正向指数值”是指将正常指数值（在此表中，正常指数值越高说明负面舆情影响力越大，故而是反向指标）做出相应的正向处理，使其能够正向表达各省域负面舆情影响力的小与大。如广西壮族自治区负面舆情影响力“正向指数值”＝100＋（100－55.10）＝144.90。此表“负面舆情影响力指数”中的“正向指数值”数据，均为经过正向处理后的数据。

由表7—23还可以看出，目前我国少数民族地区的负面舆情影响力整体上处于“较小”状态，其负面舆情影响力指数中的“正向指数值”高出全国平均值60.34个百分点。就该地区的各省域而言，负面舆情影响力相对最小的是西藏自治区和青海省，负面舆情影响力相对最大的则是云南省，其他6省区的负面舆情影响力大都处于“小”或“较小”的状态。

三 少数民族地区网络舆情推动力指数测评

这里所说的“网络舆情推动力”，是指网络技术以外的社会要素的组合。即较大影响的社会舆论事件发生后，在网上起到“推动舆情发展”作用的主要因素。当然，“网络舆情推动力”具有“双刃剑”的特点：引导正确，就可有效发挥“正能量”，进而推动网络舆情向有利于社会进步的方向发展；若引导错误或听之任之，则可能产生巨大的“负能量”，引发网络舆情危机。

在此，我们依据“代表性原则”和“可比较性原则”，将“网络舆情推动力指数”测评子系统的具体测评项目确定为“较大影响的社会舆论事件中有网络集体行动的事件所占比率”和“较大影响的社会舆论事件中有意见领袖参与的事件所占比率”，以此来分析各省域及少数民族地区的网络舆情推动力现况。其理由在于：（1）“网络集体行动”是经由互联网而相互关联的个体、群体或组织，按某一方式组成集合体，采取在线或离线的某些策略与技术，为达到某一特定的共同目标而做出的努力。[①] 网络集体行动是冲突的特殊表现形式，但并不一定具有破坏性和侵略性的反功能后果，其中大部分是在法治框架以内的行为，有相当部分与政府“议题设置”相吻合或具有民间舆论“互补”属性的，“可以增加社会结构的灵活性，提高社会系统的适应能力，促进新群体与社会的形成，激发新规范和制度的建立”[②]，因而，从总体上讲，网络集体行动并不是网络舆情“负向推动力”的主流，其“正向推动力”的意义是主要的。（2）“意见领袖”是指在人际传播网络中经常为他人提供信息、意见、评论，并对他人施加影响的“活跃分子”。网络舆情中的“意见领袖”绝大部分是遵纪守法且具有理性探索精神的群体，其参与较大影响的社会舆论事件，一般而言，都具有辨明是非、探析实质、解答咨询、提供解决问题对策的作用，对于引导舆情及应对危机具有一定的“正向推动作用”，而在“意见领袖”群体中，起到“负向推动作用”的“大V”毕竟是少数；

① 李婷玉：《网络集体行动发生机制的探索性研究》，《上海行政学院学报》2011年第2期。

② 同上。

故而，从总体上讲，“意见领袖”的网络言论，对于网络舆情的发展趋势，其“正向推动力”的意义是主要的。目前我国各省域及少数民族地区的网络舆情推动力状况详见表7—24。

分析表7—24可以看出，现阶段我国各省域中，网络舆情推动力最强的是北京市——其网络舆情推动力指数高出全国平均值373.10个百分点，网络舆情推动力最弱的是吉林、宁夏2省区——因其近年来发生的在全国具有较大影响的社会舆情事件很少，且在此类很少的事件中没有网络集体行动、意见领袖参与的情况，故其网络舆情推动力指数难以显现。若将网络舆情推动力“最强”“较强”“一般”“最弱”的指数值标准分别确定为“200以上”“120—200之间”“70—120之间”“70以下”，则现阶段我国各省域网络舆情推动力状况为：（1）最强的地区依次有北京、浙江、江苏、四川4省市；（2）较强的地区依次有湖北、广东、云南、河南、上海、山西6省市；（3）一般的地区依次有福建、山东、陕西、湖南、辽宁、江西、新疆7省区；（4）最弱的地区由最弱到相对较弱依次有吉林、宁夏、青海、天津、广西、贵州、甘肃、内蒙古、西藏、河北、海南、重庆、黑龙江、安徽14个省区。

分析表7—24还可以看出，现阶段我国少数民族地区的网络舆情推动力整体上还处于“最弱”状态，其网络舆情推动力指数低于全国平均值60.75个百分点。就该地区各省域的现状来看，网络舆情推动力相对最强的是云南省，其网络舆情推动力指数高出全国平均值61.88个百分点，高出少数民族地区平均值122.63个百分点，相对最弱的是宁夏回族自治区，其网络舆情推动力指数低于全国平均值达100个百分点。

在此，需要特别指出的是，表7—24所显示各省域网络舆情推动力指数中“正向指数值”的高低，并不是绝对地表明其网络舆情推动力的强弱，因为“较大影响的社会舆论事件中有网络集体行动的事件”和“较大影响的社会舆论事件中有意见领袖参与事件”并不完全是“产生正面效应”的，其中有一部分的“网络集体行动”和“意见领袖参与”是能够“产生负面效应”的。故此，对表7—24所显示“网络舆情推动力”应做“一般意义上”的理解。

表7—24　　各地区网络舆情推动力指数（以全国平均值为100）

项目 地区	较大影响的社会舆论事件中有网络集体行动的事件所占比率指数			较大影响的社会舆论事件中有意见领袖参与的事件所占比率指数			网络舆情推动力指数
	原始值	指数值	权重	原始值	指数值	权重	指数值
全国平均	2.17	100	0.60	2.35	100	0.40	100
北京	9.60	442.40		12.20	519.15		473.10
天津	0.70	32.26		0.00	0.00		19.36
河北	0.70	32.26		0.60	25.53		29.57
山西	2.20	101.38		3.50	148.94		120.40
内蒙古	0.70	32.26		0.60	25.53		29.57
辽宁	1.50	69.12		1.70	72.34		70.41
吉林	0.00	0.00		0.00	0.00		0.00
黑龙江	1.50	69.12		1.20	51.06		61.90
上海	3.00	138.25		4.10	174.47		152.74
江苏	5.20	293.63		4.70	200.00		256.18
浙江	8.10	373.27		4.70	200.00		303.96
安徽	1.70	78.34		1.20	51.06		67.43
福建	2.20	101.38		2.30	97.87		99.98
江西	1.50	69.12		1.70	72.34		70.41
山东	3.00	138.25		0.60	25.53		93.16
河南	2.20	101.38		5.80	246.81		159.55
湖北	3.70	170.51		5.20	221.28		190.82
湖南	1.50	69.12		1.70	73.34		70.81
广东	3.00	138.25		5.20	221.28		171.46
广西	0.00	0.00		1.20	51.06		20.42
海南	0.70	32.26		0.60	25.53		29.57

续表

项目 地区	较大影响的社会舆论事件中有网络集体行动的事件所占比率指数			较大影响的社会舆论事件中有意见领袖参与的事件所占比率指数			网络舆情推动力指数
	原始值	指数值	权重	原始值	指数值	权重	指数值
重庆	0.70	32.26		1.20	51.06		39.78
四川	5.90	271.89		3.50	148.94		222.71
贵州	0.00	0.00		1.20	51.06		20.42
云南	3.70	170.51		3.50	148.94		161.88
西藏	0.70	32.26		0.00	0.00		19.37
陕西	1.50	69.12		2.30	97.87		80.62
甘肃	0.00	0.00		1.20	51.06		20.42
青海	0.00	0.00		0.60	25.53		10.21
宁夏	0.00	0.00		0.00	0.00		0.00
新疆	2.20	101.38		0.60	25.53		71.04
少数民族地区平均	0.81	37.33		0.99	42.13		39.25

资料来源：谢耕耘主编：《中国社会舆情与危机管理报告（2012）》，社会科学文献出版社2012年版，第334、349页。

说明：此表中的“原始值”均为2007—2011年5年间各省域“较大影响的社会舆论事件中有网络集体行动的事件所占比率”和“较大影响的社会舆论事件中有意见领袖参与的事件所占比率”的数据。

另外，网络舆情推动力的强弱虽然与地区经济社会发展程度有密切关联，但并不是简单地呈“正比”关系，因为不仅北京、浙江等相对发达地区的网络舆情推动力明显较强，与此同时，四川、湖北等不太发达的地区，其网络舆情推动力亦明显强于上海、山东，而欠发达的云南省，其网络舆情推动力也位居上海之前。这也从一个侧面印证了对表7—24所显示的“网络舆情推动力”，应做“一般意义上”理解的合理性。

正确理解上述复杂关系，有助于我们客观地认识现阶段少数民族地区网络舆情推动力相对较弱的状况：并不是说明本地区由于经济社会欠发达，其网络舆情推动力就必然会小于其他地区。而应该未雨绸缪，从科学分析和有效处理各种深层次的社会矛盾入手，遵循网络舆情发展规律，积极发挥网络舆情及其运行方式的“正能量”，主动切入网络舆情主阵地，深入了解本地区网民尤其是广大少数民族网民的所思所想，努力践行“网上群众路线”，切实做好引导与应对工作。

四 少数民族地区网络舆情社会环境指数测评

网络舆情社会环境指数由舆情危机压力指数、负面舆情影响力指数、网络舆情推动力指数在一定的权重系数下集合而成。目前我国各省域及少数民族地区的网络舆情社会环境指数情况详见表7—25、图7—8。

由表7—25、图7—8可以看出，现阶段我国各省域中，网络舆情社会环境最优的是四川省——其网络舆情社会环境指数高出全国平均值20.67个百分点，网络舆情社会环境相对最差的是广东省——其网络舆情社会环境指数低于全国平均值68.65个百分点。若将网络舆情社会环境“优等、良好、一般、偏差”的指数值标准分别确定为“130以上”“115—130之间”“100—115之间”“100以下”，则现阶段我国各省域网络舆情社会环境状况为：（1）网络舆情社会环境优等的地区依次有四川、福建、江苏3省；（2）网络舆情社会环境良好的地区依次有黑龙江、新疆、北京、内蒙古、甘肃、上海6个省域；（3）网络舆情社会环境一般的地区依次有陕西、云南、山西、湖北、安徽、重庆、辽宁、广西、西藏9个省区；（4）网络舆情社会环境偏差的地区由差到相对较差依次有广东、河南、湖南、河北、贵州、海南、宁夏、江西、山东、浙江、吉林、天津、青海13个省区。

广东、河南、湖南之所以成为网络舆情社会环境最差的3个省域，一是这3个省的舆情总危机指数、舆情平均危机指数相对偏高；二是近些年来这3个省发生的在全国具有较大影响力的舆情事件相对集中；三是在上述舆情事件中，有谣言发生的事件、负面舆情热点事件所占比重相对较大。三个方面的因素叠加，从而造成了这3个省位居于全国网络舆情社会环境后3位的现况。

表 7—25　　各地区网络舆情社会环境指数（以全国平均值为 100）

项目 地区	舆情危机压力指数		负面舆情事件影响力指数		网络舆情推动力指数		网络舆情社会环境指数		
	指数值	权重	指数值	权重	指数值	权重	指数	地区	排名
全国平均	100	0.40	100	0.30	100	0.30	100		
北京	96.4		-199.39		473.10		120.67	四川	1
天津	100.00		179.53		19.36		99.67	福建	2
河北	42.25		147.86		29.57		70.13	江苏	3
山西	80.42		135.96		120.40		109.08	黑龙江	4
内蒙古	142.18		175.67		29.57		118.44	新疆	5
辽宁	124.62		111.71		70.41		104.48	北京	6
吉林	115.45		177.34		0.00		99.38	内蒙古	7
黑龙江	126.62		179.26		61.90		123.00	甘肃	8
上海	113.84		80.74		152.74		115.58	上海	9
江苏	71.40		82.49		256.18		130.16	陕西	10
浙江	36.43		-23.00		303.96		98.86	云南	11
安徽	117.05		126.84		67.43		105.10	山西	12
福建	141.02		150.22		99.98		131.47	湖北	13
江西	80.86		144.90		70.41		96.94	安徽	14
山东	106.65		88.23		93.16		97.08	重庆	15
河南	4.35		28.42		159.55		58.13	辽宁	16
湖北	53.67		95.82		190.82		107.46	广西	17
湖南	86.12		43.16		70.81		68.64	西藏	18
广东	58.07		-144.38		171.46		31.35	青海	19
广西	135.18		144.90		20.42		103.67	天津	20
海南	100.00		149.61		29.57		93.75	吉林	21
重庆	135.91		129.11		39.78		105.03	浙江	22

续表

项目 地区	舆情危机压力指数		负面舆情事件影响力指数		网络舆情推动力指数		网络舆情社会环境指数		
	指数值	权重	指数值	权重	指数值	权重	指数	地区	排名
四川	146.72		64.28		222.71		144.79	山东	23
贵州	78.53		157.80		20.42		84.88	江西	24
云南	75.38		108.03		161.88		111.13	宁夏	25
西藏	100.00		189.63		19.37		102.70	海南	26
陕西	146.46		99.84		80.62		112.72	贵州	27
甘肃	142.35		182.13		20.42		117.71	河北	28
青海	100.00		189.63		10.21		99.95	湖南	29
宁夏	100.00		184.83		0.00		95.45	河南	30
新疆	135.88		156.06		71.04		122.48	广东	31
少数民族地区平均	118.22		160.34		39.25		107.17		

资料来源："各地区网络舆情社会环境指数"根据表 7—22 至表 7—24 数据加权处理后计算而得。

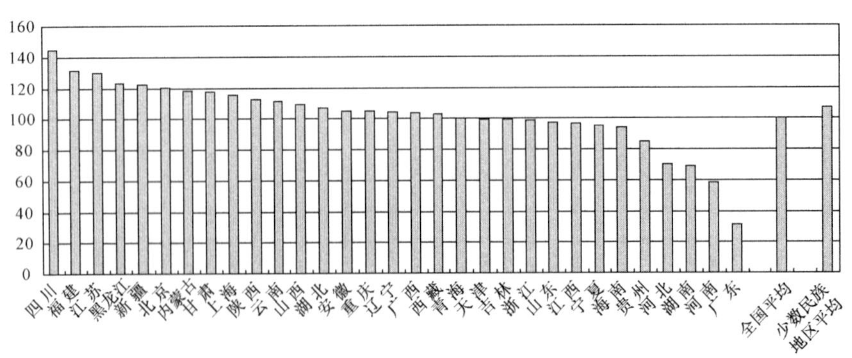

图 7—8 各地区网络舆情社会环境指数值排序情况

与上相对应，四川、福建、江苏3省的网络舆情社会环境指数之所以能够高居全国前3位，则在于其舆情总危机指数、平均舆情危机指数相对较低，负面舆情热点事件比率、有谣言发生的事件比率相对较低等因素所致。

由表7—25、图7—8还可以看出，现阶段我国少数民族地区网络舆情社会环境整体上处于"一般"状态，其网络舆情社会环境指数略高于全国平均值。就各省域的现况而言，网络舆情社会环境相对最优的是新疆维吾尔自治区和内蒙古自治区，其网络舆情社会环境指数分别高出全国平均值22.48个和18.44个百分点；相对最差的则是贵州省，其网络舆情社会环境指数低于全国平均值15.12个百分点，低于少数民族地区平均值22.29个百分点。其余6省区的网络舆情社会环境指数与全国平均值大致持平。

第八节　少数民族地区网络舆情及网络舆情危机应对综合能力测评与分析

网络舆情及网络舆情危机应对的综合能力测评体系，由官方微博影响力指数、政府网站服务能力指数、网络舆情及网络舆情危机回应与处置能力指数、主流媒体影响力指数、网络舆情社会环境指数等5个子系统构成。现阶段我国各省域及少数民族地区网络舆情及网络舆情危机应对综合能力状况，详见表7—26、图7—9。

表7—26、图7—9显示，目前我国各省域中，浙江省以其网络舆情及网络舆情危机应对能力指数高出全国平均值97.55个百分点的测评数据，位居综合能力第1名。其次是广东省，其网络舆情及网络舆情危机应对能力指数亦高出全国平均值90个百分点以上。应对综合能力相对最弱的是西藏自治区，其网络舆情及网络舆情危机应对能力指数低于全国平均值44.28个百分点，低于指数值最高的浙江省141.83个百分点，省域间的综合能力差距较为明显。

表7—26　　各地区网络舆情及网络舆情危机应对能力指数（以全国平均值为100）

项目 地区	官方微博影响力指数		政府网站服务能力指数		网络舆情及网络舆情危机回应与处置能力指数		主流媒体影响力指数		网络舆情社会环境指数		网络舆情及网络舆情危机应对能力指数		
	指数值	权重	指数值	权重	指数值	权重	指数值	权重	指数值	权重	指数	地区	排名
全国平均	100	0.25	100	0.20	100	0.30	100	0.15	100	0.10	100		
北京	163.16		181.16		127.88		226.83		120.67		161.48	浙江	1
天津	14.15		88.22		91.50		71.84		99.67		69.38	广东	2
河北	51.80		79.11		96.88		82.78		70.13		77.27	江苏	3
山西	88.09		97.48		90.87		77.98		109.08		91.39	北京	4
内蒙古	20.45		84.34		120.15		60.50		118.44		78.95	山东	5
辽宁	93.18		78.89		97.63		102.96		104.48		94.25	上海	6
吉林	20.04		74.88		97.48		65.58		99.38		69.01	四川	7
黑龙江	62.52		85.56		78.97		71.83		123.00		79.51	福建	8
上海	123.20		178.10		115.49		178.63		115.58		139.42	河南	9
江苏	290.52		123.51		107.15		139.18		130.16		163.37	云南	10

续表

项目 / 地区	官方微博影响力指数		政府网站服务能力指数		网络舆情及网络舆情危机回应与处置能力指数		主流媒体影响力指数		网络舆情社会环境指数		网络舆情及网络舆情危机应对能力指数		
	指数值	权重	指数值	权重	指数值	权重	指数值	权重	指数值	权重	指数	地区	排名
浙江	441.26		105.91		111.07		152.33		98.86		197.55	湖北	11
安徽	59.70		130.96		101.72		84.55		105.10		94.83	安徽	12
福建	91.14		131.59		120.33		103.70		131.47		113.90	辽宁	13
江西	32.41		106.04		84.35		67.51		96.94		74.44	山西	14
山东	257.97		114.72		100.50		112.12		97.08		144.11	湖南	15
河南	178.53		95.36		82.16		96.54		58.13		108.65	广西	16
湖北	72.51		133.80		104.46		106.31		107.46		102.92	陕西	17
湖南	42.10		121.91		108.71		95.64		68.64		88.73	新疆	18
广东	327.94		156.14		111.11		287.36		31.35		192.78	甘肃	19
广西	75.16		84.51		102.28		64.78		103.67		86.46	黑龙江	20
海南	14.52		96.02		96.14		79.79		93.75		73.02	内蒙古	21
重庆	28.49		65.92		91.18		89.81		105.03		71.64	河北	22

续表

项目 地区	官方微博影响力指数		政府网站服务能力指数		网络舆情及网络舆情危机回应与处置能力指数		主流媒体影响力指数		网络舆情社会环境指数		网络舆情及网络舆情危机应对能力指数		
	指数值	权重	指数值	权重	指数值	权重	指数值	权重	指数值	权重	指数	地区	排名
四川	100.30		150.06		117.28		112.27		144.79		121.59	宁夏	23
贵州	20.63		100.68		92.30		63.86		84.88		71.05	江西	24
云南	147.91		64.36		100.54		89.89		111.13		104.61	海南	25
西藏	10.92		39.31		86.44		59.51		102.70		55.72	重庆	26
陕西	50.47		130.37		89.00		59.96		112.72		85.66	贵州	27
甘肃	70.20		78.83		93.09		64.22		117.71		82.65	天津	28
青海	12.98		64.96		99.65		59.92		99.95		65.11	吉林	29
宁夏	47.54		62.15		100.16		77.27		95.45		75.50	青海	30
新疆	82.99		62.83		96.62		64.85		122.48		84.28	西藏	31
少数民族地区平均	49.47		71.68		101.20		101.20		107.17		77.86		

资料来源："网络舆情及网络舆情危机应对能力指数"根据表7—7、表7—13、表7—17、表7—21、表7—25数据加权处理后计算而得。

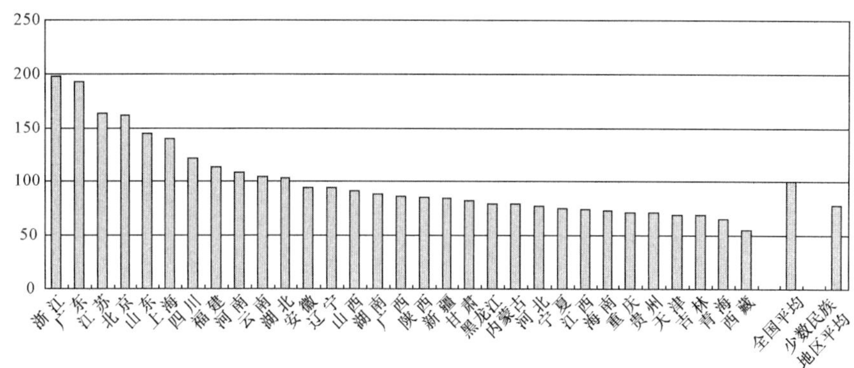

图 7—9　各地区网络舆情及网络舆情危机应对能力指数排序情况

若将网络舆情及网络舆情危机应对能力“强”“较强”“一般”“弱”的指数值标准分别确定为“160 以上”“100—160 之间”“80—100 之间”“80 以下”，那么，目前我国各省域网络舆情及网络舆情危机应对综合能力状况大体可分为以下四个层次。

（1）网络舆情及网络舆情危机应对能力强的地区依次为浙江、广东、江苏、北京 4 省市；（2）网络舆情及网络舆情危机应对能力较强的地区依次为山东、上海、四川、福建、河南、云南、湖北 7 省市；（3）网络舆情及网络舆情危机应对能力一般的地区依次为安徽、辽宁、山西、湖南、广西、陕西、新疆、甘肃 8 省区；（4）网络舆情及网络舆情危机应对能力弱的地区由相对偏弱到最弱依次为黑龙江、内蒙古、河北、宁夏、江西、海南、重庆、贵州、天津、吉林、青海、西藏 12 个省区。

表 7—26、图 7—9 还显示，目前我国少数民族地区的网络舆情及网络舆情危机应对能力整体上还处于“弱”的层次，其平均指数值低于全国平均值 22. 14 个百分点，即与全国平均水平相比，约有 1/4 的差距。就其各省域的具体状况看，应对能力相对最强的是云南省，其网络舆情及网络舆情危机应对能力指数高出全国平均值 4. 61 个百分点，高出少数民族地区平均值 26. 75 个百分点，较之指数值最低的西藏自治区则高出了 48. 89 个百分点。可见，少数民族地区各省域之间的网络舆情及网络舆情危机应对能力之差距亦是十分显著的。此外，该地区网络舆情及网络舆情

危机应对能力与全国平均水平差距相对不大的（指数值相差 15 个百分点以内）省域有广西、新疆、甘肃、内蒙古、宁夏 5 省区。贵州、青海、西藏 3 省区与全国平均水平之间的差距则比较突出。

第八章

少数民族地区网络舆情及网络舆情危机应对能力比较研究

为了更加深入、具体地了解和把握少数民族地区网络舆情及网络舆情危机应对能力现状，系统探究少数民族地区与全国之间，与网络舆情及网络舆情危机应对能力强的省域之间，以及少数民族地区各省域之间在总体应对能力、官方微博综合绩效、政府网站服务能力、网络舆情及网络舆情危机回应与处置能力、主流媒体影响力、网络舆情社会环境诸方面的差异所在，进而科学分析制约少数民族地区网络舆情及网络舆情危机应对能力增长的关键因素，在此，我们以第七章的测评数据为基础，进行全方位、多视角的比较研究。

第一节　少数民族地区网络舆情及网络舆情危机的总体应对能力比较研究

要从宏观视角科学把握现阶段少数民族地区的网络舆情及网络舆情危机应对能力状况，除了进行必要的计量测评，还须将测评数据与全国平均水平之间，与“强档次”的省域之间，以及本地区各省域间进行相关比较研究，以便为深入认识这方面的区情提供必备的参考数据。

一　与全国平均水平之间的比较

少数民族地区网络舆情及网络舆情危机应对能力指数及其五个子系统的指数值与全国平均水平之间比较数据，详见表8—1、图8—1。

表 8—1 少数民族地区网络舆情及网络舆情危机应对能力指数与全国平均水平之间的比较数据

项目 地区	官方微博综合绩效指数	政府网站服务能力指数	网络舆情及网络舆情危机回应与处置能力指数	主流媒体影响力指数	网络舆情社会环境指数	网络舆情及网络舆情危机应对能力指数
少数民族地区	49.47	71.68	101.20	67.17	107.17	77.86
全国平均水平	100.00	100.00	100.00	100.00	100.00	100.00

数据来源：本书表 7—26。

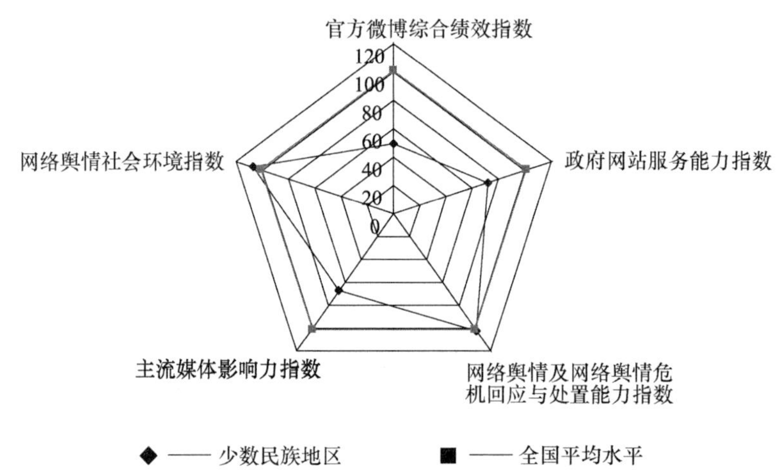

图 8—1 少数民族地区网络舆情及网络舆情危机应对能力五个子系统的指数值与全国平均水平之间的比较示意

分析表 8—1、图 8—1 可知，目前少数民族地区网络舆情及网络舆情危机应对能力的综合指数低于全国平均水平 22.14 个百分点，差距较为明显。从五个子系统的指数值情况来看，少数民族地区与全国平均水平之间差距最大的是官方微博综合绩效指数——低于全国平均指数值 50.53 个百分点，即目前少数民族地区的官方微博综合绩效仅相当于全国平均水平的一半，差距可谓甚大。在主流媒体影响力、政府网站服务能力方面，少数民族地区与全国平均水平之间差距亦比较突出——分别低于全国平均指数值 32.83 个百分点、28.32 个百分点。而在网络舆情及网络舆情危机回应与处置能力、网络舆情社会环境方面，少数民族地区则略高于全国平均水平。从上述数据分析可以看出，目前制约少数民族地区网络舆情及网络舆情危机应对能力最为关键的系统性要素是官方微博影响力相对太弱。此外，政府网站服务能力不强，也是制约本地区网络舆情及网络舆情危机应对能力的主要系统性要素之一。当然，作为系统化综合能力的诸要素之一，少数民族地区主流媒体影响力还不够强，亦是影响该地区网络舆情及网络舆情危机应对能力不可忽视的因素。

二　与“高水平”省域之间的比较

根据表 7—26“各地区网络舆情及网络舆情危机应对能力指数”的测评结果，目前我国网络舆情及网络舆情危机应对能力“高水平”的省域是浙江、广东、江苏、北京 4 省市。在此，我们将这 4 省市网络舆情及网络舆情危机应对能力指数平均值、五个子系统指数的平均值与少数民族地区进行比较分析。具体比较数据，详见表 8—2、图 8—2。

表 8—2　　少数民族地区网络舆情及网络舆情危机应对能力指数与“高水平”省域之间的比较数据

项目 / 地区	官方微博综合绩效指数	政府网站服务能力指数	网络舆情及网络舆情危机回应与处置能力指数	主流媒体影响力指数	网络舆情社会环境指数	网络舆情及网络舆情危机应对能力指数
浙江	441.26	105.91	111.07	152.33	98.86	197.55
广东	327.94	156.14	111.11	287.36	31.35	192.78
江苏	290.52	123.51	107.15	139.18	130.16	163.37
北京	163.16	181.16	127.88	226.83	120.67	161.48
“高水平”省域	305.72	141.58	114.30	201.43	95.24	178.80

续表

项目 地区	官方微博综合绩效指数	政府网站服务能力指数	网络舆情及网络舆情危机回应与处置能力指数	主流媒体影响力指数	网络舆情社会环境指数	网络舆情及网络舆情危机应对能力指数
少数民族地区	49.47	71.68	101.20	67.17	107.17	77.86
全国平均水平	100.00	100.00	100.00	100.00	100.00	100.00

数据来源：本书表 7—26。

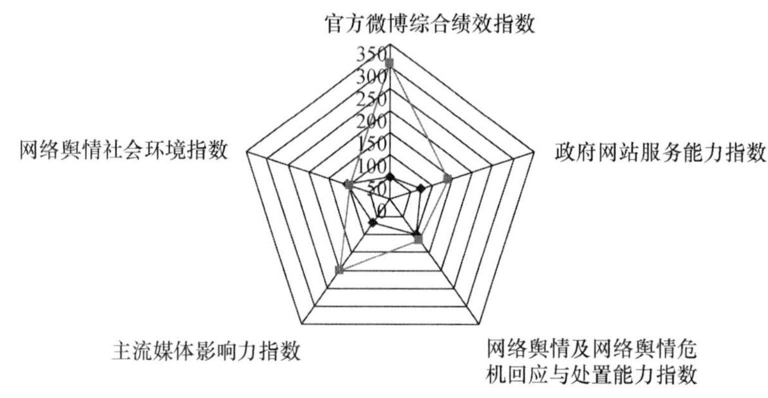

图 8—2　少数民族地区网络舆情及网络舆情危机应对能力五个子系统的指数值与“高水平”省域之间的比较示意

表 8—2、图 8—2 显示，目前少数民族地区网络舆情及网络舆情危机应对能力的综合指数低于“高水平”省域平均值 100.94 个百分点，差距甚为突出，用“鸿沟”来形容，亦不为过。从五个子系统的指数值现况来看，少数民族地区与“高水平”省域间差距最大的是官方微博综合绩效指数——低于“高水平”省域 256.25 个百分点，二者间的“鸿沟”之深，令人瞠目。此外，在主流媒体影响力方面，少数民族地区与“高水平”省域间的差距亦大得惊人——其指数值低于“高水平”省域平均值

134.26个百分点。当然，我们还欣慰地看到，在网络舆情及网络舆情危机回应与处置能力、网络舆情社会环境方面，少数民族地区并不明显落后于“高水平”省域，甚至在网络舆情社会环境指数上，还略高于“高水平”省域。通过与“高水平”省域之间的具体比较，进一步印证了“目前制约少数民族地区网络舆情及网络舆情危机应对能力最为关键的系统性要素是官方微博影响力相对太弱”的分析结论。

三　少数民族地区各省域间的比较

目前，我国少数民族地区各省域以及西北少数民族地区、西南少数民族地区的网络舆情及网络舆情危机应对能力的具体数据，详见表8—3、图8—3、图8—4。

表8—3　　少数民族地区各省域间及西北、西南少数民族地区网络舆情及网络舆情危机应对能力指数比较数据

项目 地区	官方微博综合绩效指数	政府网站服务能力指数	网络舆情及网络舆情危机回应与处置能力指数	主流媒体影响力指数	网络舆情社会环境指数	网络舆情及网络舆情危机应对能力指数
内蒙古	20.45	84.34	120.15	60.50	118.44	78.95
甘肃	70.20	78.83	93.09	64.22	117.71	82.65
青海	12.98	64.96	99.65	59.92	99.95	65.11
宁夏	47.54	62.15	100.16	77.27	95.45	75.50
新疆	82.99	62.83	96.62	64.85	122.48	84.28
西北少数民族地区	46.83	70.62	101.93	65.35	110.81	77.30
广西	75.16	84.51	102.28	64.78	103.67	86.46
贵州	20.63	100.68	92.30	63.86	84.88	71.05
云南	147.91	64.36	100.54	89.89	111.13	104.61
西藏	10.92	39.31	86.44	59.51	102.70	55.72

续表

项目 地区	官方微博综合绩效指数	政府网站服务能力指数	网络舆情及网络舆情危机回应与处置能力指数	主流媒体影响力指数	网络舆情社会环境指数	网络舆情及网络舆情危机应对能力指数
西南少数民族地区	63.67	72.22	95.39	69.51	100.60	79.46
少数民族地区	49.47	71.68	101.20	67.17	107.17	77.86
全国平均水平	100.00	100.00	100.00	100.00	100.00	100.00

数据来源：本书表7—26。

由表8—3、图8—3可以看出，目前少数民族地区各省域中，网络舆情及网络舆情危机应对能力指数值高于全国平均值的只有云南省，高于少数民族地区平均值的依次有云南、广西、新疆、甘肃、内蒙古5省区。宁夏、贵州、青海、西藏4省区的网络舆情及网络舆情危机应对能力在少数民族地区处于相对较弱的位次。此外，西南少数民族地区的网络舆情及网络舆情危机应对能力略强于西北少数民族地区。

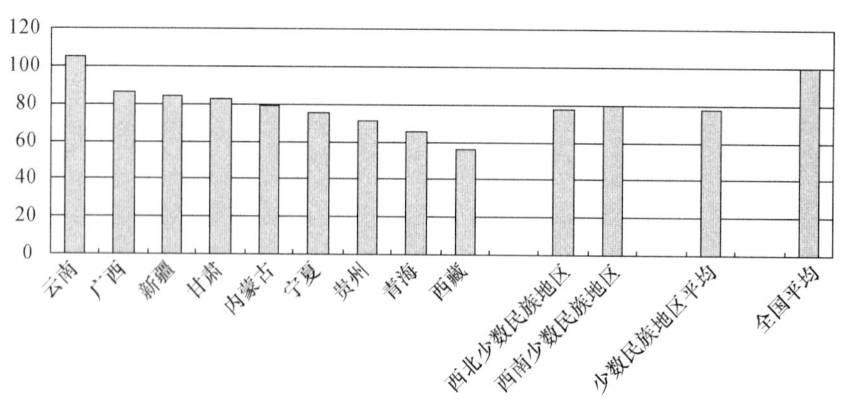

图8—3 少数民族地区各省域间及西北、西南少数民族地区网络舆情及网络舆情危机应对能力指数比较示意

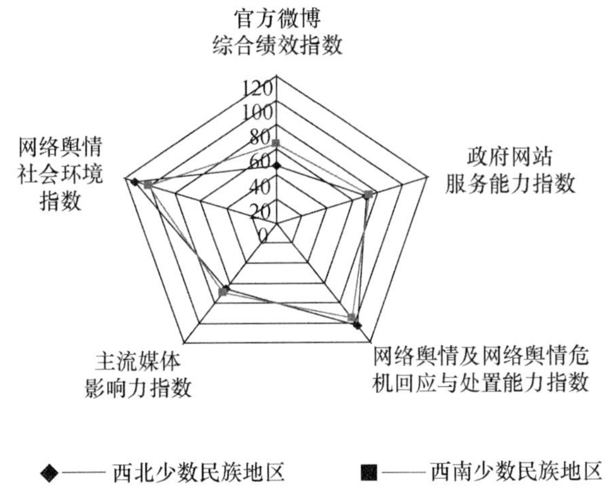

图 8—4　西北、西南少数民族地区网络舆情及网络舆情危机应对能力五个子系统指数值比较示意

由表 8—3、图 8—4 还可以看出，西北少数民族地区与西南少数民族地区在网络舆情及网络舆情危机应对能力五个子系统方面，其指数值各有高低：在官方微博综合绩效方面，西南少数民族地区有着较为明显的优势——其指数值高出西北少数民族地区 16.84 个百分点；在网络舆情社会环境、网络舆情及网络舆情危机回应与处置能力方面，西北少数民族地区则略显优势——其指数值分别高出西南少数民族地区 10.21 个和 6.54 个百分点。而在政府网站服务能力、主流媒体影响力方面，两个地区水平相当。

第二节　少数民族地区官方微博综合绩效水平比较研究

官方微博综合绩效水平的高低，在某种程度上反映着一个地区的政府部门在网络社会中的声誉和信息传播能力与社会效应，是评价官方网络舆情引导能力的基础性指标系统。在此，我们就现阶段少数民族地区官方微博综合绩效与全国平均水平、高水平地区之间的差异，少数民族地区各省域间的差异，进行量化的比较分析。

一 与全国平均水平之间的比较

少数民族地区的官方微博综合绩效指数及其五个子系统的指数值与全国平均水平之间比较数据，详见表8—4、图8—5。

表8—4 少数民族地区官方微博综合绩效指数与全国平均水平之间的比较数据

项目 地区	具有较大影响力的官方微博比率指数	党政机构微博传播效能指数	效益显著的官方微博综合指数	党政系统优秀官方微博比率指数	公安系统优秀官方微博比率指数	官方微博综合绩效指数
少数民族地区	43.68	42.77	68.49	40.59	46.57	49.47
全国平均水平	100.00	100.00	100.00	100.00	100.00	100.00

数据来源：本书表7—7。

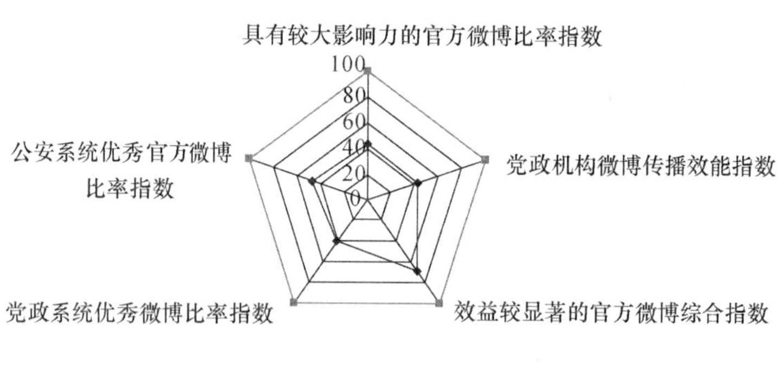

图8—5 少数民族地区官方微博综合绩效五个子系统的指数值与全国平均水平之间的比较示意

分析表8—4、图8—5可知，目前少数民族地区官方微博综合绩效水平与全国平均水平相差约50个百分点，差距可谓甚大。从五个子系统的指数值情况来看，与全国平均水平差距最大的是“党政系统优秀微博比率”，其指数值低于全国平均值约60个百分点，其次是“党政机构微博传播效能”，其指数值低于全国平均值约57个百分点。反映出该地区党政系统优秀的官方微博数量相对太少，官方微博传播效率相对过低，很大程度上制约着该地区官方微博综合绩效的发挥。换言之，党政系统优秀微博比率过低、官方微博在网民中的传播效率过低，是制约少数民族地区官方微博综合绩效的关键性要素。

从官方微博综合绩效测评体系中的11个具体项目来看，少数民族地区与全国平均水平间的差距详见表8—5、图8—6。

表8—5　　少数民族地区官方微博综合绩效11个测评项目的指数值与全国平均水平之间的比较数据

地区 项目	少数民族地区	全国平均水平
	指数值	指数值
具有较大影响力的党政机构微博比率指数	27.86	100.00
具有较大影响力的党政官员微博比率指数	67.42	100.00
党政机构微博互动力指数	56.11	100.00
党政机构微博影响力指数	23.11	100.00
党政机构微博传播力指数	55.75	100.00
党政机构微博综合效益前100名得分指数	58.24	100.00
党政官员微博综合效益前100名得分指数	83.86	100.00
党政系统优秀机构微博比率指数	44.72	100.00
党政系统优秀官员微博比率指数	34.40	100.00
公安系统优秀机构微博比率指数	32.47	100.00
公安系统优秀官员微博比率指数	67.73	100.00

数据来源：本书表7—2至表7—6。

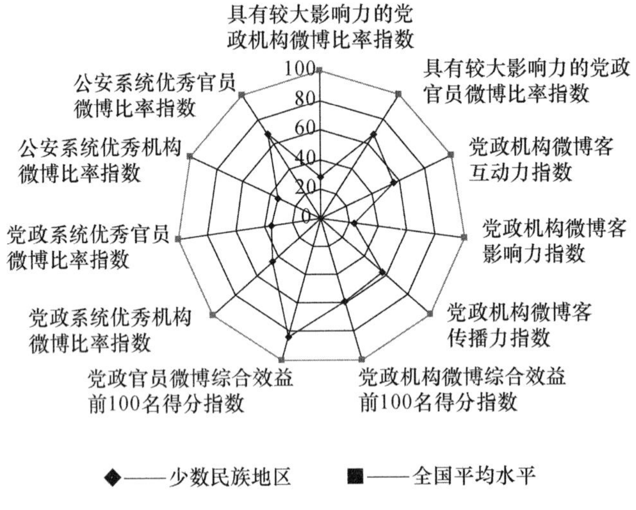

图 8—6　少数民族地区官方微博综合绩效 11 个测评项目的指数值与全国平均水平之间的比较示意

从表 8—5 和图 8—6 可以看出，在官方微博综合绩效 11 个具体测评项目中，少数民族地区与全国平均水平间差距最为突出的是“党政机构微博影响力”，其指数值低于全国平均值 76. 89 个百分点，其次是“具有较大影响力的党政机构微博比率”，其指数值低于全国平均值 72. 14 个百分点。这就是说，党政机构微博客在网民中的影响力太小，社会声望较高的党政机构微博比率过低，是现阶段制约少数民族地区官方微博综合绩效的关键性因素。

二　与“高水平”省域之间的比较

根据表 7—7“各地区官方微博综合绩效指数”的测评结果，目前我国官方微博综合绩效“高水平”的省域是浙江、广东、江苏、山东 4 省。在此，我们将这 4 省的官方微博综合绩效指数平均值、五个子系统指数的平均值与少数民族地区进行比较分析。具体比较数据，详见表 8—6、图 8—7。

表 8—6　　少数民族地区官方微博综合绩效指数与“高水平”省域之间的比较数据

项目 地区	具有较大影响力的官方微博比率指数	党政机构微博传播效能指数	效益较显著的官方微博综合指数	党政系统优秀官方微博比率指数	公安系统优秀微博比率指数	官方微博综合绩效指数
浙江	455. 11	451. 63	529. 33	526. 31	149. 97	441. 26
广东	239. 01	424. 61	324. 60	321. 98	269. 23	327. 94
江苏	266. 97	342. 79	231. 35	216. 72	423. 96	290. 52
山东	215. 48	257. 76	246. 36	247. 68	333. 87	257. 97
“高水平”省域	294. 15	369. 20	332. 91	328. 17	294. 26	329. 42
少数民族地区	43. 68	42. 77	68. 49	40. 59	46. 57	49. 47
全国平均水平	100. 00	100. 00	100. 00	100. 00	100. 00	100. 00

数据来源：本书表 7—7。

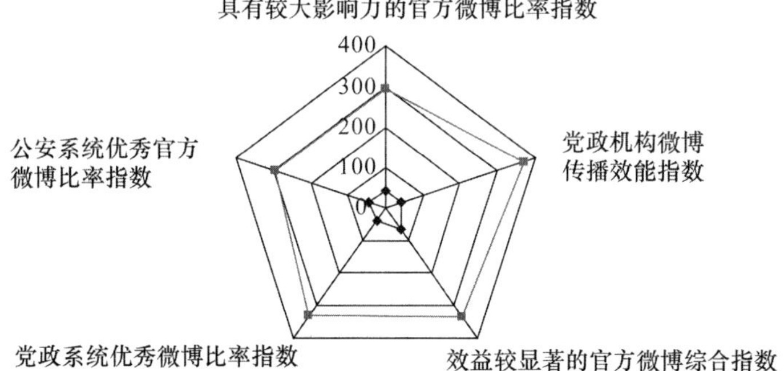

图 8—7　少数民族地区官方微博综合绩效五个子系统的指数值与“高水平”省域之间的比较示意

表 8—6、图 8—7 显示，较之官方微博综合绩效“高水平”地区，目前少数民族地区的差距是巨大的、全方位的。就综合绩效水平而言，少数民族地区指数值低于“高水平”省域平均值约 280 个百分点。就五个子系统的现况而言，少数民族地区的指数值与“高水平”省域平均值的差距亦是“全方位的巨大”——五个子系统的指数值差距均在 245 个百分点以上。反映出在官方微博综合绩效领域，少数民族地区与“高水平”省域的“鸿沟”既深且广。

三 少数民族地区各省域间的比较

目前，我国少数民族地区各省域以及西北少数民族地区、西南少数民族地区的网络舆情及网络舆情危机应对能力的具体数据，详见表 8—7、图 8—8、图 8—9。

表 8—7 少数民族地区各省域间及西北、西南少数民族地区官方微博综合绩效指数比较数据

项目 / 地区	具有较大影响力的官方微博比率指数	党政机构微博传播效能指数	效益较显著的官方微博综合指数	党政系统优秀微博比率指数	公安系统优秀官方微博比率指数	官方微博综合绩效指数
内蒙古	36. 53	20. 35	25. 60	12. 38	6. 69	20. 45
甘肃	70. 59	63. 10	64. 45	61. 92	102. 23	70. 20
青海	8. 81	20. 35	21. 45	0. 00	10. 03	12. 98
宁夏	11. 77	63. 23	65. 18	61. 92	8. 55	47. 54
新疆	72. 44	59. 98	116. 04	111. 46	38. 82	82. 99
西北少数民族地区	40. 03	45. 40	58. 54	49. 54	33. 26	46. 83
广西	58. 20	64. 85	79. 67	74. 30	102. 91	75. 16
贵州	32. 20	20. 35	25. 79	12. 38	11. 89	20. 63

续表

项目 地区	具有较大影响力的官方微博比率指数	党政机构微博传播效能指数	效益较显著的官方微博综合指数	党政系统优秀微博比率指数	公安系统优秀官方微博比率指数	官方微博综合绩效指数
云南	101.55	159.33	164.70	154.80	138.08	147.91
西藏	3.10	20.35	21.45	60.00	60.00	10.92
西南少数民族地区	48.76	66.22	72.90	60.37	63.22	63.66
少数民族地区	43.68	42.77	68.49	40.59	46.57	49.47
全国平均水平	100.00	100.00	100.00	100.00	100.00	100.00

数据来源：本书表7—7。

分析表8—7、图8—8可知，在少数民族地区各省域中，云南省的官方微博综合绩效水平可谓“鹤立鸡群”，其指数值高出少数民族地区平均值98.44个百分点，高出全国平均值47.91个百分点。新疆、广西、甘肃3省区的官方微博综合绩效水平，处于“第二集团”，其指数值明显高于少数民族地区平均值。宁夏的官方微博综合绩效水平与少数民族地区平均水平相当。贵州、内蒙古、青海、西藏4省区的官方微博综合绩效水平则处于落后位次，其指数值不及少数民族地区平均值的一半。此种现况说明，同样是经济社会欠发达的省域，其各自的官方微博综合绩效水平差距也十分明显，尤其是在少数民族地区中经济社会相对发达的内蒙古自治区，其官方微博综合绩效水平处于“末尾集团”之中，而经济社会发展相对落后的云南省，其官方微博综合绩效水平却居于少数民族地区的榜首，跻身于全国第7位。说明经济社会发展程度并不是影响一个地区官方微博综合绩效水平高低的决定性因素，只要对网络舆情引导工作予以足够的重视，采取必要的举措将电子政务与政府职能转变、“网上群众路线”有机融合，官方微博综合绩效水平就会明显提高。对此，云南省已经成为典范。

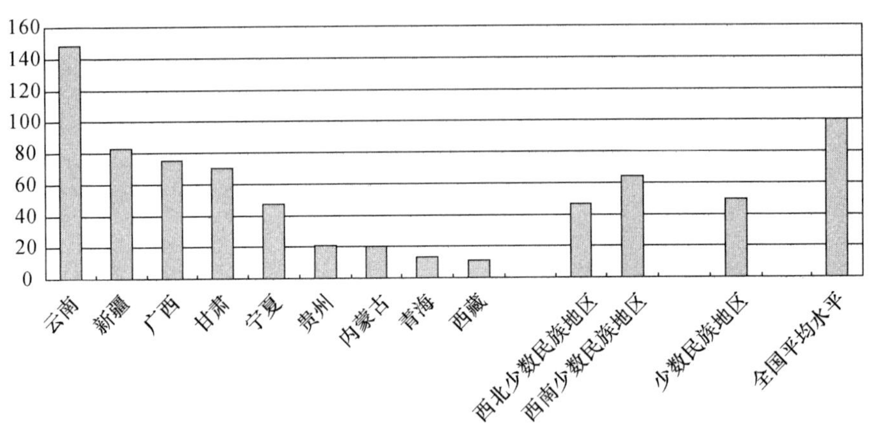

图 8—8 少数民族地区各省域间及西北、西南少数民族地区官方微博综合绩效指数比较示意

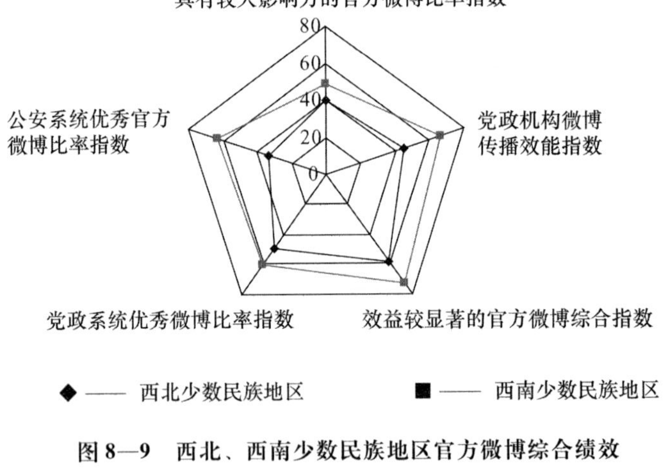

图 8—9 西北、西南少数民族地区官方微博综合绩效五个子系统指数值比较示意

分析表 8—7、图 8—8 还可以看出，目前西南少数民族地区的官方微博综合绩效水平明显高于西北少数民族地区，当然这在一定程度上有赖于云南省高指数值的拉升而形成。就官方微博综合绩效水平的五个测评子系统的现况来看，西南少数民族地区亦全面超出了西北少数民族地区，其中，差距较大的是“公安系统优秀官方微博比率指数”——西南少数民族地区高出西北少数民族地区约30个百分点。此外，“党政机构微博传播效能指数”差距亦比较突出——西南少数民族地区高出西北少数民族地区20个百分点以上。

从官方微博综合绩效测评体系的11个具体项目来看，西北少数民族地区与西南少数民族地区间的比较数据见表8—8、图8—10。

表8—8　西北、西南少数民族地区官方微博综合绩效11个测评项目的指数值比较数据

项目＼地区	西北少数民族地区	西南少数民族地区
	指数值	指数值
具有较大影响力的党政机构微博比率指数	19.81	37.92
具有较大影响力的党政官员微博比率指数	69.35	65.02
党政机构微博互动力指数	46.75	67.79
党政机构微博影响力指数	43.44	64.58
党政机构微博传播力指数	46.69	67.07
党政机构微博综合效益前100名得分指数	48.71	70.16
党政官员微博综合效益前100名得分指数	73.29	77.03
党政系统优秀机构微博比率指数	37.15	54.18
党政系统优秀官员微博比率指数	68.11	69.66
公安系统优秀机构微博比率指数	12.01	50.05
公安系统优秀官员微博比率指数	65.14	70.98

数据来源：根据本书表7—2至表7—6相关数据计算而得。

由表8—8、图8—10可知，在官方微博综合绩效的11个具体测评项目中，西南少数民族地区有10项高于西北少数民族地区，西北少数民族地区仅在“具有较大影响力的党政官员微博比率指数”上，略高于西南少数民族地区。两个地区间差距最大项目是“公安系统优秀机构微博比率指数”——西南少数民族地区高出西北少数民族地区38.04个百分点。

二者间相差无几的项目分别是“党政系统优秀官员微博比率指数”“党政官员微博综合效益前100名得分指数”和“具有较大影响力的党政官员微博比率指数”，反映出两个地区的党政官员微博绩效水平比较接近。

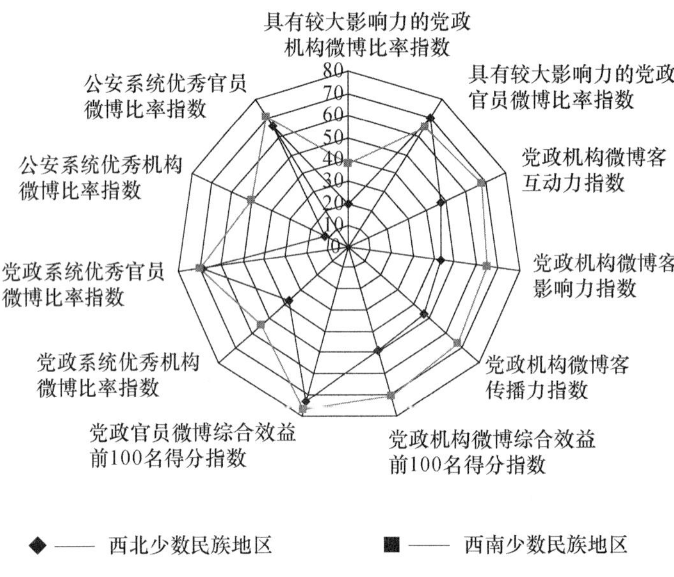

图8—10 西北、西南少数民族地区官方微博综合绩效11个测评项目指数值比较示意

第三节 少数民族地区政府网站服务能力比较研究

在网络时代，政府网站服务能力的大小，对一个地区的政府职能由管理型向服务型转变具有不可替代的特殊作用，当然，对于正确引导网络舆情、科学应对网络舆情危机亦有着十分重要的作用。现阶段我国少数民族地区的政府网站服务能力与全国平均水平、高水平省域相比状况如何？少数民族地区各省域间的政府网站服务能力现况如何？在此，我们进行量化的比较与分析。

一　与全国平均水平之间的比较

少数民族地区的政府网站服务能力指数及其五个子系统的指数值与全国平均水平之间比较数据详见表8—9、图8—11。

表8—9　少数民族地区政府网站服务能力指数与全国平均水平之间的比较数据

项目 地区	政府网站信息公开指数	政府网站民生服务指数	政府网站互动交流指数	政府网站舆情引导指数	政府网站运行绩效指数	政府网站服务能力指数
少数民族地区	76.45	63.90	71.63	74.16	69.99	71.68
全国平均水平	100.00	100.00	100.00	100.00	100.00	100.00

数据来源：本书表7—13。

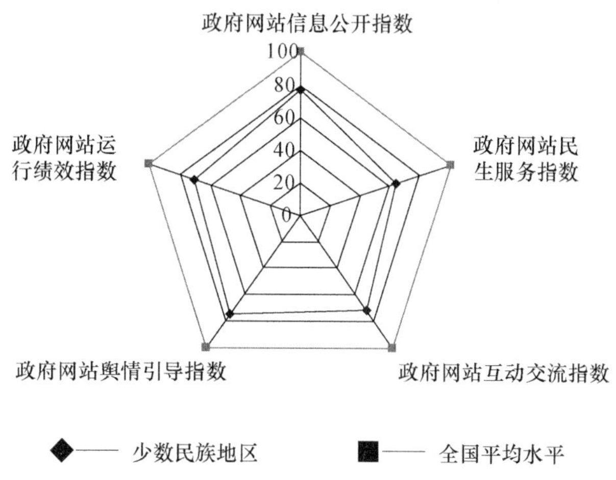

图8—11　少数民族地区政府网站服务能力五个子系统的指数值与全国平均水平之间的比较示意

分析表8—9、图8—11可以看出，目前我国少数民族地区政府网站服务能力的综合水平与全国平均水平尚有着较明显的差距，其指数值低于全国平均值28.32个百分点。从五个子系统的现况来看，少数民族地区与全国平均水平间差距最大的是政府网站民生服务能力，其指数值低于全国平均值 36.10 个百分点，亦即落后于全国平均水平 1/3 以上。差距相对较小的系统是政府网站信息公开指数、政府网站舆情引导指数，其指数值分别低于全国平均值 23.55 个、25.84 个百分点。反映出目前少数民族地区政府网站在教育、社保、就业、健康、住房、交通以及婚育收养、公用事业、证件办理等诸多民生领域中服务能力与水平在全国处于较明显的落后位次。

从政府网站服务能力测评体系中的 15 个具体项目来看，少数民族地区与全国平均水平间的差距详见表 8—10、图 8—12。

表 8—10　少数民族地区政府网站服务能力 15 个测评项目的指数值与全国平均水平之间的比较数据

地区 项目	少数民族地区	全国平均水平
	指数值	指数值
省级政府网站信息公开指数	77.19	100.0
省会城市政府网站信息公开指数	78.69	100.0
地市级政府网站信息公开指数	73.21	100.0
省级政府网站民生服务指数	70.46	100.0
省会城市政府网站民生服务指数	60.42	100.0
地市级政府网站民生服务指数	58.62	100.0
省级政府网站互动交流指数	75.00	100.0
省会城市政府网站互动交流指数	74.19	100.0
地市级政府网站互动交流指数	64.58	100.0
省级政府网站舆情引导指数	71.43	100.0
省会城市政府网站舆情引导指数	74.19	100.0
地市级政府网站舆情引导指数	77.78	100.0
省级政府网站运行绩效指数	74.49	100.0
省会城市政府网站运行绩效指数	67.83	100.0
地市级政府网站运行绩效指数	66.14	100.0

数据来源：本书表 7—8 至表 7—12。

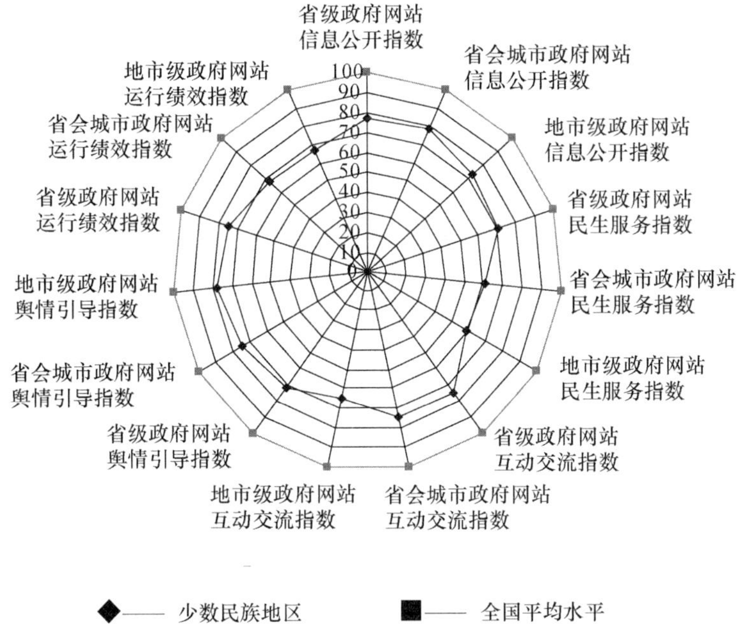

图 8—12　少数民族地区政府网站服务能力 15 个测评项目的指数值与全国平均水平之间的比较示意

由表 8—10、图 8—12 可知，在政府网站服务能力的 15 个具体测评项目中，少数民族地区与全国平均水平间差距最大的是“地市级政府网站民生服务指数”——低于全国平均值 41.38 个百分点，其次是“省会城市政府网站民生服务指数”——低于全国平均值 39.58 个百分点，第三是“地市级政府网站互动交流指数”——低于全国平均值 35.42 个百分点。反映出现阶段少数民族地区政府网站在具体的民生服务方面，与全国其他地区间的差距较为突出。此外，地市级政府网站在政务咨询、投诉举报、在线访谈、征集调查等与广大网民互动交流方面，与全国其他地区间亦存在着较为突出的差距。

二　与“高水平”省域之间的比较

根据表 7—13“各地区政府网站服务能力指数”的测评结果，目前我国政府网站服务能力“高水平”的省域是北京、上海、广东、四川4省市。在此，我们将这4省市的政府网站服务能力指数平均值、五个子系统指数的平均值与少数民族地区进行比较分析。具体比较数据，详见表8—11、图8—13。

表8—11　　少数民族地区政府网站服务能力指数与“高水平”省域之间的比较数据

项目 地区	政府网站信息公开指数	政府网站民生服务指数	政府网站互动交流指数	政府网站舆情引导指数	政府网站运行绩效指数	政府网站服务能力指数
北京	126.32	206.82	166.07	228.57	174.40	181.16
上海	136.84	172.73	141.07	257.14	159.30	178.10
广东	129.08	154.95	146.43	194.29	148.92	156.14
四川	129.20	151.09	123.50	190.32	142.88	150.06
“高水平”省域	130.36	171.40	144.27	217.58	156.38	166.37
少数民族地区	76.45	63.90	71.63	74.16	69.99	71.68
全国平均水平	100.00	100.00	100.00	100.00	100.00	100.00

数据来源：本书表7—13。

表8—11、图8—13显示，目前我国少数民族地区政府网站服务能力与北京、上海、广东、四川等“高水平”省域间的差距十分突出，其指数值低于“高水平”省域平均值94.69个百分点，即政府网站服务能力“高水平”省域平均指数值高出少数民族地区平均值近一倍。从五个子系统的现况来看，少数民族地区与“高水平”省域间的差距是“全方位的突出”，其各项指数值都低于“高水平”省域平均值50个百分点以上。其中，差距最大的是政府网站舆情引导指数，其指数值低于“高水平”省域平均值143.42个百分点，反映出现阶段少数民族地区政府网站在舆情引导能力方面尚有很大的提升空间。

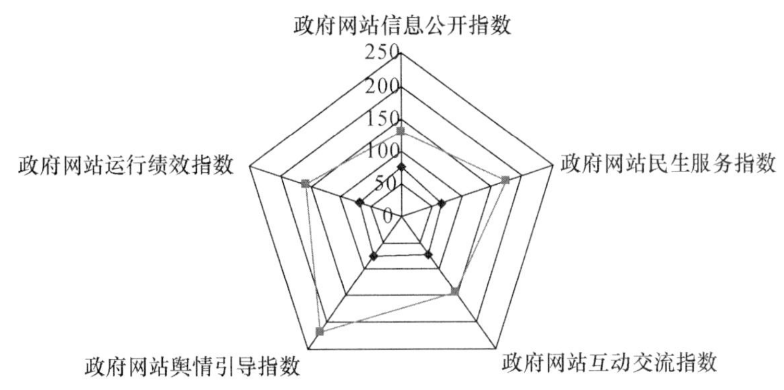

图 8—13　少数民族地区政府网站服务能力五个子系统的指数值与“高水平”省域之间的比较示意

三　少数民族地区各省域间的比较

目前，少数民族地区各省域间、西北少数民族地区与西南少数民族地区之间的政府网站服务能力及其五个子系统的指数值现况，见表 8—12、图 8—14、图 8—15。

表 8—12　少数民族地区各省域间及西北、西南少数民族地区政府网站服务能力指数比较数据

项目 地区	政府网站信息公开指数	政府网站民生服务指数	政府网站互动交流指数	政府网站舆情引导指数	政府网站运行绩效指数	政府网站服务能力指数
内蒙古	87.76	78.38	96.22	79.92	82.07	84.34
甘肃	70.41	72.57	61.34	109.62	67.37	78.83
青海	71.60	53.72	72.97	64.12	62.25	64.96
宁夏	72.41	35.71	60.18	78.85	54.45	62.15
新疆	68.50	42.24	64.50	69.50	68.05	62.83

续表

项目 地区	政府网站信息公开指数	政府网站民生服务指数	政府网站互动交流指数	政府网站舆情引导指数	政府网站运行绩效指数	政府网站服务能力指数
西北少数民族地区	74.14	56.52	71.04	80.36	66.86	70.62
广西	92.57	84.22	95.87	67.68	88.16	84.51
贵州	94.88	107.01	93.61	106.56	99.18	100.68
云南	74.21	67.97	57.86	52.62	69.16	64.36
西藏	53.42	27.56	42.97	36.67	32.21	39.31
西南少数民族地区	78.77	71.69	72.58	67.46	72.18	72.22
少数民族地区	76.45	63.90	71.63	74.16	69.99	71.68
全国平均水平	100.00	100.00	100.00	100.00	100.00	100.00

数据来源：本书表7—13。

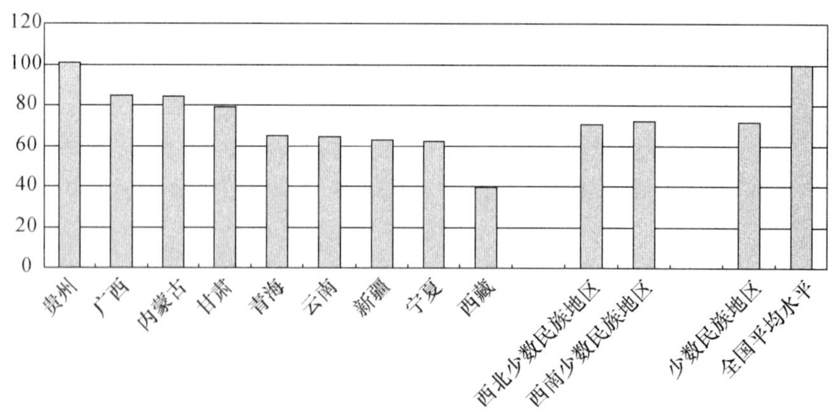

图8—14 少数民族地区各省域间及西北、西南少数民族地区政府网站服务能力指数比较示意

分析表8—12、图8—14可知，目前少数民族地区各省域中，政府网站服务能力最强的是贵州省，其指数值略高于全国平均值，高出少数民族地区平均值29个百分点，相对优势比较明显。广西、内蒙古、甘肃3省区排在“第二梯队”，其政府网站服务能力指数值都高于少数民族地区平均值。青海、云南、新疆、宁夏则排在“第三梯队”。西藏自治区以指数值分别低于全国平均值、少数民族地区平均值60.69个、32.37个百分点的现况，其政府网站服务能力处于最弱位次。

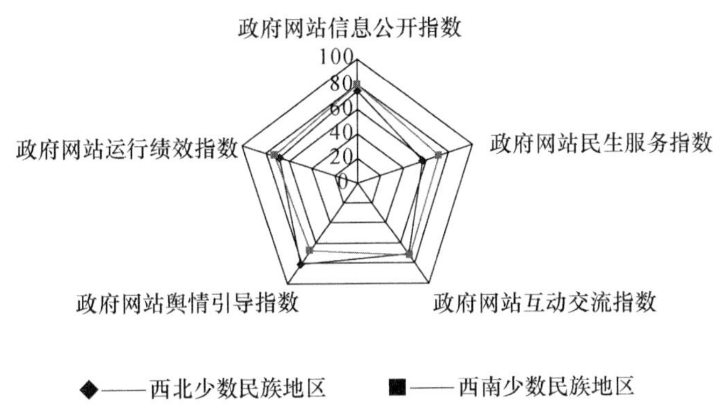

图8—15　西北、西南少数民族地区政府网站服务能力五个子系统指数值比较示意

分析表8—12、图8—15还可以看出，在政府网站服务能力方面，西北少数民族地区与西南少数民族地区之间的水平相当。从五个子系统的指数值比较来看，在政府网站舆情引导指数上，西北少数民族地区略高于西南少数民族地区，而在政府网站民生服务指数上，则是西南少数民族地区略高于西北少数民族地区。在其他三个子系统方面，两个地区的指数值相差无几。

西北、西南少数民族地区在政府网站服务能力测评体系中的15个具体项目的指数值数据，详见表8—13、图8—16。

表8—13　西北、西南少数民族地区政府网站服务能力15个测评项目的指数值比较数据

项目＼地区	西北少数民族地区	西南少数民族地区
	指数值	指数值
省级政府网站信息公开指数	74.04	77.89
省会城市政府网站信息公开指数	73.77	84.84
地市级政府网站信息公开指数	74.62	71.89
省级政府网站民生服务指数	63.18	77.84
省会城市政府网站民生服务指数	46.25	76.56
地市级政府网站民生服务指数	57.93	58.62
省级政府网站互动交流指数	80.71	67.86
省会城市政府网站互动交流指数	64.14	87.90
地市级政府网站互动交流指数	65.00	63.54
省级政府网站舆情引导指数	72.28	65.18
省会城市政府网站舆情引导指数	84.52	60.48
地市级政府网站舆情引导指数	84.44	72.22
省级政府网站运行绩效指数	73.26	76.04
省会城市政府网站运行绩效指数	58.48	79.52
地市级政府网站运行绩效指数	66.62	65.52

数据来源：根据本书表7—8至表7—12数据计算而得。

分析表8—13、图8—16可知，在政府网站服务能力测评体系的15个具体项目的指数值中，西北少数民族地区明显高于西南少数民族地区的有4项：省会城市政府网站舆情引导指数、省级政府网站互动交流指数、地市级政府网站舆情引导指数、省级政府网站舆情引导指数；其中，差距最大的是“省会城市政府网站舆情引导指数”，西北少数民族地区的指数值高于西南少数民族地区24.04个百分点。而西南少数民族地区明显高于西北少数民族地区的则有5项：省会城市政府网站信息公开指数、省级政府网站民生服务指数、省会城市政府网站民生服务指数、省会城市政府网站互动交流指数、省会城市政府网站运行绩效指数。其中，差距最大的是“省会城市政府网站民生服务指数”，西南少数民族地区的指数值高于西北少数民族地区 30.31 个百分点。其余 6 项指标，两个地区间指数值大体相当。

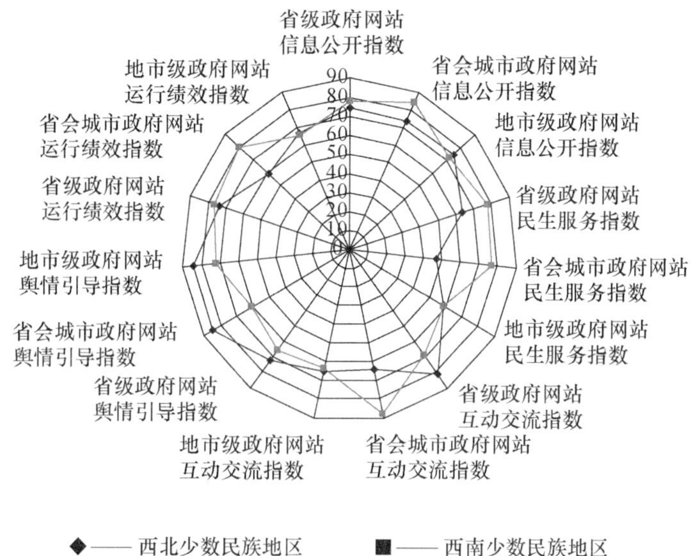

图 8—16　西北、西南少数民族地区政府网站服务能力 15 个测评项目的指数值比较示意

上述现况反映，在政府网站服务能力的诸多具体领域，两个地区相比，互有优势，亦互有劣势。体现得最为明显的是：西北少数民族地区的省会城市政府网站在网络舆情的引导方面较之西南少数民族地区优势突出，而西南少数民族地区的省会城市政府网站则在民生服务方面较之西北少数民族地区优势突出。

第四节 少数民族地区网络舆情及网络舆情危机回应与处置能力比较研究

能否及时妥当地回应网络舆情，能否有效合理地处置网络舆情危机，不仅体现着一个地区党政部门网络舆情应对能力的强弱，而且事关经济社会的科学发展、和谐发展，在一定程度上反映着一个地区党政部门的执政水平和执政能力。在此，我们通过计量的方式，就现阶段少数民族地区网络舆情及网络舆情危机回应与处置能力进行相关的比较研究。

一 与全国平均水平之间的比较

少数民族地区网络舆情及网络舆情危机回应与处置能力指数及其3个子系统指数值与全国平均水平之间的比较数据，详见表8—14、图8—17。

表8—14 少数民族地区网络舆情及网络舆情危机回应与处置能力指数与全国平均水平之间的比较数据

项目 / 地区	政府网站新技术应用指数	网络舆情危机官方回应及处置效果指数	政府网站无障碍发布指数	网络舆情及网络舆情危机回应与处置能力指数
少数民族地区	80.72	112.93	100.67	101.20
全国平均水平	100.00	100.00	100.00	100.00

数据来源：本书表7—17。

表8—14、图8—17显示，目前我国少数民族地区网络舆情及网络舆情危机回应与处置能力整体上与全国平均水平相当。就其测评体系的三个子系统之水平而言，少数民族地区与全国平均水平间差距相对较大的是政府网站新技术应用——其指数值低于全国平均值17.28个百分点。而在网络舆情危机官方回应及处置效果方面，少数民族地区的指数值则高于全国平均水平12.93个百分点。在政府网站无障碍发布方面，少数民族地区的指数值与全国平均水平大体一致。

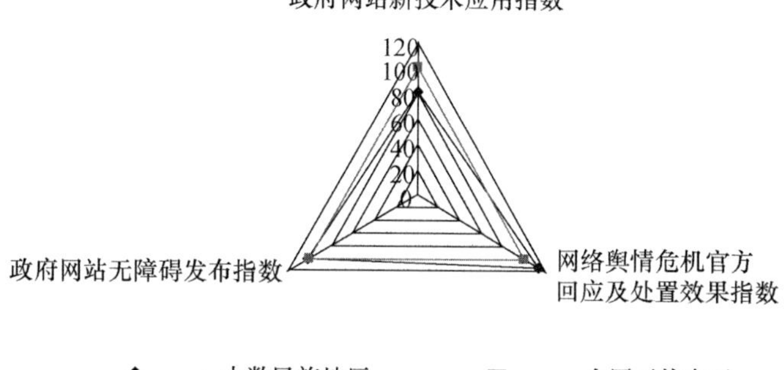

图 8—17　少数民族地区网络舆情及网络舆情危机回应与处置能力指数与全国平均水平之间的比较示意

当然，上述现况只是少数民族地区的整体水平，若进一步分析，在少数民族地区的 9 个省域中，网络舆情及网络舆情危机回应与处置能力指数值明显高于全国平均值的仅有内蒙古自治区，与全国平均值大体持平的也仅有云南、宁夏 2 省区，其他 6 省区的指数值均低于全国平均值。[①] 也就是说，目前少数民族地区的大多数省域，其网络舆情及网络舆情危机回应与处置能力还是低于全国平均水平的。

那么，在网络舆情及网络舆情危机回应与处置能力测评体系的 9 个具体项目上，少数民族地区与全国平均水平间的状况如何？通过表 8—15、图 8—18 可以进行进一步的比较分析。

表 8—15　少数民族地区网络舆情及网络舆情危机回应与处置能力 9 个测评项目的指数值与全国平均水平之间的比较数据

地区 / 项目	少数民族地区	全国平均水平
	指数值	指数值
省级政府网站新技术应用指数	83.33	100.0
省会城市政府网站新技术应用指数	86.84	100.0

① 参见本书第七章表 7—17。

续表

项目＼地区	少数民族地区	全国平均水平
	指数值	指数值
地市级政府网站新技术应用指数	76.61	100.0
网络舆情危机官方回应能力指数	111.91	100.0
网络舆情危机官方初始回应效果指数	112.75	100.0
网络舆情危机官方最终处置效果指数	111.42	100.0
网络舆情危机官方媒体运用能力指数	115.08	100.0
省级政府网站无障碍发布指数	100.01	100.0
省会城市政府网站无障碍发布指数	101.66	100.0

数据来源：本书表 7—14 至表 7—16。

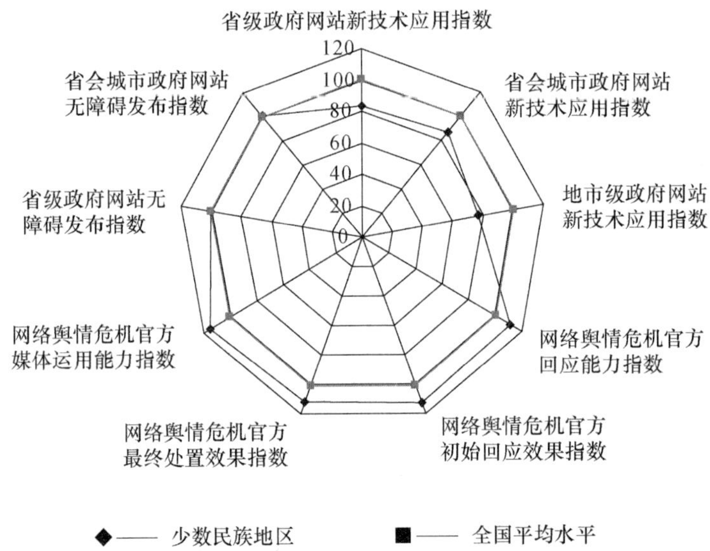

图 8—18　少数民族地区网络舆情及网络舆情危机回应与处置能力 9 个测评项目的指数与全国平均水平之间的比较示意

由表 8—15、图 8—18 可以看出，在网络舆情及网络舆情危机回应与处置能力测评体系中的 9 个具体项目中，少数民族地区的指数值明显低于全国平均水平的有 3 项：省级政府网站新技术应用指数，低于全国平均值 16.67 个百分点；省会城市政府网站新技术应用指数，低于全国平均值

13.16 个百分点；地市级政府网站新技术应用指数，低于全国平均值 23.39 个百分点。与全国平均水平大体持平的有 2 项：省级政府网站无障碍发布指数、省会城市政府网站无障碍发布指数；高于全国平均水平的有 4 项：网络舆情危机官方回应能力指数，高于全国平均值 11.91 个百分点；网络舆情危机官方初始回应效果指数，高于全国平均值 12.75 个百分点；网络舆情危机官方最终处置效果指数，高于全国平均值 11.42 个百分点；网络舆情危机官方媒体运用能力指数，高于全国平均值 15.08 个百分点。总体而言，目前少数民族地区在政府网站新技术应用领域，其水平低于全国平均值、在网络舆情危机官方回应与处置效果以及官方媒体运用能力方面，其水平则略高于全国平均值。

二　与“高水平”省域之间的比较

根据表 7—17“各地区网络舆情及网络舆情危机回应与处置能力指数”的测评结果，目前我国网络舆情及网络舆情危机回应与处置能力“高水平”的省域是北京、福建、内蒙古、四川、上海 5 个省区。在此，我们将其平均值、三个子系统的平均指数值与少数民族地区进行比较分析（详见表 8—16、图 8—19）。

表 8—16　少数民族地区网络舆情及网络舆情危机回应与处置能力指数与“高水平”省域之间的比较数据

项目／地区	政府网站新技术应用指数	网络舆情危机官方回应及处置效果指数	政府网站无障碍发布指数	网络舆情及网络舆情危机回应与处置能力指数
北京	190.47	100.00	117.53	127.88
福建	162.19	106.27	106.56	120.33
内蒙古	78.17	155.39	102.27	120.15
四川	128.25	116.41	109.43	117.28
上海	157.14	75.70	140.46	115.49
“高水平”省域	143.24	110.75	115.25	120.23
少数民族地区	80.72	112.93	100.67	101.20
全国平均水平	100.00	100.00	100.00	100.00

数据来源：本书表 7—17。

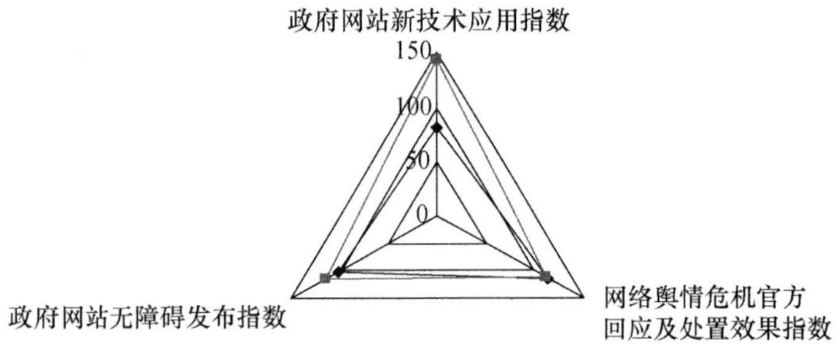

◆——少数民族地区 ■——网络舆情及网络舆情危机回应与处置能力“高水平”省域

图 8—19 少数民族地区网络舆情及网络舆情危机回应与处置能力三个子系统的指数值与“高水平”省域之间的比较示意

分析表 8—16、图 8—19 可知，目前少数民族地区网络舆情及网络舆情危机回应与处置能力与“高水平”省域相比，有一定的差距，其指数值低于“高水平”省域平均值 19.03 个百分点。从三个子系统的现况来看，少数民族地区与“高水平”省域间差距最大的是政府网站新技术应用，其指数值低于“高水平”省域平均值 62.52 个百分点；可谓差距巨大。而在网络舆情危机官方回应及处置效果方面，二者间的指数值非常接近。此种现况说明，现阶段少数民族地区网络舆情及网络舆情危机回应与处置能力的“短板”在于政府网站新技术应用的相对落后。

三 少数民族地区各省域间的比较

少数民族地区各省域间、西北少数民族地区与西南少数民族地区之间的网络舆情及网络舆情危机回应与处置能力及其三个子系统的指数值现况，详见表 8—17、图 8—20、图 8—21。

表 8—17　　少数民族地区各省域间及西北、西南少数民族地区网络舆情及网络舆情危机回应与处置能力指数比较数据

项目 地区	政府网站新技术应用指数	网络舆情危机官方回应及处置效果指数	政府网站无障碍发布指数	网络舆情及网络舆情危机回应与处置能力指数
内蒙古	78. 17	155. 39	102. 27	120. 15
甘肃	78. 17	101. 42	93. 04	93. 09
青海	75. 78	120. 33	88. 51	99. 65
宁夏	84. 00	113. 47	93. 67	100. 16
新疆	98. 96	113. 47	89. 61	96. 62
西北少数民族地区	83. 02	118. 12	93. 42	98. 36
广西	96. 49	107. 42	99. 40	102. 28
贵州	86. 23	89. 02	102. 29	92. 30
云南	69. 79	108. 26	114. 59	100. 54
西藏	58. 87	100. 00	89. 07	86. 44
西南少数民族地区	77. 85	101. 18	101. 34	95. 39
少数民族地区	80. 72	112. 93	100. 67	101. 20
全国平均水平	100. 00	100. 00	100. 00	100. 00

数据来源：本书表 7—13。

由表 8—17、图 8—20 可以看出，目前少数民族地区各省域中，内蒙古的网络舆情及网络舆情危机回应与处置能力可谓“一枝独秀”，其指数值高出全国平均值 20. 15 个百分点，高出排在第 2 位的广西 17. 87 个百分点。其他各省域之间的差距不是很大。就西北、西南少数民族地区的网络舆情及网络舆情危机回应与处置能力而言，前者略强于后者。

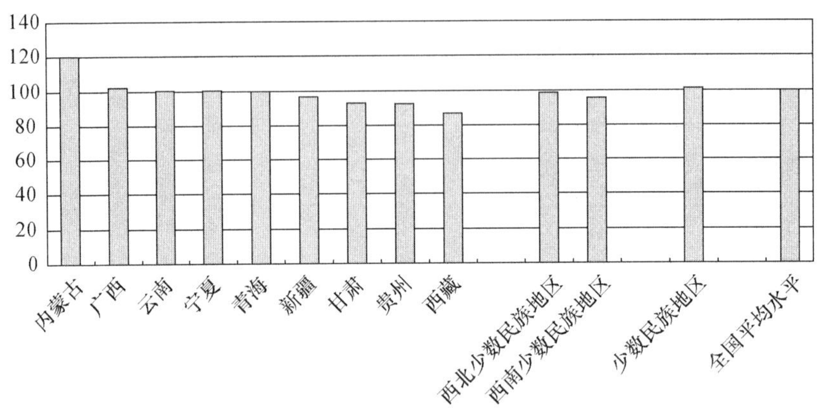

图 8—20 少数民族地区各省域间及西北、西南少数民族地区网络舆情及网络舆情危机回应与处置能力指数比较示意

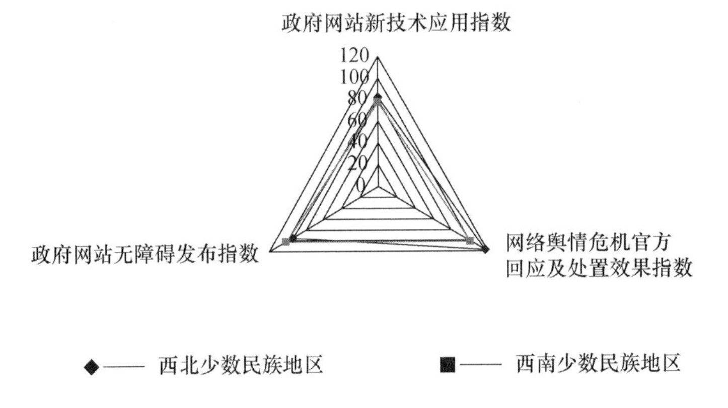

图 8—21 西北、西南少数民族地区网络舆情及网络舆情危机回应与处置能力三个子系统指数值比较示意

从网络舆情及网络舆情危机回应与处置能力测评体系的三个子系统情况来看，在网络舆情危机官方回应及处置效果方面，西北少数民族地区的指数值高于西南少数民族地区 16.94 个百分点，在政府网站新技术应用、政府网站无障碍发布方面，二者的水平相差无几。

若从网络舆情及网络舆情危机回应与处置能力测评体系的 9 个具体项目的比较来看，西北、西南少数民族地区的各项指数值详见表 8—18、图

8—22。

表 8—18　西北、西南少数民族地区网络舆情及网络舆情危机回应与处置能力 9 个测评项目的指数值比较数据

项目＼地区	西北少数民族地区	西南少数民族地区
	指数值	指数值
省级政府网站新技术应用指数	87.14	76.19
省会城市政府网站新技术应用指数	78.42	88.17
地市级政府网站新技术应用指数	82.11	69.74
网络舆情危机官方回应能力指数	95.94	75.93
网络舆情危机官方初始回应效果指数	95.89	77.49
网络舆情危机官方最终处置效果指数	100.43	75.31
网络舆情危机官方媒体运用能力指数	100.24	76.12
省级政府网站无障碍发布指数	91.01	98.54
省会城市政府网站无障碍发布指数	98.54	105.53

数据来源：根据本书表 7—14 至表 7—16 数据计算而得。

分析表 8—18、图 8—22 可以看出，在网络舆情及网络舆情危机回应与处置能力 9 个测评项目的指数值中，西北少数民族地区高出西南少数民族地区的有 6 项，其中差距最大的是“网络舆情危机官方最终处置效果指数”，前者高出后者 25.12 个百分点，其次是“网络舆情危机官方媒体运用能力指数”，前者高出后者 24.12 个百分点。而西南少数民族地区高出西北少数民族地区的有 3 项，其中差距最大的是“省会城市政府网站新技术应用指数”，前者高出后者 9.75 个百分点。上述现况表明，现阶段西北少数民族地区在网络舆情危机官方回应与处置方面的能力相对强于西南少数民族地区，而在政府网站新技术应用方面，西南少数民族地区则略强于西北少数民族地区。

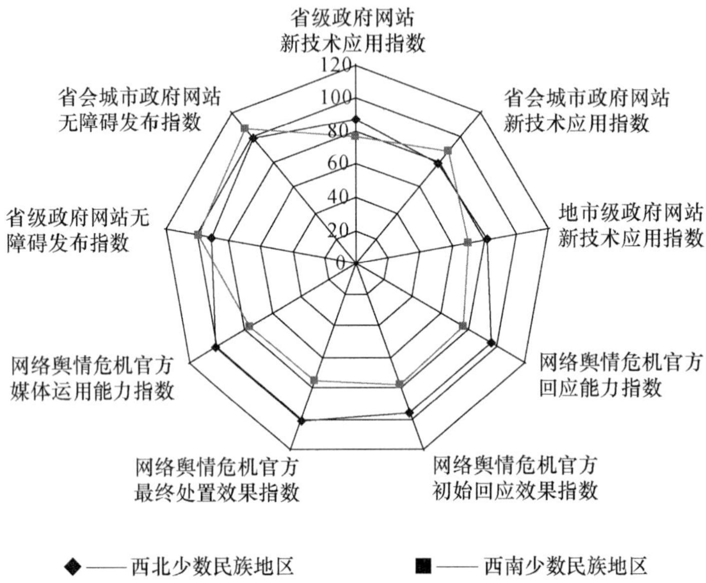

图 8—22 西北、西南少数民族地区网络舆情及网络舆情危机回应与处置能力 9 个测评项目的指数值比较示意

第五节 少数民族地区主流媒体影响力比较研究

主流媒体在网络舆情引导、网络舆情危机应对与化解方面的重要作用是不言而喻的。一个地区主流媒体影响能力的大小，其应有的正能量能否得以充分发挥，对该地区网络舆情及网络舆情危机应对能力，具有重大影响。在此，我们就现阶段少数民族地区主流媒体影响力与全国平均水平、高水平地区之间的差异，少数民族地区各省域间的差异，进行量化的比较分析。

一 与全国平均水平之间的比较

目前，少数民族地区的主流媒体影响力与全国平均水平之间的比较数据以及该测评系统中三个子系统的指数值数据，详见表 8—19、图 8—23。

表 8—19　少数民族地区主流媒体影响力指数与全国平均水平之间的比较数据

项目 地区	省级党报影响力指数	省级卫视影响力指数	声望较大媒体的官博综合影响力指数	主流媒体影响力指数
少数民族地区	84.08	92.63	19.15	67.17
全国平均水平	100.00	100.00	100.00	100.00

数据来源：本书表 7—21。

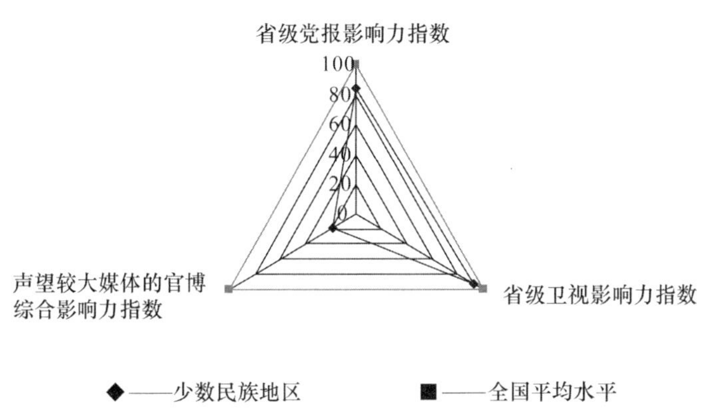

图 8—23　少数民族地区主流媒体影响力指数与全国平均水平之间的比较示意

表 8—19、图 8—23 显示，目前少数民族地区主流媒体影响力指数值低于全国平均值 32.83 个百分点，差距是比较突出的。从三个子系统的数据进一步分析，则可以看出，少数民族地区主流媒体影响力与全国平均水平间的差距之所以突出，主要的因素还在于声望较大的媒体之官博影响力水平过低——其指数值低于全国平均值达 80.85 个百分点，也就是说少数民族地区主流媒体的官博在网民中的影响力过小。该地区的主流媒体在积极适应网络社会发展、主动增强网络影响力方面，还须进一步努力。

为更加深入分析制约少数民族地区主流媒体影响力的因素，我们以该测评体系中具体项目的数据为基础，进行比较研究。少数民族地区主流媒体影响力测评体系中的 7 个具体项目的指数值现况，见表 8—20、图 8—24。

表 8—20　少数民族地区主流媒体影响力 7 个测评项目的指数值与全国平均水平之间的比较数据

项目＼地区	少数民族地区	全国平均水平
	指数值	指数值
省级党报自身软实力指数	68.27	100.00
省级党报网民感受指数	101.44	100.00
省级党报意见领袖感受指数	97.57	100.00
省级卫视自身软实力指数	90.90	100.00
省级卫视网民感受指数	92.99	100.00
省级卫视意见领袖感受指数	96.42	100.00
声望较大媒体的官博综合影响力指数	19.15	100.00

数据来源：本书表 7—18 至表 7—21。

由表 8—20、图 8—24 可以清晰地看出，在主流媒体影响力测评体系中的 7 个具体项目中，少数民族地区与全国平均水平间差距颇为明显的有 2 项："声望较大媒体的官博综合影响力指数" 值低于全国平均值 80.85 个百分点；"省级党报自身软实力指数" 低于全国平均值 31.73 个百分点。其他 5 项与全国平均水平间差距不大，尤其是"省级党报网民感受指数""省级党报意见领袖感受指数""省级卫视意见领袖感受指数" 3 个测评项目上，少数民族地区的指数值与全国平均值相差无几。上述比较情况表明，目前制约少数民族地区主流媒体影响力的关键性要素在于：声望较大的媒体之微博影响力过弱，省级党报自身软实力过弱。

二　与"高水平"省域之间的比较

根据本研究表 7—21 的测评结果，目前我国主流媒体影响力的"高水平"省域为广东、北京、上海、浙江 4 省市。在此，我们以这 4 省市主流媒体影响力指数平均值及其 3 个子系统指数平均值为参照，进行少数民

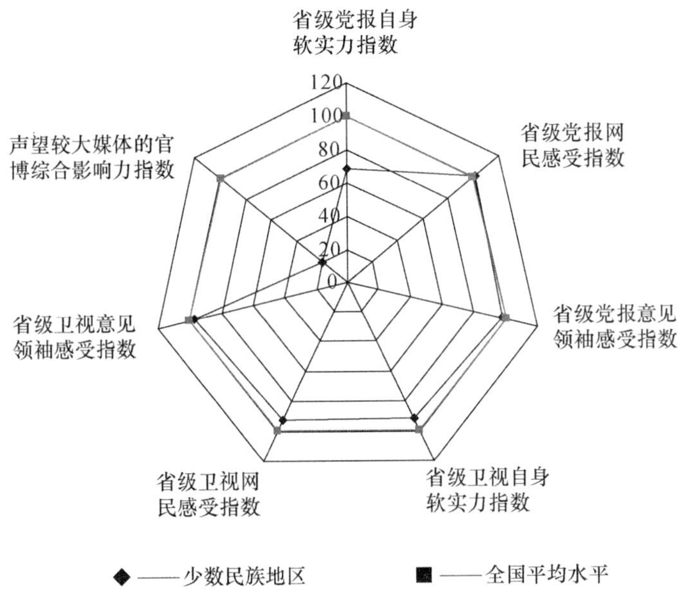

图 8—24　少数民族地区主流媒体影响力 7 个测评项目的指数值与全国平均水平之间的比较示意

族地区与“高水平”省域间的比较分析。二者间的具体数据详见表 8—21、图 8—25。

表 8—21　少数民族地区主流媒体影响力指数与“高水平”省域之间的比较数据

项目 地区	省级党报影响力指数	省级卫视影响力指数	声望较大媒体的官博综合影响力指数	主流媒体影响力指数
广东	136. 15	90. 78	685. 54	287. 36
北京	116. 35	119. 82	481. 16	226. 83
上海	137. 34	113. 66	298. 65	178. 63
浙江	118. 69	96. 34	253. 18	152. 33
“高水平”省域	127. 13	105. 15	343. 71	221. 29
少数民族地区	84. 08	92. 63	19. 15	67. 17
全国平均水平	100. 00	100. 00	100. 00	100. 00

数据来源：本书表 7—21。

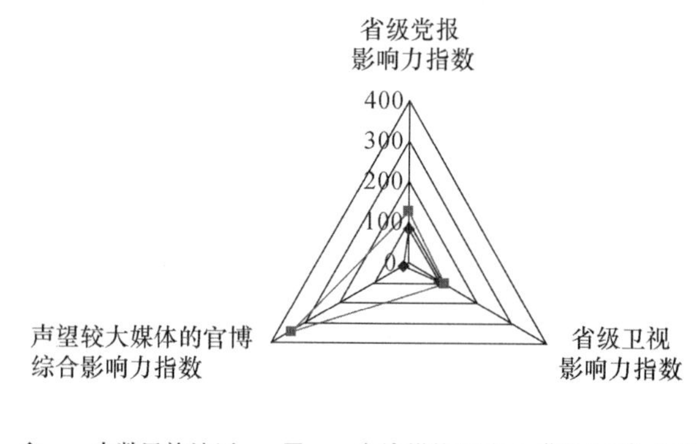

图 8—25　少数民族地区主流媒体影响力三个子系统的指数值与“高水平”省域之间的比较示意

分析表 8—21、图 8—25 可知，目前我国少数民族地区的主流媒体影响力与“高水平”省域间的差距甚大，其指数值低于“高水平”省域平均值达 154.12 个百分点。从三个子系统的指数值情况来看，差距主要显现在主流媒体的官博综合影响力方面——少数民族地区的指数值低于“高水平”省域平均值 324.56 个百分点，可谓“天壤之差”。此外，在省级党报影响力方面，少数民族地区的差距亦不容忽视——其指数值低于“高水平”省域平均值 43.05 个百分点。此种现况表明，现阶段少数民族地区主流媒体的官博之社会效应发挥得还不理想，还有着很大的提升空间。另外，少数民族地区省级党报自身的软实力相对较弱，在广大网民及其意见领袖中的影响力亦有待提升。

三　少数民族地区各省域间的比较

目前，少数民族地区各省域间及西北、西南少数民族地区之间的主流媒体影响力，以及这些地区主流媒体影响力三个子系统的指数值现况，详见表 8—22、图 8—26、图 8—27。

表 8—22　　少数民族地区各省域间及西北、西南少数民族地区主流媒体影响力指数比较数据

项目 / 地区	省级党报影响力指数	省级卫视影响力指数	声望较大媒体的官博综合影响力指数	主流媒体影响力指数
内蒙古	83.01	91.00	0.00	60.50
甘肃	81.60	84.61	20.64	64.22
青海	79.73	93.43	0.00	59.92
宁夏	83.29	92.11	54.40	77.27
新疆	92.93	92.26	0.00	64.85
西北少数民族地区	84.11	90.68	15.21	65.35
广西	82.91	105.39	0.00	64.78
贵州	80.64	93.77	11.58	63.86
云南	90.26	93.56	85.74	89.89
西藏	82.39	88.51	0.00	59.51
西南少数民族地区	84.05	95.31	24.33	69.51
少数民族地区	84.08	92.63	19.15	67.17
全国平均水平	100.00	100.00	100.00	100.00

数据来源：本书表 7—21。

由表 8—22、图 8—26 可以看出，目前我国少数民族地区各省域中，主流媒体影响力水平最高的是云南省，其指数值高出少数民族地区平均值 22.72 个百分点。其次是宁夏回族自治区，其指数值高出少数民族地区平均值 10.10 个百分点。其他 7 个省域的主流媒体影响力处于相对较低水平。此外，西南少数民族地区的主流媒体影响力水平略高于西北地区。

就主流媒体影响力测评体系的三个子系统的现况而言，西北、西南少数民族地区的指数值数据，详见表 8—22、图 8—27。

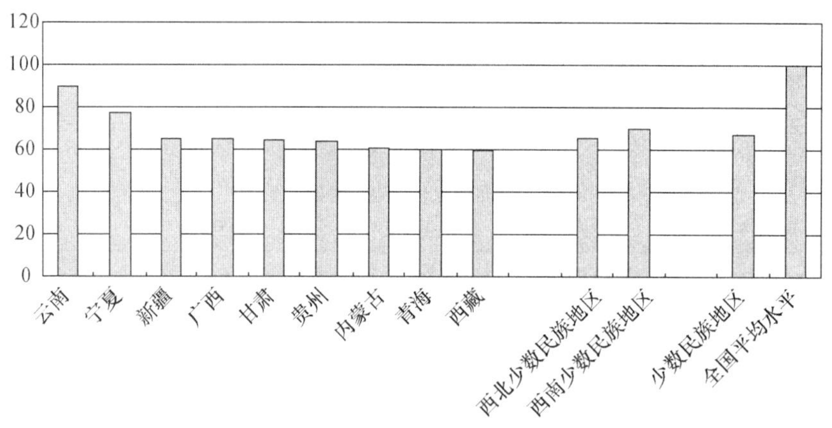

图 8—26　少数民族地区各省域间及西北、西南少数民族地区主流媒体影响力指数比较示意

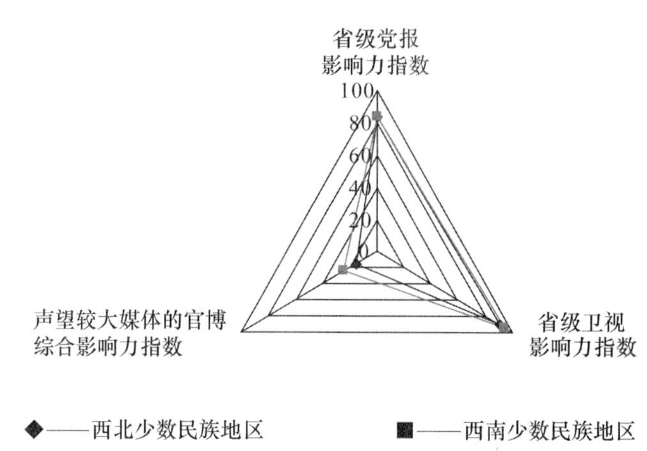

图 8—27　西北、西南少数民族地区主流媒体影响力三个子系统指数值比较示意

表 8—22、图 8—27 显示，在主流媒体影响力三个子系统的指数值上，西北少数民族地区声望较大媒体的官博综合影响力指数低于西南少数民族地区 9. 12 个百分点。两个地区在其他 2 个子系统的指数值上，相差不大。

此外，西北、西南少数民族地区主流媒体影响力测评体系的7个具体项目上的比较数据，详见表8—23、图8—28。

表8—23 西北、西南少数民族地区主流媒体影响力7个测评项目的指数值比较数据

项目 \ 地区	西北少数民族地区	西南少数民族地区
	指数值	指数值
省级党报自身软实力指数	67.11	69.74
省级党报网民感受指数	103.27	98.97
省级党报意见领袖感受指数	97.75	97.34
省级卫视自身软实力指数	86.47	96.93
省级卫视网民感受指数	93.68	92.12
省级卫视意见领袖感受指数	96.70	96.05
声望较大媒体的官博综合影响力指数	15.21	24.33

数据来源：根据本书表7—18至表7—21数据计算而得。

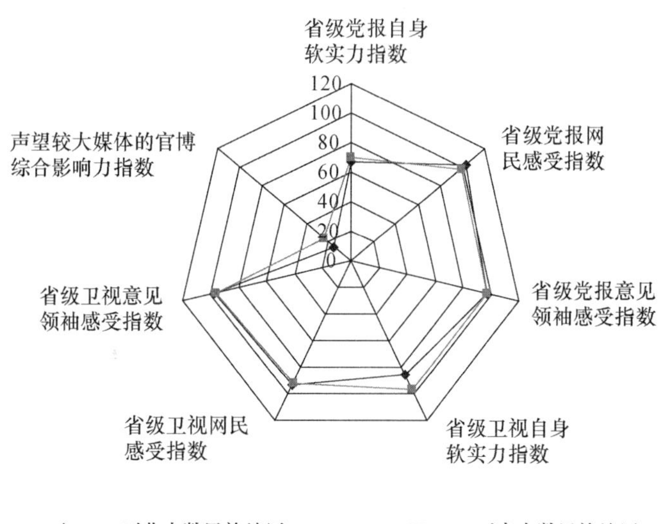

图8—28 西北、西南少数民族地区主流媒体影响力7个测评项目的指数值比较示意

分析表 8—23、图 8—28 可知，在主流媒体影响力 7 个测评项目中，西北少数民族地区的指数值明显低于西南少数民族地区的有 2 项："省级卫视自身软实力指数"低于西南少数民族地区 10.46 个百分点；"声望较大媒体的官博综合影响力指数"低于西南少数民族地区 9.12 个百分点。其他 5 项的指数值，两个地区间十分接近。

第六节 少数民族地区网络舆情社会环境比较研究

狭义的网络舆情社会环境是指一个地区的网络舆情压力及由此造成的网络舆情危机生成与发展的诸项社会信息环境。当然，此类社会环境既有负面舆情影响力，亦有以正向引导为主的网络舆情推动力。在此，我们就现阶段少数民族地区网络舆情社会环境现况与全国平均水平、优等水平地区之间的差异，少数民族地区各省域间的差异，进行量化的比较分析。

一 与全国平均水平之间的比较

现阶段我国少数民族地区网络舆情社会环境现况与全国平均水平之间的比较数据，以及该测评系统中三个子系统的指数值数据，见表 8—24、图 8—29。

表 8—24 少数民族地区网络舆情环境指数与全国平均水平之间的比较数据

项目 地区	舆情危机压力指数	负面舆情事件影响力指数	网络舆情推动力指数	网络舆情社会环境指数
少数民族地区	118.22	160.34	39.25	107.17
全国平均水平	100.00	100.00	100.00	100.00

数据来源：本书表 7—25。

说明：此表中的"舆情危机压力指数""负面舆情事件影响力指数"均为经过正向处理后的"正向指数"——指数值的大小与社会环境质量的优劣成正比。

由表 8—24、图 8—29 可以看出，现阶段少数民族地区的网络舆情社会环境质量略优于全国平均水平。从测评体系三个子系统的现况来看，少数民族地区的负面舆情事件影响力指数明显小于全国平均值，而在网络舆情推动力指数方面则又明显低于全国平均值。一方面反映出少数民族地区的负面舆情热点事件发生比率以及有谣言发生的事件所占重大舆情事件比率相对较少，网络舆情危机的社会压力相对较小；另一方面则反映出少数民族地区在网络舆情中“意见领袖”的参与比率相对较低，网络舆情的正向引导力相对较弱。

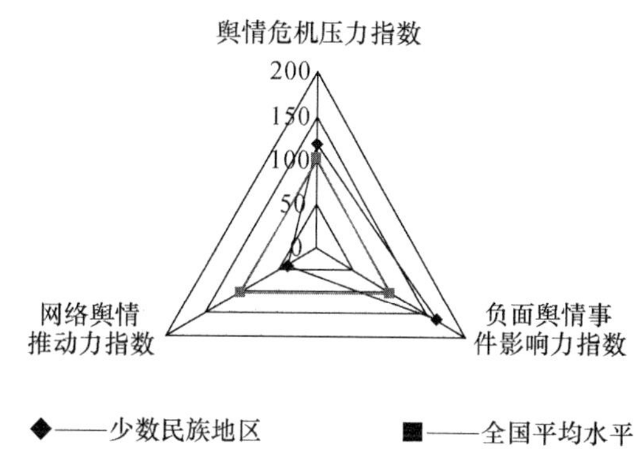

图 8—29　少数民族地区网络舆情社会环境指数与全国平均水平之间的比较示意

少数民族地区网络舆情社会环境测评体系中的 6 个具体项目的指数值现况，详见表 8—25、图 8—30。

表 8—25　少数民族地区网络舆情社会环境 6 个测评项目的指数值与全国平均水平之间的比较数据

地区 项目	少数民族地区 指数值	全国平均水平 指数值
舆情总危机指数	69. 38	100. 00
舆情平均危机指数	100. 38	100. 00
负面舆情热点事件比率指数	37. 21	100. 00
有谣言发生的事件所占重大舆情事件比率指数	43. 33	100. 00

续表

项目＼地区	少数民族地区	全国平均水平
	指数值	指数值
较大影响的社会舆论事件中有网络集体行动的事件所占比率指数	37.33	100.00
较大影响的社会舆论事件中有意见领袖参与的事件所占比率指数	42.13	100.00

数据来源：本书表7—22至表7—24。

说明：此表中的“舆情总危机指数”“舆情平均危机指数”“负面舆情热点事件比率指数”“有谣言发生的事件所占重大舆情事件比率指数”均为负向指数——指数值的大小与社会环境质量的优劣成反比。

分析表8—25、图8—30可以看出，在网络舆情社会环境6个测评项目中，少数民族地区优于全国平均水平的有3个项目：“舆情总危机指数”优于全国平均值30.62个百分点；“负面舆情热点事件比率指数”优于全国平均值62.79个百分点；“有谣言发生的事件所占重大舆情事件比率指数”优于全国平均值56.67个百分点。明显劣于全国平均水平的有2项：“较大影响的社会舆论事件中有网络集体行动的事件所占比率指数”[①]劣于全国平均水平62.67个百分点；“较大影响的社会舆论事件中有意见领袖参与的事件所占比率指数”[②]劣于全国平均水平57.87个百分点。与全国平均水平相差无几的则是“舆情平均危机指数”。上述现况反映出现阶段少数民族地区的网络舆情危机压力相对较小，但网络舆情引导能力及正向发展推动力则与全国平均水平有着明显差距。

二　与“优质”环境省域之间的比较

根据本研究表7—25的测评结果，目前我国网络舆情社会环境的“优质”省域为四川、福建、江苏3省。在此，我们以这3省的网络舆情社会环境指数平均值及其三个子系统的指数值平均值为参照，进行少数民

---

① 此项内容具有正、负两面性，但总体而言，正向作用是主流——详见本书第七章的阐述。

② 同上。

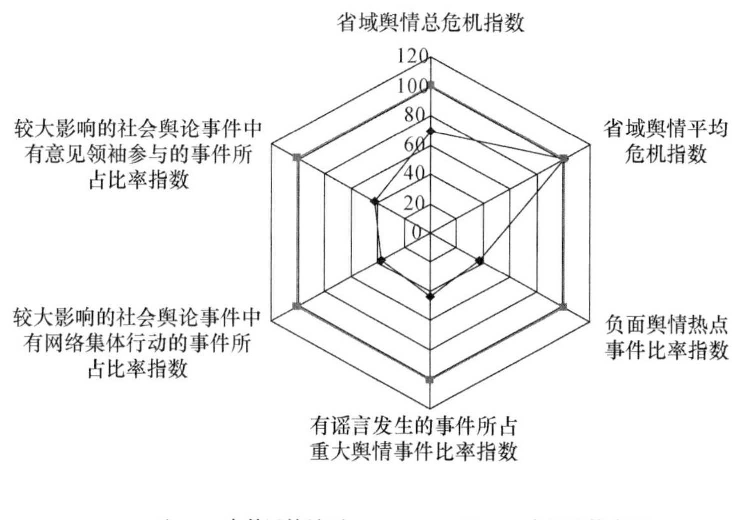

图 8—30　少数民族地区网络舆情社会环境 6 个测评项目的指数值与全国平均水平之间的比较示意

族地区与网络舆情社会环境“优质”省域间的比较分析（相关数据详见表 8—26、图 8—31）。

表 8—26、图 8—31 显示，目前少数民族地区网络舆情社会环境指数值低于“优质”环境省域平均值 28.30 个百分点，差距还是明显的。从该测评体系的三个子系统的现况来看，少数民族地区与“优质”环境省域间差距最大的是网络舆情推动力指数，其指数值低于“优质”环境省域平均值 153.71 个百分点，差距可谓甚大。但在负面舆情影响力方面，少数民族地区的指数值则高于“优质”环境省域平均值约 60 个百分点。而在舆情危机压力方面，二者的指数值极为接近。此种状况表明，现阶段少数民族地区的网络舆情社会环境与“优质”省域相比，总体上还有明显差距，其中最重要的制约因素是网络舆情推动力过弱。

表8—26 少数民族地区网络舆情社会环境指数与“优质”省域之间的比较数据

地区＼项目	舆情危机压力指数	负面舆情事件影响力指数	网络舆情推动力指数	网络舆情社会环境指数
四川	146.72	64.28	222.71	144.79
福建	141.02	150.22	99.98	131.47
江苏	71.40	82.49	256.18	130.16
环境“优质”省域	119.58	99.00	192.96	135.47
少数民族地区	118.22	160.34	39.25	107.17
全国平均水平	100.00	100.00	100.00	100.00

数据来源：本书表7—25。

说明：此表中的“舆情危机压力指数”“负面舆情事件影响力指数”均为经过正向处理后的“正向指数”，指数值的大小与社会环境质量的优劣成正比。

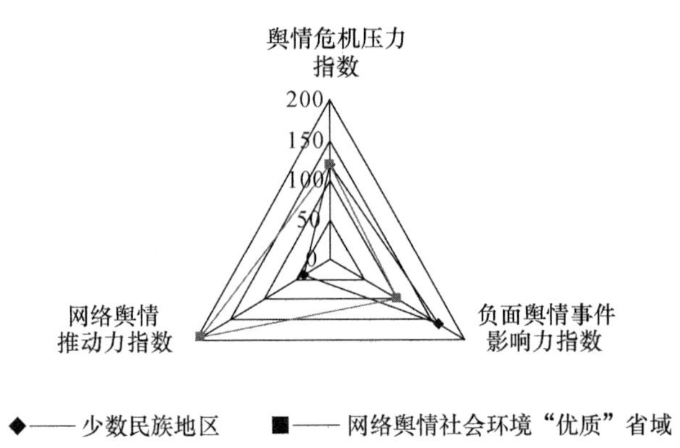

图8—31 少数民族地区网络舆情社会环境指数与环境“优质”省域平均值之间的比较示意

三 少数民族地区各省域间的比较

目前，少数民族地区各省域间及西北、西南少数民族地区之间的网络舆情社会环境指数，以及这些地区网络舆情社会环境三个子系统的指数值现况，详见表8—27、图8—32、图8—33。

表 8—27　　少数民族地区各省域间及西北、西南少数民族地区网络舆情社会环境指数比较数据

项目 地区	舆情危机压力指数	负面舆情事件影响力指数	网络舆情推动力指数	网络舆情社会环境指数
内蒙古	142. 18	175. 67	29. 57	118. 44
甘肃	142. 35	182. 13	20. 42	117. 71
青海	100. 00	189. 63	10. 21	99. 95
宁夏	100. 00	184. 83	0. 00	95. 45
新疆	135. 88	156. 06	71. 04	122. 48
西北少数民族地区	124. 08	177. 66	26. 25	111. 61
广西	135. 18	144. 90	20. 42	103. 67
贵州	78. 53	157. 80	20. 42	84. 88
云南	75. 38	108. 03	161. 88	111. 13
西藏	100. 00	189. 63	19. 37	102. 70
西南少数民族地区	97. 27	150. 16	55. 52	100. 60
少数民族地区	118. 22	160. 34	39. 25	107. 17
全国平均水平	100. 00	100. 00	100. 00	100. 00

数据来源：本书表 7—25。

说明：此表中的“舆情危机压力指数”“负面舆情事件影响力指数”均为经过正向处理后的“正向指数”——指数值的大小与社会环境质量的优劣成正比。

分析表 8—27、图 8—32 可知，目前在少数民族地区各省域中，网络舆情社会环境质量相对较好的是新疆、内蒙古、甘肃 3 省区——其指数值略高于全国平均值。网络舆情社会环境质量相对较差的是贵州省——其指数值低于全国平均值 15. 12 个百分点。就西北少数民族地区与西南少数民族地区的比较来看，前者的网络舆情社会环境质量略好于后者。

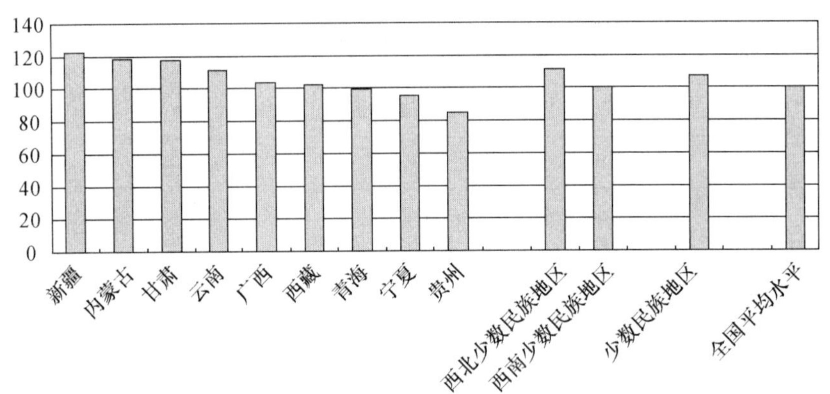

图 8—32 少数民族地区各省域间及西北、西南少数民族地区网络舆情社会环境指数比较示意

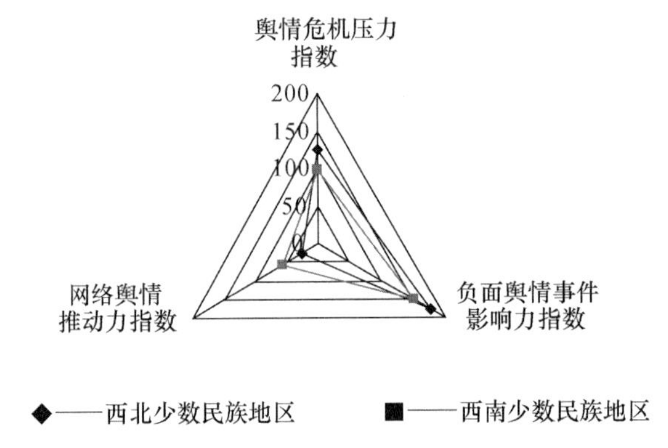

图 8—33 西北、西南少数民族地区网络舆情社会环境三个子系统指数值比较示意

从网络舆情社会环境指数测评体系三个子系统的现况来看，西北少数民族地区在网络舆情危机压力指数、负面舆情事件影响力指数方面的社会压力相对小于西南少数民族地区，即现阶段在网络舆情危机社会压力方面，西南少数民族地区大于西北少数民族地区。而在网络舆情推动力指数方面，则西南少数民族地区强于西北少数民族地区，反映出西南少数民族地区在网络舆情引导、网络舆情危机应对方面的社会环境，相对优于西北少数民族地区。

就网络舆情社会环境指数测评体系6个具体项目的现况来看，西北、西南少数民族地区之间的比较数据见表8—28、图8—34。

表8—28　　西北、西南少数民族地区网络舆情社会环境6个测评项目的指数值比较数据

项目＼地区	西北少数民族地区	西南少数民族地区
	指数值	指数值
舆情总危机指数	21.04	77.77
舆情平均危机指数	58.24	77.77
负面舆情热点事件比率指数	19.94	39.97
有谣言发生的事件所占重大舆情事件比率指数	25.87	58.33
较大影响的社会舆论事件中有网络集体行动的事件所占比率指数	26.73	50.69
较大影响的社会舆论事件中有意见领袖参与的事件所占比率指数	25.53	62.77

数据来源：根据本书表7—22至表7—24数据计算而得。

说明：此表中的“舆情总危机指数”“舆情平均危机指数”“负面舆情热点事件比率指数”“有谣言发生的事件所占重大舆情事件比率指数”均为负向指数——指数值的大小与社会环境质量的优劣成反比。

分析表8—28、图8—34可以看出，在“舆情总危机指数”方面，西北少数民族地区低于西南少数民族地区56.73个百分点，是6个测评项目中二者间差距最大的。此外，在“有谣言发生的事件占重大舆情事件比率指数”方面，西北少数民族地区与西南少数民族地区间的差距亦比较明显——前者的指数值低于后者32.46个百分点。这表明，现阶段西北少数民族地区网络舆情危机的社会压力及其负面社会环境影响力明显小于西南少数民族地区，换言之，西北少数民族地区的网络舆情社会环境，大体上优于西南少数民族地区。

当然，我们还应看到，在“较大影响的社会舆情事件中有意见领袖参与的事件所占比率指数”“较大影响的社会舆情事件中有网络集体行动

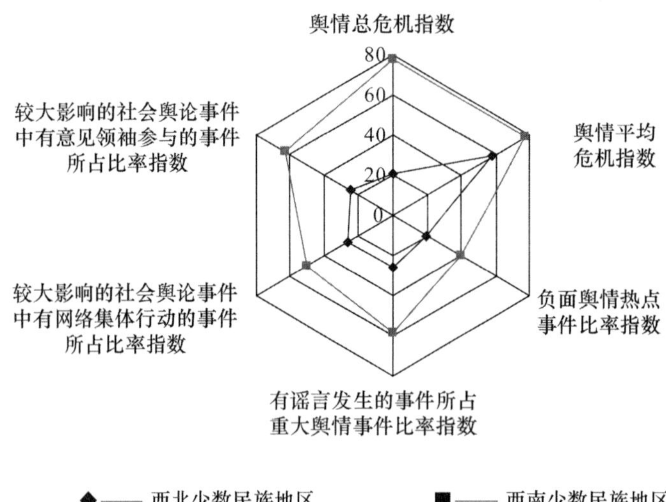

图 8—34　西北、西南少数民族地区网络舆情社会环境指数 6 个测评项目的指数值比较示意

的事件所占比率指数”方面（这 2 项测评指标对于一个地区的网络舆情社会环境的影响具有“两面性”的属性，但总体而言，“正向”影响作用居于主流），西南少数民族地区的指数值则明显高于西北少数民族地区——前者的指数值分别高于后者 37. 24 个、23. 96 个百分点。这表明，现阶段西南少数民族地区在网络舆情的引导及通过网络舆情有效影响社会公共管理和社会治理体制、机制、方式的改革与完善方面，明显优于西北少数民族地区。

第七节　比较分析结论

通过上述全方位、多视角的比较与分析，可以得出以下基本结论：

第一，目前少数民族地区网络舆情及网络舆情危机应对的综合能力，明显低于全国平均水平。其中，差距最大的是官方微博综合绩效——仅相当于全国平均水平的一半。这表明，官方微博综合绩效水平过低，是制约少数民族地区网络舆情及网络舆情危机应对综合能力的主要领域。

第二，在官方微博综合绩效领域，少数民族地区与全国平均水平间差距最大的是“党政系统优秀微博比率”和“党政机构微博传播效能”。反映出党政系统优秀的官方微博数量相对太少，官方微博传播效率相对过低，较严重地制约着该地区官方微博综合绩效的发挥。换言之，党政系统优秀微博比率过低、官方微博在网民中的传播效率过低，是制约少数民族地区网络舆情及网络舆情危机应对能力的关键性要素。

第三，在网络舆情及网络舆情危机应对能力测评体系的 48 个具体项目中，少数民族地区与全国平均水平间差距甚大的是“具有较大影响力的党政机构微博比率指数”“党政机构微博影响力指数”“声望较大媒体的官博综合影响力指数”——其指数值均低于全国平均值 70 个百分点以上。这表明在少数民族地区网络舆情及网络舆情危机应对能力的“木桶体系”中，有较大影响力的党政机构微博比率过低、党政机构微博影响力过小、声望较大媒体的官博综合影响力过差，是三个明显的“短板”。

第四，在少数民族地区各省域中，网络舆情及网络舆情危机应对能力相对最强的是云南省，处于“第二梯队”的是广西、新疆、甘肃、内蒙古 4 省区，处于“第三梯队”的则是宁夏、贵州、青海、西藏。总体而言，西南少数民族地区的网络舆情及网络舆情危机应对能力略强于西北少数民族地区。

第五，在网络舆情及网络舆情危机应对能力测评体系中，少数民族地区与全国平均水平间差距较大的领域是主流媒体影响力、政府网站服务能力——其指数值低于全国平均值约 30 个百分点。表明主流媒体在网络社会的影响力相对太弱，政府网站的服务能力相对较差，是现阶段制约少数民族地区网络舆情及网络舆情危机应对能力不容忽视的重要领域。

第六，在主流媒体影响力领域，少数民族地区与全国平均水平间差距明显的项目，除了“声望较大媒体的官博综合影响力”，还有“省级党报自身软实力”——其指数值低于全国平均值 31. 73 个百分点。这表明，省级党报在数字化、网络化等信息化建设、运转机制的完善、社会效益的发挥诸方面“软实力”相对较弱，亦是制约少数民族地区网络舆情及网络舆情危机应对能力的关键性要素之一。

第七，在政府网站服务领域，少数民族地区与全国平均水平间差距明显的方面是“政府网站民生服务”和“政府网站运行绩效”，其指数值均低于全国平均值30个百分点以上。此外，在政府网站服务能力测评体系的15个具体项目中，少数民族地区与全国平均水平间差距突出的项目是“地市级政府网站民生服务指数”“省会城市政府网站民生服务指数”“地市级政府网站互动交流指数”，其指数值均低于全国平均值35个百分点以上。这表明，政府网站的民生服务职能显现得较差，政府网站运行的社会效益相对不高，是现阶段制约少数民族地区网络舆情及网络舆情危机应对能力的重要因素。其中，省会城市政府网站、地市级政府网站的民生服务能力较差，地市级政府网站与网民之间的互动交流做得不够，则是现阶段制约少数民族地区网络舆情及网络舆情危机应对能力的关键性要素。

第九章

少数民族地区应对与化解网络舆情危机存在的问题及其原因分析

尽管现阶段我国少数民族地区党政部门在应对网络舆情危机方面积累了一些经验，总结了一些基本原则，取得了较为显著的成效，其中某些省区在某个方面还走在了全国的前列，但从整体上看，尤其是从少数民族地区基层党政部门应对网络舆情危机的现状看，仍存在着诸多亟待解决的问题。这些问题突出表现为“不愿面对”“不会应对”“无力应对”三个方面。

第一节　不愿面对网络舆情

目前，在少数民族地区，仍有相当多的党政部门领导程度不同地存在着“不愿面对网络舆情”的思想意识，依旧视传统媒体为唯一的“正统”，将主要精力用于传统媒体舆情的社会效应方面，常常忽视对网络舆情的关注与研究，思想上缺乏网络舆情意识和网络舆情危机意识。“不愿面对网络舆情”的问题，在现实中又可分为以下两种具体表现方式。

一　藐视网络舆情

少数民族地区的一些党政部门尤其是一些基层党政部门的领导同志，大都将主要精力放在了推进本地区经济与社会“跨越式”发展方面，全身心地投入“实实在在”的经济工作或社会治理、公共服务工作之中，对“虚拟社会”的舆论以及由其孕育、产生的网络舆情，或不屑一顾，或认为是“网民之间的闲扯淡”，有着不同程度的“藐视网络舆情”的理念。此种理念反映在具体工作中，大体凸显为三种情形。

其一，对复杂多样、变化无常且危机涌动的网络舆情采取“藐视”的态度，视其为无关大局的社会舆论“细枝末节”或社会中一些另类的“鼓噪之声”，认为网络舆情对执政之基、社会发展产生不了大的影响，只要注重抓好对传统媒体的领导与调控，就自然会正确引导社会“主流舆论”，而不必对网络舆情过于看重。这实际上是将“网络舆论”排除在社会“主流舆论”之外，将“网络舆情”分离于“社会舆情”的大系统之外。这一点，在少数民族地区官方微博的数量与东部相关省市的比较中表现得相对突出。以面向大众的新闻宣传系统官方微博现况为例，2013年，东部地区的上海、江苏、广东、浙江等4个省市的新闻宣传系统官方微博数量比重占了全国的50%左右，而内蒙古、广西、新疆、宁夏、西藏、青海、甘肃、云南、贵州等9个省区的新闻宣传系统官方微博数量比重占全国总数不及15%。[①] 再以目前我国官方微博发展相对较完备、官民网络交流较为紧密的公安系统微博现况为例，2013年，山东、江苏、广东、福建、上海、浙江6个东部省市的公安系统微博数量比重占据了全国的40%以上，而内蒙古、广西、新疆、宁夏、西藏、青海、甘肃、云南、贵州9个省区的公安系统微博数量比重占全国总数则不及20%，尤其是西藏、宁夏、贵州、内蒙古、广西、青海、新疆7个省区的公安系统微博数量比重不及全国总数的5%。[②] 少数民族地区总体上对网络舆情的重视程度及其发展现况的不足，可见一斑。尤其到了县级以下的基层部门和地区，与东部地区间的差距更大。此种无视网络舆情的思想认识以及在现实中轻视网络舆情体系建设与发展的现况，与网络时代发展的现实格格不

---

① 国家行政学院电子政务研究中心：《2013年中国政务微博评估报告》，国家行政学院网站，2014年4月8日。

② 同上。

入，与我们党“解放思想、实事求是、与时俱进”的思想路线是不相符的，如不彻底纠正，必将会对全面建设中国特色社会主义的伟大事业带来严重危害。

其二，这种思想上的“藐视”，导致实际工作中对网络舆论界的“不掺和”“不屑与之为伍”“不能掉了身价”，进而主动放弃了网络舆情阵地。尤其是长期以来，“不明真相”和“别有用心”“恶势力”等，一直是一些政府部门用来抵制网络民意、搪塞网络监督的借口，并以此为由主动放弃网络舆情阵地。而放弃了网络舆情阵地也就意味着放弃了对亿万网民的“主流价值”舆论引导，意味着逃离了与各种违背社会主义核心价值观的思潮进行斗争的网络舆论主战场。尤其是在少数民族地区，主动放弃网络舆情阵地还意味着“国家认同感”的弱化，意味着给“三股势力”留下了可乘之机，意味着平等、团结、互助、和谐的社会主义民族关系将会受到严重损害。

其三，这种思想上的“藐视”，导致一些党政部门遇到网络舆情危机时，自然而然地运用权力进行“捂”或“堵”，致使危机越捂越危，越堵越爆，由小变大，由简单变复杂。此类运用权力对网络舆情进行“捂”或“堵”的做法，实际上是用以往管控纸质媒体及以纸质印刷品为载体的社会舆论的理念和做法，来看待和管控网络舆情及网络舆情危机。实践证明，这种理念和做法在网络时代早已不适应舆情传播规律，这种做法不仅不利于化解网络舆情危机，而且会进一步激起更大的网络舆情危机，是网络时代管控媒体及舆论的大忌。

二　害怕网络舆情危机

在少数民族地区，也有一些领导部门和领导干部对于网络技术的特点及应用、网络舆情的传播方式和渠道、网络舆情危机的产生及演变规律等相关的基本知识知之甚少，尤其是看到个别官员被网民“人肉搜索”而交了“霉运”，因而对网络、网络舆情、网络舆情危机产生了一种莫名的恐惧心理，以“不触网”为生活及社会交往的原则之一，尽量远离这一“是非圈”。害怕网络舆情危机的理念反映在工作中，则具体表现为以下主要情形。

其一，视网络舆情危机为“洪水猛兽”“妖魔鬼怪”而避之唯恐不及，当危机出现时，心态上先乱了方寸，精神上处于崩溃的边缘。一些领导部门和领导干部在心理上无限放大了网络传播、网络舆情的“负效应”，无限缩小甚至无视网络传播、网络舆情的“正能量”，将网络看作不能步入的“禁区”、不可触碰的“电网”，因而面对沸沸扬扬的网络舆情乃至于网络舆情危机，将“不介入”作为应对各类具体问题的万全之策。这种因害怕“引火上身”而“不介入”任何网络舆情领域的心理和表现，实际上是在网络意识形态阵地前的“不战而败”，是一种严重的“网络不作为”行为。

由中国软件测评中心主持开展的“2013 年中国政府网站绩效评估”中，少数民族地区的“网络舆情引导指数”普遍较低，从一个视角间接地反映了这些地区对于网络舆情尽量“不介入”的消极心态。所谓“网络舆情引导指数”主要包括以下测评内容：（1）是否在主流微博上提供政务微博；（2）微博内容的更新情况，包括更新及时性、多个微博更新的同步性等；（3）微博内容与政务工作、社会热点的结合情况；（4）人民网留言板答复处理的及时性和答复质量；（5）通过政务微信及时发布信息，与网民互动交流的情况。[①] 在此，我们以《2013 年中国政府网站绩效评估总报告》中的“地市政府网站评估结果”为依据，对少数民族地区地市级政府网站的“网络舆情引导指数”进行综合评价。《2013 年中国政府网站绩效评估总报告》对全国 297 个地市级政府网站的“网络舆情引导”现状进行了量化评估，涉及少数民族地区的地市级政府网站 82 个。在这 82 个少数民族地区地市级政府网站中，“网络舆情引导指数”超过 45% 的只有 1 个，超过 30% 的仅有 12 个，超过 20% 的也只有 32 个（占少数民族地区地市级政府网站总数的 39%），“网络舆情引导指数”低于 20% 的占少数民族地区地市级政府

---

① 中国软件测评中心：《地方网站评估指标》，见第十二届（2013）中国软件测评中心网站，2013 年 11 月 28 日。

网站总数的60%以上，低于10%（含10%）的有34个，其中还有20个地市级政府网站的“网络舆情引导指数”为“0”（占少数民族地区地市政府网站总数的近24%）（详见表9—1），在政府网站绩效总分低于15分（含15分）的24个地市中，少数民族地区的地市占了23个[①]（详见表9—2）。

表9—1　　少数民族地区政府网站“网络舆情引导指数”最低的地区（州、盟、市）

地区（州、盟、市）	网络舆情引导指数（%）	政府网站绩效总得分（%）	政府网站绩效排名
贵州黔东南州	10.00	28.80	197
新疆阿勒泰地区	10.00	21.70	242
宁夏中卫市	10.00	19.50	255
云南迪庆州	10.00	7.90	293
新疆昌吉州	8.00	21.3	246
云南红河州	7.00	23.7	231
甘肃定西地区	6.00	22.90	235
新疆博尔塔拉州	6.00	15.70	296
宁夏吴忠市	6.00	5.20	296
新疆和田地区	5.00	32.40	181
青海海西地区	5.00	19.40	256
广西崇左市	5.00	15.60	271
云南西双版纳州	5.00	11.30	281
云南保山市	5.00	9.00	287
云南德宏州	0.00	37.70	124
贵州安顺市	0.00	32.30	182

① 根据中国软件测评中心《地市政府网站评估结果》、《第十二届（2013）中国政府网站绩效评估总报告》有关评估数据计算而得。

续表

地区（州、盟、市）	网络舆情引导指数（%）	政府网站绩效总得分（%）	政府网站绩效排名
甘肃武威市	0.00	28.90	194
新疆阿克苏地区	0.00	28.50	199
内蒙古乌海市	0.00	28.40	202
广西北海市	0.00	26.90	211
内蒙古锡林郭勒盟	0.00	25.00	225
云南昭通市	0.00	21.60	243
广西贵港市	0.00	19.70	254
广西百色市	0.00	19.10	258
青海海北州	0.00	19.00	259
贵州铜仁市	0.00	17.10	265
新疆吐鲁番地区	0.00	15.70	270
云南丽江市	0.00	15.00	273
青海玉树州	0.00	13.00	278
西藏林芝地区	0.00	12.00	280
西藏日喀则地区	0.00	10.30	285
云南临沧市	0.00	9.00	287
甘肃嘉峪关市	0.00	6.20	294
甘肃张掖市	0.00	5.70	295

资料来源：中国软件测评中心：《地市政府网站评估结果》，见《第十二届（2013）中国政府网站绩效评估总报告》，2013年11月28日。

分析表9—1可知，目前在我国少数民族地区，“网络舆情引导指数”最低的地市级政府网站共有34个，占该地区地市政府网站总数的41.46%。[①] 亦即现阶段我国少数民族地区中有四成以上的地市级政府网

① 本课题所谓的“少数民族地区”是指内蒙古、广西、新疆、宁夏、西藏、云南、贵州、甘肃、青海9个省区，该地区共有82个地市级政府网站（不含省会城市政府网站）。

站“网络舆情引导指数”处于全国的最低档次。此种现况无疑制约着该地区有效引导与化解网络舆情危机的效果。

表9—2　　少数民族地区政府网站绩效总分最低的地区（州、盟、市）

在全国的排名	地区（州、盟、市）	信息公开指数	民生领域服务指数	重点服务指数	互动交流指数	新技术应用指数	舆情引导指数	总分
273	云南丽江市	0.38	0.06	0.01	0.28	0.13	0.00	15.00
274	广西来宾市	0.35	0.10	0.04	0.03	0.24	0.28	14.7
274	甘肃酒泉市	0.49	0.05	0.01	0.07	0.11	0.30	14.7
276	甘肃陇南市	0.29	0.09	0.08	0.08	0.24	0.26	14.6
278	青海玉树州市	0.17	0.15	0.07	0.11	0.19	0.00	13.0
279	广西河池市	0.34	0.07	0.01	0.10	0.13	0.13	12.4
280	西藏林芝地区	0.28	0.12	0.05	0.08	0.06	0.00	12.0
281	云南西双版纳州	0.34	0.06	0.02	0.10	0.06	0.05	11.3
282	西藏那曲地区	0.28	0.09	0.03	0.08	0.06	0.11	11.2
283	云南文山州	0.33	0.07	0.02	0.03	0.09	0.12	11.0
284	云南普洱市	0.19	0.09	0.03	0.10	0.06	0.33	10.6
285	西藏日喀则地区	0.25	0.09	0.03	0.08	0.06	0.00	10.3
287	云南临沧市	0.23	0.06	0.01	0.07	0.13	0.00	9.0
287	云南保山市	0.18	0.02	0.03	0.21	0.11	0.05	9.0
289	青海海南州	0.23	0.06	0.01	0.06	0.09	0.13	8.7
290	西藏阿里地区	0.08	0.09	0.02	0.10	0.06	0.28	8.2
291	云南怒江州	0.18	0.04	0.05	0.07	0.04	0.16	8.0
291	甘肃临夏州	0.18	0.08	0.03	0.03	0.04	0.04	8.0
293	云南迪庆州	0.24	0.02	0.02	0.06	0.11	0.10	7.9
294	甘肃嘉峪关市	0.16	0.04	0.03	0.03	0.09	0.00	6.2
295	甘肃张掖市	0.05	0.08	0.01	0.10	0.06	0.00	5.7
296	宁夏吴忠市	0.11	0.01	0.03	0.06	0.09	0.06	5.2
297	青海黄南州	0.11	0.02	0.01	0.06	0.02	0.15	4.8

资料来源：中国软件测评中心：《地市政府网站评估结果》，见《第十二届（2013年）中国政府网站绩效评估总报告》，2013年11月28日。

由表9—2可知，目前我国少数民族地区政府网站绩效总分最低的有23个地区（州、盟、市），占该地区地市级政府网站总数的28.05%，也就是说，现阶段有约三成的少数民族地区地市级政府网站综合绩效差强人意。此外，在全国297个地市级政府网站中，综合绩效得分排名后30位中，少数民族地区地市级政府网站占据了29个席位。[①] 此种落后状况，难以适应网络社会的发展要求和广大网民的实际需求，对于应对与化解该地区的网络舆情危机亦有着重要的制约影响。

面对进入网络时代10年之久的当今社会，我国少数民族地区地市级政府网站绩效中的“网络舆情引导”现况以及综合绩效状况可谓堪忧。虽然造成此种状况的原因有多种多样，但该地区党政领导部门主观上的“不作为”无疑是其重要的“内因”之一。

其二，这种思想上的“不战而败”，导致实际工作中对网络舆论的“鸵鸟政策”，对潜在的网络舆情危机“视而不见”“眼不见心不烦”，从而常常丧失了处置网络舆情危机的最佳时机。一些领导部门和领导干部在网络舆情及网络舆情危机面前，奉行“不该听的不听，不该看的不看，不该说的不说”之世俗“三不哲学”，遇到具体的网络事件时，双手捂耳，闭眼闭嘴，消极躲避，不发布任何网络信息，不开展必要的网络舆情引导工作，坐失良机，最终酿成网络舆情危机，给社会造成了无可挽回的损失。本课题组对某自治区处级以上党政领导干部的“网络舆情认知状况及应对意向”的调查结果表明，目前有43.70%的被调查者“尚未考虑”开通个人微博的事，有70%的被调查者对“网言网语”了解甚少，对“官员微博”关注度不高，尤其是许多“50后”的领导干部，基本上“游离于网络舆情环境之外，对网络社会的适应度很差”[②]。此种状况表明，在一些少数民族地区，现阶段尚有为数较多的党政领导干部对网络舆情及潜在的网络舆情危机抱有“视而不见”“眼不见心不烦”的心态，从主观上不愿进入网络环境，也不想学习有关基本的网络应用技能，更不愿

---

① 中国软件测评中心：《地市政府网站评估结果》，见《第十二届（2013）中国政府网站绩效评估总报告》，2013年11月28日。

② 宁夏党校区情研究中心课题组：《宁夏领导干部的网络舆情认知状况及应对意向调查分析》，载《宁夏反腐倡廉蓝皮书》，宁夏人民出版社2013年版，第196—201页。

做一名“官员博客”。

其三，这种思想上的“不战而败”，导致一些党政部门遇到网络舆情危机时，自然而然地实施“逃跑主义”策略，巴不得“钻进地缝里”，与世隔绝，面对铺天盖地的网络舆论，不发任何声响，不做任何回应，致使党政部门威望全无。虽然这些年来，各级党政部门开始重视网络舆情危机应对工作，亦探索出了诸多好的对策与方法，但是，以“装聋作哑”“销声匿迹”作为应对网络舆情危机的主要“举措”，在少数民族地区的个别党政部门仍然存在。尤其是“在舆情出现后存在着宣传、信息办、公安、工商、运营商等单位多头管理、各自为政的现象，协同意识欠缺”，导致网络舆情引导职能未有效发挥，造成一些社会危机事件通过网络聚集而演变成现实中的行为，从而引发网络舆情事件的爆发，继而发展为群体性事件。[①] 此类状况在少数民族地区尤其是基层地区并不仅仅是个例，而是具有一定的“普遍性”。此种面对可能出现的网络舆情危机所采取的“不作为”方式或“逃跑主义”的策略，反映出一些公共管理部门和社会治理部门对网络舆情危机的极度恐慌与害怕，严重制约着执政能力的提升。

第二节　不会应对现实的网络舆情危机

当今，在少数民族地区，有相当多的党政部门领导同志主观上还是重视网络舆情的，亦经常上网浏览相关信息，甚至通过参与网络互动来深化对社会舆情的了解。然而，他们中间的多数人仍难以做到稳健自如、得心应手地应对网络舆情危机。在现实社会中，有关党政领导部门及其领导干部“不会应对网络舆情危机”的问题，具体又分为以下三种情形。

一　面对突如其来的网络舆情危机，惊慌失措

（1）对一夜之间成为网络舆情“旋涡”的中心，毫无心理准备，当

① 孟崴、王海萍：《浅析少数民族地区社会舆情热点问题产生的根源（二）——以内蒙古赤峰市社会舆情热点问题调查为例》，《佳木斯教育学院学报》2014 年第 4 期。

危机发生且将自己骤然卷入其中并成为主角之一时，犹如遭遇旋涡激流的初涉水者，脑袋顿时空白一片，六神无主。

（2）虽对本部门可能被卷入网络舆情危机有一定的预感，也做了一定的应对“预案”准备，但真正遇到来势汹汹的网络舆情危机大潮且“预案”无处下手时，还是惊魂失魄，举手无措。

（3）在网络舆情危机爆发初期，采取了一定的处置举措，但由于处置失误，致使危机的“雪球”越滚越大，引起一轮轮连锁反应，面对“雪崩”式网络舆情危机，惊慌失措，无以应对。

上述情形较为典型的是，云南省晋宁县“躲猫猫”事件发生后，其公安系统的一些人首先想到的是如何推卸责任，进而找到一个荒唐的“玩游戏”理由，采取了可笑的应对方式——没有详细的尸检报告，便轻率地以“玩躲猫猫游戏意外死亡”回应公众，无疑低估了广大网民以及其他公众的智商，引来了全国网民和媒体的质疑与围观，将事件引入了网络舆情危机的激流旋涡之中，造成诸多网民对“政府没有诚意”的共鸣，致使危机愈演愈烈。而当地检察机关在该案的处理上亦较为滞后，是在网络舆情危机发生后才正式介入。

此类事件反映了一些基层部门面对突如其来的网络舆情危机，往往惊慌失措，慌乱中首选的应对举措是如何尽快、彻底地“解脱自己”。造成此种状况的根本原因还在于思想上、理念上对网络舆情的“反感”与“害怕”，未能正确地认识到网络舆情的“正向功能”和掌握网络舆情引导的科学方法。

二　处置纷繁复杂的网络舆情危机，昏招频出

（1）抱守“沉默是金”的老理，对各类媒体一律“无可奉告”，“烂在肚里也不说”，企望“捂住”公众急于知晓也应当知晓的真实信息，进而造成愈捂“气压”愈大、“井喷”的可能性愈大的不利局面。

（2）自作聪明，不断以新的错误来掩盖前一个错误，结果“越描越黑”，最终将自己逼到绝境。在少数民族地区尤其是基层地区，这方面的问题相对而言是较为普遍的。处置纷繁复杂的网络舆情危机昏招频出，最为典型的是2008年6月贵州省黔东南州爆发“瓮安事件”后，贵州省政

府新闻发言人向媒体和公众公布的所谓“俯卧撑”情节[①]，不仅没有起到向公众客观完整地公布事实真相之作用，而且还成为“6·28”瓮安事件网络舆情的新热点，导致众多网民对关键情节的质疑，成为引爆新的舆论点的导火索——网民们一方面通过戏谑化的方式恶搞，另一方面又据此进一步深究事件真相与细节。[②] 与之类似的还有云南省晋宁县的“躲猫猫”事件等“超出想象力的”事件细节信息发布。此类自作聪明、“越描越黑”的信息发布昏招，可谓“塔西佗陷阱”在中国某些地方显现的重要缘由之典型案例。

（3）以权力打压公共舆论，动辄抡起“破坏社会稳定”的大棒，将网络舆论监督定性为“别有用心”的诋毁、诽谤、诬陷、煽动，甚至擅自动用公检法对当事人实施“抓捕”，无形中将政府推到了公众舆论的对立面，引起了更大的网络舆情危机。如宁夏吴忠市公安局以涉嫌诽谤罪赴甘肃抓捕刑拘王鹏之错案[③]等。这种警力滥用，不仅导致干群关系、警民关系的紧张，而且严重损伤着政府和司法部门的公信力。正如媒体评论所言：王鹏错案，归根结底，源自一些地方政府违法行政和个别领导干部对司法权力的滥用，使公安司法机关沦为权贵的“家丁”、维护私利的“打手”和压制群众意见的“噤声器”[④]。

---

① “瓮安事件”中的所谓“俯卧撑”情节：2008 年 6 月 28 日下午，贵州省黔东南州的瓮安县城发生一起围攻政府部门的打砸抢烧事件。当地一些群众因对瓮安县公安局对该县一名女学生死因鉴定结果不满，聚集到县政府和县公安局。其间，少数不法分子趁机打砸办公室，并点火焚烧多间办公室和一些车辆。事件造成百余名民警受伤，县委、县政府和县公安局被焚烧打砸。公共财产损失严重。事件发生后，贵州省主要领导赴现场指挥处置工作，6 月 30 日，瓮安县社会秩序基本恢复。贵州省新闻办于 7 月 1 日晚举行新闻发布会，介绍瓮安“6·28”事件。发布会上，贵州省公安厅发言人在介绍情况时说到，在李树芬（女学生死者）溺水之前，与其同玩的刘某曾制止过其跳河行为，见李心情平和下来，刘“便开始在桥上做俯卧撑，当刘做第三个俯卧撑时，听到李树芬大声说‘我要走了’，便跳下河中”。由此，“俯卧撑”成为当时的网上流行词。——人民网舆情检测室：《网络舆情热点面对面》，新华出版社 2012 年版，第 166—171 页。

② 人民网舆情检测室：《网络舆情热点面对面》，新华出版社 2012 年版，第 179 页。

③ 王鹏错案：2010 年 11 月 23 日宁夏吴忠市利通区公安分局民警赴甘肃兰州，以涉嫌“诽谤罪”将在甘肃省图书馆工作的图书馆助理馆员王鹏刑拘。王鹏此前多次发帖举报大学同学马晶晶在宁夏区公务员招考中作弊。2010 年 12 月 2 日，宁夏吴忠市市委、市政府决定纠正利通区公安分局跨省刑事拘留王鹏错案，解除对王鹏的刑事拘留，并对处理此案的公安分局局长何泽祥、政委汪红东予以免职。——新华网，2010 年 12 月 2 日。

④ 新华时评：《王鹏错案令人匪夷所思　必须彻查背后的种种》，新华网，2010 年 12 月 2 日。

(4) 以“拍胸脯”“作保证”来代替真实、客观、详细、严谨的信息披露工作，自己为自己证“清白”，拒绝“第三方介入”，进而失去公众的信赖，影响政府威望。

(5) 以“时间”做“周旋”，用“岁月”磨“危情”，通过杳无音信的“调查”“协调”“研究”，以慢治急，在寒暑易往之间，消磨公众的关注度，淡化公众的注意力，企望以此来“消化”网络舆情危机，殊不知这种昏招最易引发更大的危机。

三 面对可能引起社会暴乱的网络舆情危机，反应迟钝

(1) 忘却了“民族、宗教问题无小事”的教诲，对有可能涉及民族、宗教等敏感问题的网络舆情，不重视，不作为，坐视舆情危机的发生与激化，导致难以估量的严重后果出现。

(2) 面对境内外宗教极端势力、民族分裂势力和国际暴力恐怖势力制造的蛊惑人心、破坏社会安定的网络舆论乃至行动策划，不能及时采取有效举措，将危机化解于萌芽时期，而是麻痹大意，反应迟钝，致使危机发展到极端，形成大规模的暴乱事件，给国家和人民带来巨大损失。

上述情形较为典型的是，2008 年 3 月中旬的拉萨“3·14”事件。此次重大骚乱事件爆发之前的 3 月 10 日，西藏拉萨市哲蚌寺 300 余名僧人无视国家法律及寺庙有关制度，企图冲入拉萨市区制造事端。对此重要“苗头”，有关部门麻痹大意，反应迟钝，未能及时在第一时间采取有效应对措施控制局面，进而导致 3 月 14 日震惊世界的严重骚乱事件爆发。令人遗憾的是，拉萨“3·14”事件爆发后，其他少数民族地区的有关部门亦未采取行之有效的果断举措来有效防止此次事件的传播与蔓延，进而于 3 月 15 日、16 日在四川阿坝、甘肃甘南以及青海等地分别发生了“藏独”分子骚乱，造成了极为严重的后果。[①]

实际上，在拉萨“3·14”事件前后，“藏独”分子通过境外大量的互联网网站、网页，进行造谣煽动、恶意炒作、串联结社，大肆宣传达赖集团的政治主张，网上分裂活动十分猖獗。相对而言，我们的网络宣传及网络舆情引导、网络舆情危机应对还有许多亟待改进与完善的方面。

---

① 姜平：《突发事件应急管理》，国家行政学院出版社 2011 年版，第 175 页。

第三节　无力应对潜在的网络舆情危机

由于主客观方面的条件限制，我国少数民族地区的党政部门尤其是基层党政部门面对潜在的网络舆情危机，时常感到力不从心，难以应对。

“无力应对潜在的网络舆情危机”的问题，具体又分为以下三种情形。

其一，专业人才匮乏，难以应对危机。在许多党政部门，对网络政治、网络技术及网络媒体传播规律均有一定了解和研究的干部，可谓“凤毛麟角”。而对网络舆情危机及其控制有专门研究的专业人才，更是“千人难寻其一”。尤其在领导干部中，政治素养、媒体素养、科技素养、心理素养、公关素养俱佳的“综合素养一流”人才，则更为匮乏。人才的匮乏，导致许多地方的党政部门，面对网络舆情危机时“无将可遣”“无兵可用”。以少数民族语言网络舆情研究的趋势来看，从事少数民族语言网络舆情研究人员的学科背景将会更加多元化[①]，如少数民族语言文字学、民族学、传播学、情报学、社会学、公共管理学、计算机科学等等，而目前无论是在国家有关部门还是各少数民族地区，此类综合型人才均非常匮乏，由上述各学科专业人才有机融合的少数民族语言网络舆情研究团队亦十分难得。此种现况难以适应飞速发展的少数民族语言网络舆情传播方式的现代化进程。

其二，体制机制制约，难以应对危机。现有的体制机制大多为依据传统媒体传播与控制规律而建立健全的，其中有许多已经不能适应“新媒体”时代尤其是网络媒体发展的要求，与网络媒体广博、快捷、新颖、互动等特点相比，现有的舆论引导与管理机制显得陈旧、呆板、迟钝，加之相关的政策法规不健全、不配套，且存在着“既互为牵制，又相互推诿”的体制弊端，面对纷繁复杂而又变化无常的网络舆情危机，难以做到“有力、有节、有效”地应对与处置。在此，我们通过新华网发布的《城市网络形象——舆情应对能力排行榜》对少数民族地区重要城市2013年的网络舆情应对能力相关指标进行了抽查，其结果并不乐观——少数民族地区重要城市无论在“官方响应”还是“媒体运用能力”方面，总体上处于落后状态（详见表9—3）。

---

① 赵生辉：《中国少数民族语言网络舆情研究述评》，《现代情报》2014年第2期。

表 9—3　　少数民族地区重要城市 2013 年网络舆情应对能力相关指标

一级指标 舆情概况			官方响应（75%）						媒体运用能力（首发媒体类型是什么、媒体是否联动、是否有效运用体制、市场和社交媒体）（25%）	城市网络形象—舆情应对能力总分
			初始回应速度 10%	过程回应速度 10%	初始回应效果 20%	初始回应效果 20%	最终处置效果 40%	官方回应总分		
城市	舆情事件	发生时间	赋值	赋值	赋值	赋值	赋值	赋值	赋值	
昆明	昆明机场民警向激动旅客喷辣椒水	2013. 2. 3	3. 75	5. 625	11. 25	6	18	44. 63	12. 5	57. 13
白银	甘肃白银市一镇政府春节放假 40 天	2013. 2. 16	3. 75	5. 625	7. 5	9	18	43. 88	12. 5	56. 38
大理	云南大理市云龙县“3・20”阻工事件	2013. 3. 20	5. 625	5. 625	11. 25	12	24	58. 50	12. 5	71. 00
昭通	昭通城管殴打盲人丢水中	2013. 3. 24	5. 625	5. 625	7. 5	9	24	51. 75	12. 5	64. 25
黔东南	贵州黔东南州凯里一中教学楼坍塌	2013. 3. 4	3. 75	3. 75	3. 75	6	12	29. 25	12. 5	41. 75
昭通	云南昭通市镇雄县山体滑坡事件	2013. 1. 11	5. 625	5. 625	7. 5	6	20	44. 75	12. 5	57. 25

续表

一级指标 舆情概况			官方响应（75%）						媒体运用能力（首发媒体类型是什么、媒体是否联动、是否有效运用体制、市场和社交媒体）（25%）	城市网络形象—舆情应对能力总分
			初始回应速度10%	过程回应速度10%	初始回应效果20%	初始回应效果20%	最终处置效果40%	官方回应总分		
城市	舆情事件	发生时间	赋值	赋值	赋值	赋值	赋值	赋值	赋值	
文山	贫困县75万元奖中国首位拳王	2013.1.15	5.625	5.625	7.5	7.5	18	44.25	12.5	56.75
南宁	广西地方政府为面子叫停捐助	2013.1.19	3.75	5.625	7.5	9	18	43.88	6.25	50.13
昆明	昆明机场乘客滞留	2013.1.3	3.75	3.75	0	3	12	22.50	6.25	28.75
武威	甘肃一副市长座驾超速61%被拍	2013.3.17	5.625	5.625	3.75	3	6	24.00	12.5	36.50
柳州	柳州城市照明管理车违章被扣证，涉事人拉闸红绿灯泄私愤被免职	2013.5.17	3.75	5.625	11.25	12	24	56.63	12.5	69.13
天水	张家川刑拘造谣少年事件	2013.9.17	3.75	5.625	7.5	3	12	31.88	6.25	38.13
迪庆	云南香格里拉执法人员骂游客“滚蛋”	2013.10.6	3.75	3.75	3.75	6	12	29.25	6.26	35.50

续表

一级指标 舆情概况			官方响应（75%）						媒体运用能力（首发媒体类型是什么、媒体是否联动、是否有效运用体制、市场和社交媒体）（25%）	城市网络形象—舆情应对能力总分
			初始回应速度10%	过程回应速度10%	初始回应效果20%	初始回应效果20%	最终处置效果40%	官方回应总分		
城市	舆情事件	发生时间	赋值	赋值	赋值	赋值	赋值	赋值	赋值	
南宁	南宁一社区挂27个职能部门牌子	2013.11.10	3.75	5.625	11.25	12	18	50.63	12.50	63.13
南宁	广西多部门工作日不办公搞业务学习，称为民众着想	2013.11.11	3.75	5.625	7.5	6	12	34.88	6.25	42.13
乌海	内蒙古乌海打新兵，打人者已被刑拘	2013.12.9	5.625	5.625	11.25	12	24	58.50	18.75	77.25
南宁	错发准生证致广西南宁孕妇面临人流已解决	2013.12.20	3.75	5.625	3.75	12	24	49.13	18.75	67.88
黔南	贵州黔南10天拆18机关只为“看得见山望得见水”	2013.12.16	3.75	3.75	7.5	3	12	30.00	12.5	42.50

续表

一级指标 舆情概况			官方响应（75%）						媒体运用能力（首发媒体类型是什么、媒体是否联动、是否有效运用体制、市场和社交媒体）（25%）	城市网络形象—舆情应对能力总分
			初始回应速度10%	过程回应速度10%	初始回应效果20%	初始回应效果20%	最终处置效果40%	官方回应总分		
城市	舆情事件	发生时间	赋值	赋值	赋值	赋值	赋值	赋值	赋值	
中卫	宁夏中卫市海原县公安局官员赴陕西向被打司机道歉	2013. 8. 18	3. 75	5. 625	0	6	12	27. 38	18. 75	46. 13
昆明	云南知名网友“边民”涉嫌虚报注册资本被刑拘	2013. 9. 10	1. 875	3. 75	7. 6	6	12	31. 13	12. 5	41. 63
桂林	广西桂林市龙胜县领导被爆公款吃喝，呵斥记者“尽管报”	2013. 8. 1	3. 75	5. 625	7. 5	6	18	40. 88	12. 5	53. 38
柳州	广西致歉住建局领导名牌一律标“办公室”	2013. 4. 12	3. 75	3. 75	11. 25	12	24	54. 75	12. 5	67. 25
昭通	云南昭通抗震安居房被风吹倒	2013. 4. 9	5. 625	5. 625	3. 75	6	12	33. 00	12. 5	45. 50

资料来源：新华网，《城市网络形象——舆情应对能力排行榜》。

分析表9—3可知，2013年少数民族地区发生的具有全国性重要影响的网络舆情危机22次，当地政府的“官方响应”及“媒体运用能力”得分较高的很少，而得分一般或较低的则占据了很大比例。若以“官方响应”得分在45以上的为“较高能力”，45—35分之间为“一般能力”，35分以下为“较低能力”，则少数民族地区在2013年应对具有全国影响力的22次网络舆情危机中，“官方响应”能力较高的有7次，占31.82%；“官方响应”能力较低的有9次，占40.91%；“官方响应”能力一般的有6次，占27.27%。“官方响应”一般能力和较低能力的状况合计共占网络舆情危机应对次数的68.21%，即约有七成的网络舆情危机应对处于“一般”和“较低”能力水平上。同样，若以“媒体运用能力”得分在17.5以上为“较高能力”，得分在12.5—17.5为“一般能力”，得分在12.5以下为“能力较低”的标准来评估，少数民族地区在2013年应对具有全国影响力的22次网络舆情危机中，“媒体运用能力”较高的有3次，占13.64%；“媒体运用能力”一般的有13次，占59.11%；“媒体运用能力”较低的有6次，占27.27%。“媒体运用”一般能力和较低能力的状况合计占网络舆情危机应对次数的86.38%，即有近九成的网络舆情危机应对处于“一般”和“较低”能力水平上。此种现况说明，目前少数民族地区应对网络舆情危机的体制机制亟待改进与完善。

其三，手段设施落后，难以应对危机。在一些欠发达地区或基层党政部门，由于用于信息网络软、硬件建设的投入有限，致使政府网站建设、官民网络互动平台建设、网络舆情监测系统建设、网络舆情危机预警机制建设等基本设施建设明显落后于网络媒体传播业的发展，严重制约着党政部门对潜在的、现实的网络舆情危机的及时应对与科学处置。尤其是受制于少数民族语言文字信息技术普及率不高、少数民族语言文字网络信息资源的数量有限、少数民族语言文字信息深度处理所需的语言学基础还不成熟等各类因素的综合影响，目前我国的少数民族语言网络舆情监控系统的研究整体上还处于起步阶段，研究成果总体数量不多，主题较为分散，还没有形成相对完整的理论与应用体系①，较为严重地制约着该地区网络舆情监测与控制机制的运转。

---

① 赵生辉：《中国少数民族语言网络舆情研究述评》，《现代情报》2014年第2期。

第四节　存在问题的原因分析

一　缺乏善用网络媒体的理念

善用网络媒体，与网络媒体主动合作，最大限度地发挥网络媒体的正向功能，不断提高“网络执政”的能力与水平，是网络时代执政理念不可或缺的重要内容之一。然而，目前我国少数民族地区仍有相当多的领导干部缺乏这种善用网络媒体的理念，仍将“媒体控制”“媒体管理”作为“网络执政”的指导性理念，忘却或忽视了媒体的公共性和社会服务性的本质属性，在网络时代，依然延续旧的思维模式，寄希望于将各类媒体纳入严格管理的框架之内，在意识、理念的深处，将“舆情执政能力”等同于“媒体管理能力”。

由于上述错误理念的作祟，导致许多官员在处理网络危机的具体事务中，不能将各类媒体作为合作伙伴，而是以错误的媒体观来与媒体打交道。此类错误的媒体观，归纳起来大体有三个方面的表现：

其一，把网络媒体当工具。要求媒体在报道和评论与政府有关的各项工作时，只能和政府“口径一致”，只能“正面宣传”，只能“服务”于政府“工作大局”，不能发出不同的声音。

其二，把网络媒体当部下。习惯于用上级对待下级的方式来对待各类媒体，动辄随意发号施令，以行政管理替代新闻传播规律，以行政命令要求媒体无条件服从政府意志，进而导致“网络执政”变相成为“网络行政”。

其三，把网络媒体当敌人。将媒体的舆论监督尤其是各种形式的网络舆论监督统统视为“与政府作对”，尤其是当媒体的诉求与政府的主管意愿相违背时，一些官员便是非不分地将之归入“敌人”阵营，加以排斥、封杀。

二　缺乏正确的“稳定观”

由于网络舆情危机在一段时间内打乱了正常的舆论传播状态与秩序，使公众在突然间出现了迷茫、混乱甚或惊恐、不知所措，这其实是社会的正常反应，只要政府从“以人为本”的根本理念出发，通过善用媒体，及时、客观、全面、持续地披露相关信息，并做好有关配套处置工作，就一定会“转危为机”的。

然而，我们的一些官员总是将那些与政府意愿相异的网络舆情视为“破坏稳定”的因子，同时也不信任公众的舆情心理承受能力，总是认为，与其通过媒体广、快、准、真地发布相关信息，引起社会的恐慌和混乱，不如封锁消息，“外松内紧”地妥善处理完事件后，再向公众告知相关信息，会更加有利于社会稳定。总是认为，依靠政府的力量，就会有效解决所有问题，而及时、广泛地披露事实真相，使社会公众“掺和”进来，议论纷纷，会给危机处置工作“添乱”“添堵”，不利于社会稳定。

由此，“稳定压倒一切”，成为一些官员对待和处置网络舆情危机的主要指导思想和唯一目标，危机发生后，不是积极通过媒体实现信息公开，进而动员社会，依靠公众转“危”为“机”，而是费尽心机地考虑如何封锁消息或堵住媒体的口舌，尽量不让公众知晓风声。如此，“维护稳定”成了某些官员们维护其个人、部门、地方利益的借口与保护伞。

三　缺乏科学的政绩评价机制

现阶段，对党政领导干部网络舆情引导、网络舆情危机应对与化解方面政绩大小的评价主体、评价内容、评价程序、评价结果的奖惩举措等评价机制方面，还存在着不科学、不健全、不完善之处，进而影响着党政部门及时、准确地应对网络舆情危机。

在政绩评价主体方面，主要是上级党政部门掌握着对下级党政部门的评价权，即某一个地区党政部门的政绩如何，是由其上级来考评，最终由其上级说了算，而当地的百姓很难真正成为评价当地党政部门政绩大小的主体，他们的意见只是被作为评价参考，不具有“刚性”特质。这就导致一些党政部门只注重对上级负责，而忽视对百姓、公共社会负责，自然也就忽视了对网络媒体传播规律的把握，忽视了对网络舆情的重视与处理。

在政绩评价内容方面，注重经济指标、民生指标、社会发展指标的设置，忽视与社会舆情反映、处置效应相关的指标设立，使这一事关一个地区信息公开、舆情通畅、官民和谐、社会稳定的重要领域的工作，在政绩评价体系中漏缺，进而导致一些党政部门对网络舆情引导、网络舆情危机处置的轻视乃至忽视。

在政绩评价程序方面，百姓参与评价的渠道还不畅，尚未形成自上而下与自下而上有机结合、正规渠道与网络渠道有机结合、完成指标数据与公众感受有机结合的综合评价体系。从而导致一些党政部门轻视、忽视社会舆情尤其是轻视、忽视对网络舆情的了解与回馈。

在政绩结果的奖惩举措方面，一味地注重根据完成指标数据的情况予以奖励或处罚，而对于社会舆情尤其是网络舆情的引导与处置等难以用数据来“刚性”要求的工作领域，则“干多干少一个样”“干好干坏一个样”，很少有系统完善的奖惩举措。致使一些地方的党政部门领导将所有精力用于干好“刚性”工作，而对于社会舆情之类的“柔性”工作，则采取“不出大事就行”的应付行为。

四　缺乏健全的责任体制

网络舆情的引导、网络舆情的分析、网络舆情危机的处置以及互联网管理机制尚不健全，相关职责尚不明确，“统分结合、相对集中、职责明确、责权一致”的责任体制尚未形成。

在网络舆情引导方面，哪些部门应负总责，哪些部门应是工作主体，哪些部门应承担具体的舆情引导任务，上述不同部门的工作宗旨、职能、责任、权力是什么，大都没有明确的规定。由此造成了网络舆情引导的不同环节“第一责任人”的缺失，进而影响了这一领域工作效益的提高。

在网络舆情分析方面，同样缺失网络舆情收集、分析、预测的“第一责任人”，缺少明确的部门分工及相应的工作规范，造成了“许多部门都在干，没有一个干得精”的状况，使网络舆情分析大都流于形式，只是得出一些“鸡肋”式的分析成果，未能有效发挥其“智囊”作用。

在网络舆情危机处置方面，缺乏统一有效的决策、指挥、运作、反馈体制与机制，分工不明、责权不明、任务不明的状况仍比较普遍，由此，造成了延误处置时机、增加处置成本、影响处置效果的负面成效，甚至在造成重大失误后，都无法追究责任人是谁。

在互联网管理方面，媒体管理与产业管理尚不协调，行政管理与法律管理尚不协调，政府管理与行业自律管理尚不协调，分级管理与属地管理尚不协调，事前管理与事后管理尚不协调，网上管理与网下管理尚不协调。如此等等，均影响着网络舆情危机预防与处置的效果。

第十章

少数民族地区应对与化解网络舆情危机的主导策略

面对现阶段存在的实际问题，少数民族地区的党政部门应在坚持正确原则、总结实践经验的基础上，通过树立正确理念，有效解决“不愿面对”的问题；提高应对技能，有效解决“不会应对”的问题；完善体制机制，有效解决“无力应对”的问题；强化舆论塑造与传播，构建网络舆情引导新环境等主要举措，进一步提高网络舆情引导水平，不断增强网络舆情危机应对能力。

第一节　树立正确理念，着力解决“不愿面对”的问题

网络舆情是当今时代客观存在的社会现象，而且这一现象正在取代传统的纸质载体舆情，日益成为影响公众、影响社会的“第一大舆情”。存在决定意识。面对这一客观存在，党政部门必须从执政环境、执政能力、执政要求、执政素质诸方面及时树立起与网络社会相适应的理念。尤其是少数民族地区，更应注重“创新载体和方式，引导各族群众牢固树立正确的祖国观、历史观、民族观；用法律来保障民族团结，增强各族群众法律意识；坚决反对大汉族主义和狭隘民族主义，自觉维护国家最高利益和民族团结大局”。在网络平台上，“旗帜鲜明地反对各种错误思想观念，

增强各族干部群众识别大是大非、抵御国内外敌对势力思想渗透的能力”①。

一 树立“大众麦克风时代”的执政环境理念

应该承认，网络及网络媒体的社会化应用与普及，使执政者的执政环境有了划时代的变化。在传统媒体环境下，信息单一传输，受众被动接受，执政者是社会话语权的掌控者，能够做到对社会舆论的有效控制，并在控制中做好引导工作。而在网络时代，网络则为社会搭建了一个平等开放的对话空间，实现了多点传输、互动交流。受众既可以选择接受，也可以发布反馈；个人既是信息消费者，又是信息生产者、传播者。网络媒体是人人均可“创办”的媒体，任何人上网后都可以找到发布自己的消息的空间，网民人人都可以成为新闻及社会舆论的发布者，舆论环境变得更加复杂、多元、多样、多向。

可以毫不夸张地说，我们已进入“大众麦克风时代”。互联网已成为“思想文化信息的集散地和社会舆论的放大器”。在网络时代，每个人都可能成为信息渠道，都可能成为意见表达的主体。有个形象的比喻，就是每个人面前都有一个麦克风，都可以面向亿万受众播出自己的声音。实际上，伴随着互联网技术“2.0时代”的到来，网络舆情已经由“大众麦克风时代”进入了“大众TV时代”——网民均可通过集文字、音频、视频为一体的网络媒体技术，传播自己的“重要信息”，将现代网络舆情环境喻之为“人人面前都有一个直播电视台”亦不为过。面对全新的网络环境，地方政府在突发事件和敏感问题上缺席、失语、妄语、诳语，甚至想要遏制网上的“众声喧哗”，则既不能缓和事态、化解矛盾，也不符合党中央提出的保障人民知情权、参与权、表达权、监督权的精神。对此，我们有些官员认识得比较到位：发生新闻是第一位的，发表新闻是第二位的；堵了一个记者的口，堵不了所有记者的口；堵了所有记者的口，堵不了互联网上网民的口。②

---

① 《中央民族工作会议暨国务院第六次全国民族团结进步表彰大会举行》，中央政府门户网站，2014年9月29日。

② 《给地方政府10条应对网络舆论的建议》，中国网情研究中心网情网，2010年2月5日。

总之，网络使普通受众拥有了话语权，他们可以通过网络发表针对政府、政府官员的意见与建议，同时，政府也可比较直接地了解公众的心理状态，为公共政策的制定与改进提供依据。此外，网络能及时地报道政治及与之有关的新闻，让最广大的受众以最快的速度了解政治，并可让他们以最快的速度对政治做出反应，从一定程度上说，更有利于社会控制。

党政部门既然无法改变这种“大众麦克风时代”“大众 TV 时代”的执政环境，那么，就应该尽力去适应这一环境，通过科学把握网络传播规律，使“大众麦克风”“大众 TV”与“以人为本”“执政为民”的执政理念有机结合，以便充分发挥网络媒体的正面效应。

二　树立“网络舆情危机管理”的执政能力理念

从一定意义上讲，我们正处在一个媒体事件时代。今天，治理的方式和理念往往通过媒介呈现、传播甚至放大，一个“治理媒介化”的时代已经到来。正如《人民日报》所言：如果说媒介已来到双向交流的 2.0 时代，那么政府治理同样进入了 2.0 时代，从高音喇叭、报纸刊物的宣讲，变成了新闻发布、网络留言的互动。如果没有必要的媒介素养，没有回应关注的能力，只知打压甚至封堵，无疑会使“沟通”没有了“通”，只剩下一条无法跨越的“沟”①。

危机管理（Crisis Management）通常是指通过科学预测与决策，修订合理的危机应急计划，并在危机发生过程中充分运用科学的手段，减少危机给组织与公众带来的影响，进而寻求公众对组织的谅解，以重新树立和维护组织形象的一种管理职能。有调查表明，一篇负面言论的信息出现在网上，至少需要 10 条正面信息和文章来抵消其负面影响。② 因此，加强网络舆论危机管理的课题应运而生。利用网络进行社会管理，正是适应时代的一种创新，它可以最直接、最有效、最广泛地联系群众，达到沟通民意、了解民情、解决问题的目的。

舆情不是“敌情”，相反，媒体是社会的预警器，它对热点事件、敏

---

① 《如官员只知封堵打压媒介会造就鸿沟》，《人民日报》2011 年 6 月 16 日。

② 参见董媛媛《网络传播引发公共危机的对策研究》，《国家行政学院学报》2010 年第 4 期。

感问题的反映和关注，眼前或许会让一些地方政府及官员一时难堪，但对于我们准确全面地体察民情，保持头脑清醒，则大有益处。从长远来说，对维护人民群众利益、推动社会进步利莫大焉。

面对社会转型、体制转轨、思想转变，无论是解说政策、疏导情绪，还是沟通思想、促成共识，都需要媒体来主动设置议题，求同存异、凝聚力量、推动工作。也正是从这个角度讲，各级党政部门和领导干部必须提高跟媒体打交道的能力，切实做到善待、善用、善管。说到底，媒介是政府与公众交流沟通的平台，对待媒体的态度，也就是对待公众的态度，这是执政水平和执政理念的一个具体体现和检验。

网络媒体不仅是民情民意表达的场所，更是沟通政府与公众的重要渠道。民意能够得到充分表达，信息沟通渠道能保持畅通，政府积极回应民意，公共管理主客体之间能够进行良性互动，那么网络媒体就能发挥社情民意的晴雨表作用，预警社会危机、缓解社会矛盾。一旦民意无法申诉或被刻意曲解，沟通渠道被堵，政府对民众呼声置若罔闻，那么网络媒体就会成为社会矛盾的放大器，成为滋生危害社会稳定各类因素的温床，甚至可能被敌对势力利用成为传播敌对、反动信息的工具，影响和妨碍政府履行正常的公共管理职能。网络舆情因其广泛的影响面以及所代表的诸多群体，还有它在传播和发展过程中的不确定性，应该引起政府管理部门的高度关注。

网络舆情是现实民众心声的某种反映，对现实社会具有极大的反作用力。网络通过大量网民发出较为一致的声音，即形成舆情的方式表达对现实社会的观点，这种网络舆论环境的客观存在是现实社会管理者不容忽视的外界因素之一。政府管理者通过借力于网络环境，不但可以在网络“虚拟社会”中争取到支持，而且这种支持一定程度上也能反映到现实社会中来。

随着社会的发展和社会结构的日益紧密，公共危机产生的概率以及对公共管理秩序所产生的危害性越来越大。网络舆情危机从根本上说是对政府管理能力的否定性事件，危机发生是对政府应对能力的考验。无法预见危机、错误的判断以及不合理的决策处置，都能导致危机升级。正确收集分析网络舆情，则可以及时预判危机，合理地引导舆论并及时化解矛盾。因而，党政部门应将“网络舆情危机管理”水平作为执政能力的主要内容，予以高度重视。

三　树立“占领网络舆论制高点”的执政要求理念

在网络社会，传播力决定影响力。尤其是在网络舆情危机发生时，最能考验政府的执政能力，也最容易对政府形象造成损害。党政部门必须树立“占领网络舆论制高点”的执政理念，抢占第一时间在网上发布主流信息，掌握主导权，并且时刻关注事前、事中、事后等关键节点上的舆情走向，不断发布事件处置的新情况，及时回应公众的质疑和猜测。

应注重在洞悉网络舆情特性的基础上积极引导网民的有序参与，善于倾听网民的心声和民情，坚决抵制和批判失实、低俗信息的传播，使网络空间成为传播和弘扬社会核心价值的场域，使网络空间与现实社会形成良性互动。充分发挥网络媒体传播迅速、网民参与面广、互动性强、容易形成热点等优势，实现舆论引导效果最大化，用正面宣传挤压各种噪声杂音的生存空间，用正面声音消解各种错误、反动观点的不良影响。对于一些个案，应当通过官方网络渠道、主流媒体、网站以及相关领域的专家学者的意见，引导网民理性地看待问题，从而引导网络舆论由“感性”向“理性”发展。

同时要注重提高各类政府网站和廉政网站的质量和水平，丰富网站内容，创新宣传方式，采取网民喜闻乐见的形式，增强网络宣传工作的吸引力和感染力。使主流观点在与其他各种观点的交锋碰撞中主导网络舆论，让主流声音压倒噪声和杂音，努力使各种舆论能够同现实的意识形态协调，趋向于它，至少不要影响现实意识形态对全局的控制，以保持社会的稳定。

应树立“舆论传播能力是国家综合国力的一部分”的执政理念，将加强舆论传播能力特别是国际传播能力建设，作为一个长期的巨大的系统工程，予以全力推进。

四　树立“具备网络舆情引导能力”的执政素质理念

研究熟悉网络，重视网络舆情处理，学会运用网络获取信息、了解民意、汇集民智，是新形势下对地方政府职能的基本要求，也是政府服务职能的集中体现。

党政部门应坚决克服忽视网络媒体，把网络媒体当作摆设和“防火防盗防记者”的错误心态。坚持正确舆论导向，营造积极、健康、向上的网络主流舆论，通过准确、客观、全面的报道，向社会提供全方位信息，满足不同社会群体不同层次的信息需求，用正面声音消解网上各种错误、反动观点的不良影响。应注重依托党报党刊办好政府能掌控的主流核心网站，使其尽快发挥应有的吸引力和影响力，真正成为能对本地网络舆论起主导作用的权威网站，用正面声音占领网络阵地，用正确舆论引导广大网民，充分发挥重点新闻网站舆论引导“主力军”、主要商业网站正面言论“放大器”和政府网站权威信息“资源库”的作用，构建大范围、宽领域、多层次网上舆论引导平台。

尤其对领导干部而言，媒介素养不仅是能力，更是一种心态。有了平等的心态，才不会有“替党说话还是替人民说话”的傲慢官腔；有了尊重的心态，才不会有“没时间跟你闲扯”的敷衍轻慢；有了开放的心态，面对监督才能正视问题而不是列“记者黑名单”；有了坦诚的心态，遭遇批评才会反躬自省而不是“诽谤定罪”……说到底，媒介是政府与公众交流沟通的平台，对待媒体的态度，也就是对待公众的态度，这是执政水平和执政理念的一个具体体现和检验。

近年来，广西公路管理局网站因“有问必答、通俗易懂、幽默风趣、没有官腔”，被网友誉为“最幽默但又最认真”的政府网站，它所提供的平民式服务，在带给老百姓以发现新大陆般喜悦的同时，也引发出关于网络问政“平民化”的思考。在该网站上，网友的留言事无巨细，且不乏网友“拍砖”“灌水”，但无论什么问题，管理员都会有问必答，言辞风趣幽默、通俗易懂。①

上述“最认真”政府网站打散了传统官网中看不中用的“花架子”，是政府“执政为民”和网络问政“平民化”的体现。

因此，党政部门应树立“具备网络舆情引导能力”执政素质理念，恪守“为人民服务”的宗旨，坚守“贴近群众—服务群众—赢得群众”的网络问政逻辑，积极推进网络问政“平民化”进程，以不断提高网络舆情引导能力。

---

① 《“最认真”政府网站为何走红》，《光明日报》2010 年 8 月 31 日。

第二节　提高应对技能，着力解决“不会应对”的问题

要使正确的理念变为现实的行动并取得预期效果，还须掌握应对网络舆情危机的具体技能。从党政部门的视角来讲，此类技巧的要点大体是“早说话、敢说话、会说话、善管理”。

一　早说话，第一时间抢占先机

时效性是网络舆情价值的重要体现，当网络舆情危机突发时，人们最希望第一时间了解到底发生了什么事情，最新的情况怎样。

在坚持新闻真实性的前提下，第一时间介入新闻事件，第一时间发布权威信息，乃至第一时间作出客观评论，是网络媒体的基本职责，也是网络媒体的优势之所在。

为此，党政部门应突出一个“快”字，及时通过主流媒体在网络上“早说话”，第一时间抢占先机，用正确的导向防止和消除各种杂音和噪声的干扰，用真实的声音挤占谣言传播空间。这样，不仅有利于提高传播效果，而且有利于赢得舆论先机，能够有力地提升政府公信力、展示国家形象、增强国家的软实力。

“5·12”汶川大地震期间，网上出现了一些质疑的声音，人民网“强国论坛”快速反应，在最短的时间里邀请了国家地震局、教育部、建设部、红十字会等有关人士，就地震预报、灾区校舍倒塌、捐款使用、“万元帐篷”等网民普遍关心的话题与网民进行了交流，消除了许多网民的疑惑，在很大程度上缓解了情绪。

2009 年 10 月 7 日新疆生产建设兵团“最牛团长夫人”敦煌打人事件被天涯社区曝光，10 日兵团领导批示进行调查，兵团新闻办立即向天涯社区发去回应，12 日相关人员被免职。同年，贵州省思南县一起“引水工程”引发的官民对峙，就是因为网上一篇帖子悄然改变了发展轨迹：乡政府表示放弃该工程，重新寻找水源。发帖人说：“多种力量汇合，最终促成杨家坳乡政府顺应民意，悬崖勒马，避免了流血冲突事件。这件事

能够出现转机，应主要归功于网络。”①

上述成功的范例充分说明了面对网络舆情，“早说话”的必要性和“第一时间抢占先机”所产生的实际效果。

二 敢说话，勇于触及敏感问题和矛盾

当前，我国正处在经济社会转型的关键时期。伴随着经济的快速发展，公共突发事件在一些地区也频繁发生，社会矛盾日益凸显，国际国内舆论形势严峻。面对国内外重大突发事件和舆论热点，少数民族地区党政部门必须做到敢于面对问题，不回避矛盾，平等交流，少强调难处。充分发挥政府网或主流媒体网络的作用，把网络和社会政治文化建设的需要结合起来，搭建起一个互动和沟通的桥梁，帮老百姓和政府解决实际问题。

要切实做到“敢说话”，勇于触及敏感问题和矛盾，党政部门须注重从以下四个方面不断提高网络执政的沟通艺术：（1）身份的平等性。在网上你就是普通的网民，与网民交流必须以理服人，而不应居高临下、以权压人。（2）语言的契合性。要熟悉网络的话语方式和特点，不要官话套话连篇，而要善于运用网言网语进行交流，做到润物细无声。（3）坦率真诚的心态。在与网民的交流中，任何虚情假意、推诿敷衍都逃不过网民眼睛，必须坦率真诚，即使工作中有缺点和过失，也能赢得网民的理解和宽容，绝不可“躲猫猫”。（4）心理的承受力。在网上网民相互之间嬉笑怒骂十分正常，在交流过程中可能会遇到尖锐的、过激的嘲讽和调侃甚至辱骂，对其都应泰然处之，平和交流，冷静对待。

近年来，全国各地形成了“网络问政”的热潮，这对于党政部门在新的时代背景下提高执政水平、彰显执政效能是一个必不可少的重大举措，同样也是应对网络舆情及网络舆情危机极具可操作性的对策之一。

网络问政的实质，就是党政部门如何面对并解决广大网民提出的热点、焦点、敏感问题和矛盾。对此，一些地区的领导提出，网络问政要做到“三不”②，具有一定的借鉴、推广价值。具体说来，一是要“有问有答”。要充分尊重网民的意见和建议，研究完善网络问政的反馈机制，有

---

① 《2009年中国互联网舆情分析报告》，人民网，2012年7月27日。

② 同上。

针对性地进行回应，让网民“提了不白提”。二是要“有答有办”。对网民提出的意见和建议，各级各部门要深入研究，狠抓落实。属于信访类的要交信访部门处理，属于区域或行业性问题的要交区（县级市）或行业主管部门处理，属于宏观性、全局性问题的要交综合协调部门牵头处理，让网民“听了不白听”。三是要“有办有督”。要建立督办问责制，明确工作标准、责任部门、责任人员以及办理时限，务求件件有回音，事事有落实。必要时可将督办的事项公开上网，一日不办，一日不消，自觉接受网民监督。同时要将督办情况列入各级各部门的绩效考核当中，并适时督查和通报，确保网民意见由答复满意转变为结果满意，让网民“等了不白等。”

这些年来，愈来愈多的地方政府通过网络问政、电视问政、新闻发布等多种形式，勇于触及敏感问题和现实矛盾，与网民一起分析社会焦点现象，对敏感问题和现实矛盾做出深度解读或评论，进而出台切实可行的改革举措，不仅及时掌握了舆论引导的主动权，而且有效地增强了人民群众对党和政府的信任。

可见，敢说话，勇于触及敏感问题和矛盾，是党政部门增强应对网络舆情危机技能的重要内容之一，应在实践中不断探索、总结和提高。

三 会说话，增强针对性和实效性

舆论引导正确，利党利国利民；舆论引导错误，误党误国误民。

在网络舆情危机的孕育、爆发及后期处置等不同时期，要做到正确引导，除“早说话”“敢说话”之外，还须“会说话”——话要说到“点子”上，要有针对性和时效性。

“会说话”的基本要求应该是：按照新闻传播规律和网络传播规律办事，创新观念、创新内容、创新形式、创新方法、创新手段，充分发挥政府网站和主流网络媒体的优势和特点，不断提高舆论引导的权威性、公信力、影响力。在网络舆情危机面前，力求做到不失语、不乱语，帮忙不添乱，以实事求是、机动灵活、注重实效的报道和评论，为民解难，为国分忧。

“会说话”的主要内容至少包括三个方面：（1）客观报道事实——及时、正确、全面地披露受众应知、欲知而未知的各种信息，满足广大民众的知情权，防止以讹传讹。（2）公正评判是非——以公正的是非观念为标准，说明道理，评判是非，及时消除群众的疑虑，纠正偏激言论，疏导非理性情绪，防止事态进一步扩大。（3）详细解读决策——要通过各类媒体，加强对党和政府重大决策的解读、解疑，形成双向互动、顺畅沟通的良好态势，及时化解消极情绪。

客观报道事实，其前提必须是广大受众未知、应知的重要事实，而且应该是受众欲知的事实。党政部门应随时切实了解民众在想什么、盼什么、爱什么、恨什么，明确我们需要谋什么、做什么，将社会的热点、焦点问题，始终作为重点关注、报道的对象，并迅速落实到报道工作上，对客观事实予以及时、准确、完整、真实的报道。实践证明，当我们恰到好处、科学合理地运用大众传媒，把握了公共话语权，我们获得的认同、支持和反响也就最大、最强烈。反之，我们就会陷入孤立和被动。

公正评判是非，则重在说理，以理服人。各级党委、政府和领导干部，在本地区、本单位发生社会事件后，特别是进一步引发网络舆情危机后，应该及时、主动地介入，公开表明党和政府的态度，果断迅速地处置社会事件，不仅要引导或领导所属新闻媒体客观、公正地报道事件本身，更重要的是利用新闻媒体弘扬正气、鞭笞邪恶，引导社会公众分清是非、明辨曲直，树立健康向上的良好社会风尚。要以对党、对国家、对人民、对民族高度负责的精神，及时推出原创评论，占领舆论引导的制高点，客观准确，是非分明，及时跟进，善始善终，做维护社会主义核心价值体系的卫道士和良好社会风尚的倡导者。

详细解读决策，应积极通过各类媒体，采用群众喜闻乐见的形式，有针对性、趣味性、深入浅出地解读相关政策，因势利导地发挥释疑解惑的作用。应注重引导新闻媒体加强对党和政府重大决策的深入报道、跟踪报道，增强政府决策的可知性和透明度。凡涉及群众切身利益的重大决策和措施，都应该运用新闻媒体，进行充分解读、解疑和说明。政府及主流网络媒体应充分发挥其网络舆论导向作用，围绕网络热点问题，及时披露信息，组织有深度、有说服力的文章在网上刊发，解疑释惑，维护网络正确舆论导向，逐步形成健康的网络氛围。

另外，政府应注重培养、组织、发挥“舆论领袖”的积极引导作用。根据传播学规律，“舆论领袖”在影响受众的态度方面，作用明显。尤其是当网络上出现海量的信息时，一般公众往往会无所适从，他们对于评论权威的依赖会更强烈，更需要“舆论领袖”为自己解惑。就目前我国一些较有影响力的论坛的参与情况看，培养论坛的“舆论领袖”，利用这些“舆论领袖”来引导网上舆论，已成为一些大型论坛的普遍做法。这些“舆论领袖”有见地、有代表性的发言一般被版主用醒目的字号和色彩加以强调，放在网页的突出位置，以强化主流言论，孤立非主流言论。与此同时，还应强化网络“把关人”意识，发挥“把关人”的积极作用。任何信息传播都是信息选择的过程，其间充满了各种各样的“把关人”。网络把关人包括网站编辑、网管等，在信息选择、引导舆情方面的作用至关重要。

四　善管理，正确处理堵与疏的关系

社会矛盾从产生、发展、激化，直到爆发，都有一个量的积累过程，有其必然的规律，网络舆情危机也是如此。因而，党政部门应从这一规律出发，形成一套科学合理、行之有效的舆论引导管理机制，正确处理好网络舆论开放与有序、堵与疏的关系，坚持把体现党的主张与反映人民心声统一起来，把坚持正确导向与通达社情民意统一起来，把以正面宣传为主与加强和改进舆论监督统一起来。要切实实现“三统一”，现阶段应注重以下两个方面的举措。

一是开拓多渠道吸纳社情民意，变“堵”为“疏”，搭建民意直通车，为政府部门决策提供依据。例如人民网特别在首页明显位置推出大型互动栏目“有话网上说”系列——对中央领导说，对部委领导说，对书记、省长说，对代表委员说，对地方领导说，对党说，对发言人说等版块，变“堵”为“疏”，有效化解民间情绪，成为真正的社情民意直通车。“有话网上说”也为各级领导的科学决策提供了参考依据，有效增强了人民网与各部委、各地党委和政府的联系，人民网上的舆情力量正发挥着越来越大的作用。有网民称，人民网为网民量身打造留言板，不愧是人民的网。

二是为社会情绪提供合理的释放渠道，及时疏通网络舆情的“堰塞湖”，消除“山洪暴发”之隐患。突发事件发生后，总会引起一些组织、个人对社会和政府产生不满情绪。为此，各级党委和政府应提供合理的、

可控的社会情绪释放渠道，使民众的不满情绪能够得到及时宣泄，并确保不产生大的消极影响。在所有渠道中，网络媒体无疑是最直接、最迅捷的途径。突发事件发生后，主流网络媒体应责无旁贷地把党和政府应对处理危机的决策、措施和成效及时传达给群众，以稳定群众的情绪，同时通过网络媒介把群众的意愿和心声及时向党和政府传递，进而有效发挥网络媒体反映民意、消除民怨、缓解矛盾的作用。

第三节 完善体制机制，着力解决“无力应对”的问题

要切实解决“无力应对”的问题，必须注重从网络舆情引导与管理的体制机制入手，理顺互联网管理体制，形成健全、完善的舆情监测机制、舆情危机预警机制、舆情危机应对机制。

一 理顺互联网管理体制

少数民族地区党政部门应按照“统分结合、相对集中、职责明确、责权一致”的原则，理顺互联网管理体制，形成分级管理与属地管理相结合、内容管理与行业管理相结合、舆论引导与安全监督相结合、主流网站管理与商业网站管理相结合的科学、系统的管理体制。

“统分结合”的重点应当是健全分级管理与属地管理相结合的互联网管理体系。统——从国家到地方都应有统一的领导机构，并形成不同级别、层次的互联网运行领导与管理体系，以加强对互联网信息内容、行业运行、网络安全诸领域的科学、系统管理。分——各省（直辖市、自治区）、计划单列市、省会城市政府应建立相应的统筹本地区的互联网运行领导与管理体系，以负责对本地区互联网信息内容、行业运行、网络安全诸领域的科学、系统管理。

“相对集中、职责明确、责权一致”的重点应当是将互联网内容管理、运营管理、安全监督等职责相对集中于某一个主管部门，形成明确、统一的管理体系。并实行各主管部门的责任与权力的相互对应，从体制上防止出现政府管理“不到位”或“界限不明”以及在具体管理工作中的“不作为”或“乱作为”现象的出现。

在上述基础上，努力形成信息内容主管部门总协调，实际工作部门主动应对，主流网络媒体正确引导，商业网站积极配合的网上舆论引导的工作机制。

网络媒体的管理涉及宣传、广电、通信、公安、安全等多个部门。理顺管理体制，在一定程度上能够避免责任不明、效率不高、扯皮推诿等现象。目前亟待采取的举措主要有两个方面：（1）建立网络媒体管理专职机构。把新媒体宣传管理的相关行政资源整合起来，形成党委统一领导、统一部署、协调各方、共同管理的体制机制。鼓励有条件的地方先行试点，改变“多头管理、都管都不管”的情况。（2）建立网络媒体管理联席工作制度。认真落实谁主管谁负责和属地管理的要求，建立完整的管理责任链，形成统一、权威、协调、高效的管理机制。定期召开工作例会，通报各部门掌握的新情况，在重大问题和重要工作上，及时沟通，统一步调，形成合力。

与上述体制相适应，政府各职能部门应建立和完善网络舆情管理的具体工作机制：（1）明确工作目标，即网上投诉有结果、处理有时限、建言有回音，形成政府对网上社情民意反应敏捷、渠道畅通、直接开放的回应机制，实现政府和民众的互信、互动。（2）明确网络舆情收集范围，即当地主要政府网站、主要新闻网站，以及人民网、新浪、网易、搜狐等国内主要网站中有关本地的社情民意和信息；规范工作流程，明确受理、转办、督办、反馈等工作流程的具体工作内容。（3）明确时限要求，对涉及职责范围的咨询、投诉、意见和建议，由各级各部门专人在规定时限内办毕并反馈，对确需延长办理的，应在网上作出说明，对确需通过详细调查后才能办结的社情民意，要及时在网上通报办理进度。（4）明确专人进行督办机制，并定期对网民社情民意办理工作进行通报，接受人民群众和社会各界的监督。

二　完善网络舆情监测机制

网络舆情监测分为日常监测和突发事件监测两种。

日常监测是指将网络舆情监测作为本部门的一项日常工作不间断进行，以便随时掌握网络舆论的导向、特点和趋势的监测机制。日常监测的意义在于：（1）随时了解网络舆论的动态、方向；（2）一旦发现有不利于社会稳定的、重大的虚假舆情，可以及时反馈到有关部门；（3）通过“舆论领袖”的理性分析，对日常舆情进行引导；（4）为有关部门提供社会舆情方面的决策支持。

突发事件监测是指当发生群体性突发事件时，对相关网络舆情的专项监测。此类事件突发性强、社会影响大、给决策者思考的时间短，如果不及时准确获得最新信息并加以判断处理，产生的后果非常严重。而巨大的压力使决策者很难从容地对所有信息进行采集、整理和判别，一些有价值的信息可能被遗漏或者忽视，从而对处理决策产生误导。因此，在突发事件出现时，完善的舆情监测机制、及时有效的舆情信息汇集和分析，对全面掌握与该事件密切相关的系统化信息极为重要。

做好网络舆情监测，应形成以下具体的工作机制：（1）建立一个结构合理、覆盖广泛、协调统一、反应机敏的工作网络，及时、全面地收集不同领域、不同层次、不同类别的舆情；（2）建立一支政治强、业务精、专兼结合、训练有素的舆情分析队伍和一批专门的舆情分析机构，使收集到的舆情能够得到准确、深入地甄别、分析、研判、报送，为做好舆论调控提供科学的决策参考和对策建议；（3）建立健全舆情分析预案制度，重大政策、措施特别是与群众关系紧密的政策、措施出台前，必须将舆情分析预测纳入落实有关政策、措施的总体部署当中，深入分析可能引发的舆论反响并制定应对预案，以免出现舆情危机时临阵失语、前言不搭后语，甚至胡言乱语。

当然，健全与完善网络舆情监控系统亦是完善网络舆情监测机制必不可少的内容之一。网络舆情监控系统是指通过对网络各类信息汇集、分类、整合、筛选等技术处理，再形成对网络热点、动态、网民意见等实时统计报表的软件工具。它利用搜索引擎技术和网络信息挖掘技术，通过对网页、论坛、BBS 等网络平台内容的自动采集处理、敏感词过滤、智能聚类分类、主题检测专题聚焦、统计分析，实现各单位对自己相关网络舆情监督管理的需要，最终形成舆情简报、舆情专报、分析报告、咨询快报，为决策层全面掌握舆情动态，做出正确舆论引导，提供分析依据。

此外，还应健全网络舆情监测指标体系。健全网络舆情指标体系的具体目标应有以下三方面：（1）根据指标来明确网络舆情信息采集的数据来源、地域范围和传播渠道，增强对网络舆情形势的把握度，把握受众的态度倾向，及时判断网络舆情的潜在问题。（2）指标体系的设立，应能够使网络舆情信息判断更加客观，定性定量相结合可以实现综合分析，以此作为采取预警、响应措施以及决策应对的判断依据，以提高政府的执政能力。（3）指标体系应有助于维护网络秩序，规范网民的行为，促进和谐文化理念的形成，引领公众追求美好的社会风尚。

三　完善网络舆情危机预警机制

突发公共事件引发舆情的信息过程是一个从采邑到市场的过程，即从事件发生到形成一个有多方参与（舆情信息发布者、受众和媒体）的社会舆论。[①] 在这个过程中，原始信息会发生变化，往往被放大或扭曲，少数人会恶意扭曲信息，激起广大群众的负面情绪，直接影响社会正常秩序乃至国家安全。由此可见，对突发事件的相关报道和相关信息，如果积极采取应对措施，控制信息的传播渠道，直到信息消失在采邑区，就可以在该舆情点爆发前后把安全隐患降低到最低程度。故此，完善网络舆情危机预警机制对于增强网络舆情引导、应对网络舆情危机的针对性，具有十分重要的作用。

网络舆情预警是指从危机事件的征兆出现到危机开始造成可感知的损失这段时间内，化解和应对危机所采取的必要、有效行动。网络舆情预警的主要环节有：（1）制定危机预警方案。针对各种类型的危机事件，制定比较详尽的判断标准和预警方案，以做到有所准备，一旦危机出现便有章可循、对症下药。（2）密切关注事态发展。保持对事态的第一时间获知权，加强监测力度。（3）及时传递和沟通信息。即与舆论危机涉及的政府相关部门保持紧密沟通，各部门相互配合、共同商议，判断危机走向，对预案进行适当修正和调整，以制定符合实际所需的危机应对措施。

政府网络舆情预判预警机制具体包括网络舆情信息收集机制、网络舆情信息分析机制、网络舆情发展方向的预测机制和网络舆情发展的干预机制。建立健全这一机制，应注重以下几方面的对策应用：（1）委托专业社会调查机构开展专题性社会调查研究，掌握现实动态和社会基本面的反

① 谈国新、方一：《突发公共事件网络舆情监测指标体系研究》，《华中师范大学学报》（人文社会科学版）2010 年第 3 期。

响，敏锐捕捉一些带有苗头性、倾向性或群体性的问题，通过判断舆情信息变化的基本特征，分析其态势，预测其走向，揭示问题的实质所在，找出这些问题形成的根本原因，提出解决问题、引导舆论的对策建议。（2）建立起舆情联席会议制度，定期召开舆情分析会议，认真分析舆情产生的原因、发展趋势及其影响，准确把握本地区网络舆情动态，主动预判，及时作出策略调整。（3）建立相关网络舆情预警机制。网络舆情的预警流程主要包括制定危机预警方案、密切关注事态发展、及时传递和沟通信息等环节，要针对各种类型的危机事件，制定比较详尽的判断标准和预警方案，做到有所准备，一旦危机出现可从容应对。

四 完善网络舆情危机应对机制

网络舆情危机是对舆论常态的突破，往往具有突发性、复杂性、破坏性等特征，处理不当极易引发连锁反应。妥善应对网络舆情危机，需要有及时准确的信息汇集及反馈机制、统一高效的决策机制、顺畅有序的协调机制、务实有力的执行机制。

应考虑设立综合性决策协调机构和常设的办事机构，加强政府部门间的协调以提高应对重大突发事件能力。针对网络舆情的特点，建立由宣传部门直接领导、各部门参加的舆情监管机构，在平时负责网络舆情的监测工作，遇到突发事件时，可兼为网络舆情突发事件指挥中心。这样，可以将舆情突发事件的处理从一种非流程化的决策过程，转变为一种程序化的决策过程，可以有效“延长”有关部门的响应时间，采取有计划的步骤，沉稳地面对事件，消除影响，减轻危害，保障网络的安全运行和信息安全，同时形成网上正面舆论的强势。

应建立健全网络舆情快速应对机制。具体工作内容应包括：（1）强化正面疏导。对网民反映情况属实或有一定根据的批评性网络舆情，做到及时纠错、公开答复，争取工作的主动性及预见性。（2）依法妥善处置。对于反映情况失实或恶语中伤的，通过正当途径公开辟谣、以正视听；对于不当炒作、可能引发重大不稳定事件的，依法妥善处置；对媒体关注甚至热炒的有关敏感案件，可以通过新闻发布会、接受专访等方式，做好有关解答。（3）做好风险评估。地方政府应依照舆情反映的对象是否具体、线索是否翔实、情节是否严重、后果是否值得关注等诸多变量仔细研判，做好风险评估，确立舆情危机等级，启动与之相对应的反应机制。

应健全与完善网络舆情联动应急机制。将各级党政部门的具有网络信息管理、收集、分析、引导、处置相关职能的部门通过一定的方式串联起来，统一政府对外宣传的口径，协调一致，打破部门樊篱，通过联席会议等形式最大限度地进行信息沟通和资源共享，保证政府在公共管理中准确掌握网络动态，及时做出反应并反馈。在网络舆情联动应急机制中，监测、预警、应对三个方面构成政府网络舆情管理部门最重要的工作任务，并形成紧密契合、逐层推进的工作流程。可考虑以下具体工作流程：（1）由网络管理部门牵头，负责网络舆情的日常监测，每天或每周按部门对网络舆情进行分类整理，针对各部门的情况，提供简单的舆情监测分析报告，及时向各职能部门进行反馈。（2）建立专门的“网络舆情内部信息系统”，网络管理部门位于该系统的核心，负责将每天监测到的信息分门别类地传递到各职能部门。具体职能部门通过该系统，在第一时间内获得和本部门有关的最新网络舆情，并对这些舆情有足够的时间进行研判，决定采用何种方式进行应对。（3）当出现重大危机事件时，由各部门抽调熟悉业务的工作人员、专业人士，加入网络管理部门工作中，尽早化解危机。

第四节　强化舆论塑造与传播，构建网络舆情引导新环境

一　加强主流网站建设，形成舆论塑造与传播新体系

我国现有的传统主流媒体，都是党和政府的新闻舆论宣传机构，在受众中享有较高的信誉和权威，应把这种信誉和权威延伸到网络媒体中，依托党报党刊办好政府能掌控的主流核心网站。地方政府应加大对本地主流核心网站的扶持力度，使其尽快发挥应有的吸引力和影响力，真正成为能对本地网络舆论起主导作用的权威网站。

应加强主流网站建设，使其成为传播社会主义先进文化的前沿阵地、提供公共文化服务的有效平台、促进人们精神生活健康发展的广阔空间。按照科学发展观的要求，在技术、内容和经营管理等方面多管齐下，以充分发挥主流新闻网站舆论引导“主力军”的作用，构建大范围、宽领域、

多层次网上舆论引导平台，向社会提供全方位信息，满足不同社会群体不同层次的信息需求，用正面宣传挤压各种噪声杂音的生存空间，用正面声音消解各种错误、反动观点的不良影响，实现舆论引导效果最大化。

在技术方面，主流网站应尽快建立一套科学完整的创新体制机制，不断提高技术应用水平，保证网络关键技术的研发与互联网自身的发展相适应。应时刻跟踪新技术、新业务，组织技术力量制定技术发展路线图和中长期技术规划，做到始终处于技术发展最前沿。

在内容方面，主流网站应坚持以人为本，做到“三贴近”，尊重网民、服务网民，实事求是、公开透明，提高舆论引导能力。

在经营管理方面，主流网站应把党管媒体原则与市场经济规律有机结合起来，按照市场经济规律加快改革步伐，增强自主经营、自我发展、自我约束能力，增强其“造血”功能，从制度层面建立与文化产业发展相适应的投融资体制和资本运作环境，以保证主流网站有持续健康发展的后劲。

二　完善官民对话平台，构建网络问政主渠道

在网络时代，“民有所呼，我有所应”，正在由政府社会治理的“选答题”变成“必答题”。据人民网联合国家行政学院、中国人民大学进行的网络调查显示：69%的网友认为，“网络问政”是党政官员了解民意的有效方式，对“网络问政”推动我国民主政治建设充满期待。[①] 这种由民众提出问题、党政机关解决问题的做法，有助于推动政府建立和完善其责任机制，通过内部督办机制和责任追究机制，把责任政府的内涵具体化和实践化。正因如此，如今网络问政备受各级党政机关、各地领导的关注，许多地方还以“红头文件”形式建立起了回复网友留言的固定工作机制。[②]

当然，要使网络留言及其处理制度坚持和完善下去，还应当以立法的形式将其固定下来，使之成为一种常态的制度。在法律上承认网络留言的权利，而不能仅仅停留在“留言”的范畴，需要固化和规范程序，把公

① 《47位书记省长回应网友留言网络问政助推依法行政》，《法制日报》2011年2月24日。

② 同上。

开透明作为一项基本法律原则确定下来。另外，网络留言处理机制，不能仅限于省市一级领导，应当发展成为所有党政机关的一个常规制度，尤其是基层党政机关和领导。在责任制度当中，对于党政领导的责任应更加明确，回应和处理问题的期限也应当法制化和规范化。

地方政府和论坛管理者应当遵循舆论运动规律，研究地方网络舆论特点，加强法制建设，将地方网络论坛建设成为政府网络问政的窗口和网络发言的场所。应鼓励原创，吸引人气，使地方网络论坛成为本地受众发表意见的首选场所。地方网络论坛中的原创帖子直接反映了本地受众的利益诉求和心理动态，是本地消息的第一手来源，同时也是舆情产生前的直接反映。在地方论坛的建设中，政府应将民生问题摆在首位，鼓励网民用原创帖的方式发出真实的声音，在网络论坛中集结相同的意见，以提高地方网络论坛知名度、扩大影响力。

政府应做到“线上回应，线下行动”，将地方网络论坛中的舆论要求落实于实际当中。时刻关注民意的温度和风向，以公开透明化解疑虑，以闻过则喜树立公信，以真诚维护群众利益赢得民心，在良性互动中促进社会共识、完善公共治理。将本地网络论坛的舆论要求落实于实际行动中，并及时在论坛中反映，以提高论坛声誉和政府公信力，形成舆论的良性循环。

地方政府宣传部门应注重在网络社区（BBS、微博客、QQ群、微信群等载体）、“公民报道者”和“网络意见领袖”中发展“盟友”。盟友不是部下，更不是潜在的敌人。要允许和鼓励他们对地方政府的施政缺失提出批评，开展舆论监督，同时通过积极沟通对话，帮助他们理解现代社会公共治理的复杂性，引导他们在最根本的问题上帮助地方政府，缓释民间某些不满情绪。作为政府而言，一方面，要不断改进政府的立场表达和主流媒体的新闻宣传，增强说服力；另一方面，要时刻把握住社情民意的脉搏，认真倾听网民和公众的利益诉求乃至某些非理性情绪，促进官民沟通，促进社会不同群体利益的均衡表达和平等博弈，化解社会隔阂和对立情绪，打造国民政治共识，打牢全国人民团结奋斗的共同思想基础。

三 强化德法兼行规范，健全舆论监督新机制

网络需要和谐，而和谐的前提主要是两个方面：一方面，要有法律法规的约束，大家要有法制意识。无论是在现实生活当中还是在网络上，都应该是一样的。另一方面，需要进行道德约束，而且道德约束往往比遵循法律法规还更重要一些。

近年来我国制定的《统计法》《档案法》《测绘法》《国家安全法》《保守国家秘密法》《著作权法》《反不正当竞争法》等都在各自领域内对信息活动的局部问题作出了法律回应，新《刑法》及相关的一些法律法规也加入了制裁计算机犯罪的条款，新的《合同法》在一定程度上涉及电子合同和电子商务的法律问题。信息立法也取得了可喜进展，先后颁布了《中华人民共和国计算机信息网络国际联网管理暂行规定》《计算机信息网络国际联网安全保护管理办法》《计算机病毒防治管理办法》《互联网信息服务管理办法》《互联网新闻信息管理规定》等专门法规，为我国信息化建设奠定了基础。但总体来说，我国目前并没有规制互联网的统一法律。因此必须加快网络立法进程，构建互联网法治机制，保障互联网安全，保护人民的言论自由和其他权利，促进交易以及信息产业的健康发展，有效打击计算机犯罪，公正救济在互联网上遭受侵害的权利，保证“网络民主”的健康发展，为促进民主政治发展创造条件和途径。

从当前我国新媒体的发展来看，网络立法工作最紧要的是三个方面：(1) 确立立法的原则和重点。立法应遵循四条原则——确保意识形态安全、坚守道德底线、保障公民权益、维护社会稳定。立法的重点——出台层级较高的法律，修订完善现有法规，清理部门规章。(2) 充分利用现有的法律资源。法律具有普遍适用性，通过司法解释，将规范现实社会行为的法律法规延伸到新媒体上，以节约立法成本，避免出现“管不完的事，立不完的法”的现象。(3) 加大执法力度。对现有的法律法规要切实做到有法必依、执法必严。

具体而言，应做好以下几方面的法治工作：(1) 在民事立法领域，侵权责任法应该对网络侵权作出特别的规定，如维护电子商务交易安全、保护合法虚拟财产、禁止人肉搜索保护公民隐私权等。(2) 在刑事立法领域，应出台相关的司法解释，对新型的网络犯罪予以惩处，如网络诈

骗、网络盗窃、黑客事件、网络黄色交易等，并对《刑法》关于破坏计算机信息系统中的“情节严重”加以界定，严格处理黑客问题。（3）加大网络执法力度，健全网络监察队伍及网民举报机制，对查清的网络犯罪加以处罚。同时，进行定期网络巡查与不定期抽查，维护良好的网络秩序。（4）加强网络法制教育，普及网络法律法规。加大网络法律宣传力度，例如定期举行相关网络法律的知识竞赛、增播网络普法公益广告。通过各种媒体，加大曝光网络犯罪事件，从而达到教育网民、普及法律的目的。

所谓网络道德，是指以善恶为标准，通过社会舆论、内心信念和传统习惯来评价人们的上网行为，调节网络时空中人与人之间以及个人与社会之间关系的行为规范。网络道德一旦形成，就会像传统道德一样，依靠人的内心信念和自治自律来约束自己在使用网络过程中的行为，使自己的行为合乎网络的伦理道德，合乎国际通用法则，合乎社会发展利益。

强化网络道德建设，首先应确立网络道德基本原则，完善网络行为道德规范。网络道德基本原则应当包括：自由原则、平等原则、互利原则、权利与义务相统一原则等，在此基础上，确立网络行为道德规范：未经授权不得闯入他人计算机系统、未经许可不得使用他人计算机资源、不用计算机干扰他人工作、自觉维护网络安全和社会稳定等。以此来规范和制约人们的行为。

其次，应建构网络道德体系。网络道德体系包括三个层面的内容：第一个层面是强调网络服务提供商的自我约束和管理责任。第二个层面是政府部门要履行维护网上公共利益的责任。第三个层面是公众履行服务监督和行政监督的责任，提高自律意识。同时还应当看到，网络道德是社会道德状况的真实反映，要实现对网络道德的有效建构，还需要全社会共同努力，通过加强公众教育、正面引导、公众监督等手段，推动全社会道德建设的进步，不断提高网络道德意识，从而进一步提升网络道德水平。

再次，应培育科学、文明、健康的网络道德风尚。（1）坚持对网络从业人员进行培训，既要强化政策、技术、管理等方面知识的学习，也要强化网络职业道德、社会公德教育和法律法规培训，做到持证上岗，依法经营。（2）支持公益性的“绿色网吧”建设，创建绿色网络文化、推荐“绿色邮箱”、推广家庭“绿色上网”等活动，为青少年成长创造良好网络环境。把学校教育、家庭教育、单位教育和社会教育有机结合起来，帮助人们正确认识网上行为与社会责任、网络文明与社会文明、网络和谐与社会和谐的关系，推动形成重视和支持网络道德建设的社会力量。（3）把加强网络道德建设纳入文明单位、文明学校、文明社区、文明村镇、文明行业创建活动之中，作为创建全国文明城市的一项内容，明确具体要求，力求取得实效。（4）发挥新闻舆论监督的作用，对网上违法和违背道德的行为进行曝光和批评，为推进网络道德建设提供有力的舆论支持。（5）重视和加强网络阅评员队伍建设，针对网民关注的热点、难点问题参与评论，主动导帖、积极跟帖、适时结帖，及时引导网上舆论，维护正面的评论、正面的声音，在最大程度上消除各种负面影响，维护道德正义。

此外，还应建立自律与他律相互补充和促进的运行机制，有效地引导和规范网络道德行为。在自律方面：（1）通过建立健全网络行业自律机制，促进网络从业人员自我规范和自我塑造，引导和鞭策信息从业人员自觉地遵守网络管理工作的基本原则和职业道德规范；（2）引导网络行业建立、健全网站内部管理制度，规范信息制作、发布流程，强化监管、惩处机制，主动开展自查、互查、自纠行动。在他律方面：（1）进一步强化制度与管理，严格执行网络文化信息服务市场准入制度，依法规范网上传播秩序；（2）建立健全网络文化监管机构，完善联席会议制度，形成快速反应机制，及时有效处理网络出现的道德问题；（3）持续开展专项整治活动，进一步强化网络文化管理部门的职责，提高协同作战能力，保持对网络违规行为、犯罪行为和不道德行为的持续打压力度，确保网络文化健康发展。

同时，应在技术层面加强监管，通过新技术的研发应用，加强对网络道德缺失的技术防范：（1）加强关键字过滤，充分利用“正则表达式”技术，在网络接入、转发的重要关口进行过滤；（2）对反动网站进行屏蔽，对“自由门”“无界”等翻墙软件应联合杀毒厂商一起，加强屏蔽技术的研发与应用；（3）建立网卡 ID 数据库，注意搜集上网用户的网卡 ID 记录，以利于对重点人物的监控；（4）免费开放公民真实身份认证服务，建立网络诚信体系；（5）推广自主的网络操作和应用系统，保障信息安全，政府部门应大力推广自主研发 Linux 系统、Open Office 软件等。

最后，应大力建设有中国特色网络文化。加快优秀文化工程数字化、网络化传播，扩大正面信息的覆盖面和影响力，把博大精深的中华文化作为网络文化的重要源泉，推动优秀传统文化瑰宝和当代原创文化精品的网络化、数字化，努力打造一批具有中国气派、体现时代精神、品位高雅的网络文化品牌，引导网络主流舆论。

第十一章

少数民族地区应对与化解网络舆情危机的具体对策

少数民族地区要切实有效地解决好“不愿面对”“不会应对”“无力应对”网络舆情及网络舆情危机的问题，除了在理念上、能力上、体制上、环境上要有“一揽子”改革思路与主导策略，还需诸多具体的配套对策与举措，将上述思路与策略落到实处。现阶段应着重在以下五个方面实现重大转化。

第一节　网络舆情载体——由权威管理转化为共同治理

网络舆情是对社会现象及其社会事务的舆论反映，属于社会建设领域。因而在新的历史条件下，要正确发挥网络舆情的正向功能，有效应对和处置网络舆情危机，就需按照党的十八大提出的从社会管理走向社会治理的发展路径，对网络舆情载体实现由权威管理向共同治理的转化。即由传统舆情条件下的主要权威部门管理舆论、控制舆情，转变为网络舆情条件下“由政府、社会组织、企事业单位、社区以及个人等诸行为者，通过平等的合作型伙伴关系，依法对社会事务、社会组织和社会生活进行规范和管理，最终实现公共利益最大化”[①] 的社会共同治理网络舆情。

少数民族地区对以网络为载体的社会舆情实现由权威管理向共同治理

① 陈家刚：《从社会管理走向社会治理》，《学习时报》2012 年 10 月 22 日。

转化，应从以下诸方面确定和实施必要的对策。

其一，健全科学完善的共同治理体系。遵循网络舆情多元、开放、互动的发展规律，将网络舆情共同治理的各类参与主体有机组合起来，形成互相支撑、互为补充、互助共治、多足鼎力的共同治理体系，有效发挥网民、网站、宗教团体、行业协会、政府部门的“合力”作用，彰显综合性社会治理之功效。

其二，形成网民的自律及监督体系。亿万网民是网络舆情形成正能量的源泉，也是网络舆情社会治理的主体。因此，培养网民的责任意识和自律意识并构建网民“自律与智为”的网络行为规范及其监督体系，是实现以网络为载体的社会舆情由权威管理向共同治理转化必不可缺的社会基础。目前，我国在国家管理层面上已经出台了互联网信息服务管理“九不准”规范①和网友应共同遵守的“七条底线”②，但在网民个人活动层面上尚未有具体的“自由与责任对等”的规范性实施细则。为此，少数民族地区应从本地网络舆情生成与运行特殊规律出发，通过网民充分的讨论与参与，从维护人民的共同利益出发，结合区情实际，在全社会明确“自媒体”的基本权利与基本责任，制定出落实“九不准”“七条底线”的实施细则，为实现“网络空间法治化”，筑牢网络安全大坝，奠定广泛的群众自律基础；在此前提下，通过政府与网民共同协商、共同制定不同层面的“游戏规则”，推动网民从无组织状态向自组织的自律、监督方向发展，进而为形成一个健康的、可治理的网络社会奠定坚实的群众监督基础。

---

① “九不准”：国务院颁布的《互联网信息服务管理办法》第十五条规定，互联网信息服务提供者不得制作、复制、发布、传播含有下列内容的信息：（一）反对宪法所确定的基本原则的；（二）危害国家安全，泄露国家秘密，颠覆国家政权，破坏国家统一的；（三）损害国家荣誉和利益的；（四）煽动民族仇恨、民族歧视，破坏民族团结的；（五）破坏国家宗教政策，宣扬邪教和封建迷信的；（六）散布谣言，扰乱社会秩序，破坏社会稳定的；（七）散布淫秽、色情、赌博、暴力、凶杀、恐怖或者教唆犯罪的；（八）侮辱或者诽谤他人，侵害他们合法权益的；（九）含有法律、行政法规禁止的其他内容的。——《互联网信息服务管理办法》（2011 年修订稿），中华人民共和国中央人民政府网站：国务院公报（http://www.gov.cn/gongbao/content/2011/content_1860864.htm）。

② “七条底线”：法律法规底线、社会质疑制度底线、国家利益底线、公民合法权益底线、社会公共秩序底线、道德风尚底线和信息真实性底线。——新华网：《坚守七条底线，才不会成下一个“秦火火”》，中国新闻网，2013 年 8 月 30 日。

其三，强化网站的自律及网站“把关人”的职责。网站的自律及网站“把关人”职责的有效发挥，在网络舆情社会治理体系中具有关键性的作用，而能否切实发挥好这一关键性作用，核心还在于能否牵住网评和跟帖这个“牛鼻子”。为深入落实“依法管网、依法办网、依法上网”的要求，一些具有重要影响力的网站就完善跟帖评论自律管理制定签署了《跟帖评论自律管理承诺书》，在自觉遵守“七条底线”的基础上，对于“不发表”的18类信息（包括但不限于语音、文字、图片、音频、视频等各类信息）作出了具体、公开的承诺[①]，并明确规定对违反上述承诺的用户，将视情况采取预先警示、拒绝发布、删除跟帖、短期禁止发言直至永久关闭账号等管理措施，对涉嫌违法犯罪的跟帖评论将保存在案、并在接受有关政府部门调查时如实报告等措施，为切实履行社会责任创立了行业自律的制度性规范。少数民族地区应积极引导和鼓励各类网站认同并加入《跟帖评论自律管理承诺书》的承诺者队伍，尤其要引导和鼓励少数民族语文网站的认同和加入，将绝大多数网站纳入有组织、有规范的自律体系，进而有效发挥“把关人”的职责，为本地区构建文明、理性、友善、高质量的信息分享和意见讨论空间奠定必要的社会治理基础。

其四，积极发挥宗教团体组织在共同治理中的作用。实践证明，因宗教因素引起的群体性事件而形成网络舆情及网络舆情危机，是少数民族地区的突出特点之一。因而在网络舆情的社会治理方面，如何有效发挥宗教团体组织的积极作用，是不可或缺的对策思考内容。现阶段，我国的宗教类网站与日俱增，宗教团体在网络社会中的影响力亦日益增长。作为社会

---

① 《跟帖评论自律管理承诺书》中承诺“不发表”的18类信息：（1）反对宪法确定的基本原则的；（2）危害国家安全，泄露国家秘密，颠覆国家政权，破坏国家统一的；（3）损害国家荣誉和利益的；（4）煽动民族仇恨、民族歧视，破坏民族团结的；（5）煽动地域歧视、地域仇恨的；（6）破坏国家宗教政策，宣扬邪教和迷信的；（7）散布谣言，扰乱社会秩序、破坏社会稳定的；（8）散布淫秽、色情、赌博、暴力、凶杀、恐怖或者教唆犯罪的；（9）侮辱或者诽谤他人，侵害他人合法权益的；（10）对他人进行暴力恐吓、威胁，实施人肉搜索的；（11）未获得未满18周岁未成年人法定监护人的书面同意，传播该未成年人的隐私信息的；（12）散布污言秽语，损害社会公序良俗的；（13）侵犯他人知识产权的；（14）散布商业广告，或类似的商业招揽信息；（15）使用本网站常用语言文字以外的其他语言文字评论的；（16）与所评论的信息毫无关系的；（17）所发表的信息毫无意义的，或刻意使用字符组合以逃避技术审核的；（18）法律、法规和规章禁止传播的其他信息。——《29家网站签署〈跟帖评论自律管理承诺书〉》，新华网，2013年11月6日。

组织的重要领域，宗教团体在网络上积极发挥其应有的、其他社会团体难以替代的正向功能，对正确引导广大信教网民参与网络舆情，有着重要而特殊的意义与作用。为此，少数民族地区应建立和完善宗教领域网络舆情引导与治理的体制与机制，通过理论宣传、政策引导、业务培训、自律互监、依法治网等综合举措，创建宗教团体组织的共同治理体系，制定符合宗教活动特点的“网络跟帖评论自律管理公约”，切实发挥宗教网站“把关人”的重要职能，实现宗教网络舆情领域的“正能量”全覆盖。

其五，完善行业协会的共同治理机制。在这方面，一些发达国家借助于社会组织进行网络言论监督的做法具有重要的借鉴作用。[①] 少数民族地区的各省区，应在其网络安全和信息化领导小组的统一指导与协调下，结合本地实际适时成立由各类涉网行业协会参与的“互联网信息监管委员会”，制定相应的章程及监管制度，建立健全运行机制，明确各协会在互联网信息发布、流通、监督、管理方面的义务和责任，构建全方位、无死角的互联网信息引导、监管体制机制，并通过现代化的网络舆情监控分析、网络舆情危机预测预防技术与手段，将各类非法信息控制、消除在“原发阶段”，并对各类发布、传播非法信息的主体予以“常态化”的监督与治理，从根本上净化网络舆情环境。

其六，强化政府部门依法监管的力度。在贯彻依法治国方略的进程中，国家层面应结合信息技术发展新趋势、网络舆情演进的新特点，尽快修订完善《互联网信息服务管理办法》《互联网新闻信息服务管理规定》等现行法律法规，并从科学立法、严格执法、公正司法、全民守法诸方面，构建科学完整的“依法治网”法律法规体系，把互联网管理进一步纳入法治化的轨道。少数民族地区应在国家“依法治网”法律法规体系框架内，从本地区的实际出发，制定出适应少数民族地区经济、社会、文化发展特色的执法细则，进而形成完备的互联网管理法律体系，切实实现

---

① 如英国互联网行业自律组织“互联网监看基金会”在网络上提供社会监督平台，互联网用户可通过电子邮件、电话和传真等方式举报其认为非法的网络内容。接到投诉后，基金会将进行评估，如果认定非法，则通过网络地址确定该信息来源，并移交相应执法机构处理，同时通知网络服务商将非法内容删除。只要是在互联网监看基金会“黑名单”上的网站，英国的网络服务提供商一般都会切断网络访问途径，或是采取其他方式干扰对这个网站的访问。——《透视英国互联网内容管理模式：监看基金会功不可没》，新华网，2011 年 4 月 21 日。

互联网管理有法可依。在此基础上，强化政府部门对网络信息依法监管的执行力度，建立健全网络信息内容分级管理和过滤系统，尤其应加大打击网络谣言的力度，去除非法网络活动的舞台和空间。

第二节　网络舆情监测
——由特质化转化为常态化

现阶段我国的网络舆情危机态势已经由21世纪之初的“特质化”转入了“常态化”。据中国人民大学舆论研究所发布的《中国社会舆论年度报告（2012）》统计，2011年我国发生的具有重大社会影响力的网络热点事件总计349件，约平均每天1件，中国已经进入了危机常态化社会。① 虽然目前少数民族地区发生网络热点事件的频次总体上低于全国平均水平，但从大的趋势来看，网络舆情危机态势亦处于由“特质化”向“常态化”转化的过渡阶段。此种现实要求我们的网络舆情监测必须尽快实现常态化。因为仅靠战役式的“临时工作小组”来应对网络舆情危机显然力不从心，效果不佳。

少数民族地区网络舆情监测工作实现由“特质化”向“常态化”转化，应从以下诸方面确定和实施必要的对策。

其一，设立专门机构。少数民族地区县以上政府部门应设置专门的网络舆情监测、分析、研判机构，尤其是使用“双语”或“多语”的少数民族地区，应尽快组建“双语”或“多语”网络舆情监测、分析、研判机构，乡镇一级政府，应设置网络舆情监测与上报专门岗位。在此基础上，从各级党政部门、事业单位、社会团体、企业及城乡社区选聘一批兼职网络舆情信息员，使网络舆情监测机构深入社会领域的方方面面，为实现对各地区、各语种网络舆情的全覆盖、常态化监测，奠定组织机构保障。

其二，规范工作机制。遵循网络舆情及网络舆情危机产生、发展、演变规律，结合少数民族地区的实际，制定实施诸如《网络舆情监测工作制度》《网络舆情危机应对工作制度》《网络舆情研判与分析联席会议制

① 人民网舆情监测室：《网络舆情热点面对面》，新华出版社2012年版，第8页。

度》等工作制度及其实施细则，规范网络舆情监测机构及专、兼职人员的职责及其工作内容，规范网络舆情收集范围、整理报告、转办督办、引导回复、责任查究等工作环节。建立健全统一领导、分工明确、联系紧密、高效有序的集网络舆情危机监测、研判、分析、报告、决策、执行、反馈为一体的工作运行机制，使网络舆情危机监测工作实现有规可依、有规必依，行规必细，违规必究。

其三，构建专业平台。网络舆情及网络舆情危机的监测、研判、预警、处置、反馈等应对过程，要实现“7×24”全天候、无缝化的时空覆盖，仅靠人力资源是难以保障的。故而，应构建现代化的网络舆情监测技术平台，对主流门户网站和互动类网络社区、论坛实施动态监控，随时下载有关网络舆情方面的信息和网民留言，为网络舆情危机的“全天候、立体化”监测提供技术保障。对少数民族地区而言，当务之急是要研发并普遍应用适用于民族语文的网络舆情监测与分析软件，尽快建立和完善“双语”“多语”网络舆情监测专业平台，切实实现“全方位、无缝化”。

其四，健全专职队伍。在强调专职队伍及其人员的政治素质与政策水平的基础上，从网络舆情监测与分析业务的特殊性及少数民族地区的区情出发，在学科构成、语言构成、民族构成、技能构成诸方面构建起科学合理的网络舆情监测与分析专职队伍。（1）在队伍的学科构成方面，应注重新闻传播学、社会学、民族学、统计学、公共管理学、经济学、法学、计算机科学等各类学科人才的组合搭配，形成多学科融合的综合团队；（2）在队伍的语言构成方面，应注重汉语、本地区主要少数民族语言、英语及其他主要西方国家语言、少数民族地区毗邻国家语言等诸方面的人才的组合搭配，形成多语种融合的综合团队；（3）在队伍的民族构成方面，应注重吸收精通“双语”“多语”能力的少数民族专业人才，形成多民族融合的综合团队；（4）在队伍的技能构成诸方面，应注重定性分析人才、计量分析人才、软件应用人才、硬件维护人才的组合搭配，形成多种特长人才有机融合的综合团队。当然，专职队伍的建设还须健全网络舆情监测人才的培养、培训、进修等人力资源管理机制，不断提升专、兼职工作者的理论及技术素养。

其五，强化组织领导。各级党委、政府应将网络舆情监测列入本地区重要的议事日程之中，并体现在常态化的工作之中。通过相应的领导负责制度、网络舆情监测报告制度、网络舆情危机应对决策制度、网络舆情危机处置执行制度、网络舆情引导与应对工作评估制度等“刚性”举措，将强化组织领导落到实处。

第三节 网络舆情危机应对
——由“事后应对”转化为“事前、事中、事后”的全面应对

网络舆情危机并不是毫无规律的偶发事件，而是在一定社会背景下的矛盾冲突激化，进而涌入网络社会，引发更大规模群体参与的网络群体性事件。网络舆情危机如同山洪暴发，均有一个形成、发展、高潮、衰退的过程，应对主体若只是在其爆发之后才介入处置，应对效果就会大打折扣。故此，应建立健全网络舆情危机事前、事中、事后的全过程应对机制，实现应对效应的最大化。

其一，健全事前预防引导、预判分析、预案设置的工作机制。(1) 在预防引导方面，少数民族地区可考虑实施“手机短信免费配送”的信息普惠化民生服务工程，采取政府购买服务的方式，由县（市、区）级网络舆情监测专门机构结合本地网络舆情现况，以“双语”或“多语”的形式，统一提供有针对性的舆情引导短信，通过网络运营系统，及时传送至广大人民群众。可将此项信息引导工作与广大人民群众的生产、生活信息服务有机融合，长期坚持，使之成为少数民族地区政府广泛联系群众、服务群众、引导群众的平台与桥梁，进而有效预防网络舆情危机的产生。(2) 在预判分析方面，应重点健全“网络舆情分析联席会议”制度及其工作机制，使之成为本地区党政部门常态化的综合性工作内容之一，彻底摒弃那种将联席会议视为“有事才开会”的临时性、应急性工作的理念，使“网络舆情分析联席会议”成为党委、政府议事日程中持之以恒的工作制度与机制。(3) 在预案设置方面，少数民族地区应从本地区特有的区情出发，建立健全“网络舆情危机分类处置预案设置及演练”机制，重点针对影响国家安全、民族团结、宗教和顺、社会稳定等类型的网络舆情危机，设置严谨、详细的处置预案，并结合本地实际情况，开展相应的演练，通过演练不断修正和完善预案，使之更具实战性和可操

作性。

其二，健全事中及时介入、应急处置、依法控制的工作机制。（1）在及时介入方面，应将有效把握“黄金四小时”作为重要原则加以落实，并形成具体的制度性要求。将能否“在第一时间发声”，作为评价各级政府网络舆情危机处置能力的必备指标，予以高度重视，尽快扭转“真理还在穿鞋，谣言已行千里”的被动状况。（2）在应急处置方面，应规范处置流程，完善相关部门联动机制。针对特别重大、重大、较大、一般级别的网络舆情危机，采取不同的应急处置流程，做到应急处置运转“快而不乱、稳而不繁”。（3）在依法控制方面，应在“依法治网”的法治思维指导下，尽快健全涵盖各个层面的网络立法体系、网络执法体系，依法对网络内容传播的发帖人、“把关人”、“意见领袖”及其IP地址采取必要的技术控制手段，依法惩治网络谣言的制造者、传播者，将依法控制负面影响贯穿于网络舆情危机处置的全过程。

其三，健全事后合理解决、综合治理、根除隐患的工作机制。（1）健全网络舆情危机事后调研工作机制，在本地区党政决策部门的统一领导下，以“专项调研”的方式，对危机产生的原因进行深入、系统的调查分析，提出合理解决现实问题的对策，进而使危机得以“痊愈”。（2）在合理解决问题的过程中，完善各相关部门“全方位、全天候”应对网络舆情危机的综合联动体系，进而形成网络舆情危机应对的“网格化”机制。（3）危机化解后，及时分析与之相关的深层次隐患所在，通过联席会议研究确定根除隐患的对策及实施举措，分解任务、明确职责，在综合治理中全面、彻底地根除危机隐患。

第四节　网络舆情危机化解
——由“大而化之”转化为“小而化之”

所谓网络舆情危机化解，实际上就是通过各种合情、合理、合法的方式，将有可能在网络社会爆发的非理性群体事件及时有效地化大为小、化小为无的过程。其本质在于将网络舆情危机化解于爆发之前。然而，任何危机事件的产生都是各类矛盾由小到大、由少到多的积累与激化的结果，当这种积累与激化达到了一定程度时，危机爆发就会成为不以人们意志为转移的必然结果。通俗地讲，当事情弄大了，就无法化解了。然而在现实社会里，各类群体性事件大都是在“弄大了”的情况下，才引起有关部门的重视，才想起了“化解”对策，而且都是“大对策”。此类“大而化之”“临时抱佛脚”的危机化解思维及方式，在少数民族地区亦比较突出。故此，如何由“大而化之”转化为“小而化之”则是少数民族地区化解网络舆情危机需要重点研究与改进的方面。

其一，大处着眼，小处着手，将补齐“短板”作为重点工作予以重视。从社会稳定、国家安全、全面建设小康社会的宏观目标出发，高度重视网络舆情引导和网络舆情危机化解工作，将迅速补齐“官方微博综合绩效”“主流媒体影响力”“政府网站服务能力”等“短板”领域与全国间的差距作为现阶段的重点工作，予以高度重视。各级地方政府应制定相应的工作目标、规划、举措，狠抓落实，力争三五年之内有大的改进。

其二，从细微之处分解任务、落实责任、强化督察，完善网络舆情引导及网络舆情危机化解工作体系和运行机制。以上述“三大短板领域”为重点，将目前在上述领域中存在的诸如党政系统官方微博影响力和传播力较弱、政府网站的民生服务职能发挥不佳、政府网站的新技术应用能力相对较弱、主流媒体微博微信影响力过弱、网络舆情推动力过弱等具体不足①，一一予以分析，找出关键性节点所在，提出详细的解决对策，并将对策的落实举措逐一分解至各部门、各单位，在此基础上确定具体责任人。与此同时，健全督促检查机制，对各具体工作项目、项目责任人及承办单位的工作进展情况，进行常态化的督促与检查，确保各项具体举措有落实、有结果。

其三，构建“网格化”的网络舆情危机化解体制，尽力做到将危机化解、处置于萌芽状态。在综合应对、依法处置的总体思路下，从城市、乡村、牧区的具体实际出发，按不同社区的特点，科学合理地划分网络舆情危机化解“网格化”责任区，并通过“线上与线下有机融合”的工作机制，及时发现最基层的网络舆情危机苗头、萌芽，进而有的放矢地及时介入、及时化解、及时处置。当然，此种“网格化”的网络舆情危机化

① 详见本书第八章“少数民族地区网络舆情及网络舆情危机应对能力比较研究”中的计量分析。

解体制及工作机制应当是互联互通、即时呼应、统一协调的有机整体。

其四，鼓励、激励广大党政干部做“真正的网民”，尤其应鼓励、激励党政干部用少数民族语文积极参与网络舆情活动。在这方面，新疆阿克苏地区已经有了多年的实践探索，积累了宝贵的经验。其他少数民族地区应该在学习取经的基础上，出台相应的鼓励、激励措施，引导领导干部和广大“公职人员”以网民身份，通过“网言网语”参与到网络舆情活动之中，进而有效扩大“官员微博”“官员微信”在网络舆情中的影响力和传播力。当此项活动有了一定基础后，可以考虑将鼓励、激励转化为“要求”——规定所有在职的领导干部和广大“公职人员”均应在网络舆情中“发声”，均应成为“网民”中的一员。对于长期游离于网络之外的领导干部和“公职人员”，通过组织要求，使其奔赴网络舆情阵地，并以浩然之气坚守之。

其五，党校、行政学院、社会主义学院以及相关民族院校切实做好网络舆情危机应对与化解的知识、技能培训工作。应将网络舆情引导、网络舆情危机应对与化解纳入各级党校、行政学院、社会主义学院的主体课程之中，通过模拟教学、体验式教学、研讨式教学、技能操作演习等多种方式，对党政领导干部、各民主党派领导人士、宗教界上层人士开展系统、具体的业务轮训、培训，以全面提高其网络舆情引导、网络舆情危机应对与化解的意识、能力。各相关民族院校等应重点开展针对少数民族领导干部、民主人士、宗教界人士运用少数民族语文进行网络舆情引导、网络舆情危机应对与化解的培训工作，切实提高其意识和能力。

第五节　网络政治参与
——由“自发之举”转化为“自觉之举”

如何将自发的、无序的“广场政治”式的网络政治参与引导、转化为广大网民自觉的、有序的，与现实政治系统有机对接、有效互动的社会主义民主政治不可缺少的组成部分，是网络社会政治发展必须面对的现实问题，也是应对与化解网络舆情危机必须构建并完善的网络政治参与体制与机制。现阶段少数民族地区的网络政治参与体制与机制构建，首先要解决的问题就是尽快实现网民的政治参与由“自发之举”转化为“自觉之举”。

其一，以网络为平台，建立“多元而有序”的网络政治参与机制。各级政府应将互联网视为培育多元化的民主力量的平台与教室，通过一系列事关本地区政治、经济、社会发展大局的“议题设置”，引导各民族、各阶层、各领域、各行业的网民参与重大问题的讨论，发表真知灼见，提出对策建议，将网络政治参与和国是建言献策有效对接，并形成常态化的机制，进而实现由自发、无序的网络政治参与向自觉、有序的网络政治参与过渡。

其二，以网络民主激活代议民主，进而促进代议民主的发展。充分发挥各级人大代表、政协委员在代议民主中的特殊职责，开辟多种渠道，运用多种方式，实现广大网民与人大代表、政协委员间的无障碍网络沟通，并通过这种长效沟通机制，进一步激发代议民主的活力，最大限度地发挥各级人大代表、政协委员联系民众、听取民意、聚集民智、代民议政、为民服务的特殊作用，推进网络政治参与和现实政治制度的有效对接，进而实现网络政治参与由“自发之举”向“自觉之举”的转化。

其三，以“意见领袖”的发现、培养、引导，来引领网络民主健康发展。首先，应注重运用现代网络技术科学识别和发现“意见领袖”，对本地区的“意见领袖”以及特别关注本地区事务的外埠“意见领袖”的类型、数量、身份背景、政治倾向、行文风格做到“心中有数”。其次，应注重对各民族、各阶层、各行业中具有理性思维、正义精神、爱国之心、著述之才的“意见领袖”的培养，尤其应注重对少数民族“意见领袖”的培养，造就一大批“铁肩担道义，妙手著文章”的网络“意见领袖”，尽快形成与主流意识相呼应的，结构合理、影响面广泛的“意见领袖”队伍。最后，应注重对“意见领袖”的教育引导，尤其应注重对那些以“唱反调”“骂政府”闻名的“意见领袖”的教育引导，通过专题研讨会、恳谈会、博客专家笔会、邀请参观、参与调查、体验政府决策过程等多种方式，教育引导“意见领袖”理性分析网络热点事件，客观公正地发表意见，进而有效引领网络民主健康发展。

附　录

图表索引

表 1—1　我国以“网络舆情”为主题的各类文献载体研究成果数量统计 …………………………………………（2）
表 1—2　我国网络舆情研究期刊论文中被引频次最高的 10 篇论文 ………………………………………………（6）
表 1—3　我国网络舆情研究论文中被下载频次最高的 10 篇期刊论文 ……………………………………………（7）
表 1—4　我国刊载以“网络舆情”为主题的论文排序前 10 名的期刊 ……………………………………………（9）
表 1—5　在国内期刊上发表 8 篇以上以“网络舆情”为主题的论文作者…………………………………………（10）
表 1—6　我国网络舆情研究博士论文中被引频次最高的 10 篇论文 ……………………………………………（14）
表 1—7　我国网络舆情研究博士论文中被下载频次最高的 10 篇论文 …………………………………………（15）
表 1—8　我国网络舆情研究优秀硕士论文中被引频次最高的 10 篇论文 ………………………………………（19）
表 1—9　我国网络舆情研究优秀硕士论文中被下载频次最高的 10 篇论文 ……………………………………（20）
表 1—10　与少数民族地区网络舆情有直接关联的国家社会科学基金立项项目 ………………………………（23）

表 1—11 与少数民族地区网络舆情有直接关联的国家自然科学基金立项项目 …………………………………（25）
表 1—12 我国以“网络舆情危机”为主题的各类文献载体研究成果数量统计 …………………………………（26）
表 1—13 我国网络舆情危机研究期刊论文中被引频次超过 10 次的论文 ……………………………………（29）
表 1—14 我国网络舆情危机研究论文中被下载频次超过 100 次的论文 ……………………………………（30）
表 1—15 我国刊载以“网络舆情危机”为主题的论文 3 篇以上的期刊 ……………………………………（31）
表 1—16 与“网络舆情危机”有直接关联的国家社会科学基金立项项目 ……………………………………（32）
表 1—17 我国“网络舆情危机研究”优秀硕士论文中被引频次相对较高的论文 ……………………………（34）
表 1—18 我国“网络舆情危机研究”优秀硕士论文中被下载频次超过 400 次的论文 ……………………（34）

表 7—1 网络舆情及网络舆情危机应对能力测评指标体系 ………（166）
表 7—2 各地区具有较大影响力的官方微博比率指数（以全国平均值为 100） ……………………………………（172）
表 7—3 各地区党政机构微博传播效能指数（以全国平均值为 100） ……………………………………（174）
表 7—4 各地区效益显著的官方微博综合指数（以全国平均值为 100） ……………………………………（178）
表 7—5 各地区党政系统优秀微博比率指数（以全国平均值为 100） ……………………………………（181）
表 7—6 各地区公安系统优秀官方微博比率指数（以全国平均值为 100） ……………………………………（184）
表 7—7 各地区官方微博综合绩效指数（以全国平均值为 100） ……………………………………（186）

表 7—8 各地区政府网站信息公开指数
(以全国平均值为 100) …………………………………… (191)
表 7—9 各地区政府网站民生服务指数
(以全国平均值为 100) …………………………………… (194)
表 7—10 各地区政府网站互动交流指数
(以全国平均值为 100) ………………………………… (197)
表 7—11 各地区政府网站舆情引导指数
(以全国平均值为 100) ………………………………… (200)
表 7—12 各地区政府网站运行绩效指数
(以全国平均值为 100) ………………………………… (203)
表 7—13 各地区政府网站服务能力指数
(以全国平均值为 100) ………………………………… (206)
表 7—14 各地区政府网站新技术应用指数
(以全国平均值为 100) ………………………………… (210)
表 7—15 各地区网络舆情危机官方回应及处置效果指数
(以全国平均值为 100) ………………………………… (213)
表 7—16 各地区政府网站无障碍发布指数
(以全国平均值为 100) ………………………………… (217)
表 7—17 各地区网络舆情危机回应与处置能力指数
(以全国平均值为 100) ………………………………… (219)
表 7—18 各地区省级党报影响力指数
(以全国平均值为 100) ………………………………… (222)
表 7—19 各地区省级卫视影响力指数
(以全国平均值为 100) ………………………………… (225)
表 7—20 各地区声望较大媒体的官博综合影响力指数
(以全国平均值为 100) ………………………………… (228)
表 7—21 各地区主流媒体影响力指数
(以全国平均值为 100) ………………………………… (230)
表 7—22 各地区舆情危机压力指数
(以全国平均值为 100) ………………………………… (235)

表 7—23 各地区负面舆情影响力指数
（以全国平均值为 100） ……………………………… （238）
表 7—24 各地区网络舆情推动力指数
（以全国平均值为 100） ……………………………… （242）
表 7—25 各地区网络舆情社会环境指数
（以全国平均值为 100） ……………………………… （245）
表 7—26 各地区网络舆情及网络舆情危机应对能力指数
（以全国平均值为 100） ……………………………… （248）

表 8—1 少数民族地区网络舆情及网络舆情危机应对能力指数
与全国平均水平之间的比较数据 ………………………… （254）
表 8—2 少数民族地区网络舆情及网络舆情危机应对能力
指数与“高水平”省域之间的比较数据 ………………… （255）
表 8—3 少数民族地区各省域间及西北、西南少数民族地区
网络舆情及网络舆情危机应对能力指数比较数据 ……… （257）
表 8—4 少数民族地区官方微博综合绩效指数与全国平均
水平之间的比较数据 …………………………………… （260）
表 8—5 少数民族地区官方微博综合绩效 11 个测评项目的
指数值与全国平均水平之间的比较数据 ………………… （261）
表 8—6 少数民族地区官方微博综合绩效指数与“高水平”
省域之间的比较数据 …………………………………… （263）
表 8—7 少数民族地区各省域间及西北、西南少数民族
地区官方微博综合绩效指数比较数据 ………………… （264）
表 8—8 西北、西南少数民族地区官方微博综合绩效 11
个测评项目的指数值比较数据 ………………………… （267）
表 8—9 少数民族地区政府网站服务能力指数与全国平
均水平之间的比较数据 ………………………………… （269）
表 8—10 少数民族地区政府网站服务能力 15 个测评项
目的指数值与全国平均水平之间的比较数据 …………… （270）
表 8—11 少数民族地区政府网站服务能力指数与“高水平”
省域之间的比较数据 …………………………………… （272）

表 8—12 少数民族地区各省域间及西北、西南少数民族地区政府网站服务能力指数比较数据 ……………………… (273)
表 8—13 西北、西南少数民族地区政府网站服务能力 15 个测评项目的指数值比较数据 ………………………… (276)
表 8—14 少数民族地区网络舆情及网络舆情危机回应与处置能力指数与全国平均水平之间的比较数据 ………… (278)
表 8—15 少数民族地区网络舆情及网络舆情危机回应与处置能力 9 个测评项目的指数值与全国平均水平之间的比较数据 ……………………………… (279)
表 8—16 少数民族地区网络舆情及网络舆情危机回应与处置能力指数与“高水平”省域之间的比较数据 …… (281)
表 8—17 少数民族地区各省域间及西北、西南少数民族地区网络舆情及网络舆情危机回应与处置能力指数比较数据 …………………………………………… (283)
表 8—18 西北、西南少数民族地区网络舆情及网络舆情危机回应与处置能力 9 个测评项目的指数值比较数据 ……… (285)
表 8—19 少数民族地区主流媒体影响力指数与全国平均水平之间的比较数据 ……………………………… (287)
表 8—20 少数民族地区主流媒体影响力 7 个测评项目的指数值与全国平均水平之间的比较数据 ………………… (288)
表 8—21 少数民族地区主流媒体影响力指数与“高水平”省域之间的比较数据 …………………………… (289)
表 8—22 少数民族地区各省域间及西北、西南少数民族地区主流媒体影响力指数比较数据 ……………………… (291)
表 8—23 西北、西南少数民族地区主流媒体影响力 7 个测评项目的指数值比较数据 ……………………………… (293)
表 8—24 少数民族地区网络舆情环境指数与全国平均水平之间的比较数据 ……………………………… (294)
表 8—25 少数民族地区网络舆情社会环境 6 个测评项目的指数值与全国平均水平之间的比较数据 ………………… (295)
表 8—26 少数民族地区网络舆情社会环境指数与“优质”

省域之间的比较数据 …………………………………… (298)
表 8—27 少数民族地区各省域间及西北、西南少数民族地区网络舆情社会环境指数比较数据 ………………… (299)
表 8—28 西北、西南少数民族地区网络舆情社会环境 6 个测评项目的指数值比较数据 ………………………… (301)

表 9—1 少数民族地区政府网站“网络舆情引导指数”最低的地区（州、盟、市） ………………………… (309)
表 9—2 少数民族地区政府网站绩效总分最低的地区（州、盟、市） ……………………………………… (311)
表 9—3 少数民族地区重要城市 2013 年网络舆情应对能力相关指标 ……………………………………… (318)

图 1—1 我国“网络舆情”研究期刊论文数量及增长情况示意 ……………………………………………………… (3)
图 1—2 我国以“网络舆情”为主题的博士论文数量增长情况示意 ………………………………………………… (12)
图 1—3 我国以“网络舆情”为主题的优秀硕士论文数量增长情况示意 ……………………………………………… (17)
图 1—4 我国“网络舆情研究”国家社会科学基金项目立项数量及增长情况示意 ………………………………… (22)
图 1—5 我国“网络舆情研究”国家自然科学基金项目立项数量增长情况示意 …………………………………… (25)
图 1—6 我国“网络舆情危机研究”的期刊论文数量增长情况示意 ………………………………………………… (28)
图 1—7 我国“网络舆情危机研究”优秀硕士论文数量增长情况示意 ……………………………………………… (33)
图 7—1 网络舆情及网络舆情危机应对能力测评体系示意 ……… (164)
图 7—2 政府网站服务能力指数测评体系示意 ………………… (165)
图 7—3 政府网站舆情引导指数测评体系示意 ………………… (165)
图 7—4 各地区官方微博综合绩效指数值排序情况 …………… (189)

图 7—5　各地区政府网站服务能力指数值排序情况 ………………（205）
图 7—6　各地区网络舆情危机回应与处置能力指数值排序情况 ………………（220）
图 7—7　各地区主流媒体影响力指数值排序情况 ………………（233）
图 7—8　各地区网络舆情社会环境指数值排序情况 ………………（246）
图 7—9　各地区网络舆情及网络舆情危机应对能力指数排序情况 ………………（251）
图 8—1　少数民族地区网络舆情及网络舆情危机应对能力五个子系统的指数值与全国平均水平之间的比较示意 ………………（254）
图 8—2　少数民族地区网络舆情及网络舆情危机应对能力五个子系统的指数值与“高水平”省域之间的比较示意 ………………（256）
图 8—3　少数民族地区各省域间及西北、西南少数民族地区网络舆情及网络舆情危机应对能力指数比较示意 ………………（258）
图 8—4　西北、西南少数民族地区网络舆情及网络舆情危机应对能力五个子系统指数值比较示意 ………………（259）
图 8—5　少数民族地区官方微博综合绩效五个子系统的指数值与全国平均水平之间的比较示意 ………………（260）
图 8—6　少数民族地区官方微博综合绩效 11 个测评项目的指数值与全国平均水平之间的比较示意 ………………（262）
图 8—7　少数民族地区官方微博综合绩效五个子系统的指数值与“高水平”省域之间的比较示意 ………………（263）
图 8—8　少数民族地区各省域间及西北、西南少数民族地区官方微博综合绩效指数比较示意 ………………（266）
图 8—9　西北、西南少数民族地区官方微博综合绩效五个子系统指数值比较示意 ………………（266）
图 8—10　西北、西南少数民族地区官方微博综合绩效 11 个测评项目指数值比较示意 ………………（268）

图 8—11 少数民族地区政府网站服务能力五个子系统的指数值与全国平均水平之间的比较示意 …………… (269)
图 8—12 少数民族地区政府网站服务能力 15 个测评项目的指数值与全国平均水平之间的比较示意 ………… (271)
图 8—13 少数民族地区政府网站服务能力五个子系统的指数值与“高水平”省域之间的比较示意 …………… (273)
图 8—14 少数民族地区各省域间及西北、西南少数民族地区政府网站服务能力指数比较示意 …………………… (274)
图 8—15 西北、西南少数民族地区政府网站服务能力五个子系统指数值比较示意 ……………………………… (275)
图 8—16 西北、西南少数民族地区政府网站服务能力 15 个测评项目的指数值比较示意 ……………………… (277)
图 8—17 少数民族地区网络舆情及网络舆情危机回应与处置能力指数与全国平均水平之间的比较示意 ………… (279)
图 8—18 少数民族地区网络舆情及网络舆情危机回应与处置能力 9 个测评项目的指数与全国平均水平之间的比较示意 …………………………………………… (280)
图 8—19 少数民族地区网络舆情及网络舆情危机回应与处置能力三个子系统的指数值与“高水平”省域之间的比较示意 ……………………………………… (282)
图 8—20 少数民族地区各省域间及西北、西南少数民族地区网络舆情及网络舆情危机回应与处置能力指数比较示意 ……………………………………………… (284)
图 8—21 西北、西南少数民族地区网络舆情及网络舆情危机回应与处置能力三个子系统指数值比较示意 ………… (284)
图 8—22 西北、西南少数民族地区网络舆情及网络舆情危机回应与处置能力 9 个测评项目的指数值比较示意 ……………………………………………………… (286)
图 8—23 少数民族地区主流媒体影响力指数与全国平均水平之间的比较示意 ……………………………… (287)
图 8—24 少数民族地区主流媒体影响力 7 个测评项目的

指数值与全国平均水平之间的比较示意 ………………… （289）
图 8—25　少数民族地区主流媒体影响力三个子系统的指数值与“高水平”省域之间的比较示意 ……………… （290）
图 8—26　少数民族地区各省域间及西北、西南少数民族地区主流媒体影响力指数比较示意 ……………………… （292）
图 8—27　西北、西南少数民族地区主流媒体影响力三个子系统的指数值比较示意 ……………………………… （292）
图 8—28　西北、西南少数民族地区主流媒体影响力 7 个测评项目的指数值比较示意 …………………………… （293）
图 8—29　少数民族地区网络舆情社会环境指数与全国平均水平之间的比较示意 ……………………………… （295）
图 8—30　少数民族地区网络舆情社会环境 6 个测评项目的指数值与全国平均水平之间的比较示意 …………… （297）
图 8—31　少数民族地区网络舆情社会环境指数与环境“优质”省域平均值之间的比较示意 …………………… （298）
图 8—32　少数民族地区各省域间及西北、西南少数民族地区网络舆情社会环境指数比较示意 ………………… （300）
图 8—33　西北、西南少数民族地区网络舆情社会环境三个子系统指数值比较示意 ……………………………… （300）
图 8—34　西北、西南少数民族地区网络舆情社会环境指数 6 个测评项目的指数值比较示意 …………………… （302）

参考文献

1. CNKI：《中国学术期刊网络出版总库》《中国博士学位论文全文数据库》《中国优秀硕士学位论文全文数据库》，2014 年 3 月 6 日，http：//acad. cnki. net/Kns55/brief/result. aspx？ dbPrefix = CJFQ。

2. 国家社会科学规划办公室网站：《国家社科基金项目数据库》（http：//gp. people. com. cn/yangshuo/skygb），2013 年 11 月 5 日。

3. 博库网（http：//search. bookuu. com），2013 年 11 月 5 日。

4. 《国家自然科学基金项目查询与分析系统》（http：//www. medsci. cn），2014 年 3 月 15 日。

5. 叶战备：《权力制约视角下的舆论监督》，见中国知网《中国博士学位论文全文数据库》（http：//acad. cnki. net），2014 年 3 月 11 日。

6. 中共中央宣传部舆情信息局：《舆情信息工作概论》，学习出版社 2006 年版。

7. 王来华：《舆情研究概论——理论、方法和现实热点》，天津社会科学出版社 2003 年版。

8. 姜胜洪：《网络舆情的内涵及主要特点》，《理论界》2010 年第 3 期。

9. 刘毅：《网络舆情与政府治理范式的转变》，《前沿》2006 年第 10 期。

10. 纪红、马小洁：《论网络舆情的搜集、分析和引导》，《华中科技大学学报》（社会科学版）2007 年第 6 期。

11. 毕宏音：《网民的网络舆情主体特征研究》，《广西社会科学》2008 年第 7 期。

12. 孟建、裴增雨：《网络舆情的收集研判与有效沟通》，五洲传播出版社 2013 年版。

13. 史波：《公共危机事件网络舆情内在演变机理研究》，《情报杂志》2010 年第 4 期。

14. 徐晓日：《网络舆情事件的应急处理研究》，《华北电力大学学报》（社会科学版）2007 年第 1 期。

15. 梁春阳、李习文：《论党政部门网络舆情危机应对策略》，《图书馆理论与实践》2012 年第 11 期。

16. 周泽锋：《网络舆论危机管理对策与建议》，http：//www. jxlh. net/new s/local/722730. html，2010. 12. 27。

17. 姚伟达：《网络群体性事件：特征、成因及应对》，《理论探索》2010 年第 4 期。

18. 常锐：《群体性事件的网络舆情及其治理模式与机制研究》，博士学位论文，吉林大学，2012 年。

19. 王国华等：《解码网络舆情》，华中科技大学出版社 2011 年版。

20. 张一文：《突发性公共危机事件与网络舆情作用机制研究》，博士学位论文，北京邮电大学，2012 年。

21. 斯进：《从互联网舆情形成的特点谈创建立体化网络舆情监控机制》，《信息网络安全》2008 年第 8 期。

22. 谈国新、方一：《突发公共事件网络舆情监测指标体系研究》，《华中师范大学学报》（人文社会科学版）2010 年第 3 期。

23. 李子德：《论和谐社会视野中不良网络舆情的预警》，《中国石油大学学报》（社会科学版）2008 年第 4 期。

24. 吴绍忠、李淑华：《互联网络舆情预警机制研究》，《中国人民公安大学学报》（自然科学版）2008 年第 3 期。

25. 许鑫、章成志：《互联网舆情分析及应用研究》，《情报科学》2008 年第 8 期。

26. 李雯静等：《网络舆情指标体系设计与分析》，《情报学报》2009 年第 7 期。

27. 姜胜洪：《网络谣言应对与舆情引导》，社会科学文献出版社 2013 年版。

28. 陶建杰：《完善网络舆情联动应急机制》，《党政论坛》2007 年第 9 期。

29. 周敏、王莹：《从地方网络论坛舆情生成看网络问政的新模式》，《现代传播》2010 年第 7 期。

30. 沈宝祥：《领导干部要适应“网络政治”发展》，《学习时报》2007 年 6 月

5 日。
31. 郭小安：《网络民主的可能及极限》，中国社会科学出版社 2011 年版。
32. 赵春丽：《网络民主法治研究》，经济科学出版社 2011 年版。
33. 刘普：《政治安全：网络时代的挑战与对策》，博士学位论文，中国社会科学院研究生院，2012 年。
34. 娄成武、刘力锐：《论网络政治动员：一种非对称态势》，《政治学研究》2010 年第 2 期。
35. 郇思源：《网络监督的作用与功能》，《理论参考》2012 年第 2 期。
36. 沈宝祥等：《网络政治：推进我国民主政治发展新方式》，《北京日报》2007 年 6 月 21 日。
37. 王守光：《加强网络环境下民主执政对策研究》，《理论学刊》2009 年第 12 期。
38. 李斌：《网络政治学导论》，中国社会科学出版社 2006 年版。
39. 张雷、刘力锐：《网络的力量：网络社会政治动员论析》，东北大学出版社 2012 年版。
40. 王金水：《网络政治参与与政治稳定机制研究》，中国社会科学出版社 2013 年版。
41. ［美］凯斯·桑斯坦：《网络共和国：网络社会中的民主问题》，戴维明译，上海人民出版社 2003 年版。
42. ［美］凯斯·桑斯坦：《信息乌托邦》，毕竞悦译，法律出版社 2008 年版。
43. ［美］曼纽尔·卡斯特：《网络社会：跨文化的视角》，周凯译，社会科学文献出版社 2009 年版。
44. ［美］詹姆斯·E. 凯茨、罗纳德·E. 莱斯：《互联网使用的社会影响》，郝芳、刘长江译，商务印书馆 2007 年版。
45. 叶皓：《政府新闻学——政府应对媒体的新学问》，江苏人民出版社 2010 年版。
46. 李跃华、李习文：《简述我国对国外应对网络舆情危机做法的借鉴》，《图书馆理论与实践》2012 年第 8 期。
47. 中国网情研究中心：《关于互联网络舆情预警及对策研究》，网情网（ht-tp：//www. china4auto. com），2010 年 2 月 5 日。
48. 薛瑞汉：《国外网络舆情管理和引导的主要经验及对我国的启示》，《中共福建省委党校学报》2012 年第 9 期。
49. 邢璐：《德国网络言论自由保护与立法规制及其对我国的启示》，《德国研究》2006 年第 3 期。
50. 王静静：《美国网络立法的现状及特点》，《传媒》2006 年第 7 期。
51. 钟忠：《中国互联网治理问题研究》，金城出版社 2010 年版。
52. 田作高：《国外网络政治研究现状》，《上海社会科学院学术季刊》2002 年第 1 期。
53. 曾润喜等：《中国互联网虚拟社会治理问题的国际研究》，中国电子政务（http：//www. e-gov. org. cn），2013 年 10 月 13 日。
54. 郑曙村：《互联网给民主带来的机遇与挑战》，《政治学研究》2001 年第 2 期。
55. ［美］西奥多·罗斯扎克：《信息崇拜》，苗华健等译，中国对外翻译出版社 1996 年版。
56. 吕怡然：《微博的"英国反思"与"美国实验"》，《文化报》2011 年 8 月 17 日。
57. ［美］阿尔温·托夫勒：《预测与前提——托夫勒未来对话录》，栗旺等译，国际文化出版社 1984 年版。
58. 孟建、裴增雨：《网络舆情的收集研判与有效沟通》，五洲传播出版社 2013 年版。
59. 《网络舆情和社会舆情的关系》，中国舆情网（http：//ishare. iask. sina. com. cn），2010 年 12 月 30 日。
60. 喻国明：《中国社会舆情年度报告（2012）》，人民日报出版社 2012 年版。
61. 谢耕耘：《中国社会舆情与危机管理报告（2013）》，社会科学文献出版社 2013 年版。
62. 谢耕耘：《中国社会舆情与危机管理报告（2012）》，社会科学文献出版社 2012 年版。
63. 刘达：《对年度流行热词的冷分析》，《光明日报》2013 年 12 月 19 日。
64. 高瑞泉：《中国近代社会思潮》，社会人民出版社 2007 年版。
65. 马立成：《当代中国八种社会思潮》，社会科学文献出版社 2012 年版。

66. 肖功秦：《新左派与中国当代知识分子的分化》，http：//bbs. tianya. cn，2004 年 4 月 23 日。
67. 中国互联网络信息中心（CNNIC）：《第 32 次中国互联网络发展状况统计报告（2013 年 7 月）》，http：//www. cnnic. net. cn，2013 年 7 月。
68. 马俊等：《中国的互联网治理》，中国发展出版社 2011 年版。
69. 祝华新：《到了用网络倒逼改革的时候了》，《中国青年报》2011 年 7 月 15 日。
70. 曹劲松：《政府网络发言》，江苏人民出版社 2012 年版。
71. ［英］齐格蒙特·鲍曼：《寻找政治》，洪涛等译，上海世纪出版社 2006 年版。
72. 严峰：《网络群体性事件与公共安全》，上海三联书店 2012 年版。
73. 周斌：《“微博问政”与预期应对》，人民出版社 2012 年版。
74. 罗亮：《网络群体性事件：概念、特征及其治理》，《行政与法》2010 年第 9 期。
75. 薛松：《政治参与视角下的网络群体性事件分析》，《公安研究》2011 年第 4 期。
76. 沈正赋、江小飞：《从汶川地震看中国网民对突发公共事件的介入》，《电视研究》2008 年第 9 期。
77. 刘建明：《当代新闻学原理》，清华大学出版社 2003 年版。
78. 刘建明等：《新闻学概论》，中国传媒大学出版社 2007 年版。
79. 《增强传播力，提高影响力——从提高文化软实力看创新》，http：//blog. sina. com. cn/s/blog，2008 年 12 月 13 日。
80. ［美］邓肯·瓦茨：《六度分隔：一个相互连接的时代的科学》，陈禹译，中国人民大学出版社 2011 年版。
81. ［德］伊丽莎白·诺埃勒－诺依曼：《沉默的螺旋》，董璐译，北京大学出版社 2013 年版。
82. 党生翠：《网络舆论蝴蝶效应研究》，中国人民大学出版社 2013 年版。
83. 姚珺：《互联网中的反沉默螺旋现象》，《武汉理工大学学报》（社会科学版）2004 年第 6 期。
84. 喻国明、李彪：《舆情热点中政府危机干预的特点及借鉴意义》，《新闻与写作》2009 年第 6 期。

85. 《少数民族概况》，新华网（http：//news. xinhuanet. com），2003 年 1 月 18 日 。

86. 中国统一战线理论研究会：《统一战线理论研究成果蓝皮书》，华文出版社 2012 年版。

87. 《中国 130 种语言在 13 亿人中传承　汉语全球影响力第六》，新华网（http：//news. xinhuanet. com），2011 年 7 月 11 日。

88. 《中国少数民族语言现状》，文化中国—中国网（http：//www. china. com. cn/culture），2010 年 7 月 25 日。

89. 梁春阳等：《西部少数民族地区信息化绩效评估》，宁夏人民出版社 2011 年版。

90. 《我国完成 7 种民族语文的辅助翻译软件研发工作》，中国网 · 中国民族频道，2013 年 12 月 20 日。

91. 戴红亮、陈敏：《少数民族语言文字的标准化和信息化建设》，中华人民共和国国家民族事务委员会网站，2009 年 6 月 3 日。

92. 王成平：《试论计算机彝文信息处理多元化的潮流》，《中国西部科技》2010 年第 21 期。

93. 《中国古老少数民族文字跨入“数字化”时代焕发活力》，新华网，2009 年 11 月 16 日。

94. 吴亮：《中国少数民族群体性事件及治理机制研究》，博士学位论文，中央民族大学，2011 年。

95. 云南大学课题组：《边疆多民族地区的社会利益格局变动与利益协调》，《云南行政学院报》2008 年第 2 期。

96. 金宜久：《国际政治中的“宗教因素”世界经济与政治》，载中国民族宗教网（http：//www. mzb. com. cn），2012 年 12 月 27 日。

97. 王效勤：《甘南宗教现状与社会稳定研究》，《甘肃高师学报》2009 年第 6 期。

98. 陈乐齐：《中国城市民族关系问题及其对策研究》，《中南民族大学学报》2006 年第 5 期。

99. 曹修伟：《浅析新疆城镇少数民族群体性治安事件的特点、原因及对策》，《新疆警官高等专科学校学报》2006 年第 3 期。

100. 郭挤清：《反宗教渗透综论》，《中央社会主义学院学报》2007 年第 6

期。

101. 吴亮：《藏传佛教影响西藏社会稳定的川野调查与理论分析》，《贵州民族研究》2010 年第 4 期。
102. 李宇：《妥善处置涉及少数民族群众利益矛盾纠纷的实践与思考》，载中央民族干部学院网站（http：//www. mzgbxy. org. cn），2010 年 4 月 20 日。
103. 《恐怖组织“藏青会”是人类的公敌》，最高人民检察院，正义网（http：//review. jcrb. com），2008 年 4 月 12 日。
104. 《乌鲁木齐发生打砸抢烧严重暴力犯罪事件》，新华网，2009 年 7 月 6 日。
105. 张溦：《民族政治传播研究——中国解决民族问题的传播行为分析》，博士学位论文，中央民族大学，2011 年。
106. 《且看“世维会”“精神母亲”热比娅的真实嘴脸》，中国共产党新闻网（http：//cpc. people. com. cn），2009 年 7 月 8 日。
107. 《社会学意义上的“相对剥夺感”》，河北省委党校，干部学习网（http：//www. hebdx. com），2013 年 12 月 3 日。
108. 阿布都瓦依提·尼亚孜：《浅析维吾尔文网站网络舆情引导和控制》，《新闻世界》2010 年第 7 期。
109. 唐杰：《社会抗议刍议——关于我国集体行为研究概念体系的思考》，《学术界》2009 年第 5 期。
110. 谢治菊：《农民非制度化政治参与的现实审视与路径优化——基于西部民族地区的实证研究》，《云南行政学院学报》2011 年第 3 期。
111. 孙晓辉：《网络群体性事件中执政公信力的流失及其防范：基于社会动员的分析视角》，《理论与改革》2010 年第 4 期。
112. 李成：《政府应对“网络政治动员”威胁研究：以新疆 7·5 事件为例》，博士学位论文，浙江大学，2010 年。
113. ［美］沃纳·赛佛林等：《传播理论：起源、方法及应用》，郭镇之译，华夏出版社 2000 年版。
114. 《决不让互联网成为违法犯罪平台——新疆遏制网络违法犯罪活动启示录》，《新疆日报》2013 年 10 月 8 日。
115. 张春霞、蒲晓刚：《境外宗教渗透与新疆意识形态安全》，《新疆社会科学》2010 年第 1 期。

116. 黄少华：《网络空间的族群化》，《兰州大学学报》（社会科学版）2013 年第 1 期。

117. 张金平、徐以骅：《当代国际恐怖主义的“宗教动员”》，《阿拉伯世界研究》2011 年第 3 期。

118. 赵冰：《中国宗教互联网状况简析》，《理论界》2010 年第 4 期。

119. 《11 起涉疆非法宗教类出版物案件》，《中国新闻出版报》2014 年 9 月 26 日。

120. 李敏：《宗教的网络传播与信徒的群体认同》，《河北科技师范学院学报》（社会科学版）2011 年第 6 期。

121. 阿地力江·阿布来提：《网络资源视角下的新疆恐怖主义犯罪及其对策研究》，《黑龙江民族丛刊》2013 年第 6 期。

122. 陈尧：《网络民粹主义的躁动：从虚拟集聚到社会运动》，《学术月刊》2011 年第 6 期。

123. [英] 保罗·塔格特：《民粹主义》，袁明旭译，吉林人民出版社 2005 年版。

124. [法] 古斯塔夫·勒庞：《乌合之众：大众心理研究》，冯克利译，中央编译出版社 2005 年版。

125. 邱永峥、王渠：《探访和田劫机事件真相》，《环球时报》2011 年 7 月 2 日。

126. 方付建：《网络时代的民族问题研究：进展与路向》，《中共杭州市委党校学报》2013 年第 1 期。

127. 徐百灵、李小琴：《喀什地区少数民族大学生网民特征分析》，《喀什师范学院学报》2010 年第 2 期。

128. 《新疆：坚决打击三股势力绝不手软——新疆维吾尔自治区主席努尔·白克力就暴力恐怖事件做出回应》，http：//news. 163. com，2014 年 3 月 7 日。

129. 姜平：《突发事件应对管理》，国家行政学院出版社 2011 年版。

130. 张秀红、丛培兵：《网络舆情对新疆公民意识培育的影响及应对》，《新疆师范大学学报》（哲学社会科学版）2013 年第 2 期。

131. 国家行政学院电子政务研究中心：《2013 年中国政务微博评估报

告》，中国电子政务门户网（http：//www. egovernment. gov. cn），2014 年 4 月 8 日。

132. 谢耕耘：《中国社会舆情与危机管理报告》，社会科学文献出版社 2011 年版。

133.《新疆四位领导干部党政微博评估位列全国“百强”》，《新疆都市报》2013 年 3 月 29 日。

134. 邹建华：《突发事件舆论引导策略》，中共中央党校出版社 2009 年版。

135. 清华大学政府发言人制度课题组：《新闻发布与新闻执政的紧迫性》，《新闻记者》2005 年第 1 期。

136. 邱永峥：《和田劫机事件调查：歹徒欲引燃爆燃物致机毁人亡》，《环球时报》2012 年 7 月 2 日。

137. 人民网舆情检测室：《网络舆情热点面对面》，新华出版社 2012 年版。

138.《最牛团长夫人掌掴讲解员遭曝光　夫妻被免职网民叫好》，人民网（http：//society. people. com. cn），2009 年 10 月 17 日。

139.《问政银川已收到有效信息 5000 余条　办结率 80% 以上》，人民网，2012 年 4 月 29 日。

140. 人民网评：《为“网络问政”喝彩——善待网民和网络舆论》，人民网，2012 年 7 月 27 日。

141.《云南省出台“人民网网友给地方领导留言办理制度”》，人民网，2009 年 8 月 23 日。

142.《贵州省下发通知　要求制度化办理网友留言并纳入绩效考核》，人民网，2011 年 5 月 17 日。

143.《2010 年中国互联网舆情分析报告》，人民网，2012 年 7 月 27 日。

144.《51 位省委书记、省长公开回应网友留言》，人民网·地方领导频道，http：//leaders. people. com. cn/GB/178291/218130/141271/index. html。

145. 邓兆安、张涛：《中国式网络问政》，南方日报出版社 2010 年版。

146.《政务微博　云南发布居前列》，云南网（http：//yn. yunnan. cn），2012 年 1 月 8 月。

147. 《云南检察：微博微信“双微”现象引起广泛关注》，人民网，2013年11月18日。
148. 《2013年度“城市网络形象排行榜”获奖名单》，新华网，舆情在线：城市网络信息排行榜，http://www.xinhuanet.com/yuqing/zhuanti/02.htm。
149. 《2014年中国优秀政务平台推荐及综合影响力评估结果通报》，新华网·舆情频道（http://news.xinhuanet.com/yuqing），2014年12月19日。
150. 《新华网发布城市政务微信影响力榜单》，新华网·舆情频道，2014年12月8日。
151. 石静：《浅析民族地区网络媒介对突发事件的舆论引导》，《西北民族大学学报》（社会科学版）2010年第6期。
152. 国家行政学院电子政务研究中心：《2013年中国政务微博客评估报告》，http://www.egovernment.gov.cn/2014.4.8。
153. 中国软件测评中心：《第十二届（2013）中国政府网站绩效评估》，http://2013wzpg.cstc.org.cn/jxpg2013/zbg/pgbg_detail.jsp?id=124563，2013年11月28日。
154. 《新华网发布城市网络形象——舆情处置能力（12月份）榜单》，新华网·舆情频道，2014年1月9日。
155. 李婷玉：《网络集体行动发生机制的探索性研究》，《上海行政学院学报》2011年第2期。
156. 《2011年中国互联网舆情分析报告》，人民网，2012年7月27日。
157. 宁夏党校区情研究中心课题组：《宁夏领导干部的网络舆情认知状况及应对意向调查分析》，载《宁夏反腐倡廉蓝皮书》，宁夏人民出版社2013年版。
158. 孟崴、王海萍：《浅析少数民族地区社会舆情热点问题产生的根源（二）——以内蒙古赤峰市社会舆情热点问题调查为例》，《佳木斯教育学院学报》2014年第4期。
159. 新华时评：《王鹏错案令人匪夷所思 必须彻查背后的种种》，新华网，2010年12月2日。
160. 姜平：《突发事件应急管理》，国家行政学院出版社2011年版。

161. 赵生辉：《中国少数民族语言网络舆情研究述评》，《现代情报》2014 年第 2 期。
162.《中央民族工作会议暨国务院第六次全国民族团结进步表彰大会举行》，中央政府门户网站（http://www.gov.cn），2014 年 9 月 29 日。
163.《给地方政府 10 条应对网络舆论的建议》，中国网情研究中心网情网（http://www.china4auto.com），2010 年 2 月 5 日。
164.《“最认真”政府网站为何走红》，《光明日报》2010 年 8 月 31 日。
165.《网络问政要做到“三不”》，新华网，2010 年 10 月 21 日。
166.《47 位书记省长回应网友留言　网络问政助推依法行政》，《法制日报》2011 年 2 月 24 日。
167. 陈家刚：《从社会管理走向社会治理》，《学习时报》2012 年 10 月 22 日。
168.《互联网信息服务管理办法》（2011 年修订稿），中华人民共和国中央人民政府网站：国务院公报，http://www.gov.cn/gongbao/content/2011/content_1860864.htm。
169.《坚守七条底线，才不会成下一个“秦火火”》，中国新闻网（http://www.chinanews.com），2013 年 8 月 30 日。
170.《29 家网站签署〈跟帖评论自律管理承诺书〉》，新华网，2014 年 11 月 6 日。
171.《透视英国互联网内容管理模式：监看基金会功不可没》，新华网，2011 年 4 月 21 日。

后　记

本专著是国家社会科学基金项目“少数民族地区应对与化解网络舆情危机策略研究（12BZZ017）”的最终成果，旨在科学测评现阶段我国少数民族地区网络舆情及网络舆情危机应对能力，探讨少数民族地区网络舆情危机生成与发展规律的特殊性，进而为这些地区应对与化解网络舆情危机提供理论与策略参考。

本专著的整体构思与设计由梁春阳提出，具体的章节及内容由梁春阳、陆地、曾洁共同研究确定。各章节研究任务的承担者如下。

梁春阳：序言、第一章、第四章、第七章、第八章、第九章、第十一章；陆地：第三章；曾洁：第二章；李习文：第五章；马秀霞：第六章；刘玉霞：参与第七、第八章的撰写；桑果果：第十章；梁亮：数据处理、图表制作；刘强：数据处理、图表制作。梁春阳、陆地、曾洁承担了对初稿的修改完善工作。最后的统稿工作由梁春阳负责。

本专著在研究过程中，得到了中共宁夏回族自治区委党校、中共新疆维吾尔自治区委党校、北方民族大学、新疆大学等单位的大力支持与帮助；在出版过程中，得到了中国社会科学出版社孔继萍编审的悉心指导，在此一并表示衷心的感谢。

最后，希望广大读者对本专著予以客观评价，并提出宝贵意见。

梁春阳

2016 年 5 月 18 日